礼仪培训标准教程

礼仪

刘奕敏
主编

黄笑笑 范一智 张晶 吴丽娜 [法]摩根·罗特瑞 莫莉
副主编

中国纺织出版社有限公司

内 容 提 要

本书针对礼仪培训师,较为系统地介绍了礼仪培训的标准规范教程,内容涵盖:商务举止礼仪、商务形象礼仪、商务会面礼仪、商务交往礼仪、中餐礼仪、西餐礼仪、服务礼仪及礼仪培训师的授课技巧等。本书既可作为礼仪培训师的专业标准教程,也可用作普通礼仪爱好者的学习用书。

图书在版编目(CIP)数据

礼仪培训标准教程 / 刘奕敏主编;黄笑笑等副主编 . --北京:中国纺织出版社有限公司,2022.1
ISBN 978-7-5180-9156-0

Ⅰ. ①礼⋯ Ⅱ. ①刘⋯ ②黄⋯ Ⅲ. ①礼仪—教材 Ⅳ. ①K891.26

中国版本图书馆CIP数据核字(2021)第231685号

责任编辑:刘 丹 责任校对:王惠莹 责任印制:何 建

中国纺织出版社有限公司出版发行
地址:北京市朝阳区百子湾东里 A407 号楼 邮政编码:100124
销售电话:010—67004422 传真:010—87155801
http://www.c-textilep.com
中国纺织出版社天猫旗舰店
官方微博 http://weibo.com/2119887771
三河市宏盛印务有限公司印刷 各地新华书店经销
2022 年 1 月第 1 版第 1 次印刷
开本:710×1000 1/16 印张:27
字数:387 千字 定价:98.00 元

编 委 会

序一

这是一本专门写给礼仪培训师的书，可以用作礼仪培训的标准教材，也可以用作普通礼仪爱好者学习之用。

这是一本汇聚了业内50余位专家学者和一线资深礼仪培训师，历时一年多，数易其稿，呕心沥血共同打造的教材。

为何要耗费如此大的精力去编写这样一本书呢？

中国自古以来以礼仪之邦闻名于世。两千多年前孔子提出"不学礼，无以立"，荀子提出"人无礼则不立，事无礼则不成，国无礼则不宁"，到今天，习近平总书记也指出："要有计划地建立和规范一些礼仪制度，如升国旗仪式、成人仪式、入党入团入队仪式等，利用重大纪念日、民族传统节日等契机，组织开展形式多样的纪念庆典活动，传播主流价值，增强人们的认同感和归属感。"尤其是随着现代社会经济的发展，良好的个人形象，得体的礼仪素养，已成为每个现代职场人士的必修课，也是企业软实力的综合体现。可以说，无论是出于传承中华礼仪文化的需要，还是为了提升个人和企业的软实力，礼仪培训都势在必行。

我们欣喜地看到，越来越多的同仁参与到礼仪培训中来，共同传承和传播礼仪文化，这是一件利国利民的好事。但也看到，礼仪培训行业鱼龙混杂，参差不齐，乱象横生。我们从事礼仪培训十多年来，培养出的礼仪培训师有数万名。有些学员看到这个行业的商机和利益，刚一学完课程自己还没有弄明白，就照葫芦画瓢，在当地开设礼仪师资班，快速拿证。原本在上海海纳川教育科技有限公司（后文统称海纳川）一套完善的礼仪培训师资课程需要 34 天时间，而"借鉴"后的师资班课程居然减缩到 2 天。曾看到某地一培训机构开设的两天礼仪培训师资班，授课内容仅半天时间与礼仪知识相关，其他时间却在教 PPT 制作、演讲技巧这样的辅助课程。难以想象，这么短的时间如何将系统化课程体系内容传授给学员？而这样的师资班培养出的学员又是否有能力胜任礼仪培训师的工作？这种快餐文化带来的危害值得我们深思。

为了更好地规范和引导礼仪市场，更加科学严谨地制定礼仪培训师教学培训标准，给行业树立标杆，2020 年 4 月，海纳川联合业内 50 多位专家学者，其中包括来自日本的服务礼仪专家栗原道子，法国的西餐礼仪专家摩根·罗特瑞（Morgan Lotterie），在中国成人教育协会礼仪教育培训机构工作委员会专家的指导之下，历经半年，共同起草和制定了《礼仪培训师能力培训服务规范》，并于 2020 年 11 月正式对外发布，标准编号：Q/HCNJ 0026—2020。这是第一份礼仪培训的标准文件。

此文件对礼仪、礼仪培训师、礼仪培训等概念及礼仪培训师的能力分级、要求、专业知识、专业能力等做了详细的规范。规范出台以后，受到业界的一致好评，并获得了东方卫视、上海电视台、搜狐、新浪等媒体的广泛报道。

借此契机，我们组织专家学者和一线资深礼仪培训师，结合自身的一线教学经验与典型工作案例，紧密围绕《礼仪培训师能力培训服务规范》的内容，共同编著了本书。

可以说，市场上礼仪类书籍参差不齐、名目繁多，而面向礼仪培训师的书籍则是凤毛麟角，鲜有涉猎。本书的面世正好填补了这一空白，涉及内容除礼仪培训专业知识外，还特别增加了礼仪培训技巧。另外，为了优化读者的阅读体验，我们请专业漫画师绘制了 160 多幅漫画来配合文字说明，使本书图文并茂。

本书汇聚了 50 多位业内专家学者的智慧，参考了行业内多部专业书籍，本着严谨、专业、务实的态度编写而成。当然，由于参与编写人员较多，为本书的统稿和编辑增加了很大难度，如何使得行文风格保持统一，如何合理规范地借鉴等，都是摆在面前的难题，这里非常感谢主编刘奕敏和副主编莫莉老师，两位老师在统稿中花费了巨大的精力。

汇聚业内这么多专家学者，共同完成这么一本礼仪行业标准教材，真是一件极其不容易的事情。这里，感谢支持我们完成本书的各位朋友、各位同仁。由于参与者众多，工作量颇大，成书过程中难免有些瑕疵和不尽如人意的地方，恳请各位专家、同行及广大读者批评指正，以便我们再版时修改完善。同时，您的建议也是我们孜孜不倦前行的动力！

愿与每一位读者、每一位礼仪文化传播者共同学习和传播中华礼仪文化，为振兴礼仪之邦做出自己的贡献。

是为序。

本书总发起人　刘瀚阳
上海海纳川教育科技有限公司创始人、董事长
中国成人教育协会礼仪专委会理事长
2021 年 9 月

序二

就在这一刻，你翻开了这本书。于是，一次美丽的邂逅开始了。和你的相聚，让我们内心充满期待和欢喜。

为什么你会选择阅读这本书？

或许因为你期待成为一名礼仪培训师。那么这本书将成为你的教案，你的指导书，你的授课宝典；或许你期待学习礼仪而收获更出色的自己，那么这本书将为你打开一扇窗，成为你汲取礼仪知识最重要的陪伴者。

这本书是写给礼仪培训师的。

我也是一名礼仪培训师。从 2007 年离开新加坡航空公司回到国内，我就开始从事礼仪培训工作。初心很简单，传播礼仪，因为我热爱它。在国外生活的几年，有机会接触到世界一流航空公司的礼仪培训，也有机会感受世界各地的风土人情和礼仪文化。

在服务一线岗位，最大的特色就是与人接触。各国的，各地的，各种素养的，感受过一些人的彬彬有礼，也感受过一些人的颐指气使、大呼小叫。那时在心里我就种下一颗小种子：用自己的所学所悟，尽微薄之力去传播礼仪。当我们周围的每个人都美好而温暖，才能真正造就和谐的社会。这不是一个口号，而是我的初心。我想影响一个是一个，就像一枚石子投入水中，会在水面上荡起层层涟漪，我要泛起礼仪传播的涟漪。

作为礼仪培训师，这是我与礼仪的开始，那你的开始是什么呢？

　　我从 2013 年开始在礼仪培训师班授课。到目前，海纳川的礼仪培训师班已经做到 174 期了。来参加礼仪培训师认证的学员，每个人都有自己的初心，都有自己与礼仪的故事。尤其是 2015 年央视二套对我们礼仪培训师班的专访，更是催生了很多颗礼仪的小种子。"我也想传播礼仪文化。""我想做礼仪培训师，但是我需要学些什么呢？""我可以做到吗？怎样才能让自己更专业？"正是带着这样或那样的问题，越来越多的学员走进了礼仪培训师认证班的课堂，在这里学习礼仪知识、学习礼仪的实践运用、学习授课技巧、学习课程设计、了解培训市场，用自己的行动去接近梦想，实现梦想。

　　这本书的编写，就源自礼仪培训师们的需求。

　　礼仪培训师班课堂内容信息量极大，我们希望有一本落地的指导书可以帮助大家进一步吸收、消化课堂所学知识，并能运用到实际生活及培训中。市场上的礼仪书籍形形色色，无从下手。百度和微信视频号里的礼仪知识更是良莠不齐，如果没有丰厚的内在知识底蕴，实在难以筛选信息，用来指导教学。基于实际需求，海纳川公司组织了 50 多位专家学者和一线的礼仪培训师，围绕 2020 年制定的《礼仪培训能力培训服务规范》（Q/HCNJ 0026—2020）内容，着手共同编著了本书。

　　你没看错，确实是 50 多位专家学者，其中大部分专家是十几年来工作在礼仪培训教学一线的老师们。出过书的小伙伴一定知道，一个项目参与的人越多，工作量越大，也越复杂。明明一两位专家撰写就能完成的教材，为什么要邀请这么多一线老师的参与？原因有两点：

　　一是重实操。这里的实操，其实也凸显了本书与市场上大量礼仪书籍的区别。礼仪培训师才是最了解大众礼仪培训需求的人，每位老师都是把礼仪知识与学员实际工作生活相结合的"使者"。企业需要哪些礼仪培训，涉及哪些内容，要举哪些例子，要做哪些练习，怎样才能让学员们听得懂，学得会？一线的礼仪培训师们最有发言权。本书的编写也是资源的整合，每个人的经验凝聚在一起，这本书才更落地，更贴合培训的需求。

　　二是重影响。一个行业的健康发展，靠的不是一两位专家，而是每一个人。能用众力，则无敌于天下矣；能用众智，则无畏于圣人矣。邀请尽可能多的礼仪培训师参与，除了有其专业和实践的意义，更是想传递一种群体影响力。一个人走，走得很快；一群人走，才走得更远。本书集众人之智慧，是在凝聚所有被使命召唤的礼仪培训师们，大家都有机会去参与，去贡献，我们才可以将礼仪传播得更远，专业化、职业化的道路才更宽阔、更长远。

作为主编，我这几天正在做全书的核对校验。这是一项细致又有难度的任务，但是我特别享受。即便已经从事了近15年的礼仪教学，但在做校验的过程中，我感到自己又从头学习了一遍。我们的几位主笔老师各自带领近10位编委会的一线老师们（详见编委会名单），各有分工：吴丽娜老师负责礼仪概述和商务交往礼仪（第一章、第五章）；黄笑笑老师负责服务礼仪（第八章）；张晶老师负责形象礼仪（第三章）；范一智老师负责授课技巧（第九章）；摩根·罗特瑞（Morgan Lotterie）老师负责西餐礼仪（第七章）；我负责举止礼仪、商务会面礼仪和中餐礼仪（第二章、第四章、第六章）。在阅读和校验书籍的时候，我仿佛回到了礼仪培训师班的课堂现场，因为书籍呈现的内容都是老师们在课堂授课的精华所在。不同的是，在课堂上你是参与和体验，全身心地去感受这些知识和内容；而在书籍里，当知识和经验用文字做了沉淀，你可以放慢进度，去细品，去思考，去和自己在礼仪培训中的实践做结合，一定会生发出自己新的智慧。

这本书的出版，要感谢好多专家。感谢一直以来支持海纳川，指导并赋能礼仪培训师项目的顾问李荣建教授、纪亚飞老师。感谢为这本书集结智慧的每一位一线老师，我们无数次在深夜开会，在项目组里交流；感谢副主编莫莉老师，她就像是桥梁，帮每一位作者做精细校验，并保证风格统一；感谢插画师赵欣然、朱亦丹，他们手绘的大量图片形象又直观；感谢海纳川的董事长、中国成人教育协会礼仪教育培训专委会理事长刘瀚阳先生，因为对礼仪行业的责任感和使命感，牵头制定了《礼仪培训师能力培训服务规范》，对教材编写的项目给予了很多支持和帮助；更要感谢热爱礼仪事业并致力于传播礼仪文化的每一位培训师和准培训师，因为他们对于教授礼仪、传播礼仪的勇气和渴望，才促成了这本书的诞生。

最后，因这本书篇幅有限，参与编写的共创者众多，难免有些瑕疵或不足，衷心希望得到各位读者以及礼仪界各位专家的指正，这将督促我们更好地前行。

礼仪应该是我们每个人的存在方式，礼仪培训师更是一份美好的职业。在人性的最深处，都有着对真、善、美的渴望。让我们带着勇气去学习、去教授，让我们和我们曾经以及未来的学员们，因结缘礼仪而变得更美好、更出类拔萃。

主编　刘奕敏

2021 年 9 月

目录

第一章　礼仪概述

第一节　礼仪的基本概念 / 3

第二节　礼仪的要素 / 6

第三节　礼仪的作用 / 10

第四节　礼仪的核心内涵 / 14

第五节　礼仪学习的层次 / 19

第二章　商务举止礼仪

第一节　表情礼仪 / 24

第二节　举止礼仪 / 34

第三章　商务形象礼仪

第一节　形象礼仪的内涵 / 53

第二节　仪容礼仪 / 56

第三节　着装礼仪 / 64

第四节　男士西装的穿搭 / 71

第五节　女士西装的穿搭 / 80

第四章 商务会面礼仪

第一节 称呼礼仪 / 91

第二节 问候礼仪 / 94

第三节 握手礼仪 / 100

第四节 介绍礼仪 / 104

第五节 名片礼仪 / 110

第六节 引导礼仪 / 115

第七节 沟通礼仪 / 118

第五章 商务交往礼仪

第一节 商务交往的原则 / 127

第二节 商务接待的核心要素 / 129

第三节 商务接待的事前准备 / 133

第四节 迎送宾客的礼仪 / 137

第五节 接待中的位次礼仪 / 142

第六节 接待时的礼仪细节 / 149

第七节 拜访的礼仪 / 153

第六章 中餐礼仪

第一节 宴请礼仪 / 164

第二节 席位与座次的安排 / 171

第三节 点菜的技巧和禁忌 / 175

第四节 中餐餐具的使用 / 179

第五节 用餐礼仪 / 186

第六节 喝酒的讲究 / 190

第七章　西餐礼仪

第一节　西餐文化和西餐历史 / 201

第二节　餐桌礼仪规范 / 211

第三节　西餐桌上的社交礼仪 / 228

第八章　服务礼仪

第一节　服务礼仪概述 / 234

第二节　服务形象 / 248

第三节　服务举止 / 256

第四节　服务沟通 / 268

第五节　七步服务流程 / 293

第六节　售后服务 / 305

第九章　礼仪培训师的授课技巧

第一节　成功开场 / 318

第二节　精彩讲解 / 335

第三节　全面互动 / 365

第四节　完美收尾 / 399

参考文献 / 410

第一章

礼仪概述

　　中国素以"文明古国""礼仪之邦"闻名于世。子曰："不学礼，无以立"。在我国数千年的文明史中，礼仪曾被推到至高无上的地位，有着不可估量的作用，是中华民族宝贵的文明财富。礼仪是做人做事的基本功。对个人而言，礼仪彰显的是一个人的思想觉悟、文化修养和精神风貌；对社会而言，礼仪的优劣反映的是一个国家、一个民族的文明程度，是社会风尚和道德水准的重要标志。

第一节 礼仪的基本概念

案例

裴秀因绘制《禹贡地域图》而被后人称为"中国科学制图学之父"。他出身于魏晋时期的著名士族"河东裴氏"。这样的一个官僚贵族家庭，家中常常有客人来访。裴秀小时候每当家中设宴款待客人时，母亲总是吩咐他为客人端饭送菜，尽力招待，裴秀对此毫无怨言。因为他家的客人都是一些有学问、有身份的人，言谈举止都很讲究，他就把接待客人看作一个极好的学习机会。在给客人端饭送菜的过程中，他举止大方有礼，谈吐优雅得体，有时借机也和客人交谈几句，以学习更多的知识，懂得更多的礼仪。客人们见他如此虚心好学，又很有礼貌，都很喜欢他，也都很愿意教他。后来，裴秀养成了优雅的言谈举止，学识广博，创制朝廷礼仪，大多都被采纳并作为范例。他的名声很快就传开了，被当世称为名公。

分析

作为世界文明的发源地，讲"礼"重"仪"是中华民族的优良传统。不难看出，裴秀因自小虚心学习礼仪，举止大方有礼，谈吐优雅得体，学识广博，后来非常受人敬重。这个故事体现了我国古人对礼仪的尊崇。一个注重自身修养、注重礼仪的人才有可能成为一位优秀的人、一位成功的人。

从古至今，人们用礼仪树立良好的形象，约束自己的行为，表达内心的尊敬，融洽彼此的关系。那么到底什么是礼仪呢？

一、礼仪的解释

在我国，"礼"和"仪"有时是各有其义的。

1. 对"礼"的解释

字源本义：会意字。从示，从豊（lǐ）。"豊"是行礼之器，在字中也兼表字音。本义：举行仪礼，祭神求福。对于"礼"字的释义主要有：①社会生活中，由于道德观念和风俗习惯而形成的仪节：婚礼、丧（sāng）礼、典礼。②符合社会整体利益的行为准则：礼教（jiào）、礼治、克己复礼。③表示尊敬的态度和动作：礼让、礼遇、礼赞、礼尚往来、先礼后兵。④表示庆贺、友好或敬意所赠之物：礼物、礼金、献礼。⑤古书名，《礼记》的简称。

2. 对"仪"的解释

对于"仪"字的释义主要有：①人的外表或举动：仪态、仪表、威仪。《吕氏春秋·先己》："《诗》曰：'淑人君子，其仪不忒。'"。陆机《日出东南隅行》："窈窕多容仪，婉媚巧笑言。"②按程序进行的礼节：仪式、仪仗、司仪。《史记·礼书》："余至大行礼官，观三代损益，乃知缘人情而制礼，依人性而作仪，其所由来尚矣。"③法度，准则：仪刑。《管子·法禁》："君之置其仪也不一，则下之倍法而立私理者必多矣。"④礼物：贺仪、谢仪。⑤供测量、绘图、实验用的器具：仪器。

（选自《现代汉语词典》第七版）

二、礼仪的定义

进入现代社会，人们对礼仪的理解和认识是多层面的，因而有了更多的定义。

一般而言，礼仪有三层意思：

第一，礼仪是表达尊敬的需要。

第二，礼仪是道德和行为规范。

第三，礼仪是在社会交往活动中约定俗成的、需要人们共同遵守的。

概括来讲，礼仪就是人们在社会交往活动中，为了相互尊重，在仪容、仪表、仪态、仪式、言谈举止等方面约定俗成、共同认可的行为规范。

礼仪是人类为维系社会正常生活而要求人们共同遵守的最起码的道德规范，是人们在长期共同生活和相互交往中逐渐形成的，并且是以风俗、习惯和传统等方式固定下来的准则。礼仪是对礼貌、礼节、仪表和仪式的统称。

礼仪是内在品质与外在形式的和谐统一。

礼是心怀尊敬的道德规范，仪是表示尊敬的待人接物之道。礼由心生，仪由外表。我们不仅要心中有礼，还需有外在表达的仪，只有两者结合起来才可称为礼仪。

思考与练习

1. 礼仪的定义应该从哪些方面来理解？

2. 请谈谈你是如何理解"礼由心生，仪由外表"的。

3. 你知道哪些和礼仪有关的名人名言或历史故事？

要点回顾

1. 礼仪的目的是表达尊敬之意。

2. 礼仪是人们在社会交往活动中约定俗成的、要共同遵守的。

3. 礼仪是道德规范和行为准则。礼由心生，仪由外表。

第二节　礼仪的要素

案例

曾子避席

孔子在家里和学生论道，这时候听见有客人上门拜访，于是孔子让学生赶紧回避，然后起身迎接。门刚一打开，一位穿着长衫戴着高帽的男子走了进来，三步并两步地走到孔子面前给孔子弯腰敬礼，作揖道："学生来请先生大安，有问题向您求教。"孔子忙回礼让客人坐下。这个男子道谢之后就一屁股坐到孔子身边的垫子上，迫不及待地说："先生，我被一个问题困扰很久了，听别人说你很有才华，特地过来求教。"说话的时候由于过于激动，手碰到了孔子的袖子。

孔子不禁皱眉，觉得此人行为举止不太严谨，不太懂礼貌，但是孔子并没有表现出来。那个男子开始讲述自己的事情，自说自话地把自己的事情说完才看向孔子。孔子耐心地给他做了解释，然后让弟子送他出门。

这时候曾子来了，他请安之后也坐到了孔子身边，他希望这样能离老师近一点，聆听教诲。孔子不希望他和刚才的客人一样，于是跟他讨论君臣之礼，君君臣臣，都要有自己的位置和行为规范。曾子一听，赶紧站起来，恭恭敬敬地走到席子外面站着："学生先前鲁莽了，麻烦老师还要教导我。"

分析

日常生活中，人们在不同场合面对不同的人应该注意自己的言行举止。按照中国传统礼仪文化要求，出于对老师的尊敬，学生是不可以同老师平起平坐的，当老师教导的时候，学生必须恭恭敬敬地站着聆听。毋庸置疑，曾子内心肯定是非常尊敬老师的，但他开始的表现与之前那个男子一样行为鲁莽、举止失礼，后经老师指点才得以改正。

现代生活中，礼仪早已渗透到方方面面：大到国家庆典，小到学校开学、散学、毕业典礼，或者民间婚丧嫁娶，商家开业，百姓祝寿，招待宴请等，人们都要遵循礼仪要求。礼仪包含礼貌、礼节、仪表、仪式四要素，四者之间既相互联系、相辅相成，又各有其特殊含义与要求。

一、礼貌

讲究礼貌是人们进行正常生活交往的基本要求，是人与人交往过程中表示尊敬和友好的行为规范。它主要通过礼貌语言和礼貌行为来表现对他人的谦虚和恭敬，如语言文明、尊老爱幼、尊敬师长。礼貌侧重于表现人的品质与素养。古希腊哲人赫拉克里特曾说："礼貌是有教养的人的第二个太阳。"人与人之间如果都能以讲文明、懂礼貌为荣，能够相互尊重，生活就会充满温馨与和谐。

知识链接

敬语——中文里的礼貌用语：

请人看稿称"阅示"　请人改稿说"斧正"

求人解答用"请问"　请人指点用"赐教"

托人办事用"拜托"　赞人见解用"高见"

看望别人用"拜访"　宾客到来用"光临"

对方来信叫"惠书"　老人年龄叫"高寿"

自称礼轻称"薄礼"　不受馈赠说"返璧"

问人年龄叫"贵庚"　问人姓啥叫"贵姓"

问人职务叫"称谓"　问人姓名叫"大名"

对方家庭叫"府上"　自己家庭叫"寒舍"

对方父亲叫"令尊"　对方母亲叫"令堂"

自己妻子称"拙荆"　自己丈夫称"外子"

对方儿子称"令郎"　对方女儿称"令媛"

二、礼节

人与人交往中，内在的尊敬是需要通过一定的形式表现出来的，这些形式就是礼节。简单来说，礼节是人和人交往的礼仪规矩。礼节的形式包括动作形式和语言形式，如握手、鞠躬、拥抱、鼓掌等，这些是动作形式；称赞、道谢、道歉、祝福等，这些是语言形式。礼节一般是个体行为，形式并不复杂，如鼓掌礼，就是在公共场合中常用的一种礼节——欢迎客人时，上级莅临时，对演出表示欢迎、祝贺时，对演讲、发言表示赞同、致意时，都常常用到鼓掌礼。作为一种礼节，鼓掌具有欢迎、欢送、祝贺、鼓励等意，用以表达对他人的尊敬。因此，礼节不只是表面上的动作或语言，而是人们对他人尊重的内在品质的外在具体表现形式。

三、仪表

仪表，即指人的外表，包括容貌、姿态、服饰、举止、风度等。一个人的仪表是最先映入他人心中的印象，是个人精神面貌的外在表现，因此仪表是树立良好形象，尊重别人、尊重自己的基本体现。仪表与个人的卫生习惯、道德修养、文化水平、审美情趣和文明程度有着密切的关系。在日常生活中，首当其冲、至关重要的就是仪表礼仪。

四、仪式

仪式是指礼仪的程序和形式，多是指在较大规模或较为隆重的场合，人们在礼遇规格、礼宾次序等方面遵循的行为规范。如升旗仪式、毕业典礼、开业庆典、婚礼、葬礼等。仪式具有规格层次更高、程序更完整、形式更复杂、内涵更广更深、非个体行为等特点。

从本质上讲，礼貌、礼节、仪表、仪式四要素所表现的都是尊敬之意。礼貌侧重于强调个人内在的道德品质、行为规范，是一种道德基础。礼节、仪表、仪式强调的则是这种道德品质的外在表现，是指恰当的形式。如果人与人交往时心存礼貌但不懂表达就容易失礼，有可能闹出笑话甚至得到惩罚；反之，如果不是心存敬意，仅仅学些礼仪的表面形式，只是故作姿态地作秀，则难免令人感到虚情假意。因此，礼仪是社会文明进步的载体，是对礼貌、礼节、仪表和仪式的统称，是文明之标志，道德之基石，做人之根本，交往之纽带。

思考与练习

1. 礼仪包含的四要素是什么?

2. 请举例说明礼节和仪式两个概念之间的相同与不同之处。

3. 常有人说"生活要有仪式感",对此你怎么看?

要点回顾

1. 礼仪包含的四要素是指礼貌、礼节、仪表、仪式。

2. 礼仪四要素在本质上是一致的,都是人们在相互交往中表示尊敬、友好的行为,四者之间既相互联系、相辅相成,又各有其特殊含义与要求。

3. 讲礼貌、懂礼仪是内在品质与外在形式的和谐统一。

第三节　礼仪的作用

案例

几年前，一档求职招聘的节目在全国火爆，其中有一期让人印象深刻。主办方为了选拔人才，设置了许多隐藏的障碍。面试开始前，三位求职者在门外等候。就在面试即将开始的时候，面试官轻轻地将一把扫帚放倒在门前。面试正式开始，三位面试者依次走进房间，前两位男士都对倒了的扫帚视而不见，而最后走进来的一位女士默默蹲下，将扫帚扶起并轻轻地将它放回到门后。这一幕让面试官们十分满意，而最终这位捡起扫帚的女士赢得了职位。

事后主持人采访面试官选择这位女士的理由，面试官毫不讳言地提道：这位女士面试的是行政岗位，工作内容琐碎、涉及公司上下级关系较多，需要一个能够时刻将他人放在心上、将公司放在心上的人，她无疑是最合适的人选。

分析

本案例中的情景其实经常出现在日常生活中，有人因为一个称呼错失事业的良机，也有人因为一个帮助女士拉椅子的动作而获得一段美好的姻缘。显然，这位女士在生活中也是一位关注细节、关心他人的人。对于这位女士而言，看似只是一扶一放的动作，却是一个人内心从"事不关己"到"放在心上"的过程。礼仪看似虽小，实则却关系到生活的方方面面。而这样的礼仪细节是最能够体现一个人素养的，更能够让每个人体会到内心涌动的光辉。

一、内强个人素质

礼仪是一个人内在素质和外在形象的综合体现。在人际交往中，内心强大且能够将他人放在心上的人，始终保有一颗尊敬之心。礼仪的核心是倡导人们修身律己、互相尊重。如果交往的双方都能抱着与人友善相处、互相体谅的想法，那么真诚友好、身心愉悦的体验就会在每个人心中流淌。而对于我们自身而言，每个人都是"我"公司的董事长和总经理，自己的形象和素质就是"我"公司最好的展现。

二、外塑企业形象

很多培训师到企业进行培训都会看到各式各样的企业标语、口号。这也是企业文化的一种展现。不过企业在对外展示的过程中，除了这些标志外，更重要的是企业人，也就是企业员工身上所展现出来的素质和修养。曾经一位企业人力资源经理说："老师，请您在课堂上和我们的新员工强调一下在公司遇到领导时应该怎么做。有一次我和总经理一起陪客户，在走廊上遇到两位新员工，他们竟然像没看见我们一样，招呼也不打，一个个拿着手机径直和我们擦肩而过，真的很尴尬。"像这样的情况，在现代社会不算少，我们经常听到很多大学生被批评只有学历、没有教养。对于企业而言，只有落实到员工身上的行为才是企业文化的最佳展现。

在当今社会，对外交流越来越多，无论是行业内的国际博览会还是企业间的谈判交流，形象的展现已经成为主流。而员工的个人形象，既是企业形象的展示，也是产品和服务的再塑造过程。据不完全统计，中国进出口商品交易会（广交会）于1957年创办，首届接待采购商1200人，而到2018年迎接国内外客商已达20万人之多，而这也仅仅是全国当年进出口交易凤毛麟角的一部分。在中国走向世界的过程中，不仅世界在看着中国，中国人也在向世界传递着自己的形象。

三、提高客户满意度

职业是人们在生活中谋生、立足的一种手段。讲究礼仪可以帮助人们实现理想、走向成功，促进全体员工团结互助、敬业爱岗、诚实守信，可以增强人们的交往和竞争实力，更可以推动客户满意度的提升。

随着市场经济的不断发展，产品同质化严重，同行业间的竞争愈加激烈，客户的要求也越来越高。为什么说礼仪可以提高客户满意度呢？如果客户在接受你的服务之后，他感觉基本达到了他的期望，那么他就选择你的产品或者服务，这可以称为"满意服务"；而如果服务人员给出的服务远远高出了客户的期望值，他的满意感增加了，我们把这种服务叫作"优质服务"，这就是具有高满意度的服务。客户高兴了，就会带他的朋友一起来，那么这样服务的价值就体现出来了。服务貌似是无形的，看不见，摸不着，而礼仪却是有形的。当客户来到营业厅中，来到公司前台，来到交易现场，看到的是一张张真诚的笑脸、统一的职业装、双手递送出的名片，客户体验到的是员工的神采飞扬、精神奕奕、真诚满满；当客户走的时候，送别往往比迎接更重要，要用每一个礼仪的细节，让客户再一次感受到你对他的尊重和重视。这些礼仪能恰到好处地展现服务的品质，达到甚至超越客户的期望值，从而提高客户的满意度。

四、增进与他人的交往

从社会交往的角度看，礼仪是一种约定俗成的示人以尊重、友好的惯常做法。人生活在群体之中，而群体又由多个个体汇合而成，个体的差异性是绝对的，例如：性别、年龄、贫富、尊卑等。而礼仪就像是社会交往中的润滑剂，会让你在与他人的交往中，感受到彼此尊重、相互理解、和谐相处，从而带来良好的人际关系。

2018年，我（吴丽娜）应邀为第七届上海高中生经济论坛进行接待礼仪培训。当我到达会场时，发现接受培训的是上海一所知名高中的学生。而他们将接待来自全国各地的高中生近千人。我问孩子们："你们知道为什么要在论坛开始前进行这场礼仪培训吗？"坐在后排的一位男生举手发言说："因为我们要代表整个上海市的高中生向全国展示我们的风采，还要结交更多优秀的同学，一起为未来的中国经济献计献策。"现场顿时掌声雷动。在孩子们的眼中，他们已经成为上海高中生的代言人，得体的着装、自信的交谈、优雅的举止……这些都将成为别人眼中的"上海高中生"，也会帮助未来的他们结交更多优秀的朋友。

《孟子》曰："爱人者，人恒爱之；敬人者，人恒敬之。"与人交往就像一面镜子，你对他人微笑，他人就对你呈现笑脸。心里有温度的人，也会被别人温柔以待。

思考与练习

1.在商务场合中，可以用哪些礼仪细节来体现企业的形象？

2.请结合实际生活中的案例来说说礼仪的四个作用。

要点回顾

1.本节重点强调了礼仪在日常交往中的四个作用，分别是内强个人素质、外塑企业形象、提高客户满意度、增进与他人的交往。

2.礼仪的作用体现在生活的多个层面，但无论如何展现，都与个人素养有着密不可分的关系。个人代表家庭、代表企业，特定场合下也代表国家。

第四节　礼仪的核心内涵

　　礼仪文化源远流长，东西方不同的地域文化决定着礼仪的内容和形式异彩纷呈，各有千秋。不同的礼仪文化在相互影响、相互渗透中取长补短，经过不断地与时俱进、推陈出新，逐渐形成了现代礼仪。现代礼仪中蕴含着深刻的历史内涵与社会内涵，但归根结底，礼仪的核心内涵只有——尊重。

案例

买蛋糕的乞丐

　　一个衣衫褴褛、周身散发着难闻气味的乞丐走到一家生意红火的蛋糕店门前，旁边的客人都皱眉掩鼻，露出嫌恶的神色。一名营业员见此冲着乞丐喊："一边去，快走吧。"乞丐却拿出几张脏兮兮的小面额钞票，怯怯地说："我来买蛋糕，要一块最小的那种。"

　　这时，一位老爷爷走了过来，他就是店老板。店老板先是热情地从柜子里取出一块小巧精致的蛋糕，恭恭敬敬地递给乞丐，然后深深地向乞丐鞠了一躬，说："多谢关照，欢迎再次光临！"乞丐哪里受过如此待遇，他受宠若惊地离开了。

　　店老板的孙子不解，问："爷爷，您为什么对一个乞丐如此热情？"

　　店老板解释说："虽然他是乞丐，可他也是顾客呀。为了吃到我们的蛋糕，他不惜花去用很长时间讨得的那一点点钱，实在是难得，我不亲自为他服务怎么对得起他的这份厚爱？"

　　孙子又问："既然如此，您为什么要收他的钱呢？"

　　店老板说："他今天是客人，不是来讨饭的，我们当然要尊重他。如果我不收他的钱，岂不是对他的侮辱？我们一定要记住，要尊重我们的每一位顾客，哪怕他是一个乞丐；因为我们的一切都是顾客给予的。"小孩若有所思地点点头。

分析

这个店老板就是日本大企业家堤义明的爷爷。堤义明坦言，当年爷爷对乞丐的一举一动深深地印在了他的脑海里，后来他曾多次讲到这个故事，要求员工像他爷爷那样尊重每一位顾客。这里的"尊重"，绝不仅仅是社交场合的礼貌、礼节，而是来自人心深处对另一个生命深切的理解、关爱、体谅与敬重。这样的尊重不含有任何功利色彩，也不受任何身份地位的影响。这样的尊重才最纯粹、最质朴。

《礼记·典礼》开宗明义第一句就是"毋不敬"。子曰："礼者，敬人也。"古人早就告诉我们：尊重，就是礼仪的核心。学习礼仪最重要的就是把握这一核心内涵。

一、尊重的含义

尊重，意思就是尊敬、重视。古语是指将对方视为比自己地位高而必须重视的心态及言行，现在已逐渐引申为平等相待的心态及言行。

二、尊重的意义

《孟子·离娄章句下》：爱人者，人恒爱之；敬人者，人恒敬之。意思就是爱别人的人，别人也永远爱他；尊敬他人的人，别人也永远尊敬他。尊重别人，就是自我尊重。

尊重是人与人的相处之道。尊重是发自内心的，是人和人之间的认同，是心和心之间的平等。在人与人的沟通与交流中，尊重是必不可少的。

尊重是一种修养，一种品格，一种对人不卑不亢、不俯不仰的平等相待，是对他人人格与价值的充分肯定。

三、尊重的体现

心理学家马斯洛认为，人们对尊重的需要分为两类——自尊和来自他人的尊重。

1. 尊重自己

尊重自己是一种本能，每个人都有自尊心。人的内心都渴望得到他人的尊重，但想要他人尊重自己，首先要自己尊重自己。人不自重，他人何以重之？

尊重自己，既不能自高自大、趾高气扬，也不要卑躬屈膝、妄自菲薄，而是要不卑不亢，坚持原则，坚守道德底线，绝不做违背良知底线的事。多反省自己，不妄自评论他人，"静坐常思己过，闲谈莫论人非"。这样，尊重了别人，也尊重了自己。

尊重自己还要知敬畏，心存对法规的尊重；要知羞耻，心存对道义的尊重；要知艰辛，心存对劳动者的尊重；要知感恩，心存对恩赐与爱的尊重。

2. 尊重他人

尊重他人是一种教养，我们要获取他人的好感和尊重，首先必须尊重他人。正所谓"你敬我一尺，我敬你一丈。""来而不往，非礼也。"受到尊重的人会变得宽容、友好、容易沟通。一个人不尊重他人，就难以得到对方的尊重。尊重他人，要注意以下几个方面。

（1）平等对待他人。心理学研究表明，人人都有友爱和受尊重的欲望，并且交友和受尊重的希望都非常强烈。如果你能以平等的姿态与人沟通，对方会觉得受到尊重，而对你产生好感；相反，如果你自觉高人一等，居高临下、盛气凌人地与人沟通，对方会感到自尊受到伤害而拒绝与你交往。诸葛亮曾说："勿以身贵而贱人。"人有贫富之差距，但无人格之贵贱。我们应该平等对待每一个人。

（2）对待他人要有礼貌。与人见面时，要注意自己的形象，要文明用语。

（3）理解他人。"己所不欲，勿施于人。"真正做到尊重他人，就要理解他人，不强人所难。要善于站在他人的角度，换位思考，感同身受，推己及人。

（4）尊重他人的劳动。任何一种劳动都是对人类的贡献，应该备受珍惜。各行各业的劳动者都是人类财富的创造者，都应该受到尊重。

（5）要善于欣赏他人，接纳他人。人无完人。我们每个人都有自己的不足，"尺有所短，寸有所长"说的正是这个道理。尊重他人，就要善于欣赏别人的优点、长处，接纳他人与自己不同的地方。要了解他人的忌讳，顾及他人感受，不在人前给人难堪。

（6）维护他人隐私。尊重他人，还要尊重他人的隐私，即不侵犯他人的私人空间，不传播他人的秘密，不搬弄是非、揭人短处，不触碰别人心底的痛。

（7）遵守对他人的诺言。"人无信不立。"不讲信用的人寸步难行。你在他人心目中的形象，可以从诚信方面看出来。如果不诚实，自然称不上尊重他人。

（8）尊重他人的选择，每个人都是独立个体，信仰什么，喜欢什么，完全自由。无论人生道路、兴趣爱好还是个人习惯，完全是私人化的，他人无权干涉。

总之，尊重就是要做到不鄙夷，不嘲笑，多理解。尊重自己也好，尊重别人也罢，都是既要有礼、有尊重这个内在核心，同时又要有仪、有外在的对尊重的体现和表达。

除了尊重自己，尊重他人，礼仪还承载着对社会、对自然的尊重。

3. 尊重社会

马克思说过，人是社会关系的总和。尊重社会，有助于美化人类自身的生存环境，有助于人类的最优化发展。尊重社会就应该讲究公德，维护秩序，保护环境，爱国守法。尊重社会，要通过不断地学习和修炼，达到道德修养的理想境界——慎独，真正成为有德懂礼的人。

4. 尊重自然

人与自然是命运共同体。自然是生命之母，人类之根基。大自然孕育了所有生命和物种，为人类文明的产生和发展提供了物质基础。人类生活在自然世界里，开发着自然、利用着自然。人与自然的关系，关乎人类的生存与发展。人类尊重自然，其实就是尊重人类自己。尊重自然首先要敬畏生命，无论动物、植物还是人类自己；尊重自然还要有生态意识，尊重生态平衡，按自然规律办事；尊重自然需要具有生态道德观，与自然和谐相处；尊重自然最重要的是付诸行动，从身边小事做起，"勿以善小而不为，勿以恶小而为之。"

思考与练习

1. 为什么说礼仪的核心内涵是尊重？

2. "敬人者，人恒敬之"。你认为应该怎样尊重他人？

3. 对照所学反思自己：你在尊重自己和尊重他人方面做得怎么样？今后应该在哪些方面更加注意？

4. 请搜集关于尊重的名言警句，并谈谈自己的理解。

要点回顾

1. 尊重是礼仪的核心内涵，学习礼仪最重要的就是把握这一核心内涵。

2. 尊重的含义为尊敬、重视。

3. 尊重是发自内心的，是必不可少的。人既要尊重他人，也要尊重自己。

第五节　礼仪学习的层次

　　客户的需求不同，对礼仪培训的要求也就不一样。曾经有一位企业的人力资源专员在培训前说：老师，您直接帮我们讲实操，理论的东西少讲点。讲讲会议的物品摆放，手势的应用，如何引导等。时间也不用太长，1个小时也就差不多了。可见，客户对礼的理解还只是在仪的表面，对礼的内涵认知还不够深入。还有一位信息技术公司的老总说："老师，请您给我们员工讲讲礼仪的重要性，他们对这个东西一点都不重视，问他们是否知道进门前要先敲门，人人都说知道，可是真正做起来都是直接推门而入，唉！"这说明前期的礼仪培训对于礼仪的内涵导入的太浅而不能与实际相结合，没有引起学员的重视。

　　对于礼仪的学习有没有方法，应该如何学习呢？其实，每一位礼仪培训的学习者都需要清楚了解自己处在学习的哪一个阶段。学习礼仪的过程就是自我修养的过程，同时也是了解自己、了解学员的过程，从学员做起，从对礼仪系统的认知开始，一步步成为礼仪文化的传播者，就像唐僧取经一样，礼仪学习虽不需要经过九九八十一难，但学习过程中的困难和疑惑还是需要去克服的。清楚知道自己所处的阶段，对于解决困难以及了解未来自己学员所在的位置是非常有帮助的。而在学习的层次上，我们提供如下两个方案。

一、智圣先师的答案——知、好、乐

　　《论语》中论述学习有三层境界，分别是：知、好、乐。

　　【原文】子曰："知之者不如好之者，好之者不如乐之者。"（《论语·雍也》）

　　【解释】对于学习，了解怎么学习的人，不如爱好学习的人；爱好学习的人，又不如以学习为乐的人。比喻学习知识或本领，知道它的人不如爱好它的人接受得快，爱好它的人不如以此为乐的人接受得快。

　　【分析】这一则讲的是兴趣对于学习的重要性，以及学习者的层次境界。学习知识重要的是培养学习的兴趣，俗话说"兴趣是最好的老师"。对知识的学习感兴趣，就会变被动为主动，以学习为乐事。在快乐中学习，既能提高学习的效率，还能够加深对知识的理解，这样学到的知识才能够灵活地运用。

孔子已经告诉了学习的三个境界，礼仪知识的学习同样有三个层次。

（1）学习层：以一颗格物致知之心，本着对知识的敬畏与尊重开启礼仪课程的学习，明确自己学习的目标，提前了解学习的内容，尽可能地知其然，再在课程上跟随老师的节奏知其所以然。而对于礼仪课程，如果把它仅仅当作是未来获取报酬的工具，那么对礼仪和他人尊敬的诚意、敬意便少了三分。需要明白的是，礼仪的学习首先要完成自我的修身养性。所以，需要从学习层开始便去探寻知识本身的魅力与自己的关系。这也就是孔子说的"知之者"。

（2）行为层：学习的过程会让你有实践的冲动，那么就请你去行动吧。学习之后的转化、复盘甚至是模仿都是很好的实践方式。光有学习而不行动、不实践，那就没有真正理解礼的内涵，没有意识到礼对人对己的重要性。所以学习后首先要完成的就是我能做到哪些？我将如何做到？更有好学者，为自己制订实践和行动的目标与计划。行动使我们有动力，有信心去完成并喜欢上知识。可以试想一下，当您将礼仪操分享给银行的职员，每天早上他们都用这样优雅端庄又正能量的方式去面对客户时，自己和客户的内心都将被美所打动、所感染。这就是行为的力量，也这就是孔子说的"好之者"，因为喜欢而乐于学习。

（3）知行合一：从愿意去实践，再到将礼仪内化成自己的一部分，便实现了知行合一。你可以对自己说：我就是这样的人。那一刻，你自己本身所有的行为就是你要传达的知识与理念，修养与敬意。而这一点在礼仪的学习中更为重要。每一位礼仪培训师都应该是践行礼仪的人，这样学员将在看到你的那一刻、与你相处的那一瞬间、和你沟通的一刹那被你吸引，同时看到礼仪学习的魅力，从而进入他的学习层阶段，形成一个良性循环。我们会发现礼仪的学习不同于学科类的学习，它是素养的教育，是人一生的学习；是一个人影响另一个人甚至另一群人的教育。无论是儿童还是成人，都有其学习礼仪的必要。

二、礼仪界专家的答案——净、敬、静

（1）净。干净、洁净。礼仪首先映入我们眼帘的便是一种标准、一种规范。学习礼仪时首先要做到的就是对具体知识内容的掌握，做到礼仪动作标准化、礼仪标准规范化。因为有了净，让每一位礼仪学习者内心的敬意有个可以安放的位置。也因为有了净，仪式感便有了呈现的形式。

（2）敬。敬是礼仪的核心。儒家讲"君子以诚敬存于心"。敬是礼的核心。礼就是用来表达心中敬意的。小时候读过一篇课文《十里长街送总理》，写的是1976年1月8日，深受百姓爱戴的周恩来总理因病逝世，首都北京无数普通百姓站在长安街上目送总理的灵车，这是一个个普通人向总理表达敬意。再比如升国旗仪式，《中华人民共和国国旗法》中明确规定：举行升旗仪式时，在国旗升起的过程中，参加者应当面向国旗肃立致敬，并可以奏国歌或者唱国歌。在天安门前升国旗时，当国旗护卫队的战士们昂首阔步，以挺拔的军姿和威武的气势手捧国旗走在金水桥上，当国歌声响起时，无论是3岁的小孩子，还是70岁的老人都会面向国旗肃立，而这些都是为了向国家的象征——国旗表达敬意，维护祖国的尊严。

所以说学习礼仪不仅仅要学习礼仪的动作、细节和知识，更要学习礼仪带给我们的恭敬心、尊重心。"夫礼者，自卑而尊人也。"将对方永远放在尊者的一方，同时用这样的方式获得对方同等的尊敬，双方都是尊者，也就都变得平等了。

（3）静。静是指内心的安定、宁静、从容与内敛，同时也是一份对自己的敬意。子路曾问孔子："何为君子？"子曰："修己以敬。"意思是说做人要恭敬，要内敛、自律，要用"敬"来修身。从自身做起，做一个"诚意、正心"的君子。可以说"静"是将"净与敬"结合在一起，将外在的形式与内心的尊重合而为一，真正做到内外兼修，知行合一。这也是礼仪学习的第三个层次。内在的文化修养为礼，外在的行为举止为仪。有礼至尚，化礼为仪，乃为礼仪。

"知、好、乐"与"净、敬、静"这六个字说的都与礼仪有关，也都与礼仪的学习有关，两者互为呼应、相互交融。这正是中华传统文化的精妙之处。

思考与练习

1.结合自己学习礼仪的过程谈谈对礼仪学习层次的理解。

2.对照自己所学，说说自己所处的学习层次，今后的礼仪学习应该如何开展。

要点回顾

1.从《论语》中了解学习的三层境界：知、好、乐。对于学习，懂得它的人，不如爱好它的人；爱好它的人，又不如以它为乐的人。

2.基于对礼仪的理解，了解学习的三个层次：净、敬、静。

第二章

商务举止礼仪

第一节　表情礼仪

　　一个人的面部表情能够反映出他的心理活动和情感信息，是对主观情感的外在表现，也是人类交往中一种重要的沟通方式。人类在神经系统的控制下，面部肌肉及其各个器官综合运用，变化调整，在面部外观上呈现出某种特定的形态，这就形成了可以传情达意，各不相同的面部表情，生动且丰富。喜悦、兴奋、悲伤、忧郁、惶恐、愤怒、失望、爱慕等情感，以及悲喜交加、爱憎交织、喜忧参半的复杂心理，都可以通过表情表现得淋漓尽致。戴尔·卡耐基曾经说过这样一句话："身上的衣着永远不及脸上的表情来得重要。"表情礼仪主要探讨微笑和眼神两个方面的问题，其总的要求是，理解表情，把握表情，在社交场合使自己的表情热情、友好、轻松、自然。

案例

　　某创业公司的小金是一位初入职场的应届毕业生。在一次接待任务中，领导安排他去机场接客户曲经理。当曲经理走下飞机后，小金举着接机牌接到了客户。因为是第一次与客户见面，握手时小金有点害羞，不敢与客户眼神交流；在引导客户上车时，他也一直低着头，虽然用手势在引导，但始终没有与曲经理目光交流，更没有寒暄，这让曲经理心里很不舒服，感觉被怠慢了，也认为是小金的公司不够重视此次会面。基于这种想法，曲经理把原本两天的拜访计划缩减到了半天，而且最终选择了与小金公司的竞争对手合作，小金公司就这样错失了合作的机会。事后公司才得知，客户认为小金公司在商务接待中的细节方面不走心，可能是企业对员工的职业素养教育不足，管理不够规范。由此，开始担心小金公司很可能对产品和售后细节方面的管理和规划也没有那么完善。所以，客户认为小金公司在管理方面不注重细节，不足以成为他们的合作伙伴。

分析

从这个案例我们可以看到，平日简单的一个举动，仅仅只是眼神运用的不到位，就会让客户关系产生负面的连锁反应。我们职场中日常的一举一动不仅代表着自己，更代表着企业形象和企业文化。所以，表情神态需遵循以下规则。

（1）表现谦恭。与人交往时，待人谦恭与否，人们可以很容易地从你的面部表情看出来，这往往也是交往对象可以直观感受到并且非常看重的。因此，与人交往时要注意自己的表情与人恭敬，与己谦和。

（2）表现友好。在生活和工作中，与人相处应友好相待。这一友好的态度，自然而然地在表情神态上表现出来。

（3）表现真诚。与人交往中的谦恭和友好，要出自真心，发乎诚意。这样才给人表里如一，名副其实的感觉，增进彼此的信任。

（4）表现适时。人们可以有很多表情，可以是平静、随和，也可以活泼、俏皮，还可以高兴、兴奋，或者气愤、悲伤。无论呈现出什么表情，都要与内心相符合，也要注意使之与现场的氛围和实际需要相符合，这就是所谓的表情神态要适合。

一、眼神

目光是人在交往时，一种深情的、含蓄的无声语言，眼睛是心灵的窗口，它在很大程度上能如实反映一个人的内心世界。曹雪芹在《红楼梦》中描写林黛玉时提道："两弯似蹙非蹙'绢'烟眉，一双似喜非喜含情目。泪光点点，娇喘微微。"短短几句对眼睛的描写就把林黛玉那内慧外秀，楚楚动人，惹人怜爱，多愁善感的形象完整地给读者呈现出来。孟子早在2000多年前说过："听其言也，观其眸子"（孟子《离娄上》）。人们的喜怒哀乐，爱憎好恶等思想情绪，都能从眼睛中表现出来。所以，我们常说目光也是一种语言，是一种真实、含蓄的语言。

在日常生活的交往中，眼睛所起的作用是不可低估的，它随时向外界传递着我们当下的内心状态，可以表达有声语言难以表达的意义和情感。

知识链接

京剧大师梅兰芳年幼时，两只眼睛微微近视，眼皮下垂，眼神不能外露，有时迎风还会流泪，眼珠转动也不灵活。这对一个演员来说，的确是个致命的缺陷。拜师时，老师说他长着一双死鱼眼睛，不肯教。梅兰芳不灰心，为此，他就开始驯鸽练眼功，无论严寒还是酷暑，每天天刚蒙蒙亮时，他就起床，去打扫鸽子笼，给鸽子喂食、喂水，鸽子队伍也从最初的几对壮大到后来的150多对。根据鸽子飞行能力的强弱，一对一对地把它们放上天空。放飞之后，梅兰芳既要观察鸽队飞行状况，又要训练新鸽子的飞行，还要轰赶停飞的老鸽子，更要注意鹞鹰的突然侵袭。所以无论哪一飞行环节，都要用眼神专注地注视蓝天中翱翔的鸽群。鸽子在天空盘旋，他的眼睛也不由自主地跟着运转。鸽子越飞越高、越飞越远，眼睛也越望越远，仿佛要望到天的尽头。鸽子自下起飞、自上降落，眼睛也自然地随其上下活动。所以梅兰芳在青年时期以后，眼睛是炯炯有神的，眼睛非常之漂亮和灵动。在京剧表演中，无须用语言提示，我们通过他的眼神就能感受他目光的移动、远近，感受到眼神表达的力量。所谓"一身之戏在于脸，一脸之戏在于眼"，可以看出仅仅只是眼神就在京剧表演中占有这么重要的位置。

职场与交际活动中人们的眼神受到文化的严格规范，即眼神礼仪。根据合适的场合，选择合适的目光与人交流是我们人际交往的必备技能之一，有以下几点需要掌握。

（一）注意视线接触的向度

1.正视对方

即在注视他人的时候，与对方正面相向。同时，还须将身体前部朝向对方。正视对方是交往中的一种基本礼貌，其代表的含义表示重视对方。

2.平视对方

在注视他人的时候，目光与对方相比处于相似的高度。在服务工作中平视服务对象，除了可以体现尊重的态度以外，同时也表现出双方地位平等和不卑不亢的精神面貌。这种眼神一般适用于普通场合与身份、地位平等之人进行交往时。

3. 仰视对方

在注视他人的时候，本人所处的位置比对方低，就需要抬头向上仰望对方。在仰视对方的状况下，往往可以给对方留下信任、重视的感觉。它表示尊重、敬畏之意，适用于面对尊长之时。

案例

央视著名主持人董卿女士曾在采访许渊冲先生时，由于许老年事已高，董卿为了能让老先生听得清楚，单膝着地跪下来采访，一直保持着仰视老先生的角度，认真地倾听老先生说着自己执着于翻译事业的故事。这也让网友们为她的此次举动点赞，称赞她是一个懂得尊重、不卑不亢、优雅谦恭的人。所以，我们的眼神姿态无时无刻不在传递着个人的职业素养和修养。

4. 俯视对方

即抬眼向下注视他人，一般用于身居高处之时。它虽然可对晚辈表示宽容、怜爱，但也可对他人表示轻慢、歧视。在商务会面或者服务沟通中切忌使用俯视、上下打量、斜视的目光。

5. 禁忌的眼神

正确地运用眼神是直视对方，但不能总盯着对方，比如"盯视""眯视"。

"盯视"，常常传递着一种不礼貌的语言。如果死死地盯着一个人看，特别是盯住他的眼睛，无论有意无意，都是一种失礼的表现，这样的眼神会让对方感到局促不安，像是你在打他的什么主意。因为，人们在凝视对方时，自己内心肯定会有心理活动，而对方也会有较强烈的心理反应。"盯视"在某些特定场合，是作为心理战的招数使用的，在正常社交场合贸然使用，便容易造成误会，让对方有受到侮辱甚至被挑衅的感觉。在我们的日常生活中经常遇到一些人的眼神令人生厌。比如，有的人看到对方的服饰或是长相比较出众，就"视无忌惮"地盯视对方，而人的第六感官都是敏感的，只要有人在盯视他，他马上本能地意识到，而且会马上将视线转向这个人。有涵养的不屑一顾，稍有不慎可能会激怒对方。东北有一个著名的段子，说两个人互相对视时，其中一方说"你瞅啥？"另一方回答道"瞅你咋地！"仅仅因为这一个眼神和两句对话，他们便不可开交地打了一架，原本只是无意的一个眼神，却成了挑衅的开始，多无辜啊！所以，尽管你不是恶意的也不要盯住别人使劲看，毕竟很不礼貌。

"睐视"，它除了给人有傲慢无礼的感觉外，同时也是一种漠然的语态。另外，在西方，对异性睐起一只眼睛，并眨两下眼皮，是一种调情的动作。眼睛的语言，其实透露着一个人的品质与修养。成熟的、有教养的人会善于控制自己的情感，不轻易让它从眼睛里流露出来侵犯别人。即使不喜欢对方的人和事，也不要轻易地做出一种鄙夷或不屑一顾的眼神，这也是一个人的修养。

（二）把握视线接触的长度

（1）眼睛注视对方的时间低于整个交谈时间的30%，属"低时型注视"，也是失礼的注视，表明他的内心自卑或企图掩饰什么或对人及话题都不感兴趣。

（2）眼睛注视对方的时间超过整个交谈时间的60%，属于"超时型注视"，一般使用这种眼神看人也是失礼的。

（3）标准注视时间是交谈时间的30%~60%，这叫"社交注视"。社交注视同样也受文化的影响，如瑞典人则要长久地看着对方的眼睛才不失礼。

（三）控制视线接触的部位

场合不同，注视的部位也不同。分为以下3种。

（1）公务目光。在洽谈、磋商、谈判等严肃场合，目光要给人一种严肃、认真的感觉。注视的位置在对方双眼或双眼与额头之间的三角区域。通常职场同事之间，客户之间，上下级之间在工作场合都会运用公务目光进行交流。

（2）社交目光。这是指在各种社交场合使用的注视方式。注视的位置在对方唇心到双眼之间的三角区域。通常休闲时间，聚会时间的朋友之间会运用社交目光进行交流。

（3）亲密目光。这是亲人之间、恋人之间、家庭成员之间使用的注视方式，注视的位置在对方双眼到胸之间。通常在私人生活中才会运用亲密目光进行交流。

综上所述，我们要在不同的场合运用相应的眼神，避免因场合不对，运用错误的眼神引起不必要的尴尬和误会。

（四）善用目光的变化

（1）交流过程中，直视对方的眼睛，通常在5~10秒，一般不超过10秒，让对方感觉更自然。直视对方的眼睛可以让人感到被重视。通常谈话之初或谈到重要问题时，会采用这种目光表达。但如果直视时间过久，就会给对方以

"盯视"的感觉，倍感压力。10秒钟后，可以让目光自然放松，做到散点柔视。

（2）散点柔视，即将目光柔和地照在对方面部的某个区域，而不是仅聚焦于对方的眼睛。交流过程中需注视对方时大多可以使用这种方式。避免凝视可转移视线，视线自然飘动。切忌盯视、眯视。

（3）眼睛转动的幅度与快慢都必须遵循一个"度"，不要太快或太慢，眼睛转动稍快表示聪明、有活力，但如果过度闪烁则会给人不诚实、不成熟，轻浮、不庄重的印象，如"挤眉弄眼""贼眉鼠眼"指的就是这种情况。但是，眼睛也不能转得太慢，否则就是"死鱼眼睛"。鲁迅描写祥林嫂遭受巨大打击迫害后，眼珠许久才转一下，表示她已被迫害得头脑迟钝了。所以眼睛转动的范围也要适度，范围过大给人以白眼球多的感觉，过小则显得木讷。

（4）注视全场时，可用环视的目光，照顾到每位客人或者每位聆听者。

二、微笑

微笑，是人类最基本的表情，从人一出生就被赋予了这种特殊的能力，可以说是微笑给人带来了自信和勇气。有人说一个微笑价值百万；也有人说，一个人之所以能够取得成功，与其具备的性格表现出来的个人魅力，以及他使别人心悦诚服的才能密不可分。而在令人信服的个性中，最可爱的一面当属能打动所有人的那一抹微笑。

微笑就是你的最佳名片。笑容是一种能令人感觉愉快的面部表情。不仅可以缩短人与人之间的心理距离，还可以为深入沟通与交往创造温馨和谐的氛围。微笑似乎总有一种魅力，可以使强硬者变得温柔，使困难变得容易克服。面对不同的场合，不同的情况，如果能用微笑来接纳对方，更表达出一个人待人的真诚。

真正的微笑发自内心，笑容中渗透着自己的情感。表里如一，毫无矫揉造作的微笑才有感染力。才能被视作社交的通行证。

（一）微笑的作用

（1）微笑表现心情良好。面露平和欢愉的微笑，说明心情愉快，充实满足，乐观向上，善待人生，这样的人才会产生吸引别人的魅力。

（2）微笑表现充满自信。面带微笑，表明对自己的能力有充分的信心，以不卑不亢的态度与人交往，使人产生信任感，容易被别人真正地接受。

（3）微笑表现真诚友善。微笑反映自己心底坦荡，善良友好，待人真心实意，而非虚情假意，使人在与其交往中自然放松，不知不觉地缩短了心理距离。

（4）微笑表现乐业敬业。工作岗位上保持微笑，说明热爱本职工作，乐于恪尽职守。在服务岗位，微笑更是可以创造一种和谐融洽的气氛，让服务对象倍感愉快和温暖。

微笑是一种人类生存的能力，微笑已成为衡量身体健康的一种正确有效的指示器。人生来就会笑，但很少有人知道，笑也是一种很好的健身运动，每笑一声，从面部到腹部约有80块肌肉参与运动，要是笑100次，对心脏的血液循环和肺功能的锻炼，相当于划10分钟船的运动效果。可惜，人到成年，每人每天平均只笑15次，比孩提时代每天笑400次左右少多了，对健康来说，这至少是令人遗憾的损失。只要发笑，嘴角和颧骨部位的肌肉便跟着运动，将嘴和两眼向上提拉，这种面部按摩可以阻止面部线条下坠。笑，不正是一种保持青春的美容操吗？

（二）微笑的"四要""四不要"

1. 微笑的"四要"

（1）要口眼鼻眉肌结合，做到真笑。发自内心的微笑会自然调动人的五官，使眼睛略眯、眉毛上扬、鼻翼张开、脸肌收拢、嘴角上翘。

（2）要神情结合，显出气质。笑的时候要精神饱满、神采奕奕、亲切甜美。

（3）要声情并茂，相辅相成。只有声情并茂，你的热情、诚意才能为人理解，并起到锦上添花的效果。

（4）要与仪表举止的美和谐一致，从外表上形成完美统一的效果。

2. 微笑的"四不要"

（1）不要缺乏诚意、强装笑脸。

（2）不要露出笑容随即收起。

（3）不要仅为情绪左右而笑。

（4）不要把微笑只留给上级、朋友等少数人。

（三）微笑的分类

一度微笑：优雅微笑（笑不露齿），微笑时嘴角肌上提，眼中有浅浅的笑意。待岗等候时，或办理业务程中，非交流的状态下，用一度微笑会创造温暖、温馨的环境和氛围（图2-1）。

图2-1 一度微笑

二度微笑：亲切微笑（4~6齿微笑），与客户或朋友交流时用二度微笑。以传递重视和亲切（图2-2）。

图2-2 二度微笑

三度微笑：热情微笑（8齿微笑），这是微笑的最高境界，一般会露出8颗牙齿，微笑时口轮匝肌、颧肌、眼轮匝肌同时运动。迎接、送客时可以采用三度微笑，以传递热情和友好（图2-3）。

图2-3 三度微笑

（四）微笑的训练方式

第一阶段：微笑训练的准备。

（1）给嘴唇肌肉增加弹性。张大嘴使嘴周围的肌肉最大限度地伸张，并保持 10 秒，使嘴角紧张。这个过程，称为"吃鸡蛋"，你想象自己在吃一整个鸡蛋，必须把嘴巴张得很大才能把鸡蛋放进你的嘴巴中。

（2）闭嘴鼓腮，使气体充盈整个口腔，同时让口腔内的气体快速在左右两颊来回晃动，持续半分钟到 1 分钟，以放松面部所有肌肉。

（3）丰富自己的"开心金库"。发自内心的微笑才会有感染力，所以培养积极乐观的心态是最重要的。"开心金库"里面存放能让自己开心发笑的"东西"，可以是笑话，搞笑视频，你自己经历过的让你开心的事情等。在微笑训练时，想想这些，会心一笑吧。

第二阶段：微笑的外在表现。

（1）眼中含笑：找一面镜子，到一个光线充足的地方，让柔和的光线照着你的表情。用一本书挡住眼睛以下的部位，对着镜子，想象你喜欢的人，或你憧憬、期待的事情，让你的脸上露出自然的微笑，注意观察你的眼睛和嘴唇是不是带有笑意。然后放松嘴唇，只保留眼睛的微笑，记住这种感觉，同时体会自己的面部状态和心情。

（2）咬筷子训练：用门牙轻轻地咬住木筷，把嘴角对准木筷，嘴角两边翘起，露出 6~8 颗牙齿，每天坚持练习至少 10 分钟。

（3）嘴角训练：张开嘴，拉紧两侧嘴角，练习时可发字母读音"VISKY""茄子""田七"等音，保持 10 秒。每天坚持练习至少 5 分钟。

（4）手指带动训练：伸出双手的食指，放在嘴角两边，向前移动 10 厘米左右的距离，目视前方。从 1 报数到 5，每报一个数，把两个食指往两边拉开一格，随着手指拉开，微笑也一度一度地增加，从眼中含笑，到露出牙齿，到绽放露出更多的牙齿，报到 5 的时候，呈现露出 8 颗牙齿的灿烂笑容。之后再从 5 报到 1，依次把两个食指一格一格收回，笑容也慢慢收回。报到 1 的时候，嘴巴闭上，眼中含笑。

用内心去感受微笑，做以上训练时，可以同时配上愉快的音乐或回忆美好的往事，喜悦的心情油然而发，找到满意的微笑表情，维持 30 秒。

第三阶段：相对训练。

两人或多人一组，相对训练，互相纠正。

优雅微笑养成，以上这些动作要记得对着镜子经常练习，只要勤加练习，就能养成肌肉的记忆习惯，正所谓：没有丑女人，只有懒女人。请记得，"你最经常的表情，终将雕铸成你的脸孔"，如果你天生一副"严肃""厉害"的面相，过了 18 岁以后就不能再责怪父母了，因为后天的表情所造就的新面孔只能由自己负责。从今天开始。每天都给自己一些微笑吧。多一些微笑，给自己也给他人，用微笑的力量慢慢地融化我们生活中的烦恼。微笑不仅仅是一种表情，更是一种态度，一种对生活的美好向往。每天出门，上班、上学的时候，记得抬头挺胸，深深呼吸一口新鲜的空气，感受一下阳光的存在，感受一下内心的宁静愉悦，向你见到的所有人微笑问好。

思考与练习

1. 每天用 5 分钟时间，从微笑准备开始。练习微笑，可用咬筷子法或手指带动训练，坚持 21 天。有条件时，也可以与小伙伴相互训练。

2. 如果你在向客户介绍你的产品，应该用几度微笑呢？应该用哪种目光呢？

要点回顾

1. 在人际交往中用眼神配合语言、肢体语言、微笑来表达内心对他人的尊重，让对方感受到"我眼中有您""我尊重您"。

2. 目光交流要注意视线接触的向度、把握视线接触的长度、控制视线接触的部位、善用目光的变化。眼神忌羞怯飘忽，忌无表情的眼神，忌注视过短或过长（一般注视时间为 5~10 秒），忌上下打量，忌多人交流时只看一人。

3. 微笑分为：一度：优雅微笑；二度：亲切微笑；三度：热情微笑。在生活和工作中要针对场景和氛围，表达自己的微笑和情感。

4. 微笑训练有多种方式，给自己 21 天的时间坚持练习，让你的表情传达你的自信以及对别人的友善与尊重。

第二节　举止礼仪

肖总的演讲

肖总是公司的负责人，因为工作的需要，常常需要做报告和演讲。让他很困惑的是，他觉得自己做报告时准备的内容很充分，站在台前也算是侃侃而谈，但无论是自己公司的员工，还是客户，似乎总是参与度不高，有人交头接耳，有人做自己的事情，居然还有人昏昏欲睡，这让他很郁闷。在一次公司年会后，回看自己演讲的视频时，肖总找到了答案。他发现自己在演讲时，身体习惯于斜靠着演讲台，或者用手支撑着演讲桌，这样让自己显得慵懒而疲惫；演讲过程中，有时双臂环抱于胸前，显得拒绝又防备，有时双手叉腰，显得盛气凌人；他以前从未发现自己在台上是如此的"台风"，难怪不受欢迎。他心里责怪自己，只关注了演讲的内容，没注意到形象的重要性。

肖总沉浸在自己的世界里，却对台下听众的感受一无所知。如果他能敏锐地觉察到大家的情绪和状态，相信他会更注重台上自己的仪态和精神状态，用得体的举止来打动员工的心。

举止是指人的仪态和动作，日常生活举手投足，一颦一笑，站坐行走都可以概括为举止。我们在日常生活中会遇到各种各样的人，从一个人的言谈举止中可以直观判断出他的修养以及他的性格特点。一个身姿挺拔，面带微笑，举止优雅，谦恭有礼的人，一定会给人留下自信而有教养的好印象，可以获得更多的机会。反之，一个体态松懈，面无表情，行走拖沓，站坐松软如泥，举止低俗的人，会给人无能、自卑或懦弱的印象，哪怕他能力再强，也容易失去很多机会，何谈成功！拥有文雅的举止，良好的形象，是成功人生迈出的第一步！

举止可以说是人的外在表现，但它有美丑之分，雅俗之别。那么怎样才算美好文雅的举止呢？可以概括为五大要素：自然，稳重，得体，文明，优雅。

自然：自然是最美的，如行云流水，动静自如，自然是举止的首要素。

不造作，不呆板，不装腔作势，就是自然。微笑是发自内心的，内心和表情一致才能绽放出自然的笑容；站坐行走四肢协调，这样才能让人感受到真诚和舒适。

稳重：稳重有时是某种工作性质、职业及职位特点需要而决定的。稳重的人为人处事和待人接物都显沉着稳健，举止优雅端庄，办事有条有理，情绪稳定，不会喜怒无常，也不会毛手毛脚、丢三落四。

得体：举止符合身份，适应场合，顺应情景，就是得体。如公务人员举止代表着单位、国家、民族的形象；商务人士的举止代表着个人、单位、行业的形象。在不同场合，不同身份及环境下，举止要求不一样。在职场严肃的场合要求举止庄重，在社交轻松场合可以活泼开朗一些。

文明：在公共场合遵守公共秩序，讲究公共文明，言谈举止要尊重他人。而斜眼看人、手指指人、抖腿等，都是不礼貌的行为，应该杜绝。

优雅：优雅的举止是最高境界，也是一种文化品位和个人修养的综合体现，想拥有优雅的气质，除了要掌握基础的举止礼仪外，还需要加强自身内外兼修，在实践中去磨炼才能达到。

一、站姿

站立是人最基本的姿态，是一种静态的美。古人云：站如松。拥有挺拔的身姿是一个人健康的象征，是体态之根，是好形象的基础。美国著名作家威廉姆·丹福斯曾经说过："我相信一个站立很直的人的思想也同样是正直的。"因此，站姿是职业人士工作和日常生活中最引人注视的姿态，良好的站姿能衬托出优雅的气质和风度，是仪态美的起点。

（一）站姿要点

站立时，身体应与地面垂直，保持身形挺拔，从侧面看需要四点一线，即耳朵、脖子、肩膀、大腿呈一条直线。

抬头，下颌微收，脖子立起，双肩下沉打开，挺胸收腹，气息向上，双臂自然下垂或在体前交叉，身体重心在两前脚掌上，眼神平视前方，面带微笑，平稳站立，头正身正，端庄大方。女性要求双膝并拢。

（二）站姿禁忌

站立时避免总是低头，或歪脖、驼背、斜腰、屈腿等不良姿态。在正式场合不要将手插在裤袋里、不交叉在胸前、不双手背在后面，更不要身子东歪西倒或下意识做些小动作，那样不但显得拘谨不自信，也有失仪态的庄重。

（三）女士站姿

1. 基本站姿

在正式场合或工作场合可使用图2-4所示的基本站姿，得体大方。双手四指伸直并拢，虎口交叉，大拇指内收于掌心，叠放在腹前（大拇指靠在肚脐下3厘米处），右手在上方。脚位可采用小八字步，即脚后跟并拢，脚尖微开呈30°角。

图2-4　基本站姿

2. 交谈站姿

在演讲或与人交流时可使用图2-5所示的交谈站姿，自信从容。双手虎口交叉相握放在腰际，掌心向下，微压手腕，四指可自然弯曲，右手在上方。脚位可采用小八字步，即脚后跟并拢，脚尖微开呈30°角。

图2-5　交谈站姿

3. 礼宾站姿

在迎接宾客或举行隆重的仪式时可使用图 2-6 所示的礼宾站姿，以表隆重和正式。双手四指伸直并拢，虎口交叉，大拇指内收于掌心，放在腰际，肘关节向两侧展开，右手放上方。脚位可采用丁字步，即后脚的脚尖朝向斜前方大概 45°，前脚的脚跟放在后脚的足弓处，双脚呈丁字状，60° 夹角，双腿直立之间不能有缝隙，身体的重心在后腿上。

图2-6　礼宾站姿

（四）男士站姿

1. 前握式站姿

这种站姿适合与人交流时使用。双脚平行站立，双脚不超过肩宽，左手握住右手手腕，注意左手大拇指不要藏内里，不可上翘，双手自然下垂于腹部

（图 2-7 ）。

图2-7　前握式站姿

2.双手垂放式站姿

这种站姿适合严肃的正式场合。双脚平行，双脚不超过肩宽，双手自然下垂，放在身体两侧，双手的中指贴于裤缝（图 2-8）。

图2-8　双手垂放式站姿

二、坐姿

坐姿是一种静态之美，端庄优美的坐姿给人留下文雅稳重大方之美的印象，古人云：坐如钟。

（一）坐姿要点

腰背挺直，双肩放松，女性双膝要并拢，双手重叠放于一条腿上；男性双膝可分开但不超过肩宽，双手分别放在双腿上。无论何种坐姿，上半身都要保持直挺，久坐想靠椅背时要坐满椅子。

（二）坐姿禁忌

在正式场合，入座和离座要轻缓，端庄稳重，不要弄得桌椅乱响，制造尴尬气氛；不可瘫坐在椅子上、不可鞋底朝外、晃动椅子、抖脚、身体后仰等，这些动作都是不礼貌的行为。

（三）入座要求

从椅子左侧入座，左侧离座。正式场合入座不可太深，一般坐椅子的三分之二或二分之一（根据椅子的面积），上半身要保持直立。坐下后，如身边有人，身体略微倾向交谈对象，面带微笑，也可微欠身问候，以表谦恭有礼。

（四）女士坐姿

1. 正位式

这是基础坐姿，在正式场合可使用这种坐姿。双腿并拢，双脚并拢，踩实地面，双手虎口交叉相叠放在大腿一侧中间位置，右手在上方。呈 3 个 90°，即上半身与大腿呈 90°、大腿与小腿呈 90°，小腿与脚掌呈 90°（图 2-9）。

图2-9　正位式坐姿

2. 曲直式

这种坐姿在生活和工作中都可以使用。双膝并拢，前脚微前伸，后脚向后撤一小步，使后脚的脚尖与前脚的脚跟位于同一水平线位置。双手虎口交叉相叠放在大腿一侧中间位置，右手在上方，上半身要保持直立（图 2-10）。

图2-10　曲直式坐姿

3. 斜放式

这种坐姿在穿裙装并且座位较低时采用。双膝并拢，双腿的小腿和脚踝都要并拢，双脚和小腿向一侧斜放，脚尖顺着小腿方向延伸出去，大腿与小腿保持90°夹角。双手虎口交叉相叠放在大腿一侧中间位置，右手在上方，上半身要保持直立（图2-11）。

图2-11　斜放式坐姿

4. 交叉式

这种坐姿在生活和工作中都可以使用，是通用场合的一种坐姿。在斜放式的基础上，一只脚在另一只脚后跟处交叉，脚尖顺小腿方向。双手虎口交叉相叠放在大腿一侧中间位置，右手在上方，上半身要保持直立（图2-12）。

图2-12　交叉式坐姿

5.架腿式

这种坐姿适合较为优雅的社交场合或拍照时使用。在斜放式的基础上，一条腿架于另一条腿上，大腿之间没有缝隙，小腿完全重叠，脚尖朝下，与地面呈45°夹角，脚尖绷直与小腿同一方向。双手虎口交叉相叠放在上面一条腿中间位置，右手在上方，上半身要保持直立（图2-13）。

图2-13　架腿式坐姿

（五）男士坐姿

1.标准式

这是基本坐姿，在正式场合可使用这种坐姿。上身保持直挺，坐椅子的三分之二，大腿与小腿呈90°夹角，双脚分开，双膝分开，平行不超过肩宽，双手可以半握式或者握空拳式放在大腿靠近膝盖的位置（图 2-14）。

图2-14　标准式坐姿

2. 重叠式

这种坐姿一般在与人交流时使用，属交流式坐姿。上半身保持直挺，下面的腿垂直于地面，上面的腿在其正上方重叠，上面的脚尖微向下，双手可相叠放在大腿上，也可以放椅子扶手上（图 2-15）。

图2-15　重叠式坐姿

三、走姿

走姿是站姿的延续动作，是在站姿的基础上展示人的动态美。无论是在生活中还是在工作或社交场合，走姿往往是最引人注目的身体语言，也最能表现一个人的风度和活力。

国庆大典的阅兵式中，当威武的步兵方阵迈着齐刷刷、气昂昂的步伐走过天安门广场时，全国人民都为之自豪；奥运会开幕的仪式，颁奖仪式上，当礼仪小姐昂首挺胸、整齐划一、仪态万方地进场时，瞬间吸引了人们的目光。走姿，展现着商务人士的精神风貌，也体现着职业素养。

（一）走姿的要求

步位：步位指的是走路时脚迈出后落地的位置，工作场合走路时步位应为一条直线，即左脚内侧边缘与右脚内侧边缘落在一条直线上，从正面看时两腿之间基本无缝隙，脚尖朝向正前方或略向外10°以内。

步距：步距指的是每跨出一步时，前脚跟到后脚尖之间的距离，正常工作场合，步距应控制在1脚到1脚半的距离。一般来说，个子较高的人腿比较长，步距也比较大，个子较小的人腿比较短，步距也会小一些。如果大个子的人迈小步，小个子的人迈大步，看上去就会很不协调。

起步：工作场合走路时步伐轻快，有节奏。抬头、挺胸、收腹、双肩自然下垂，保持身体的挺拔。步伐稳健，步履自然。起步时，身体微向前倾，身体重心落于前脚掌，行走中身体的重心要随着移动的脚步不断向前过渡，而不要让重心停留在后脚，并注意在前脚着地和后脚离地时伸直膝部。

摆臂：走路时，小臂带动大臂自然摆动，摆臂幅度不要超过身体正中线。

稳定：走姿训练时可以在头上放一本书，在整个行走过程中保持书不可落下，以控制头正肩平，并确保身体的稳定性（图2-16）。

图2-16 走姿

（二）行走的注意事项

（1）超过两人，或多人一起行走时，尽量不要横排，否则可能会阻塞道路，妨碍他人行走。

（2）在工作场合不可随意奔跑，奔跑给人的感觉是有事情发生，或情况紧急，控制不了场面。

（3）同行时，步距大的人要适当照顾步距小的人，不能只顾自己，而让步距小的人紧追慢赶。

（4）在马路上行走时，让尊者、客户、女士走在内侧，即靠近人行道或靠墙的一侧。

四、蹲姿

在工作与日常生活中，人们常需要降低体位以便捡起掉在地上的东西，或者插插头，收拾地面物品等。如果在一个比较正式的场合，采取弯腰捡拾的姿势难免失当。尤其是女士穿裙装时，采取这种姿势更是不雅观。正确的方式是采用蹲姿。

（一）高低式蹲姿

职业人士一般采用高低式蹲姿，它的基本特征是下蹲后双膝一高一低，双脚一前一后，前脚的脚掌完全着地，后脚的脚掌着地，脚跟提起。女士双手可交叉轻握放在一条腿上，双腿并拢；男士双手可各放于一条腿上，双腿微分不超过肩宽。

下蹲时的基本要求：工作场合，物品在哪边，下蹲后哪边的腿放低。例如，东西在右边，可以右腿后撤一小步下蹲，或左腿向前一小步下蹲，蹲下后即为左腿高右腿低。避免摇晃，上身直立，重心放在后面一条腿上。如下蹲时旁边站着其他人，尽量使身体的侧面尤其是腿高的一面对着他人（图2-17）。

图2-17　高低式蹲姿

（二）交叉式蹲姿

这种蹲姿难度较大，一般用于舞台演出后大合影时，第一排的女士需要正面朝前并下蹲时使用。交叉式蹲姿在下蹲时，右脚在前，左脚在后，右小腿垂直于地面，全脚着地，左膝由后面伸向右侧，左脚跟抬起，脚掌着地。双腿靠紧，合力支撑身体。臀部向下，上身稍向前（图2-18）。

图2-18　交叉式蹲姿

（三）蹲姿的禁忌

（1）不要突然下蹲。

（2）不要距人过近。

（3）不要方位失当。

（4）不要毫无遮掩。

（5）不要蹲物体上。

（6）不要蹲着休息。

五、手势

手势礼仪是一种动态语言，表现的含义非常丰富，不同的手势应用在不同的场景中，如引导入座，指引方向，介绍人或物等。心有所思，手有所指，手势对他人表达的不仅是指示，也是一种感情，一份尊重。

（一）手势礼仪要点

掌心朝上或倾斜45°，五指伸直并拢，手掌和小臂呈一条线，配合语言和表情。

（二）手势礼仪禁忌

不可掌心朝下，不可用手指指点点，放下手时不可晃动，这样不但不礼貌，还严重影响形象。

（三）商务场合的六种手势

1. 前伸式

右手向正前方伸出，手掌斜切地面约45°，小臂与手掌呈一条线，五指伸直并拢，身体微前倾，左手自然下垂。

前伸式的手势，用于面对面的指示，例如柜面服务时的"您好，请坐"手势（图2-19）。

图2-19　前伸式

2. 斜臂式

手掌和小臂呈一条线，肘关节自然弯曲，手指伸直，五指并拢，指向斜上方或者斜下方。

斜臂式的手势，用于向斜上方或斜下方的介绍或提醒。如："请看这里""请小心台阶"（图2-20）。

图2-20　斜臂式

3. 提臂式

小臂自然提起，大臂与小臂呈 90° 左右夹角，肘关节与身体保持一拳的距离，小臂和掌心呈一条直线，五指并拢，倾斜 45°。

提臂式的手势，用于室内或近距离的指引或指示，如："请往右边""请到 1 号柜台"（图 2-21）。

图2-21　提臂式

4. 直臂式

手掌小臂大臂与肩平行，呈一条线，五指并拢，手掌倾斜 45°，指向远方。

直臂式的手势，用于室外或远距离的指引或指示，如："请往前走"（图 2-22）。

图2-22　直臂式

5. 横摆式

手掌和小臂从身体右侧提起，并向右展开，手掌和小臂呈一条直线与地面平行，大臂与小臂呈 90° 角，五指并拢，掌心向上。

横摆式的手势，用于引导或介绍重要人物，如："请随我来""这位是王总"
（图 2-23）。

图2-23　横摆式

6. 曲臂式

五指并拢，手掌小臂呈一条线，自然弯曲摆置腹前，小臂与腹前保持约一
拳的距离。

曲臂式的手势，用于开门的指示，或电梯间的指示。一手拉开门或按电梯，
另一手使用手势，如："请进""您先请"（图 2-24）。

图2-24　曲臂式

（四）递接资料或物品

1. 递接资料

递资料时，双手拿在资料两侧或下方，文字正面朝对方，身体微微前倾，
面带微笑，递于对方手中，配合礼貌用语；接资料时，身体微前倾，双手接拿，

面带微笑并道谢。

2.递接物品

在递送或接取物品时，均需双手或右手，身体微前倾，同时配合微笑和礼貌用语。在递送笔、剪刀及各种锐利物品时，应注意将尖端部分朝向自己侧下方递给对方，避免误伤。

思考与练习

1.请思考，你觉得应该从哪些方面训练自己的仪态，以便符合礼仪规范要求？

2.每天花10分钟时间，练习自己的站姿、坐姿。观察自己做得是否标准，如果有不规范的地方，加以纠正和练习。

要点回顾

举止是指一个人的仪态和动作，包括站姿、坐姿、走姿、蹲姿、手势等。举止反映着一个人的精神状态和礼仪素养。

第三章

商务形象礼仪

案例

1991 年，比尔·盖茨要在拉斯维加斯发表演讲。但是，演讲并不是比尔·盖茨的强项。为了使自己以更好的形象出场，比尔·盖茨专门请来了演讲博士杰里·韦斯曼为自己的演讲进行指导。韦斯曼在演讲辅导方面是一位专家，经验非常丰富，曾经帮助几个电脑公司的高层经理克服了对演讲的恐惧感。他对比尔·盖茨的演讲词、手势、表情都进行了全新设计，他们在一起排练了 12 个小时。比尔·盖茨正式演讲时，熟悉比尔·盖茨的人都非常吃惊，只见比尔·盖茨一改往日随意的形象，穿了一套昂贵的黑西服。他那尖锐的噪音虽然无法改变，但丝毫没有影响到他的演讲。结果，这场主题为"信息在你的指尖上"的演讲传遍美国，获得了巨大成功。

分析

案例中比尔·盖茨的全新形象给人们留下了深刻印象。即使成功人士如比尔·盖茨，也依然注意个人形象。一个注意形象并自觉保持好形象的人，总能在人群中得到信任，总能在逆境中得到帮助，也必定能在人生的旅途中不断找到发挥才干的机会，最终做到时刻用自己的风采魅力影响别人，活出真正精彩和成功的人生。所以，好形象是人生的一种资本，充分利用它不仅能给你的日常生活添色加彩，更有助于提升你的影响力，助你走向成功。

第一节　形象礼仪的内涵

一、形象礼仪的概念

形象礼仪是指一个人的仪表要与他的年龄、形体、职业和所在的场合吻合，表现出一种和谐，并能给人以美感，增进彼此的好感。随着社会的不断发展和人类文明的进步，形象已经成为个人内涵的重要外在体现，是个人的品位和素养的体现，形象的信息表达着一个人的过去、现在和将来。有一句谚语是这样说的："没有人愿意花大量的时间，通过你邋遢的外表去了解你的内在。"良好的外在形象可以通过外在形式，比如服装搭配、妆容等来提升，也需要建立在一定的文化、素养、品味基础之上。

二、形象礼仪的标准

良好的职业形象要达到以下几个标准。

1. 与个人职业气质相契合

对于服装，严肃性行业想穿出被尊重感，可选择深色的套装；创意性行业想穿出被欣赏感，需要标新立异；特定性行业想穿出被信赖感，可选择其行业特定的服装。

2. 与个人年龄相契合

儿童时期，服装选择和性别有关；

少年时期，服装选择和场合有关；

青春时期，服装选择和性格有关；

成年以后，服装选择和职业有关；

四十不惑，服装选择和态度有关；

五六十后，服装选择和使命感有关。

3. 与办公室风格相契合

如现代化、中式、欧式、混搭式、地中海式等不同的办公室风格,适合的职业形象要求有所区别。

4. 与工作特点相契合

要让人感到明快、热情、快节奏。

5. 与行业要求相契合

需符合大家对行业的期待和印象,从而产生信任感。

三、良好商务形象的意义

(一)好形象可以经营人脉

真诚的形象帮你构建良好的人际关系。我们常说"人穿衣",即穿你好看的衣服。而更有魔力的其实是"衣穿人",把你的目标穿在身上,就能搭建属于自己标签的社交圈,吸引同频人的关注,从而游刃有余地经营自己的人脉。

(二)好形象可以赢得信任

生活中,有人潇洒人见人爱,有人抱怨无人赏识;有人展现真我,活出精彩,有人哀怨苍天无眼,命运不济。为什么同样生活在社会中,却有着不同的境遇,不同的结果呢?生活经验告诉我们,每个人都想追求完美的人生,但很少有人真正去注意自己在社会交往中的形象。这种形象不仅仅是仪容仪表的刻意修饰,更是温柔的性格、积极的心态、文雅的修养带给人的影响力。

(三)好形象可以少走弯路

出色的形象会帮助你在交流中少走弯路,减少不必要的挫折。努力让自己"看起来像个成功者和领导者",相信自己的价值,只有这样,你才有机会收获别人的认可,让自己脱颖而出。服饰即名片,你就是你所穿的样子。我们的着装影响着外界对待我们的态度,有格调的穿着可以更容易地赢得他人的信任和好感。你会发现有时候成功也可以是件很简单的事情。佛语云:"万象皆由心生,心有所想、身有所动。"恰当的身体语言可以为形象加分,所以,与人握手的时候,需要注意握手的方式、力度、时间等。爱尔兰作家奥斯卡·王尔德也曾说过:"爱自己,是终身浪漫的开始。"你的形象,不仅仅体现了你的生活状态,更体现着你的生活态度。如果你不能呈现最好的状态,形象就会向他人宣告:你已被工作打败,向生活妥协,对岁月低头,成为一个"失败者"。

（四）好形象反映好心态

心动总是在初见时的一刹那，给他人美好的第一印象永远不会有第二次机会。许多人因为邋遢的外表形象而找不到工作，为此苦恼不堪。美国成功学家拿破仑·希尔说："一个人能否成功，关键在于他的心态。"成功人士都有一种积极的心态，而仪表服饰是这种积极心态的外在表现，正式的、得体的、优雅的仪表能够增加人的自信和积极奋发的、进取的、乐观的心态，这种心态能让你更好地去面对现实，处理人生所遇到的各种矛盾、困难和问题，从而提升幸福感。

思考与练习

1.想想在生活和工作中，精致的妆容、得体的举止，良好的形象带给你怎样的心理体验。

2.假如你要出席一个商务活动，你将如何设计自己的形象？

要点回顾

1.形象礼仪的概念指一个人的仪表要与他的年龄、体形、职业和所在的场合吻合，表现出一种和谐，并能给人以美感，增进彼此的好感。

2.良好的职业形象要达到的标准是：与个人职业气质相契合，与个人年龄相契合，与办公室风格相契合，与工作特点相契合，与行业要求相契合。

3.良好商务形象的意义是：好形象可以经营人脉，好形象可以赢得信任，好形象可以少走弯路，好形象反映好心态。

第二节　仪容礼仪

　　一次商务洽谈中，对方的市场经理着装干练，举止得体，十足的职场女神形象。但是在一次近距离接触中，在她一甩头发一侧的耳朵暴露在我的面前之时，令人尴尬的是让我清晰地看到了她耳朵上的污垢。在之后的交谈中，她刚喝过牛奶后嘴里发酵的气味又不时飘进了我的鼻腔……从那以后，虽然还是觉得她很有范儿，但再也不觉得她有气质了。

　　魔鬼都在细节里，细节的失误会让你的美丽大打折扣。细节就是那个别人看在眼里记在心里，却不会告诉你的那些事儿。

　　日常生活和工作中良好的仪容仪表反映出一个人的精神状态和礼仪素养，是人们交往中的"第一形象"。天生丽质、风仪秀整的人毕竟是少数，但却可以靠化妆修饰、发式造型、着装佩饰等手段，弥补和掩盖在容貌、形体等方面的不足，并在视觉上把自身较美的一面展露、衬托和强调出来，使形象得以美化。远看很协调，近看很美丽，细看很精致。

一、仪容的含义

　　个人形象最基本的含义就是外表、容貌，其中容貌指的就是仪容。"内正其心，外正其容。"个人礼仪的首要要求就是仪容美化。它是仪表美化的重中之重。在人际交往中，一个人的仪容不仅会引起交往对象的特别关注，还会影响到交往对象对自己的整体评价。因此，我们必须重视对自己的仪容进行必要的修饰和整理。这既是对他人的尊重，也是对自己的尊重。

　　仪容是由发饰、面容以及人体所有未被服饰遮掩的肌肤所构成，是个人仪表的基本要素，是最受他人关注的部位，也是了解一个人、观察一个人的最佳窗口。每一个人都应优化自己的仪容，针对职业的不同要求优化自己的形象。

仪容美化的含义包括三方面：

（1）自然美。是指仪容的先天条件好，天生丽质。尽管以相貌取人不合情理，但先天美好的仪容相貌，无疑会令人赏心悦目，感觉愉快。

（2）修饰美。是指依照规范与个人条件，对仪容进行必要的修饰，扬其长，避其短，设计、塑造出美好的个人形象，在人际交往中体现出有备而来，自尊自爱。

（3）内在美。是指通过努力学习，不断提高个人的文化、艺术素养和思想、道德水平，培养出自己高雅的气质与美好的心灵，使自己秀外慧中，表里如一。

二、仪容修饰方法

（一）仪容修饰的要素

干净。要勤洗澡、勤洗脸脖颈、手也要洗得干干净净，并经常注意去除眼角、口角及鼻孔的分泌物；勤换衣服，消除身体异味；有狐臭要搽药品或及早治疗。

整洁。即整齐洁净、清爽。

卫生。讲究卫生。勤洗澡；早中晚刷牙，饭后漱口，不能当着客人的面嚼口香糖；指甲要常剪；头发按时理，不得蓬头垢面。

简约。简练、朴素，商务场合忌讳标新立异。

端庄。仪容庄重大方，斯文雅致，不仅会给人以美感，而且易于使自己赢得他人的信任。相形之下，将仪容修饰得花里胡哨、轻浮怪诞，是得不偿失的。

（二）仪容的卫生要求

良好的仪容卫生给人带来端庄、稳重、大方的良好印象，既能体现自尊自爱，又能表示对他人的尊重与礼貌。

头发要勤于梳洗，发型要朴素大方。男士可选择中分式、侧分式、短平式、后背式。前不遮眉、侧不遮耳、后不及衣领，不要烫发；女士可选择齐耳的短发式或留稍长微曲的长发，发不可遮脸，刘海不宜过低。在正式商务场合，无论男士还是女士，都不可将头发染成夸张的颜色。

面部要注意清洁与适当的修饰。男士要剃净胡须、刮齐鬓角、剪短鼻毛，不留小胡子和大鬓角。女士可适当化妆，但以浅妆、淡妆为宜，不可浓妆艳抹，并避免使用气味浓烈的化妆品。

勤洗澡、勤换衣袜、勤剪指甲、勤漱口。上班前最好不要吃大葱、大蒜之类有异味的食物，必要时可含一点茶叶或嚼口香糖，以去除异味。

（三）仪容修饰的要点

职场妆容具有简洁、清丽、素雅的特点。给人传递专业、干练感，同时又不过于强势。在用品的选择上要少而精；在颜色选择上要少色、淡色、自然色；画法上线条要简单，忌夸张的修饰。一切画法都要以"自然"为核心。

眉毛。应坚持修剪眉毛，其长度、形状要适当，将多余的眉毛修理掉，保持清晰的眉形。

眼睛。眼睛是心灵的窗口，能反映人的神采和风韵。眼部的清洁很重要，应确保眼中无分泌物、不充血，并保持眼部四周的清洁。佩戴眼镜者应注意保持眼镜片的干净。

耳朵。耳朵是接受声音信息的重要器官。在日常生活中，对耳朵的清洁注意以下两个方面。

一是平时洗澡、洗头、洗脸时，应安全地清洗一下耳朵，及时清除耳朵孔中的分泌物。

二是对于长得较快的耳毛，应及时修剪。

鼻子。鼻子需要做的清洁工作有：

（1）鼻腔要随时保持干净，不要让鼻涕或别的东西充塞鼻孔。

（2）及时修剪鼻毛。

（3）如果有条件，应每半个月清理一次"黑头"，以免影响自身形象。

嘴部。嘴部需要做的清洁工作有：

（1）清洁口腔。保持牙齿洁白，口腔无异味，是对口腔的基本要求。坚持每天早、中、晚刷三次牙，尤其是饭后，一定要刷牙，以去除残渣、异味。另外，在重要应酬之前忌食蒜、葱、韭菜、萝卜、腐乳等可让人口腔发出刺鼻气味的食物。

（2）清除胡须。在正式场合，男士留着乱七八糟的胡须很失礼，而且会显得邋里邋遢。个别女士若汗毛浓密，应及时清除。

（3）避免异响。嘴、鼻子及其他部位发出的咳嗽、呵欠、喷嚏、吐痰、吸鼻、打嗝等不雅之声，统称为异响，在社交场合应当避免出现。如果不慎弄出了异响，应向身边人道歉。

（4）在生活中，为了使嘴唇富有润泽感，年轻女性可用唇彩，避免用过深的口红。唇线不可画得太深，以避免过于突兀。

脖颈。脖颈需要做的清洁工作有：

（1）清洗。不要只顾脸上干干净净，而忽略了对脖颈部的清洗，特别是颈后、耳后，绝不能成为"藏污纳垢"的地方。

（2）护肤。颈部的皮肤细嫩，应给予相应的呵护，防止过早老化。

知识链接

面容细节检查要领（图3-1）

图3-1

①面部清洁干净，保持滋润

②检查胡子，剃须保持一整天的干净利落

③检查鼻毛是否外露

④检查两侧耳朵里外是否干净

三、发型修饰

人们常说"远看头，近看脚。"发型是职场人员应该注意的细节问题。干净整洁的发型会令人感到舒适，同时增加对你专业度的信任值。相反，职场人员没有遵守场合规则，也没有细心打理头发，则不会给人留下好印象。

（一）女性发型

女性的发型塑造空间很大，因此很多人会出现与场合不搭的情况。一般对于职场人员来说，首要考虑的因素是是否符合自己的职业特性以及当下的场合。干净、整洁的盘发应是长发女性的首选。刘海应不超过眉毛，碎发应用发胶固定好。若是选择其他造型，切记不可浮夸个性。发型在人际交往中，直接影响他人对你的评价，所以要做到符合场合、干净大方、风格庄重。

（二）男性发型

随着时代发展，男性的发型也是各式各样。从头发的长度、造型上来看，不同的风格适用于不同的场合，得体的发型能体现出男性的专业度。

头发检查要领（图3-2）	
　图3-2	①头发是否干净整洁无异味
	②头部肩膀周围是否有头皮屑
	③男士头发前不遮眉、侧不盖耳、后不压领
	④女士头发是否盘起、无碎发

四、手部护理

在人际交往中，手是人们用得最频繁的一个部位，干净的手部会让人对你产生信服感，而不洁净的手部则会令他人不舒服。手部管理对于各位职场达人来说也是必不可少的。

（一）指甲管理

无论对于男性还是女性，指甲的修剪尤为重要。指甲不宜留得过长，应做到每个指甲干净整洁，长度一致。甲缝及时检查，避免藏污渍。女性若涂指甲油以裸色为首选，不宜涂过于夸张的颜色。

（二）手部保养

尤其是秋冬季节，手指容易出现冻疮、干裂等现象。清洗手部后可涂抹护手霜，或定时做手膜。选择科学的护理方法。

手部整理检查要领（图3-3）	
　图3-3	①双手是否干净、滋润
	②手指甲是否剪干净、整齐
	③手指甲里是否有污渍？指甲周围是否有肉刺
	④女士涂抹指甲油以透明色、粉色或肉色为主，检查是否涂抹得完整

五、口腔清洁

商务场合洁白的牙齿、清新的口气，会给人留下良好的印象。自信的笑容除了嘴角上扬一定还要露出洁白的牙齿，给人留下干净、整洁的印象，这样会大大提升你的魅力指数。一个露出牙齿的微笑能够表现出你对于自己的足够自信。

健康口腔的基本要素：雪白的牙齿整齐平整排列，光亮的牙齿表面，隐约的清新香气。

知识链接

自我口腔检查（图3-4）	
 图3-4	①朝杯子内哈一口气，检查自己的口腔气味
	②是否饮食大蒜、韭菜、海鲜、牛奶、咖啡等刺激性食品
	③抽烟、饮酒后是否留有余味
	④牙齿上是否有残留食物，如菜叶等

六、妆容修饰

化妆不仅是工作态度和礼仪，也是反映一个人精神状态的一种指标。不能把自己的心情化在脸上，而是要把良好的职业面貌体现在妆面上。化适当的妆容，会让你显得更有气质，也能提升形象魅力，为你带来好运。

（1）气质的底妆：打造出看似素颜的自然妆，体现知性的优雅。使用合适自己肤色的粉底，薄而均匀地紧贴于皮肤，使皮肤的状态自然清新。

（2）自信的眼妆：眼妆的颜色选择大地色系，能够展现出优雅、柔和的形象。在眼角处稍画眼线加强眼神力量。最后把睫毛夹翘，涂上根根分明的睫毛膏，让整个眼妆明亮自信，3D立体会说话。

（3）气场的眉毛：根据头发的颜色选择眉毛的颜色，轮廓清晰，上虚下实，前柔后深，将眉毛整理得漂亮、整洁、干练、知性。

（4）亲和的腮红：先微笑，再涂抹腮红，可以使表情更加突出，显现出乐观、活力。建议选择珊瑚色带金珍珠色的腮红，增加新鲜光泽的感觉，就像是给整张脸涂上了一种温暖幸福感。

（5）气色的嘴唇：选择与腮红同色系的口红，同时营造好气色。薄而透明的颜色涂在滋润的嘴唇上，加强说话的力量感。

知识链接

妆容礼仪小提示（图3-5）	
图3-5	①在职场无论什么时候、什么场合都切忌化浓妆。任何显得妩媚的热烈的颜色都不适合职场，会降低他人对你的信任
	②白天的职场妆容忌过于闪亮珠光感
	③避免当众化妆或补妆
	④不要借用他人的化妆品
	⑤要及时补妆，避免妆面出现残缺

七、香水的使用

香水是一门艺术，也是一个人的风格品味。初次见面，身上散发出来的味道会给对方带来记忆性的印象。有些味道令人着迷，而有些味道会让人感到反胃。香水就像是衣服一样，也要对照着场合 TPO 原则（时间、地点、场合）选择合适的香型，适量适当地使用香水，会让你在对方的印象里持久且加分，展现温情魅力的一面。

（一）香水的鉴别

浓香水 (Parfum)。浓度为 15%~25%，持续时间 5~7 小时，最高品质的豪华香水，因香味持续时间长，每次只需少量涂抹腕部等重点部位即可。

香水（Eau de Parfum）。浓度为 8%~15%，持续时间近 5 小时，与浓香水性质相似，因每瓶较 Parfum 容量多，有经济实惠的感觉，香味更清爽，用量稍多，也只需涂抹重点部位。

香露（Eau de Toilette）。香水中最常见的品种，浓度为 5%~8%，持续时间为 3~4 小时，香味较轻柔，更适合办公室的环境及初用香水者，可按自己的喜好涂抹在重要部位。

淡香水（Eau de Cologne）。浓度为 2%~5%，就是常说的古龙水，持续时间为 1~2 小时，多加入一些柑橘类的清爽香水。适合于运动完成洗浴后使用，想转换心情时不妨一试。

（二）香水的使用

女士。脉搏离皮肤比较近的地方，脉搏的微热有助于香水持续的散发。女士涂抹香水的最佳部位是手腕、耳根、颈侧、膝部、踝部。

男士。男士早晨淋浴之后，将香水离自己 10~20 厘米，对着空气喷，然后走过去停留。

知识链接

使用香水的禁忌（图3-6）

图3-6	①不要在就餐场合使用香水，会妨碍品味美食的味道
	②不要和香气太浓的沐浴产品混合使用
	③不要把香水涂到容易出汗的部位
	④不要把香水喷洒在皮肤伤口处或衣服上

思考与练习

1. 职场男性可以留长发吗？
2. 照镜子对照仪容要求检查自己的妆容是否合乎规范。

要点回顾

1. 职场仪容礼仪要注重：仪容修饰、发型修饰、手部护理、口腔清洁、妆容修饰和香水的使用。

2. 职场妆容的特点：简洁、清丽、素雅。

3. 职场女性的发型要求：符合场合、干净大方、风格庄重。

4. 男士、女士使用香水的方法。女士涂抹香水的最佳部位是手腕、耳根、颈侧、膝部、踝部；男士早晨淋浴之后，将香水离自己 10~20 厘米，对着空气喷，然后走过去停留。

第三节　着装礼仪

孔子曰：“人不可以不饰，不饰无貌，无貌不敬，不敬无礼，无礼不立。”所谓的“饰”是指服饰。服饰是对人们所穿衣服佩戴饰物的总称，是一个人仪表的重要组成部分。

导入

第一次世界大战之后，随着大批女性走上社会，女性职业装的出现代表着职业装在人类社会的地位上升到了新的高度。身着深色调服装可以体现出沉稳的个性；身着艳丽颜色或对比强烈的服装可以展现激情四溢的作风；身着浅浅的素色服装似乎在告诉人们你善于调节自己的工作模式。一丝不苟的服装款式预示着严谨态度，层层装饰的外表揭示着求新求变的心态……服装就像个人职业生涯的标点符号，它写在每个职业人的脸上、身上，对成功有着重大意义。

一、着装的原则

着装规范、得体，就要牢记并严守 TPORM 原则。即时间 T（time,）、地点 P（place）、场合 O（Occasion）、角色 R（Role）、信息 M（Message）原则，简称 T.P.O.R.M 原则。它的含义，是要求人们在选择服装考虑其具体款式时，应当兼顾时间、地点、场合、角色、信息，并应力求使自己的着装与其协调一致（图 3-7）。

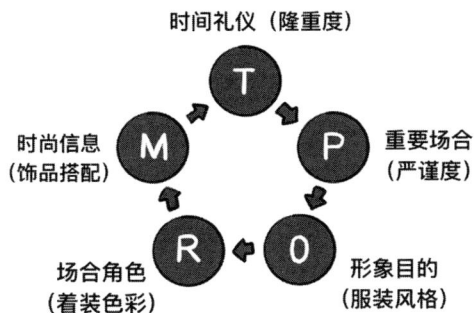

图3-7　TPORM原则

二、不同职业的着装定位

英国著名形象设计公司 CMB 调查显示"形象直接影响到收入水平，有形象魅力的人的收入通常比一般同事要高 14%"。职业形象可以反映出一个人的职业素养和精神状态，如果我们关注个人形象，定期打理自己，一定会给领导、同事留下深刻的印象并赢得他们的尊重。所以在职场上，我们要了解本行业的形象定位，保持良好的个人形象，通过塑造形象，形成个人影响力，从而显示出我们个人的人格魅力，塑造职场个人品牌。

（一）严肃职场——正统严谨（图 3-8）

图3-8　严肃职场着装

（1）常见场合：会议、商务谈判、签约、招投标。

（2）常见行业：律师、金融、保险。

（3）形象表达力：正统、严谨色，如灰色、藏蓝、黑色。

（4）形：合体的西服或套裙。

（5）质：精致、挺括、哑光。

（6）图案：无或竖条纹。

（7）配饰：简约款手表、公文包、电脑包、哑光黑色高跟鞋（忌鱼嘴鞋）。

（8）妆发：职业淡妆，商务感盘发或者整齐的短发。

（二）一般职场——简洁知性（图3-9）

（1）常见行业：一般企事业单位、私企、外企。

（2）形象表达力：简洁、知性色，如黑白、灰、米、驼色、低纯度有彩色。

（3）形：合体的西服套裙、套装，也可拆分穿合体的外套。

（4）质：精致、挺括。

（5）图案：无或简洁图案。

（6）配饰：简约款手表、精致的耳钉、项链、丝巾、简约廓形手包或拎包、高跟鞋、鱼嘴鞋、中低跟船鞋。

（7）妆发：职业淡妆、整齐的披肩发、束发或整齐的短发。

图3-9 一般职场着装

（三）时尚职场——年轻变化（图3-10）

（1）常见行业：时尚造型、时尚杂志、公关公司。

（2）形象目标：时尚感＋中性色：黑、白、灰、驼色、有彩色。

（3）形：合体的外套、裤装、半裙、连衣裙。

（4）质：精致、挺括、上品。

（5）图案：无或时尚类图案。

（6）配饰：各种有装饰感的配饰（耳环、项链、手链、丝巾、腰带）时尚类手包和拎包、时尚类高跟鞋或平底鞋。

（7）妆发：职业淡妆，有一定造型的长发或短发。

图3-10　时尚职场着装

（四）商务社交——礼貌诚恳（图3-11）

（1）常见场合：商务午餐、晚餐、晚上的酒会。

（2）形象表达力：尊重、轻松、优雅。

（3）色：无彩色、柔和的有彩色。

（4）形：合体的连衣裙或有装饰感套装。

（5）质：精致、可有光泽。

（6）图案：简单配饰，有光泽感的简约配饰（耳钉、项链、戒指）精致手包、细高跟鞋或鱼嘴鞋。

（7）妆发：有一定质感，精心打理的发型。

图3-11　商务社交着装

（五）隆重社交——喜庆热烈（图3-12）

（1）常见场合：开业典礼、婚庆典礼、颁奖典礼。

（2）形象表达力：隆重、正式、优雅。

（3）色：无彩色、鲜艳的有彩色，有光泽感的低纯度有彩色。

（4）形：晚礼服的露肤度可以体现出高级感。

（5）质：精致，可有光泽感。

（6）图案：不限。

（7）配饰：有光泽感，悬垂感、晃动感。

（8）饰品：精致的手包、细高跟鞋或鱼嘴鞋，细带高跟凉鞋。

（9）妆发：精致感，精心打理的发型。

图3-12　隆重社交着装

三、不同场合的着装要求

（一）公务正式场合

（1）套装或套裙：深色的西装套装或套裙是职场人士衣橱必不可少的，可以通过丝巾、胸针等饰品来加以点缀，彰显品位和气质。

（2）高跟鞋（船鞋）：黑色，没有任何装饰的高跟鞋，是百搭款的首选。其次，有质感的裸色高跟鞋也是气质女性的必备。

（3）驼色或黑色大衣：在秋冬，一件羊绒大衣是女士们最贴心温暖的户外伴侣，既实用又优雅。

（二）日常办公场

（1）西装外套：小西装，更专业一些的称呼应该是"Jacket"。当然，这里的小西装指的并非正统的职场西服，而是款式、色彩、面料都更多样化的偏休闲的小外套。不是特别庄重的职场可以用到它，休闲场合可以用到它，如果面料够精致，甚至一些社交场合都可以用到它。

（2）衬衫：是多数女士大爱的单品之一。可知性、可帅气、可职业、可休闲、可性感，是衣橱里永不衰败的人气单品之一。

（3）铅笔裙：线条简洁流畅的铅笔裙修身显瘦，几乎对搭配的上衣廓形没有任何局限，这令铅笔裙开始在各种场合游刃有余担当重任。无论是日常办公还是拜访客户，铅笔裙胜任职场的任何场合。

（4）长裤：穿裤装潇洒，出行也比较方便。同时长裤不仅可以拉长腿型，还能修饰腿型。

（5）优雅裙装：如果你所在的公司对着装没有特别严格要求，你也可以选择连衣裙装，能给人带来优雅亲和的感觉。

（6）九分裤：合体有廓形的直筒裤形比较适合大多数人（千万不可以穿那种带有弹力的"打底裤"）。搭配衬衫、高跟鞋可以去职场，搭配T恤、平底鞋又可以去休闲场合。

（7）小黑裙：是最经典的单品之一，穿上外套可以去谈判，脱掉外套带上珠宝可以参加晚宴。每位女士都应该有一件小黑裙！

（三）社交场合

（1）做工考究的长款连衣裙：参加一些小型的社交场合会非常适用，如果社交活动较多，建议多备几套礼服。

（2）旗袍：是晚宴上不错的选择，但需要注意款式、图案和做工，选对了是优雅，搭配不好也会显得老气。

（3）裹身裙：是最突出女士身材曲线的吸睛单品。

知识链接

职场魔力配饰

珍珠饰品与各种着装最相配。每个女人衣橱中不可缺少的配饰就是珍珠饰品，无论是日常办公还是社交聚会，都能为女士们增添魅力，每位女人都应该拥有。

思考与练习

1.日常办公场合的着装要求是什么？如果今天参加正式的商务谈判，着装要求又是什么？

2.小李，女，20岁，大学毕业。将去某合资企业应聘秘书助理，请为她设计一套面试着装。

要点回顾

1.着装的 TPORM 原则：时间 T（time，）、地点 P（place）、场合 O（Occasion）、角色 R（Role）、信息 M（Message）原则。

2.职场着装分为：严肃职场、一般职场、时尚职场、商务社交、隆重社交。可根据不同场合的严谨度来搭配职业装的色性质、配饰、发型和妆容。

3.严格安排不同场合的着装，穿出细节和品味。

第四节　男士西装的穿搭

游戏连连看

脸面
认真
有型
品味
低调
品格
讲究
质感
身价

鞋子
腰带
手表
面料
袜子
皮包
领带
衬衫
肩部

图3-13

　　有种衣服只要一穿上就能让自己看上去很专业，这种服装被称为"职业西装"（图3-13），是最能凸显男士商务魅力的服装。西装本身融合了对重要场合的尊重，体现对现代职场能力的把握，彰显对未来成功的欲望。职业西装可以让你在职场游刃有余、专业利落。同时，既不张扬个性，又显得有品位、有魅力。恰到好处的节制表现出来的是在职场的自律和自控力，从而给他人一种强有力的气场和魅力。职业西装就好像 MBA 的毕业证书一样，是男士在职场武器装备中最宝贵的战袍。

一、穿西装的原则

　　穿西装应遵守"三个三"原则。

（一）三色原则

三色原则是选择正装西装色彩的基本原则，它的总体原则是要求正装西装的色彩应秉持着"以少为宜"，能将其控制在三种色彩之内更好，其服装及配饰包括上衣，下衣、领带、皮鞋、袜子。其中，男士的皮鞋、皮带、手提包三者颜色要求一致，也被称为"三一定律"。这样做有助于保持正装西装庄重、保守的总体风格，并使它看上去显得规范、简洁、和谐。正装西装的颜色若超出三种，一般会给人以繁杂、低俗之感，入目便是眼花缭乱、花里胡哨，难以起到严肃正式的效果。

（二）三要素原则

男士在穿着正装西装时，对西装的色彩、款式、面料三要素要统一考虑，合理搭配。其中色彩是最重要的，所以着装先看颜色。

（三）三大禁忌原则

（1）禁忌未拆西装左袖商标。

（2）禁忌男士穿深色西装着浅色袜子。如：一身深蓝色西装，配一双白色袜子。另外，男士也不能穿尼龙丝袜，它在一定程度上显得十分不庄重。

（3）禁忌错误的领带搭配。穿非职业装和短袖装不打领带，穿夹克不打领带。

二、西装的款式和颜色

一粒扣西装	游刃有余使身材更加修长的单扣西装，一直是休闲社交场合男士的最爱
二粒扣西装	商务场合散发古典气息的两粒扣西装，除了百搭还令你看起来像个知性的商人
三粒扣西装	给人以庄重与古典的三粒扣西装，可以修饰纤瘦身材的缺陷显得干练和力量感
双排扣西装	高级社交时尚人士的最爱款西装，呈现完美身形，给人以自律绅士和高贵感
藏青色西装	彰显商务男士职场权威感的颜色，体现职场的严谨、力量、严肃感
炭灰色西装	职场男装里最具亲和力的用色，显得儒雅绅士，促进良好沟通的氛围
纯黑色西装	黑色是正式场合指定用色，一般参加正式、隆重、仪式感的场合，它是最高级别的用色
细条纹西装	若隐若现的细条纹西装除了显瘦，还会显得时尚细腻有节奏
方格子西装	绅士古典的格子花纹西装，呈现出生机勃勃的现代商务形象

三、正装西装与休闲西装的区别

（一）颜色

正装西装：颜色上下衣一致，且为深色，最好是藏青色，其次是灰色，再次是黑色（做礼服用得多，大多用在庆典或者丧葬等活动中），浅色与花色均不是正装。

休闲西装：浅色花色，对颜色并没有较多的规定，并且不要求上下衣同色。

（二）面料

正装西装：纯羊毛或混纺（是将天然纤维与化学纤维按照一定的比例，纺织而成）。特别要注意的一点是西装面料不允许是皮革的。

休闲西装：可以采用多种面料，如皮革、灯芯绒等。

（三）款式

正装西装：为套装，必须成套买，而且是单排扣，要保证形象的严肃、正式。

休闲西装：不是套装，并不要求成套购买，双排扣的也没有关系。

四、西装的搭配

（一）衬衫

衬衫的选择要注意，戴领带时穿的衬衫要贴身，不戴领带时穿的衬衫可以宽松一些。成熟讲究的男士，穿定做的衬衫，在袖口或胸前口袋上绣上自己的英文或中文的简写名字，这是很有艺术感的做法。

衬衫应合体，不能太小。如果太小，胸部纽扣之间会被撑开，这是一件很尴尬的事，应该极力避免这类事情的发生。

穿出层次感。衬衫领子高于西装领子 1.5~2 厘米，衬衫袖子外露于西装袖子 1.5~2 厘米。

门径中心。衬衫门径、皮带扣与裤子门径中正对齐（图 3-14）。

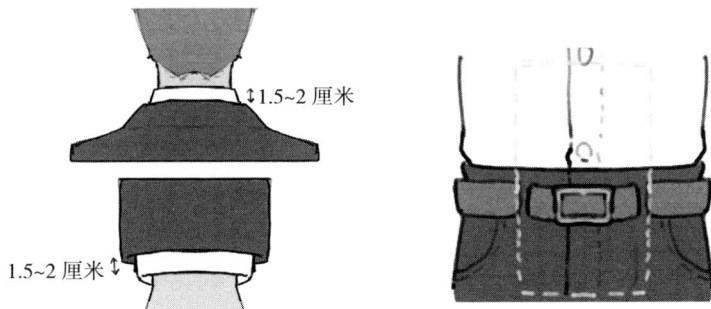

图3-14　衬衫搭配要求

男士西装整理检查要领（图3-15）

图3-15

| ①是否穿了与昨天一样的西装 |
| ②西装大小是否合体 |
| ③西装面料是否有皱褶 |
| ④肩部是否有头屑 |
| ⑤衣服口袋里是否装满东西 |
| ⑥西装上是否有异味或异物 |
| ⑦裤中线是否挺括笔直 |
| ⑧西装扣子是否完好 |
| ⑨西装的商标和线头是否拆掉 |
| ⑩衬衫的第一粒纽扣是否扣好 |

（二）小手帕

放在西装上衣口袋里的小手帕是装饰用的，没有过多的拘束。折手帕的方法很多，这里介绍两种常用折法。一种方法是以小手帕的中心点为轴，随意收卷捏在一起，塞入袋中，整理出多层次的造型；另一种方法是把小手帕对折，再对折成正方形，放入口袋。要善于把握整体色彩的协调，比如你用一条蓝色和红色相间的领带，可选用一条纯蓝颜色或纯红颜色的手帕，这样就可形成两种搭配。

（三）领带

（1）男士的领带，若有图案，则应选格子、点状、几何图案，不要太花哨。在领带的搭配中，若是短袖衬衣，则不能打领带，除非是短袖制服。另外，领带也不能与夹克相配，两者搭配在一起会显得不伦不类。

（2）遵守"两个单色，一个图案"的规则。即西装套装、衬衫、领带三者中，只能有一个有图案。比如：西装套装有暗色图案，那么衬衫和领带就最好是单色或极暗的图案。

（3）领带最常用的两种颜色是红色和蓝色，或以黄色为主并带有图案。应该根据衬衫的颜色来挑选领带的颜色。例如，衬衫是白色的，那么领带上的图案中就应该带有一点儿白色。因为领带中的白色能衬托出衬衫的白色，这样效果就很好。如果换成蓝衬衫，领带上的图案中也应能找到一点儿蓝色。

（4）在颜色方面还有一个规则：如果衬衫和西装是单色，那领带和小手帕可以是多种颜色的。相反，如你的西装是很明亮的颜色，就需要一条朴实的、不耀眼的颜色领带来配；而当你穿正规的单色西装时，可以选一条色彩明亮的领带来配。

知识链接

领带整理检查要领（图3-16）

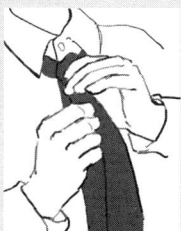

图3-16

①领带的颜色风格是否匹配场合
②领带是否干净笔挺
③领带结是否束紧？是否端正
④领带的长度是否合适

（四）手表

手表可以展现出男人的品位与价值，用古典风格的手表，会尽显时尚感。出席一些社交礼仪场合，佩戴一款正统与简约风格的高纯度冷色调男士腕表，会显得更加与众不同，男士的风采会展现得更加淋漓尽致！对于女士来说，佩戴一款时尚、流行、端庄、秀丽的女士腕表，会使你更加风姿绰约，妩媚动人。

在西方国家，手表与钢笔、打火机曾一度被称为成年男子的"三件宝"，是每个男人须臾不可离身之物。出席一些社交礼仪场合，腕间佩戴一款得体的名表，更是不二选择。男士在正式场合佩戴手表，应注重其种类、形状、色彩、图案、功能五个方面。

（1）种类：选择手表的具体种类时首先根据自身的经济情况，量力而行。另外，还要同时兼顾个人的职业、露面的场合、交往的对象和同时所选用的其他服饰等一系列相关因素。

（2）形状：手表的造型往往与其身价、档次有关。在正规场所佩戴的手表，在造型方面要相当庄重、保守，年长者要特别注意。

（3）色彩：选择在正式场合所戴的手表，其色彩应避免繁杂凌乱，一般宜选择单色手表、双色手表，不应选择三色或三种颜色以上的手表。无论是单色手表还是双色手表，其色彩都要清晰、高贵、典雅。银色、黑色的手表，是商务职场最理想的选择。

（4）图案：除数字、商标、厂名、品牌外，手表上没有必要出现其他没有任何作用的图案。男士选择使用于正式场合的手表，尤其需要牢记此点。倘若手表上图案稀奇古怪、多种多样，不仅不利于使用，反而有可能招人笑话。

（5）功能：计时是手表最主要的功能。因此，正式场合所用的男士手表，无论是指针式、跳字式还是报时式，都应具有这一功能，并且应当精确到时、分，能精确到秒则更好（只精确到时的手表显然不符合要求）。男士手表的功能要少而精，并要有实用价值。

知识链接

手表佩戴要领（图3-17）	
　图3-17	①表带要与腰带、皮鞋等皮革制品同色，正式商务场合选择黑色皮表带
	②手表的金属表面要与其他金属配饰一致，正式商务场合以银色为主
	③穿正装不要佩戴潜水表
	④袖子要盖住腕表

（五）鞋子

很多人愿意花重金去购买衣服，却忽略了鞋子的搭配。与优雅、价格昂贵的服装以及场合不搭调的皮鞋，或者是保养不好的皮鞋，都会使一个人的形象大打折扣，尤其是职场人士，鞋是有助于展现完美形象的单品。同样，也可以是毁掉其职业形象的重要单品。

1. 选择要点

（1）面料一定要是优质皮革。

（2）做工要精细不能毛糙，否则看上去很廉价。

（3）款式最重要的依据是 TPO 原则，也就是符合时间、地点、场合的要求。除了这三点，还有一个与服装搭配协调的问题，先穿对，再穿美。不一定需要追赶流行的前卫设计，可以是经典款，但不能是过于落伍的款式。比如：运动休闲鞋、凉鞋、拖鞋等或过于夸张、过于闪光在社交场合穿的鞋都不应该穿到职场。

（4）穿着舒适，只有舒适的鞋子才能提高工作效率。

（5）无论什么鞋，穿着时必须干净、完整，不能过于破旧。

2. 款式

有两双黑色的皮鞋，就能完成多个场合的搭配。

（1）硬挺正式的系带皮鞋。适用于严肃和任何职场，如果搭配小脚裤配上船底袜也可以是时尚的搭配。

（2）简单的无带休闲皮鞋。材质可以稍软，但是不可过于休闲，黑色百搭，这样的一双鞋除了一些正式场合不能穿，其他很多场合都可以用上。

有了这两双鞋子，可以说除了运动的时候不行，职场完全可以轻松驾驭。当然，对自己形象有更高要求和追求的人，还可以添置更多的皮鞋，比如搭配不同颜色商闲装的深蓝、墨绿、咖啡、米色、灰色皮鞋都是可以的，那样更有利于彰显个人品位。

知识链接

鞋子整理检查要领（图3-18）

 图3-18	①鞋面是否干净整洁
	②鞋带是否系好完整
	③检查鞋子的颜色和质地，正式场合为黑色的羊皮鞋或牛皮鞋
	④保持鞋子里面没有异味

（六）皮包

职场人士的整体形象包含了发型、妆容等仪容要求和着装要求等，很多人认为做到这些已经足够好了，往往容易忽视手提包的作用。"木桶理论"中说明，组成木桶最短的木板决定了木桶的装水容量。同样，一个人的外表形象也是由众多的内外因素组成的，对于商务人士来说手提包也是非常重要的一项，我们不能让这项成为短板，影响个人形象的完美呈现。特别是近年在奢侈品消费中，除了名表之外，最热门的非包莫属了，高档包的消费相信足以证明包包在体现一个人形象中的重要性，可以说手提包就是一个人的门面。优质的皮包，职场必备。

1. 选择方法

颜色：哑光，正式场合男士手提包只选黑色，与皮鞋、皮带同色。一般职场可以选择藏青、墨绿、深棕、深灰等颜色，更有时尚气息。

款式：正式场合优先选择横式手提包，一般职场可以选择竖式、双肩背的电脑包等时尚款。

2. 选择注意事项

包包的选择，不论男士还是女士，不一定需要名牌，但要注重品质。

（1）材质上一定要是优质皮革，品质感要好。

（2）包包在某种程度上决定自己身份，所以做工要精细，不能毛糙。

（3）廓形一定要简单，线条呈直线感，避免过多的装饰和过大的LOGO。

（4）使用率高，既实用又高档的包是职场人士的贴心棉袄。

（5）无论什么包，使用时必须护理好，干净、完整，不能过于破旧。

（6）因为不同职场的要求不一样，对于时尚行业、民族风等特色行业，以上要求除外。

知识链接

皮包选择小提示（图3-19）	
 图3-19	①皮革材质的公文包可以让对方更加信赖你
	②公文包要整洁光亮
	③公文包的颜色和材质要与皮带、皮鞋一致

思考与练习

1.若出席商务场合你穿着深蓝色西服套装，蓝色衬衫，应如何选择领带？

2.回到开篇的游戏连连看，结合自身实际，体会每个着装细节的含义。

要点回顾

1.严肃职场场合特征：严谨规范、保守稳重、权威信任、专业规范。

2.搭配原则：西服成套搭配符合规则。

3.最佳色彩：深色系西装，中性色衬衣。

4.最佳款式：注重合体度、款式简洁。

5.最佳面料：精致、挺阔、弱光泽。

6.其他标准：皮鞋、皮带、手提包三者颜色为黑色，金属配饰为银色，袜子的颜色与裤子的颜色一致。

游戏连连看答案公布（图3-20）：

图3-20　游戏连连看答案

西装的颜色为：藏青色、深灰色、黑色。西装的三色原则：皮鞋、皮带、手提包三者颜色要求一致。西装的三要素原则：色彩、款式、面料三要素要统一。

第五节　女士西装的穿搭

女性职业着装是指上班时穿的服装，它的特点是简洁、大方，能显示出女性精明能干、利落的特点，能反映一个人的品位、文化和修养，表现她的身份。职业装款式应该根据本人年龄和体型来选择。最典型的职业装是西装套裙或者是连衣裙，款式不必太复杂，根据实际情况挑选。对于白领阶层的女性，职业装还包含衬衫、长丝袜、平底鞋或低跟皮鞋。

一、西装款式与搭配

（一）套装

深色三件套西服套装，是白领丽人必须备有的主流职业装。特点简洁、大方、精干。深色不单是黑色，还有普蓝色、深灰色、深灰蓝色等。三件套分别为上衣、西装裙、宽松长裤。在多数场合，它们可以相互配套或分开搭配，使之充分显示成熟、稳重与自信。西服套裙长度在膝盖上下，最短不能短于膝盖上一拳。

（二）上衣

长度一长一短；颜色一深一浅；领子一有一无，体现不同的风格。如浅色无领套装，内为短袖齐膝合体连衣裙，在秩序井然的办公室里，这套服装能带给人温柔而甜蜜的心情。也可拆开穿搭，脱去外衣，是淡雅的连衣裙，简洁、轻巧而又清新宜人。

（三）衬衣

在严谨、格式化的套装限制下，衬衣恰是白领丽人体现个性和展示女人味的最佳选择。衬衣应准备 5～8 件，领型包括无领、高领、翻领、叠领等；颜色应有深色、浅色、灰色、印花等。衣长和袖长有长短之分。其中衬衣搭配西装裙成为两件套，并可直接与套装中的上衣相配。

（四）搭配

1. 组合搭配

套装、套裙也可以像其他服装那样拆开来重新组合，搭配的过程须注意以下几点。

（1）邻色搭配和同色搭配，制造和谐美。

（2）长短搭配和松紧搭配，营造参差美。

（3）上下装面料厚薄一致，体现材质美。

2. 色彩搭配

职业女性着装应选择低纯度的颜色，即色彩不能过于艳丽。

一是因为职业女性着装活动的场所是办公室，低纯度的服装可使工作在其中的人专心致志，平心静气地处理各种问题，营造沉静的气氛。反之，穿着高纯度的色彩影响他人工作时的注意力。二是职业女装穿着的环境多是在室内有限的空间，穿着低纯度的色彩会加大人与人之间的距离，减少拥挤感；也容易与其他颜色相互协调，增加和谐、亲切之感。同时，低纯度色彩给人以谦逊、宽容、成熟之感。

知识链接

女士西装整理检查要领（图3-21）

图3-21

女士西装整理检查要领
①是否穿了与昨天一样的西装
②西装大小是否合体
③西装面料是否有皱褶
④肩部是否有头屑
⑤衣服口袋里是否装满东西
⑥西装上是否有异味或异物
⑦西装扣子是否完好
⑧西装的商标和线头是否拆掉
⑨内搭是否系到裙子里
⑩裙子的长度是否合适
⑪丝袜的颜色是否合适

二、丝巾

奥黛丽·赫本曾经说过，"只有当我系上丝巾的时候，才前所未有地感觉到自己如此女人，一个美丽女人。我只有一件衬衫，一顶贝雷帽，一双鞋，但我却有14条丝巾。"巧戴丝巾不但可以提升精致度和时尚度，而且可以让你成为百变女神。同一套衣服，换一条不同风格的丝巾就可以让你完成不同角色和场合的完美转换。

职场的服装一般都比较中规中矩，特别是一些色彩深沉的黑白灰等理性色职业装，颜色款式都相对单调，配上一条有颜色的丝巾，不但画龙点睛，还立刻让过于严肃单调的职业装丰富多彩起来，增加了着装的精致度和时尚度。在选择丝巾上需要考虑规格、颜色和图案三个要素。

（一）规格

一般在职场用得最多的丝巾是方形（90厘米×90厘米，70厘米×70厘米，50厘米×50厘米）、长条形丝巾（15厘米×150厘米，70厘米×180厘米）。不同尺寸的丝巾可以系出不同的效果。丝巾的系法非常多，不是越花哨越好，或许越简单的越经典，职场常用的有平结（图3-22），蝴蝶结（图3-23），钻石结（图3-24）及配合衣领形状简易搭。

 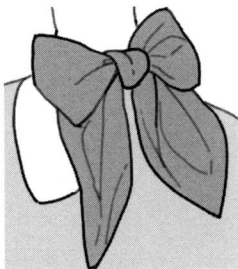 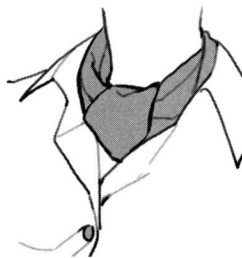

图3-22 平结　　　　　图3-23 蝴蝶结　　　　　图3-24 钻石结

（二）颜色

丝巾的色彩需要结合个人肤色以及五官立体度来选择。肤色浅、五官立体度高的人更能驾驭色彩偏浅艳且色差大的丝巾；肤色深的人尽量规避浅艳色调的丝巾，否则更反衬其肤色深，五官比较平缓的人更适合色差变化小一点的丝巾。

（三）图案

因为丝巾一般都是折叠起来的，图案会隐藏，所以选择丝巾的关键是选对颜色和规格。

知识链接

丝巾佩戴小提示（图3-25）

图3-25

①丝巾的颜色是否搭配整体职业装

②丝巾是否有勾丝

③丝巾的系法是否完整有型

三、配饰

配饰起着画龙点睛的作用，配饰有项链、耳环、耳坠、臂环、脚环、脚链、手镯、戒指、胸针。佩戴的配饰不是越多越好，而是要注意选择佩戴时能体现自己优点和特点，能烘托自身魅力的配饰。

配饰一般不超过三件，常见的是耳饰（耳钉或耳坠）、戒指、项链三件套，但工作场合应尽量简约。

（一）耳饰

耳饰离脸最近，要精心选择最能体现自身魅力的材质、造型、色彩的耳环、耳钉或耳坠。职场的耳环、耳钉最好选择金、银、铂金、珍珠材质，直径最好不要超过10毫米，否则显得招摇不稳重；耳坠适合休闲或下班后佩戴。

（二）戒指

戒指的佩戴，除了美观外，还是身份的体现。

无名指：无名指的血脉连着心脏，一般戴婚戒，代表心连心、结同心之意。

拇指：代表权势和自信，也称扳指。原本是满族人为了保护拇指不会在射箭时被擦伤，后来成为饰物，演化为权势和自信的象征。

食指：代表目前是单身，渴望恋爱。

中指：中指中正，代表自己，也代表在恋爱中或已有意中人。

小指：代表独身主义。

（三）项链

（1）根据体型：个人体态和脸型，项链的选择尽量与身高、体型相符合。娇小体态可选择短细项链；体型高大可选择长粗项链。

（2）顺应季节：春夏季单颗颈链体现简洁干练；秋冬季多层次的长链搭配

出时尚华丽感。

（3）适应场合：珍珠或银色的饰品体现职场的低调干练。黄金色或多光泽的饰品太过张扬不适合商务场合。

饰品整理检查要领（图3-26）

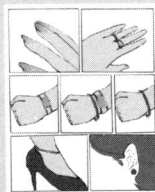

图3-26

①商务职场饰品不超过三件

②饰品忌过于展示财力，饰品忌过于廉价或有破损

③配饰同色同质，商务职场以银色更为干练低调

④所有的饰品需贴身，以耳钉、项链、胸针为主。不要有垂坠感的饰品

四、丝袜

丝袜是女士的第二层皮肤。丝袜的柔顺、光滑可增加腿的美感，穿上丝袜可以给人庄重、美观、高雅的感觉，也可以防止一些轻微磕碰对身体的伤害，还可以有效地防止走光。在许多行业和正式的社交、商务、服务场合，一般要求女性必须穿着丝袜。

一般来说，如果是出席非常正式的商务和社交场合，如商务会谈，商务晚宴，外交仪式，女性应着裸色无花丝袜修饰腿部，不能光腿，这和在正式场合需要化妆是一样的道理。这样的场合也应尽量避免穿着黑色丝袜，尤其是黑色带花纹丝袜，以免给人以性感、轻浮之联想。

丝袜的长度一定要高于裙子下部边缘，否则或走或坐，露出一截腿来，不太雅观。白色和黑色的长袜穿着应多加小心，一般穿黑色裙装时可以配黑色长袜，这样可以显得更为神秘诱人；穿淡颜色的裙子时切忌穿黑色长袜，否则会给人乌鸦腿的联想。白袜子在正式社交场合不多见，应尽量避免穿着。但小姑娘穿着白色丝袜会显得活泼可爱。

此外，无论穿着哪种丝袜，都应该保持丝袜的完好，不要穿着脱丝或有修补痕迹的丝袜。丝袜一旦破洞或脱丝只能丢弃。如果你的穿着常常需要搭配丝袜，最好在包里或办公室放上一双备用丝袜以防万一。

知识链接

丝袜穿着小提示（图3-27）

图3-27

①正式场合选择肉色透明丝袜

②一般职场丝袜的颜色可以和裙子的颜色一致，如浅色裙子配肉色丝袜，深色裙子配深色或浅色丝袜

③准备备用丝袜，以防丝袜破洞

④如果腿部的肌肤比较干燥，容易引起静电，在穿着之前可以在腿部涂润肤油

五、鞋子

相对男士来说，女士鞋子的款式可谓琳琅满目。皮鞋能改变衣服的整体效果，如果选择的鞋子不搭调或者脏、破、旧，服装穿得再好，整体形象也会大打折扣。所以，鞋子首先是穿对，然后才是穿美。比如，晚礼服要搭配性感的凉鞋，套装要搭配干练的浅口单鞋，运动服要配运动鞋。职场要穿简洁、干练、高档的皮鞋，忌穿运动鞋或凉鞋。

（一）不同职场的选择

严肃职场：一定是简单的黑色中低跟船鞋。

商务职场：鞋子在颜色和款式的选择上相对宽松一些，依然是船型鞋，鞋子可以有一些简单的装饰，鞋跟的高度也可以适当变化。

一般职场：鞋子的颜色完全可以根据当日服装来选择，如鱼嘴鞋、包头露跟鞋、平底鞋、高帮靴等。

（二）选择原则

与服装同色系，比衣服深的色度最佳。

与配饰品呼应，比如同手提包、腰带的颜色一致或接近。

（三）风格选择

鞋子风格一定要和服装风格搭配和谐，尖头鞋搭配率更高。

中高跟露脚背的鞋显腿长，适合裙装；低跟，满脚背的鞋适合裤装。

尖头鞋比圆头、方头鞋更显修长，更有气场。

六、包

（一）颜色

严肃职场：一定是纯色，可以选择黑色、藏蓝、酒红、墨绿等深沉稳重的颜色。

一般职场：可以选择的色彩较多，建议还是以纯色为首选。易搭配的高级灰色系、复古色系或者各种带金属弱光泽的华丽时尚颜色。其次，是选择制造视觉冲击的各种拼接色。职场忌选择过于女性化的或者卡通图案的包。

（二）款式

女士包包种类繁多，关键还是要把握国际 TOP 场合原则。运动、休闲包以及手抓包不适合出现在职场。

商务职场：适用大气、简单、直线条的手提包。

一般职场：适用手提包、单肩背包等。

（三）搭配

女士包包的选择除了场合要求还要注意美感的搭配。因为包包是脱离人体单独存在的一个配饰，所以在颜色搭配上的选择就会宽泛很多。可以选择与衣服或者其他配饰品同色系的颜色，打造出色彩和谐统一或者色彩呼应的高级感效果。也可以选择完全不同色系的颜色，起到视觉冲击、绚丽点缀的作用，打造出魅力四射的职场女性形象。

思考与练习

1.练习丝巾的不同打法。

2.假设明天下班后要去参加闺蜜的婚礼，选一套什么样的衣服？怎样巧用一条丝巾，在无须更换衣服的情况下完成场合转换？

要点回顾

1.严肃职场场合特征：严谨规范、保守稳重、权威信任、专业规范。

2. 搭配原则：西服成套搭配符合规则、女士裙装更为规范。

3. 最佳色彩：深色系西装，中性色衬衣。

4. 最佳款式：注重合体度、H 型等以偏直线为主。

5. 最佳面料：精致、挺阔、弱光泽、内搭素色不露不透。

6. 其他标准：配饰简洁精致、同色同质，忌过于华丽或廉价。

7. 常用的丝巾形状和规格：方形（90 厘米 ×90 厘米，70 厘米 ×70 厘米，50 厘米 ×50 厘米），长条形丝巾（15 厘米 ×150 厘米，70 厘米 ×180 厘米）。挑选丝巾要注意规格、颜色和图案。

8. 不同场合包包颜色的选择：严肃职场可选纯色，如黑色、藏蓝、酒红、墨绿等深沉稳重的颜色；一般职场可选色彩较多，以纯色为首选。其次，易搭配高级灰色系、复古色系或者各种带金属弱光泽的华丽时尚颜色。再次，是制造视觉冲击的各种拼接色。职场忌选择过于女性化的或者卡通图案的包包。

第四章

商务会面礼仪

有人这样说过："永远都没有第二次机会去改变一个人的第一印象。"这句话你认同吗？无论在工作中还是生活中，我们都会自觉或不自觉地根据一个人的第一印象来判断这个人的素养、职业背景、性格特征、个人能力等。而在商务往来中，与客户会面的第一印象很大程度上会影响彼此的好感度、信任度、专业度。商务会面，特别是与客户的初次会面，要有备而来，注重会面礼节，方能为双方深入的交谈和合作奠定基础。

案例

某公司销售部陈经理陪同自己公司的总经理叶总，开车去客户公司拜访。到了对方公司，办公室李主任在公司门口迎接他们，一路引导他们去会议室，对方公司的总经理余总在会议室等着他们，双方介绍认识后入座，四人一起开会洽谈业务。

这是不是特别熟悉的场景？几乎发生在每个公司，甚至每一天都有这样熟悉的商务会面场合。可是细细想来，这样简单的场景中，究竟有哪些需要双方注意的礼仪细节呢？

分析

（1）在对方公司门口，李主任代表主方迎接两位来访者时，会涉及问候、称呼、介绍、握手、引导。

（2）到达会议室，双方主要领导见面和开会时，会涉及问候、握手、双方介绍、递名片、引导入座、递送茶水、送别等。

俗话说，教养体现于细节，细节展示素质，细节决定成败。商务会面之初，第一印象已在悄然形成，会面中的礼仪细节正是本章要讨论的重点。

会面，通常是指在较为正式的场合与他人相见。在商务交往中，我们需要会见各种各样的人。会面时，既要体现对对方的重视、友好、尊重，又要体现出自己的专业和热情，需要讲究基本的礼节。会面礼仪是指在双方见面时应当遵循的规范和行为准则，主要包括称呼、问候、握手、介绍、名片、引导、沟通等礼仪规范。

第一节　称呼礼仪

　　小刘是新毕业的大学生，性格开朗活泼，她应聘于一家外企做前台，因工作勤奋，待人热情，同事们都挺喜欢她。有一天，小刘的领导让她把一些重要资料送到总经理办公室。小刘见过几次总经理，是一位严谨、雷厉风行的中年女性，正是自己特别欣赏的女强人类型。于是小刘立刻接过资料，去了总经理办公室。总经理正在打电话，看到小刘进来，也没有说什么，就指指桌子。小刘走过去把资料整齐地放在总经理的办公桌上，然后轻声说："亲爱的，资料给您放在这里了"，为了不打扰总经理打电话，小刘轻声地出门了。她不知道的是，总经理望着她离开的背影，紧紧蹙起了眉头。

分析

　　小刘可能还不清楚自己已经给总经理留下了不好的印象，你知道是什么地方不妥当吗？职场称呼需要符合双方的身份，也要符合场合的需求。用"亲爱的"来称呼自己的领导，也许小刘自己觉得很亲近，但显然失了分寸。

　　称呼，是指人们在商务交往应酬中所采用的彼此之间的称谓语言。合理地称呼他人，体现了对对方的尊重，也反映出商务人士自身的礼仪素养，是社交环节中的重要部分。称呼是人与人之间沟通的基础，也体现着彼此的身份和关系，正确的称呼是打开沟通大门最好的钥匙，也是我们给沟通对象最好的见面礼。

一、称呼的原则

　　"礼者尊人而自卑也。"这里的自卑，意为谦虚、谦逊。这句话的意思是懂礼的人在称呼他人时，要自谦而敬人。说到与对方有关的行为、人物、事情时，要使用尊敬、委婉的说法；说到与自己有关的人和事物时，要采用谦虚的说法。

二、称呼的方式

（1）泛尊称。泛尊称是最简单、最普遍，尤其是面对陌生公众时最常用的称呼方式。泛尊称适用于不清楚对方身份时的服务场合、商务或社交场合。对男子一般称"先生"，对女士可以称呼"女士""小姐"或"夫人"。其中，对职业女性可以统称"女士"；而"小姐"一般是对未婚女子的称呼，但在有些地区需要慎用，建议在"小姐"前面加上对方的姓氏，这样更为妥当；"夫人"一般是在知道对方已经结婚的情况下对女子的尊称。另外，"同志"这个称呼在某些正式场合用于对政府领导、警察、军人和公务员等的称呼。

（2）职务称呼。在商务活动中，可以以对方的职务相称，如"董事长""经理""主任""处长""秘书"等；也可以在职务前加上对方的姓氏。

（3）职业称呼。是一种以被称呼人所从事的职业来称呼的方式，如"老师""医生""律师""护士""服务员"等。

（4）职称称呼。如"工程师""教授""会计师"等。

（5）姓名称呼。在一般场合，彼此比较熟悉的人之间，可以直接称呼他人的姓名或英文名。如"李晨宇""John"等。通常在职场中使用单纯姓名称呼一般是在年龄、职务等相仿时，或者外企等有统一的要求时，否则就要将姓名、职务或职业等并称才合适。如"王琦老师""李青主任"等。

（6）亲属性称呼。亲属性称呼表示亲近，如"张姐""陈哥"等，在职场中除非是熟人或朋友关系，否则慎用亲属性称呼。

三、称呼的禁忌

商务人士在商务交往中，不能叫错、写错、念错对方的姓名或职务，每个人的称呼都体现着他的身份地位，姓名更是具有独一无二的代表性，如果称呼错误，彼此尴尬，也会让对方感觉不被重视。

案例

王教授应邀作为演讲嘉宾出席一场大型的论坛，他做了充分的准备，西装革履，神采飞扬地来到了大会的现场。在入口处他就看到了几幅大型的宣传海报，其中一幅正是他的宣传介绍，海报上他的照片清晰可见。可当王教授走近一看，就失笑了，他的名字是"王奕昆"，而海报出现的是"王弈昆"，这真的是自己吗？王教授略皱了皱眉。进入会场后，主讲嘉宾们被安排在了第一排入座，每个座位前都正式地摆放着席卡，等待着"主人"的到来。王教授找了半天，看见"王亦昆"的名字赫然在列，他再次感到了失望。主办方真的重视自己这次的演讲吗？王教授不禁产生了怀疑。

在商务交往中，不能随意使用一些庸俗或不当的称呼，如"亲""亲爱的""美女""帅哥"等，不能像案例中小刘那样用自己想当然的习惯来称呼职场中重要的客户或同事，得罪了领导还不自知。

一些简称或内部称呼，如"王局""李处""头儿""老大"等，在有外人在的场合，不可随意称呼，更不能随便称呼别人的外号。

思考与练习

1. 在开场的案例中，你觉得小刘应该怎么称呼总经理才妥当呢？

2. 小王是某银行的客户经理，有很多熟悉的老客户在他这里办业务，有些甚至已经认识十几年了，张女士就是其中之一，而且是 VIP 客户。张女士很信任他，因为关系熟悉，每次张女士来银行，小王都热情地称呼她"张姐"。在一次银行组织的学习中，小王了解到对尊贵客户的称呼应该显示尊重，于是当某天张女士再次来办理业务时，小王很正式地称呼她"张女士，早上好"，张女士略带诧异地看了一眼小王，皱了皱眉，但也没说什么，可是小王却感觉到了哪里不一样。

你觉得小王的做法对吗？是什么原因让张女士不太高兴了？

要点回顾

1. 本节重点为称呼礼仪中各种称呼的方式：泛尊称、职务称呼、职业称呼、职称称呼、姓名称呼和亲属性称呼。

2. 职场中最常见的是职务称呼、职业称呼、职称称呼，可以在称呼前加上对方的姓氏。

3. 对于不熟悉的人或服务场合，可以使用泛尊称；对特别亲近、熟悉的同事、朋友，可以使用姓名称呼或亲属性称呼，同时留意场合的需要。

第二节　问候礼仪

　　小陈是公司的办公室主任，领导安排他和司机到虹桥机场去接客户李总。小陈从未见过李总。为显重视，小陈准备好了接机牌，也预先看过了李总的照片，方便自己在接机时第一时间能认出李总。在机场接机的到达大厅，旅客们提着箱子鱼贯而出，小陈高举着接机牌，眼睛盯着出口。突然他看见一位男士笑着望了望他，似乎要走过来，看这位男士的模样，有那么一点像李总，但又不是很像，小陈不敢确定他的身份。要上前主动去问候吗？小陈有点犹豫了。

　　如果你是小陈，你会怎么做？为什么？

　　在商务场合中，无论大家是初次见面还是相识已久，通常在见面时都会以不同的方式相互问候，以示友好和尊重。这些见面问候的礼节，能够营造出一个良好的人际交往氛围，也为初次见面奠定了良好的第一印象。

一、问候的次序

　　一个人问候另一个人：遵循位低者先行。即双方之间身份较低者首先问候身份较高者。

　　一个人问候多人：既可以笼统地问候，也可以逐个问候。当一个人逐一问候多人时，可以由尊而卑，也可以由近而远，依次问候。

二、问候的态度

　　问候是表达内心真诚的一份敬意，所以在问候他人时应注意以下4点。

　　（1）主动。问候他人应主动、积极。当他人先问候自己时，应立即予以回应。但主动问候时应注意次序，特别是正式会面时，宾主之间的问候在具体次序上有一定的讲究。

（2）热情。我们通常在问候的时候缺少的是我们的情感，这是丢失的色彩，我们应表现得热情而友好，向他人发自内心真诚而甜蜜的问候。毫无表情或者表情冷漠都是应当避免的。

（3）自然。问候他人时应自然大方，避免神态夸张、矫揉造作、害羞等，这些会拉低第一印象的好感度。中国人内秀性格的人多一些，但一点也不影响你的自然大方。内秀和害羞一定要区分开。

（4）专注。在对外交往中问候他人时，应面含笑意，双目注视对方，全身心关注对方，做到话到、眼到、意到。

三、致意的方式

问候不单单是一句话，同时还需要通过我们的动作和肢体呈现出来，也被称为致意。常见的致意方式有点头礼、握手礼、鞠躬礼、挥手礼、拥抱礼等。其中握手礼是在商务场合运用得最多也是最重要的问候礼节，我们会在第三节单独介绍。

（一）点头礼

在日常的工作场所中，点头致意是一种常见的见面问候的形式，表示友好和礼貌，常见于以下情境中。

（1）遇到领导长辈时。在一些公共场合遇到领导、长辈，一般不宜主动伸出手去握手。合适的做法是点头致意，这样既不失礼，又可以避免尴尬。

（2）遇到交往不深者。和交往不深的认识者见面，或者遇到陌生人又不想主动接触，通过点头致意，表示友好和礼貌，同时可以避免一些不必要的交往和纠缠。

（3）不便握手致意时。一些场合不宜握手、寒暄，就应该用点头致意。如会议的迟到者，就不适宜与其他与会人员握手、打招呼；对落座较远的熟人，无法握手致意，只能用点头致意的方式。

（4）比较随便的场合。一些随便的场合，如会前会间在休息室里，在上下班的班车上，在办公室的走廊上，是不必握手致意甚至鞠躬的，只要轻轻点头致意就可以了。

以上几种情境下，点头致意，既不失礼，又节省了时间。当自己的目光与对方目光接触时，向对方点头并面带微笑，可以说："早上好!""您好!"等礼貌用语问候对方。如果是人多的公共场所，比如会场，或是一些拥挤的空间里，比如电梯里，可以仅仅以点头的动作、热情的目光、微笑的表情等身体语言来问候，不必同时说礼貌用语。

由于点头礼简单、随意、方便，不受时间、地点对象的限制，故深得世界各民族的青睐，一直盛行不衰。

（二）鞠躬礼

鞠躬也是表达敬意、尊重、感谢的常用礼节。鞠躬时应从心底发出对对方表示感谢、尊重的意念，从而体现于行动，给对方留下诚意、真实的印象。

行鞠躬礼时，女士保持基本站姿，双手虎口交叉于腹部，男士双手自然垂落在两侧，手指自然并拢，脖子和背部挺直，以腰为轴向前深鞠一躬。鞠躬时眼睛朝下看。鞠躬的深度、时间和次数要视彼此身份、地位、相识程度而定。

1.鞠躬礼的起源及演变

鞠躬礼源于中国先秦时代。两人相见，弯腰曲身待之，是为鞠躬礼。现在，鞠躬已成为比较常见的礼仪。在初见的朋友之间、熟人之间、主人客人之间、上级下级之间、晚辈长辈之间，为了表达对对方的尊重，都可以行鞠躬礼。从历史渊源上讲，鞠躬礼的产生有两个原因：一是缩小个人的势力圈，二是降低身势以减少易受攻击的部位。它最早所表示的是鞠躬者对敌方的惶恐、畏惧，显现自己精神的劣势，后来才演变成表示尊敬对方的礼貌动作。

目前，世界上对鞠躬礼应用得最多的是日本。日本人由于特殊的历史背景和地理文化，形成了进出房门低头俯身，日常交际低姿势待人的民族习惯。对日本人来说，弯腰已习惯，鞠躬成自然。所以，有绅士风度的日本人一天到晚总在人际交往中弯腰鞠躬。百货商店、旅馆、饭店的服务员平均每人每天要向顾客鞠躬近100次。一位女电梯员称，她平均每天要向乘客鞠躬2560次。日本人即使在电话里与人问安和道别、承诺、请求时，也会不自觉地鞠躬。

2.鞠躬礼的形式

目前常见的三种鞠躬礼，包括15°、30°和45°的鞠躬。15°的鞠躬行礼是指打招呼，表示轻微寒暄或致意；30°的鞠躬行礼是敬礼，表示一般寒暄，欢迎或送别；45°的鞠躬行礼是敬礼，表达敬意，谢意或歉意。而90°的鞠躬礼为大礼，在商务场合较为少见，通常表示深度的歉意或深度的谢意（如图所示）。

15° 鞠躬礼　　　　　30° 鞠躬礼　　　　　45° 鞠躬礼

鞠躬礼

3. 鞠躬礼的要求

一般情况下，行鞠躬礼的基本要求：行礼者和受礼者互相注目，不得斜视和环顾。行礼时不可戴帽，需脱帽，脱帽所用之手应与行礼的方向相反，即向左边的人行礼时应用右手脱帽，向右边的人行礼时应用左手脱帽。行礼者在距受礼者 1~2 米时进行。行礼时，身体上部向前 15°~45°，具体的前倾幅度视行礼者对受礼者的尊重程度而定。

通常，受礼者应以与行礼者的上体前倾幅度大致相同的鞠躬还礼。但是，上级或长者还礼时，可以欠身点头或伸出右手握手答之，不必以鞠躬还礼。在行礼过程中，以腰部为轴，头部、肩部、背部、腰部呈一条直线，一起向下，不要低头。同时，切忌用下巴向人问好。

（三）拱手礼

拱手礼是传统礼仪当中最基本的礼仪，古代童子入学第一课必学拱手。《论语·微子》曾载"子路拱而立"。这里子路对孔子所行的就是拱手礼，被认为是最具中国特色的见面问候礼仪。在今天的社交、公关场合，拱手礼大有复苏之势。拱手礼相比源自西方的握手礼、拥抱礼，还有同对方"保持距离"的意义，因而这种礼仪形式在社会意义上具有封闭性的内涵。

当代中国人虽已普遍接受了握手礼，但是拱手礼仍比较流行。在 20 世纪 30 年代，林语堂先生曾在《生活的艺术》一书中推崇拱手礼。在他看来，拱手礼优越于握手礼的地方有两点：一是从医学卫生的角度讲，拱手礼不致发生接触传染，有益于人体健康；二是从心理感受的角度讲，拱手的力度、时间的久暂等，完全取决于自己，不会感受对方的压力。握手则不然，常常会有伸出的手在任人宰割的感觉。林先生的这番话既尖锐幽默，又客观深刻。

拱手礼的正确做法是：行礼时，双腿站直，上身直立或微俯，右手半握拳，然后用左手在胸前包住右手，在双目注视对方的同时，相拱的手向着对方方向轻轻摇动，并微笑着说出自己的问候语。左手在上为吉礼，右手在上为凶礼（以男子为例，女子相反）。道理很简单，自古以来，人类普遍习惯于用右手持握包括凶器在内的器具，用右手打击他人等。用左手包住右手，这就意味着施礼者愿在受礼者面前收敛自己的锋芒，向受礼者表示友好。这也就是拱手作揖礼产生的缘由。

在商务和社交场合中，拱手礼常用于拜年、祝贺、问候、致歉、感谢等场合，以示对他人的尊重。

（四）挥手礼

（1）挥动的手臂高举，左右摆动，用于向远处的人或众人表示问候、致意或告别。当手臂略低时，也称示手。

（2）挥手。可作为一种礼节，对人表示尊重或友好。例如：你正走向讲台准备演讲，台下掌声雷动，这时你就可以挥手向在场所有听众致谢。又如：你送贵宾上车，他的车开出一段距离了，这时你就可以挥手作别。

示手。举右手过肩而不过头，手心朝向施礼对象，保持短时不动，表示敬意、友好或告别。它一般是用于向近处的人行礼或是位置有落差时行礼。比如：柜面服务人员，在叫号后，迎接顾客时可以示手行礼，方便顾客看见自己。

（五）拥抱礼

在西方，拥抱是与握手一样重要的见面礼仪。有的国家或民族的人情感比较外露，因而乐于用拥抱来表达情感，至亲好友见面，新知故友相遇，总要热烈地抱一抱或轻轻地搂一搂。例如，在大部分拉美国家，拥抱和握手一样普遍和随便，美国人也是如此。在机场、车场、码头，我们都可以看到他们与人热烈地长时间地拥抱在一起，给人以如胶似漆或相见恨晚、难舍难分的感觉。

1. 拥抱的方式

拥抱是通过身体某一部分的接触来表示尊敬与亲热的方式。人们在一搂一抱的同时，可以获得莫大的情感体验，感受到对方精神扶助的力量。

拥抱的正确动作要领：首先，两人相对而立。然后，彼此都右臂在上，左臂在下，右手扶住对方的左后肩，左手扶住对方的右后腰。接着，各自都按自己的方位，两人头部及上身都向左相互拥抱，礼节性的拥抱可到此完毕。如果是为了表达较为亲近的情感，更为密切的关系，在保持原手位不变的情况下，双方还应再向右拥抱，然后再次向左拥抱，才算礼毕。注意，作为社交场合礼仪式的拥抱，双方身体不应贴得很紧，拥抱时间也较短，不能用嘴去亲吻对方的面颊。

2.拥抱的禁忌

如果是涉外交往，我们应注意所交往者的民族习惯。世界上有些国家和地区的人，见面时不大喜欢拥抱。例如，印度人不但不喜欢拥抱，男女之间连握手也不行。此外，日本人、英国人、芬兰人及东南亚许多国家的人，见面时都不大喜欢用拥抱来表达感情。事实上，我们中国人也不大喜欢在商务场合拥抱，只是近些年来，外国的许多礼仪纷纷传入中国，才被一些国人所仿效。同时，中国人也正在大量地走出国门，与外国友人、商人交往，这才有了学习拥抱礼仪的必要。

思考与练习

1.商务场合与人会面，有哪些常用的问候方式？

2.思考以下哪种说法是正确的：

（1）商务场合可以与初次见面的客人行拥抱礼并亲吻。

（2）见到任何人时都应该主动握手。

（3）在公司的走廊上见到上级领导和其他同事，可以点头问候。

要点回顾

1.人们在见面时以不同的方式问候，以示友好。一个人问候另一个人时，遵循"位低者先行"的规则，即双方之间身份较低者首先问候身份较高者。当一个人问候多人时，既可以笼统地问候，也可以逐个问候。当一个人逐一问候多人时候，可以由尊而卑，也可以由近而远地依次问候。

2.常见的问候致意方式有：点头礼、鞠躬礼、拱手礼、握手礼、挥手礼和拥抱礼等。商务场合运用得较多的是点头礼、鞠躬礼和握手礼。

第三节　握手礼仪

　　小夏是公司销售部的新员工，他第一次与领导一起拜访客户时，心里有点激动，又有点紧张，很想在客户面前给对方留下深刻的印象。到达客户公司时，对方的行政总监李总和他的秘书在会议室门口迎接他们。小夏见到李总，立刻快步向前，双手握住对方的手，很热情地表达了问候。但他发现李总并没有很热情地回应他，而是转向自己的领导伸出了右手相握，表达了作为主方的欢迎。

　　小夏失礼了吗？在拜访客户时，双方见面时，是主方先伸手还是客方先伸手呢？告别时，又是哪一方先伸手呢？

　　握手是世界各国通行的见面礼节，是商务场合会面时最常见的礼节，多用于见面时的问候，也用于告别时的致谢与祝愿。

　　关于握手礼仪起源有多种说法。一种说法是，握手礼起源于中世纪的骑士们。战争时期，骑士们都身穿盔甲，除了眼睛以外，其余身体全都包裹在铠甲之中，时刻准备着去迎接挑战。如果表示友好，他们会脱去右手臂的护甲，示意右手没有武器，互相握手言和。这种友好的表示方式后来流传于民间，就成了握手礼。另一种说法是，握手礼起源于原始社会。早在远古时代，人们以狩猎为生，如果遇到素不相识的人，为了表示友好，就扔掉手里的打猎工具，摊开手掌让对方看，示意手里没有藏东西。后来，这个动作被武士们学会，他们为了表示友好，不再互相争斗，会互相摸一下对方的手掌，表示手中没有武器。之后，这个动作就逐渐演变成了握手礼。握手礼是自辛亥革命以后传入我国的。孙中山认为，盛行中国数千年的跪拜礼，是封建礼教制度的象征，倡导用新式的体现平等理念的握手礼取代跪拜礼。

现代商务人士学习握手礼，应掌握的要点有握手的场合、握手的方式、握手的顺序、握手的禁忌等。

一、握手的场合

在现代商务活动和人际交往活动中，很多场合可以握手，如见面、道别、祝贺、感激、鼓励、慰问等。具体来说，在下列场合，与别人握手是一种礼貌。

（1）遇到较长时间未曾谋面的熟人时，应与其握手，表示久别重逢而万分欣喜。

（2）在被介绍与人相识，双方互致问候时，应握手致意，表示为相识而感到荣幸，并有意愿与对方建立友谊与联系。

（3）当对方取得很大的成绩或重大成果，获得奖赏、被授予荣誉称号时，或有其他喜事如祝贺结婚、生子、升学、乔迁、事业成功时，与之握手以表示祝贺。

（4）在自己领取奖品时，应与颁奖者握手以表示感谢。

（5）应邀参加社交活动时，如宴会、舞会、音乐会结束后，应与主人握手，以示谢意。

（6）参加友人、同事或上下级的家属追悼会离别时，应与逝者的主要亲属握手，以示慰问。

二、握手的方式

作为一种常规礼节，握手的具体方式颇有讲究。

1. 神态

与他人握手时，应当神态专注、认真、友好。在正常情况下，握手时应当目视对方双眼，面含笑容，同时问候对方。

2. 姿势

与他人握手时，一般应起身站立，迎向对方，距其 1 米左右时，伸出右手握住对方的右手手掌，手掌需垂直于地面，稍许上下晃动两三下。

3. 力度

握手的时候，用力既不可过轻，也不可过重。用力过轻，有怠慢对方之嫌；用力过重或握得太紧，则会让对方感到你热情过火，或觉得你粗鲁而不庄重。通常握手时建议的力度为 2 千克，也可以理解为使用七分力度。

4. 时长

握手时间的长短因人因地因情而异。商务会面时握手时间不宜太长，一般

3~5 秒。在多人相聚的社交场合，不宜只与某一个人长时间握手，以免引起他人误会。一般来说，讲完欢迎或告辞致意的话以后即应放下。

三、握手的顺序

（1）握手的顺序需要遵循"尊者优先"的原则。

长者优先：只有年长者先伸出手，年幼者才可以伸手相握。这种做法，符合社会的"长者为尊"的伦理标准，表示对年长者的尊重。

女士优先：在社交场合，只有女士先伸出手，男士才能伸手相握。女士优先的原则起源于西方所提倡的"lady first"，这种规范体现了现代的文明意识，表达了对女性的尊重。

职位高者优先：职位高的人先伸出手，职位低的人才能伸手相握。表达了对领导和上级的尊重。

（2）在商务往来中，宾主之间遵循"来时主人，走时客人"的原则。正确的做法是：客人抵达时，应由主人首先伸手，以表达欢迎之意。客人告辞时，则应由客人首先伸手，以表达感谢之意，并请主人就此留步。如果客人将走，主人先伸手以握，难免有逐客之嫌。

（3）在正式场合，需与多人握手时，要遵循"由尊而卑"或"由近而远"的原则。

四、握手的禁忌

（一）忌戴手套握手

无论男女，在社交活动中，与人握手时均不应戴手套，即使你的手套十分洁净也不行。这是因为"十指连心"，人们之所以在相见时握手，是让双手相握触摸时传达自己的内心情感。戴着手套就意味着你不愿意与对方进行情感交流，既然如此，也就没有握手的必要。女士礼服相配套的手套除外。

（二）忌用左手握手

尤其是在涉外场合，不要用左手与对方相握，因为有些国家如阿拉伯国家，还有一些信仰穆斯林教的教徒，他们普遍认为左手是不洁的，不能用左手随便碰其他人。

（三）忌握手时身体其他部分行为不规范

比如握手时将另外一只手插在衣袋里；握手时另外一只手依旧拿着香烟等

不放下；握手时东张西望、左顾右盼，这些心不在焉的做法都是要杜绝的。

（四）忌交叉握手

交叉握手通常发生在人多的情形下，这是一种失礼行为。在社交场合，如果要握手的人较多，可以按照由尊而卑的顺序进行，或由近及远依次与人握手。当自己伸手时发现他人已伸手，应主动收回，并说声"对不起"，待别人握手后再伸手相握。

（五）忌握手时手部不洁净

与对方握手之前，应该保持手部的洁净。手部粘着灰尘或手部很脏等都是对对方的不尊重，同时避免与他人握手后用手帕擦手。

思考与练习

1.开篇案例中的小夏在与领导一起去拜访客户时，双方应该谁先伸手呢？

2.主动练习与他人握手，注意神态、姿势、力度和时间。

要点回顾

1.与他人握手要注意神态、姿势、力度和时间。握手时伸出右手，既不可太轻，也不可太重，力度七分，虎口相握，轻晃二三下，表达欢迎、问候或寒暄。

2.握手时遵循"尊者先伸手"，以及"来时主人，走时客人"的原则。与多人握手可以由尊而卑，或按由近及远的顺序依次进行。

第四节　介绍礼仪

导入

小何是公司的客户经理，他的重要客户刘总来访。小何想介绍自己的领导李总与客户刘总相互认识。在介绍时，小何犯了难，客户也重要，自己的领导也重要，究竟是先把李总介绍给客户刘总，还是先把客户刘总介绍给李总呢？

介绍是日常工作和商务交往中必不可少的一个环节，是业务活动中相互了解的基本方式，也是双方走向熟悉的第一步。通过介绍，可以缩短人与人之间的距离，以便更好地交往，更多地沟通和更深入地合作。

所谓介绍，通常是指在初次相见时，经自己主动沟通，或借助第三者的帮助，从而使原本不相识者彼此之间有所了解，相互认识。无论哪种介绍，都必须遵守一定的礼仪规范。

一、自我介绍

顾名思义，自我介绍就是把自己介绍给他人。在社交场合中，我们想要结识一个人，或者在公众场合想要让大家认识自己时，就需要自我介绍；在商务场合中，初次见面、拜访客户、接待访客、宴请等场合，也需要做自我介绍。恰当的自我介绍，不但能增进他人对自己的了解，还能建立良好的第一印象，甚至创造出商机。

一般来说，自我介绍需要报清自己的姓名和身份，以及自己与正在进行的活动是什么关系。自我介绍时要做到表达清晰、风趣、真实、流畅，尽量包含足够有关自己的信息以及与接下来的与谈话相关的内容。

（一）自我介绍的基本原则

（1）内容要真实。自我介绍时，介绍的内容要实事求是，不说谎、不浮夸、不投其所好。否则易引起对方的反感和不信任。

（2）内容详略得当。自我介绍时，要根据场合需要确定内容的详略，有意识地抓住重点。

（3）真诚的态度。真诚的态度通过友好的眼神交流，自信的微笑，恰当的语音语调和得体的肢体语言来呈现。

（4）时间简短。介绍时控制好时间，言简意赅，最好将自我介绍的时间控制在一分钟内。

（二）自我介绍的形式

介绍自己，有不同的形式。在一般情况下自我介绍的内容兼顾实际需要、双方关系、所处场合等，应具有一定的针对性。一般自我介绍分为以下4种形式。

（1）应酬式。这种方式最简单，介绍的内容仅为本人姓名，主要适用于面对泛泛之交、不愿深交者，相当于问候致意。

（2）工作式。主要内容包括公司、部门、职务、姓名等，往往缺一不可。这种方式适用于正式的因公交往场合。

（3）交流式。介绍的内容与交流场合的主题相关，可以介绍自己的籍贯、学历、兴趣爱好、擅长、家庭、与交往对象某些熟人的关系等。适用于非业务的交流场合。

（4）礼仪式。主要内容包括正式的欢迎开场、本人姓名职务、正式的感谢或祝福等。适用于讲座、报告、演出、庆典、仪式等一些正规而隆重的场合。

（三）自我介绍的注意事项

（1）常规的自我介绍通常为三个部分组成：开场白、介绍内容、结束语。开场白通常为称呼、问候和感谢；介绍内容根据工作式、交流式或礼仪式的不同形式来决定具体说什么；结束语则通常是寒暄、感谢或祝福。

（2）为了让对方记住自己，可以介绍自己姓名的含义，适当展开，如果有幽默感会更让人印象深刻。例如，我叫谢石，谢谢的"谢"，石头的"石"。别以为我是从石头里蹦出来的哟。我本人个性很坚强，做什么事都很执着，像块顽石。

（3）进行自我介绍前，可以先向对方点头示意，得到对方回应后再做介绍。如果你想认识某人，最好预先获得一些他的资料，这样在自我介绍以后能比较融洽地交谈。

（4）做自我介绍之前要看准对方空闲的时机，这样才能更好地让对方倾听你所讲的内容，并且不会打扰到对方。比如，某甲和某乙正在交谈，你想加入，可以选择甲乙谈话出现停顿，或某个话题结束的时候再去自我介绍，并打招呼："对不起，打扰一下，我是×××。""很抱歉，可以打扰一下吗？我是×××。""两位好，请允许我自己介绍一下……"此类语言会更显礼貌。

二、他人介绍

他人介绍，也就是介绍他人，又称第三方介绍，是经第三者为彼此不相识的双方（被介绍人）引荐的一种介绍方式。介绍他人具有很强的目的性，通常被介绍双方各自做一番介绍。有时，也可单向地介绍，即只将被介绍者中的某方介绍给另一方。

（一）介绍他人的时机

（1）与同事外出，路遇同事不相识的其他同事或朋友。

（2）陪同上司、长者、来宾时，遇见了其不相识者，而对方又跟自己打了招呼。

（3）在家中或办公地点，接待彼此不相识的客人或来访者。

（4）打算介绍某人加入某一方面的交际圈。

（5）受到为他人做介绍的邀请。

（二）介绍人的身份

在商务交往中，介绍人应由接待人员、秘书担任，或主客双方都熟悉的人担任；在社交场合，东道主、长者或与被介绍的双方均有一定交情者都可以担任介绍人。

（三）介绍他人的基本原则与顺序

在为他人介绍前，先要确定双方地位的尊卑，然后先介绍位卑者，后介绍位尊者，使位尊者先了解位卑者的情况，即"尊者优先了解情况"原则。根据这个原则，为他人做介绍时的商务礼仪顺序有以下几种。

（1）介绍上级与下级认识时，先介绍下级，后介绍上级。把下级人员介绍给上级人员，首先称呼上级人员，然后再将被介绍者介绍出来。如："李经理，这是我的助理石青。石青，这是销售部的李经理。"

（2）介绍公司同事与客户时，应先介绍同事，后介绍客户。把自己公司的人介绍给客户时，要提及客户的称呼和对方的公司名。如："李主任，这是我们公司行政部的朱琦。朱琦，这是××公司的李主任。"

（3）介绍长辈与晚辈认识时，先介绍晚辈，后介绍长辈。介绍晚辈给长辈，首先要称呼长者，然后把晚辈介绍给长者，最后再介绍长辈。如："陈叔叔，这是我儿子王博，他刚刚从南京大学毕业。王博，这是陈爷爷。"

（4）介绍女士与男士认识时，应先介绍男士，后介绍女士。介绍女士与男士认识时，通常先把男士介绍给女士，并引导男士到女士面前做介绍。介绍中，女士的名字应该先被提到，如"丽娜，我给你介绍一下，这是我同学海涛。"

需要注意的是，在商务场合，不必采用"女士优先"的原则，商务场合忽略性别，应遵从"地位高的人先知情"的原则。如介绍时可说："王经理，请允许我将我的助手小张介绍给您。"然后说："小张，这位是××公司的王经理。"在商业界，只有当两个人的社会地位相同时，才遵循优先让女士知情的惯例。

（5）介绍同事、朋友与家人认识时，应先介绍家人，后介绍同事、朋友。

（6）介绍来宾与主人认识时，应先介绍主人，后介绍来宾。

（7）介绍与会先到者与后来者认识，应先介绍后来者，后介绍先来者。

（四）为他人介绍的语言与手势

为他人介绍时，最好先说一些："请让我来介绍一下……""请允许我向您介绍一下……"之类的介绍词，之后再正式介绍。为他人介绍时，为了体现对他人的尊重，除了称呼和语言的准确，更要用专业的手势来表达。可以用"横摆式"，即掌心向上的手势来介绍他人，以示尊重（详见第二章举止礼仪）。

（五）被介绍后的回应

在介绍时，除长者或位高者外，被介绍者一般应起立、微笑、点头或握手致意，并说"您好""久仰""幸会"之类的寒暄语。如果介绍是在谈判桌或宴会桌上进行，则被介绍的双方不必起立，只需要微笑点头即可，介绍后可说些客套话。

要留意的是，介绍并不只是一种客套，更是一种新关系的建立。当有人把你介绍给别人的时候，无疑，你会很希望别人记住你的名字。如果他们下次再见到你时仍把你当陌生人，你一定会失望。同样，我们也应在介绍人把别人介绍给我们以后尽量记住对方的名字，以便在以后的社交中或商务场合相见时，能够准确地称呼对方，这才是尊重与礼貌的表现。

商务人员应当理解的是，介绍顺序问题绝不是一个可有可无的形式问题，而是涉及个人修养、组织形象以及商务活动的目的能否如愿达成的问题。但是在一些非正式场合，就不必过于拘泥于礼节，不必讲究先介绍谁后介绍谁。介绍人说"我来介绍一下"，然后即可做简单的介绍，也可直接报出被介绍者各自的姓名："李燕、张晓明"。

三、集体介绍

集体介绍是他人介绍的一种特殊形式，是指介绍者在为他人介绍时，被介绍者其中一方或者双方不止一个人，甚至是许多人。在需要做集体介绍时，原则上应参照为他人介绍的顺序进行。其基本规则：介绍双方时，先卑后尊（尊者优先了解情况）。而在介绍其中各自一方时，在这个集体中的顺序则应当由尊而卑。

（一）集体和个人

（1）将一人介绍给大家。在被介绍者双方地位、身份大致相似，或者难以确定时，应使一人礼让多数人。人数较少的一方礼让人数较多的一方，让人数较多的一方先知情。因此先介绍一人或人数少的一方，后介绍人数较多的一方或多数人。在会议、比赛、会见、演讲、报告时，可以只将主角介绍给大家，而不需要一一相互介绍。

（2）将大家介绍给一人。若被介绍者在地位、身份之间存在明显差异，特别是当这些差异表现为年龄、性别、婚否、师生以及职务有别时，地位、身份明显高者即使人数较少，甚至仅为一人，仍应该被置于尊贵的位置，先向其介绍人数多的一方。

（二）集体和集体

人数较多的双方介绍。若需要介绍的一方人数不止一人，非正式场合可采取笼统的方法介绍，如可以说："这些人是我的朋友"，"她们都是我的同事"等。正式场合还是要对其一一介绍。此种介绍，可按位次尊卑顺序进行。先介绍位卑的一方，后介绍位尊的一方，或先介绍主方，后介绍客方。介绍时从职位高到职位低依次进行。

（三）当众介绍嘉宾

在大型演讲、会议、庆典、报告等场合，往往主持人会作为介绍人，来介绍参与者或演讲嘉宾，这是将一人介绍给集体的典型情况。在此较为隆重的场合下，介绍人要注意如下三点。

（1）突出嘉宾的重要性。为什么重大场合通常由主持人来为嘉宾做介绍，而不是嘉宾本人做自我介绍？因为中国人讲究自谦，不方便过于夸赞自己，突出自己的成就和贡献，需要介绍人代为公开告之。所以主持人需要将嘉宾的身份和重要性介绍清晰，尤其是与这个公开场合相关的能力和背景更需要重点突出，以方便其他人建立对嘉宾的信任和期待。

（2）尊重的手势。越是公开的场合，手势越重要，这是主持人以非语言的方式在表达和突出嘉宾的重要性和对他的尊重，可用横摆式。

（3）带头鼓掌。主持人介绍完毕，在结束时邀请观众用热烈的掌声请出嘉宾。既是烘托氛围，对嘉宾表示欢迎，也是一个转场，代表了将接下来的内容转交给嘉宾。

思考与练习

1. 在商务初次会面的场合，练习做 1 分钟内的自我介绍。

2. 如果你的客户陈经理来访，在开会时，你需要介绍陈经理与自己的同事财务部王经理相互认识，你会先介绍谁，再介绍谁？为什么？

要点回顾

1. 本节重点为介绍礼仪中自我介绍、他人介绍和集体介绍的具体内容。

2. 自我介绍的内容兼顾实际需要、双方关系、所处场合等，应具有一定的针对性，分为应酬式、工作式、交流式和礼仪式 4 种形式。

3. 为他人介绍的基本原则是"尊者优先了解情况"，介绍前要确定双方地位的尊卑，然后先介绍位卑者，后介绍位尊者，使位尊者先了解位卑者的情况。

4. 集体介绍分为介绍集体与个人，介绍集体与集体两种情形。做集体介绍时，原则上应参照为他人介绍的顺序进行。其基本规则：介绍双方时，先卑后尊（尊者优先了解情况）。而在介绍其中各自一方时，在这个集体中的顺序则应当由尊而卑。

第五节　名片礼仪

　　某公司陈主任约见一位重要的客户秦经理，见面之后，客户递上名片。陈主任看完名片，略加寒暄，就将名片放到了会议桌上，二人继续交流。过了一会儿，公司前台将咖啡端上桌，请两位领导慢用。陈主任喝了一口后，将咖啡杯子放在桌上时，压住了客户名片的一角，陈主任自己没有注意到，而客户秦经理却皱紧了眉头。你知道陈主任哪里失礼了吗？

分析

　　收到客户的名片，当着客户的面，妥善收好，才是对客户的尊重。

一、名片的发展

　　名片是我国古代文明的产物，我国古代名片在秦汉时期就已经出现，但那时没有纸张，更没有现在的那么多样，材质一般为木块或竹块，块头也大得多，称为"谒"。到了东汉时期，"谒"易名"刺"。随着纸张的发明，"名刺"也改用纸张。纸张的发明也促进了"刺"的使用，不再像秦汉时期有那么多等级限制，东汉时期的"刺"应用已经相当普遍了。据记载，东汉名士郭泰经常收到名片，夸张到用车来装。在古代，王公贵族们身居深宅大院，客人上门拜访时必须由守门人通报。为了避免守门人传话出错，于是就在纸上写明客人的姓名、身份、籍贯和必要的问候语，由守门人送给主人。

　　可见，"名片"是我们老祖宗适应经济文化发展发明的交流工具，且与时俱进，反映了当时的社会形态。现代的名片也是由古代名片发展而来，还传到了国外，日语目前都还在使用"名刺"一词。名片发展到现在，已成为现代人交往中一种必不可少的联络工具，在商务和社交活动中，如何使用名片，不仅仅是一种社交活动，更是一种尊重，体现一个人内在的素养。

社交名片通常包含姓名、电话、传真、地址、邮件等个人信息，而商务名片通常还会包含公司名称、办事处地址、职位职衔等。在与客户交往时使用名片，可以给对方正式的、可信的感觉。名片能让初次见面的人记住自己，名片上所记载的信息对以后的联系很有帮助，能够顺利地推进今后的往来。虽然现在职场交际场合中，电子名片、电子身份卡层出不穷，但纸质名片因其具有的介绍和交际工具的属性，在社交场合有不可替代的作用。

二、交换名片的场合

选择适当的时候交换名片，是名片交换礼节的第一步。

（一）与客户第一次见面时

当你与客户第一次见面时递送和交换名片，是表达你愿意与对方继续交往的意向，这种意向要用得体的语言和得体的动作来呈现。

（二）拜访他人时

拜访他人时，你可以递上两张名片，一张给主人，一张给秘书或接待人员。刚到办公室的来访者向接待人员出示名片，以便被介绍或引见给有关人员。等见到主人时他还要再递上一张名片。在这种情况下，名片实质起到了社交的作用，表明了你的身份和你的到来，还显示了你有进行业务往来的意向。

（三）宾客较多的场合

此时接受名片可以帮助你及早了解来客的身份。

（四）私人宴会上

在这种场合除非有人索要，否则不要散发名片，那样会混淆商务与社交的界线。在参加社交活动时，可随身携带名片，需要时便可出示，但不可把花园聚会变成推销会。

（五）本人不能亲自前往时

如果本人不能亲自前往，可以送上名片来"代表"你。比如，送交材料时可附上一张便笺和一张名片；在邮寄商业信函时附上一张名片，以便日后继续联络。

三、递送名片的要点

（一）存放得当，随手可取

在商务场合，如需要递送名片，应事先预备好，不要在使用时临时翻找。随身携带的名片应使用较精致的名片夹，男士在穿西装时，名片夹只能放在左胸内侧的口袋里，因为左胸是心脏的所在地，将名片放在靠近心脏的地方，其含义无疑是对对方的一种礼貌和尊重。女士的名片夹可放于自己随身携带的小手提包里。将名片放置于其他口袋，甚至裤袋、裙兜、提包、钱夹里，这样做既不正式，也显得杂乱无章。在自己的公文包以及办公桌抽屉里，也应经常备名片，以便随时使用。

由于商务人士在一次商务活动中需要接受的名片很多，因此，最好将接受的客户的名片与自己的名片分开放置。否则，一旦匆忙中误将他人的名片当作自己的名片送给对方，会是非常尴尬的。接过他人名片看过之后，应将其精心放在自己的名片包、名片夹或上衣内口袋里，切勿放在其他地方。

（二）眼到、手到、言到

递送名片时，应正面站立在对方面前，不宜坐着或侧身对着对方，如确实不方便站立时，应主动说明情况，请对方谅解。递名片时上身前倾，双手握住名片的两端，字朝对方。如对方是外宾，最好将名片英文面朝上面对对方，齐胸送出。递之前与对方要有眼神的交流，同时报上自己的单位、职位、姓名，然后说寒暄语。如："您好！我是××公司××部经理×××，请多多关照！"

向多人递送名片时，应从领导开始交换名片，按照由尊而卑、由近而远，或顺时针的方向进行。

四、接受名片的要点

（一）起身相接

收到别人的名片时，如果原来是坐着，要站起来接名片。面带微笑，双手接过，并视情况说"谢谢""能得到您的名片，真是十分荣幸"等寒暄语。双手接过，特殊情况可用右手，但应向对方致歉并说明原因。

（二）仔细阅读

收到名片不可立刻放入名片夹，要仔细阅读名片上的内容，称呼对方名片上的职务，并表示感谢。如："王经理，您好！很高兴认识您。"

（三）妥善存放

随后妥善存放对方的名片，不要随意放在桌上，也不可拿在手里把玩或随意放入裤袋、衣裙口袋里，应放入名片夹、手包或上衣内口袋中。

（四）有来有往

来而不往非礼也，收到名片后，应回赠自己的名片。如果自己没有名片或没带名片，应当首先对对方表示歉意，再如实说明理由。如"很抱歉，我没有名片""对不起，今天我带的名片用完了，过几天我会亲自寄一张给您"等。

五、名片的索取

如果在商务或社交场合，需要向对方索取名片，索取名片不宜过于直截了当。其可行之法有如下 4 种。

1. 交易法

交易法是指"将欲取之，必先予之"。也就是说想索要别人的名片时，最直接的办法就是把自己的名片先递给对方。所谓"来而不往，非礼也"，当你把名片递给对方时，对方不回赠名片是失礼的行为，所以对方一般会回赠名片给你。

2. 激将法

激将法是指有的时候遇到的交往者地位身份比自己高，或者身为异性，难免有提防之心。这种情况下把名片递给对方，对方很有可能不会回赠名片。遇到这种情况，不妨在把名片递给对方的时候，略加诠释，如"王总，认识您非常高兴，不知道能不能有幸跟您交换一下名片"。在这种情况下，对方会更愿意回赠名片给你。如真有不便，或对方真的不想给你名片，他也会找到适当的理由而不至于使你尴尬。

3. 谦恭法

谦恭法是指在索取对方名片之前稍做铺垫，以便索取名片。比如，见到一位同行业的专家，你可以说："认识您非常高兴，希望以后有机会能够继续向您请教，不知道以后如何向您请教比较方便？"前面的一席话都是铺垫，只有最后一句话才是真正的目的——索取对方名片。

4. 联络法

谦恭法一般是对地位高的人，对平辈或者晚辈就不大合适。面对平辈或晚辈时，不妨采用联络法。其说法是："认识您太高兴了，希望以后有机会能跟您保持联络，不知道怎么跟您联络比较方便？"

思考与练习

1.递送名片和接受名片有哪些注意事项？

2.找几个同伴，练习在不同身份和场景下递送名片的方式。

要点回顾

1.递送名片的要点是：存放得当，随手可取，站立对正，上身前倾，双握两端，字朝对方，齐胸送出，清楚报名，说寒暄语。

2.接受名片的要点是：立即起立，面向对方，双手接过，齐胸高度，认真拜读，表示感谢，存放得当，珍惜爱护，有来有往。

第六节　引导礼仪

在商务活动以及日常的工作中，任何一个组织都会有接待客户和上级领导，或是来访者的需要，将其接待引领到某个位置是经常遇到的问题。引领者要讲究引导的礼仪规范，如何做好迎接引导工作，体现自己的礼仪修养是每位职场人士需要掌握的技能。

导入

小金是某公司销售部门许经理的秘书，潜在客户A公司是一家日企。一天A公司一行5人来小金的公司考察合作项目，许经理派小金到一楼迎接客户并将客户引导到6楼销售部门的接待室。因为是重要客户，小金特别慎重，提前20分钟在公司大门口等候，按时接到了客户，并引导几位客户经过一楼大堂坐电梯上6楼。因为客户人数较多，小金在电梯外按着上行按钮，等待客户依次进入电梯，没有想到进了2个人后电梯门一下子关上了，正好夹到正在进入的第3位客人，此时在外面按着电梯的小金非常尴尬……

在小金看来，在进电梯前的迎接工作中，让客户先进电梯看起来是很有礼貌的事，为何会出现尴尬局面？问题出在哪里？

分析

在引导客户进入电梯时，电梯外面的按钮是升降按钮，并非开关按钮，电梯门的开关通常设置在电梯内部。引导者需要考虑尊重客户，又要考虑到安全性。如果电梯内无人值守，引导者需要先入电梯帮助控梯，同时要用礼貌用语引导客户进入，方不失礼。

一、行进次序

行进次序是指人们在步行中位次排列的顺序。商务人士在陪同客户、领导时，要特别注意行进中位次的问题，否则有不礼貌之嫌。行进次序如下。

二人行：前后行时，前为尊，后为次；左右行时，右为上，左为下。

三人并行：中为尊，右为次，左为下。

多人同行：走在最前方的是职位较高者或是长辈，其右后方次之，资历较浅者应行为左后方。

二、大厅引导

商务场合，对于初次来访的重要宾客，通常会安排引导人员引领宾客到目的地。在大厅或走廊引导时，以右为尊，所以引导者走在客人的左前方，2~3步的距离，用左手示意方向，侧身引领。行进期间保持步调与客人一致，面带微笑。途中注意引导提醒，如在拐弯或有楼梯台阶的地方手势示意，并提醒客人"这边请""注意台阶""请小心脚下"等。走廊如果不是很宽，行进过程中如有路遇，需侧身避让。

三、楼梯引导

引导客人上下楼梯时的引导位次为：上楼梯时，客人走前面，引导者紧跟后面。下楼梯时，引导者走前面，并将身体略转向客人，客人在后。楼梯中间的位置是上位，但若有栏杆，应让客人扶着栏杆走；如果是螺旋梯，则应该让客人走内侧。上下楼梯时，要提醒客人注意安全。

四、电梯引导

大多数公司的办公楼中都有升降式电梯，它们一般无人值守。电梯无管理人员时，一般宜请客人后进、先出，引导者或陪同人员先进，后出，以控制开关钮，不使电梯夹挤客人。因为电梯在楼层停留时间一般设定为30秒或45秒，有时客人较多，会导致后面的客人来不及进电梯门就关了。所以引导者应先进电梯，控制好开关钮，让电梯门保持较长的开启时间，避免给客人造成不便。具体应注意的事项如下：

（1）如电梯无人值守，引导人员先进后出。具体为引导人员进先入电梯后，在电梯内一手控制电梯按钮，另一手配合手势请客人进入，其他人则按照"尊者先行"的原则依次进入。为表示尊重和周到，在先进入电梯前，引导人员可用语言说明："各位领导请稍后，我先进入帮您控制电梯"，随后再进入。到达后，请客人先出。引导者一手控制电梯按钮，另一手配合手势请客人先出，可以说"您先请"。

（2）如电梯有人值守，请客人先进，客人先出，配合手势和礼貌语言。

先进入电梯间的人尽量靠两边站立，保持"U"形，以便他人进出，让最后进电梯的人站中间，依次出入。电梯空间狭小，应保持安静，保持个人距离不要过于紧密。

五、出入房间引导

出入房间时，引导者应主动替客人开门或关门，并引导客人进入。

1. 向外开门时

先敲门，拉开门后，站在一旁，对客人说"请进"或"您先请"并配合手势引导。请客人入座，安静退出。

2. 向内开门时

敲门后，对客人说"请稍等"，自己先进入房间。侧身，在门后把住门把手，对客人说"请进"并配合手势引导。请客人入座后，安静退出。

思考与练习

1. 引导者要把客户从公司大门，经过一楼大厅，电梯到达四楼会议室，期间需要用到哪些引导礼仪？要注意哪些事项？

2. 办公室文员小刘要到公司门外迎接拜访两位客户，并安排客户在三楼的接待室会见王总。到达一楼大堂乘坐电梯上三楼后，途经一段楼道到达接待室。请演练电梯引导和楼道引导的方法，为客户开门引导。

要点回顾

1. 引导客人时，要注意行进的次序，并配合引导的手势和语言。

2. 大厅引导以右为尊，引导人员站在客人左前方2~3步引导。

3. 楼梯引导：上楼梯时客人走前面，引导者紧跟后面；下楼梯时引导者走前面，并将身体略转向客人，客人在后。

4. 电梯引导：如电梯无人值守，引导人员先进后出；如电梯有人值守，请客人先进，客人先出。

第七节　沟通礼仪

　　"一个人的言谈永远是他的家庭背景和社会地位的告示牌。"这是《格调》一书中约翰·布鲁斯克精辟的总结。中国也有一句俗语说"听其言，观其行，而知其人"。沟通不仅是人们交流感情、增进了解的主要手段，也是人品和素养的彰显。沟通的定义是：为了一个设定的目的，把信息、思想和情感在个人或人群间传递，并且达成共同协议的过程。作为商务人士，必须遵循沟通的礼仪要求，才能给对方留下好印象，进而达到交流的目的，传递情感与信息。

案例

　　公司新来了一位总经理助理徐佳。某天早晨，总经理让她通知下属一共6个公司部门主管，在下午1点准时到总公司三楼会议室开会。会议很重要，让徐佳务必通知到位，不得有人不到。结果，下午1点开会的时候，6个部门主管只到了4人，还差2人未到。

　　总经理很生气，问徐佳："你通知了吗？"

　　徐佳说："通知了每一位。"

　　总经理问："你怎么发通知的？"

　　徐佳说："我发微信给他们了。"

　　总经理问："他们回复了吗？"

　　徐佳答："有人回了，有人没回。"

　　总经理问："没回复的人，你有再跟进吗？"

　　徐佳答："嗯……没有，我以为他们都收到了。"

　　总经理：……

分析

在这个案例中，总经理助理徐佳的沟通出现了很大的问题，导致重要会议有2个部门主管未能及时到达。徐佳发微信通知各位主管，在没有得到及时回复时，应该立刻打电话进行沟通和确认，而不是想当然地认为他们都看到信息和确认参会了，潜意识里是一种"我发信息通知了，他来不来跟我没关系"的心态。沟通是一个双向的信息传递，而不是单向的告知。

一、沟通的基本要求

（一）态度真实诚恳

庄子言："真者，精诚之至也，不精不诚，不能动人。"所以在与他人交谈时应当体现出以诚相对、以礼相待、谦虚谨慎、主动热情的基本态度，而绝对不能逢场作戏、虚情假意或应付了事。对于领导要尊重，常请教，勤汇报。对同事和客户要真诚，常联络，勤问候，让自己与同事、客户之间的友谊历久弥新。主动积极的态度决定了最终目标是否能够达成一致，工作中存在"理所当然"的态度是大忌。在我们与他人沟通时，首先就是要端正态度，沟通是真诚的、认真的。真诚是指交谈时无论内容还是语气都应该诚实可信，不虚伪、不夸张。认真是指重视沟通，想通过沟通达成共识，而不是因为"是领导规定的任务"不得不完成。

具体表现为：与上级交谈，不必过分拘谨，也不要阿谀奉承、低声下气，尽量心怀尊重、坦然自若地说出自己的建议和想法；与同级交谈，不可表现出明显的倾向性，应一视同仁，客观冷静；与下级交谈，不可居高临下，颐指气使，应亲切随和，设身处地地进行换位思考；与客户交谈，不要拐弯抹角，虚情假意，应以诚相待。因为你的真诚对方可以感受到，也只有真诚，才能让对方感到被尊重和重视，让交谈在亲切友好的气氛中顺利、高效地进行。

（二）表情亲切自然

表情是人体语言最为丰富的部分。人的喜、怒、哀、惧都可以通过表情来体现和反映。交谈时，面部表情要随交谈内容的变化而变化。或热情，或感激，或平和，或高兴等，不可面无表情，也不可过于夸张。要避免无意识地皱眉、撇嘴，眼睛不看对方，只看天花板或地面，或是翻白眼、上下打量等，这些表情都会让对方非常不舒服，对方会感受到被拒绝、被忽略，不被认同和尊重，可想而知最后也达不到沟通的效果。

（三）举止大方得体

举止具体是指人的肢体所呈现出的各种体态及其变动的行为动作，如日常生活中的站、坐、走、蹲、手势等姿态。我们在与他人沟通时，举止要大方得体。在交谈时可以有适度的动作，如倾听时点头、微笑来鼓励对方；发言时可用适当的手势来补充说明所阐述的情感和内容，同时也要避免多余或不当的动作。无论站还是坐，都要注意仪态体态，站的时候要站直站稳，不要驼背、摇晃身体；坐的时候坐椅子的三分之二，挺直腰背，不可靠躺在座位上与他人沟通；为表达尊重之意，谈话时不可左顾右盼、手指他人、双手抱臂或双手置于脑后，或是高架"二郎腿"，甚至打哈欠等，这些行为会让对方感到被轻视。

（四）声音平和沉稳

声如其人，正如文如其人一样。声音包括语音语调、语态、语速等。

语音语调。与人进行交谈时，尤其是公众场合，必须有意识地控制自己说话时的音量。最佳的说话声音标准是，只要交谈对象可以听清楚即可，不能干扰周围人。如果粗声大气，不仅有碍于他人，而且也给人一种缺乏教养的印象。讲话的语调抑扬顿挫，既不生硬、急躁也不轻慢。结尾时多使用上扬的语调更能带来令人愉快的心理感受，对沟通结果的履行具有促进作用。

语态。与人交谈时，在自己说话时，要恭敬有礼，切忌指手画脚或咄咄逼人。最佳的语态是不急不躁、平等尊重、和缓亲善、热情友好。当别人讲话时，则要洗耳恭听，最忌三心二意、用心不专，或不停插话打断。在交谈时既不要表现得居高临下，也不宜在语气上刻意奉迎，故意讨好对方，令对方反感。

语速。在交谈之中，语速应保持快慢适宜，张弛有度。语速过快或过慢都会给人不自信、不熟悉的感觉；语速忽快忽慢，则会给人一种没有条理、慌慌张张的感觉。

（五）言语文雅舒适

交谈语言的文雅得体，是一个人修养学识的外在表现，是一个企业精神风貌的具体反映，也是一个社会发达程度的重要标志。具体表现在：

（1）要多使用礼貌用语，如：您好，请，谢谢，对不起。在语言的选择和使用之中，表现出良好的文化素质、真诚待人处事的态度。尽量避免某些不文雅的语句和说法，对于不宜明言的一些事情，可以尽量用委婉的词句来表达，多用一些约定俗成的隐语。例如，想要上厕所时，可以说："对不起，我去一下洗手间。"或者说："不好意思，我去打个电话。"

（2）交谈时注意措辞。要注意自己和对方的身份，交谈时委婉客气，常用谦语。常见的谦语有贵姓、尊姓大名、有劳、费心、请问、拜托、请留步、请指教、请包涵、久仰大名、有失远迎、失敬、请留步、失陪等。同时，要留意双方的关系，如对初次见面的商务合作对象可以说："李总，今晚我请您共进晚餐，一来为您接风洗尘，二来预祝我们合作愉快，请您届时光临，好吗？"如果对老朋友这样说，则会让人感到有点疏远和见外了。

二、沟通时的技巧

在商务活动中，双方的接触、合作都是通过沟通来表达的。交谈的方式不同，对方接收的信息、做出的反应也不同。所以沟通的技巧很重要。

（一）适当发问

普列汉诺夫说：有教养的头脑的第一个标志就是善于提问。

在商务或社交场合，商务人士通常是为了解决某个问题，或达成某种目标，才去与人沟通交流的。而解决问题，达成一致的前提就是提出问题，充分了解对方的想法，也能引发对方的思考。所以提问在商务交流中有双重作用：一方面获得自己所需要的信息；另一方面也让对方了解自己的需求，从而达成人与人之间的交流和合作。提问的方式有直接提问、选择式提问、开放式提问。

直接提问。开门见山，把想了解的问题直接提出来。通常用于上级对工作的询问，同事间信息交流。要注意的是这种方式所提出的问题，必须是没有复杂背景、三言两语就能说清楚的事情。例如："这个月你们部门业绩指标完成的如何？"

选择式提问。也常被称为封闭式提问。当询问对方想法时，可以给出有界限的选择范围，提供有限的选项供对方思考，帮助对方聚焦问题并做出合理的选择和决定。例如："你是希望独立完成这个项目，还是建立一个项目组？"

开放式提问。开放式提问是可以让对方有比较多的答案选择，激发对方更主动地思考和探索。这类问题往往是针对某件事的解决办法，通过提问引导对方思考接下来该如何做，或通过提问来充分了解对方的想法。例如："你的目标是什么？""需要做些什么来实现这个目标？""你有什么建议吗？""你觉得是什么原因导致这件事情的发生？"

（二）委婉拒绝

在沟通的过程中，难免会有不同意见的产生及不合理的要求，此时我们要学会拒绝。拒绝既可能是不接受他人的建议、意见或批评，也可能是不接受他人的恩惠或赠予的礼品。在商务交往中，虽然有时拒绝他人会使双方有些尴尬，但涉及一些原则或明确的立场时，"长痛不如短痛"，拒绝是需要坚决的，不可含含糊糊，态度暧昧。例如，别人邀请自己赴宴，能去就答应下来，不能去就不要勉强。如果当面热情愉快地接受下来，届时又以各种理由不出席，并且不了了之，这样既不尊重他人，又不尊重自己，也容易失去信誉。

拒绝时也需要考虑他人的感受，所以信息是明确的，但语气和语言是委婉而和善的，如"谢谢您的美意，但我们公司有规定，在商务活动中不能接受他人赠送的礼金。""很不好意思，这笔钱我不能收，但您的心意我心领了。"在拒绝时也可以采用"先肯定，后否定"的方式，学会使用"我理解……同时……"，前半句是对对方的肯定、理解或感谢，后半句是表明自己的立场和态度。例如：经理在拒绝员工时可以说："是的，我看到了你的方案有一定的创新之处，这点我很欣赏。同时，考虑到在经济效益方面没有大的突破，公司会暂缓考虑。"

（三）善于倾听

美国心理学家卡尔·罗杰斯这样写道："如果有人倾听你，不对你评头论足，不替你担惊受怕，也不想改变你，这多美好啊……每当我得到人们的倾诉和理解，我就可以用新的眼光看世界，并继续前进……这真神奇啊！一旦有人倾听，看起来无法解决的问题就有了解决办法，千头万绪的思路也会变得清晰起来。"是的，倾听如此重要，倾听给人带来力量，倾听使交流更美好。然而在人际交往中，人们往往会重"说"轻"听"，忽略了倾听的重要性。古训有云"愚者善说，智者善听"，倾听不仅是人们接受信息的主要渠道，也是反馈信息的必要前提，倾听可以说是一门艺术。

如何倾听才是真正有效的倾听呢？按照影响倾听效率的行为特征，倾听可以分为五个层次。一个人从第一层次倾听者成为第五层次倾听者的过程，就是其倾听能力、沟通效率不断提升的过程。

第一层次：心不在焉地听。倾听者心不在焉，几乎不注意说话者所说的话，心里盘算或考虑着其他毫无关联或关联不大的事情，或心里只是想着如何辩驳对方。这种倾听者真正感兴趣的不是听，而是说。他们虽然外在的表现是在听，可心里却迫不及待地想要说话。这种层次上的倾听，往往会导致人际关系的破裂，是一种非常危险的倾听方式。

第二层次：被动消极地听。这个层次的倾听者只是被动消极地听说话者所说的内容，常常忽视或错过说话者通过表情、眼神等肢体语言所表达的意思。这种层次上的倾听常常导致倾听者出现误解或错误的反馈，从而失去进一步交流的机会。另外，这个层次的倾听者经常通过点头示意来表示自己正在倾听，这往往会导致说话者误以为自己所说的话完全被听懂了。

第三层次：选择性地听。这个层次的倾听者确实在倾听对方说话，也能够了解对方，但他们往往过分沉迷于自己喜欢的话题，只留心倾听自己感兴趣的内容，不合自己口味或与自己意思相左的内容一概过滤掉。

第四层次：主动积极地听。这个层次的倾听者主要具有如下特征：主动积极地倾听对方所说的每一句话，很专心地注意对方的一举一动。这种层次上的倾听虽然能激发对方的注意，但是很难引起对方的心理共鸣。

第五层次：运用同理心听。这个层次的倾听不是一般的倾听，而是用心去倾听。他们善于在说话者的信息中寻找自己感兴趣的部分，因为他们认为这是获取有用信息的契机；在倾听过程中不急于做出判断，而是对对方的情感感同身受，并且能够设身处地地看待事物；善于分析和总结已经传递出的信息，质疑或者权衡听到的话；能够有意识地注意到很多非语言线索；善于向讲话者发出询问和反馈，而不是质疑讲话者。这个层次的倾听者是带着理解和尊重积极主动地倾听，这种有感情注入的倾听方式有利于引起讲话者的心理共鸣，在形成良好的人际关系方面起着极其重要的作用。

所以在沟通过程中，不但要学会表达，还要注重用心倾听，方能真正架起沟通的桥梁，打开对方的心门。

（四）适时赞美

在沟通过程中，适时的赞美能够创造出一种热情友好的氛围，使双方的交往朝着积极的方向发展。每个人在心理上都有一种对赞扬的期待，即使是最优秀、有成就、最自信的人，也希望得到适度的赞美和肯定，这并非虚荣，而是寻求理解、需要支持、感受到价值感和自己的重要性。

赞美要诚恳真挚，实事求是，如果赞美不是出于真心，人们不但不会接受，甚至会怀疑你的意图，因为很多人都讨厌溜须拍马的人，但几乎没有人能拒绝真诚的赞美。所以赞美先要善于观察，觉察到他人真正的长处，发现他人的优点。商务交流中，可以称赞对方的才华、能力、前途、观点等，对方更容易接受。

（五）善用幽默

幽默一词，由英文 Humor 音译而来，形容有趣或可笑而意味深长。诙谐的语言，是人的思想学识、智慧和灵感在语言运用中的结晶。它生动、有趣、具有强烈的感染力，能振奋精神，引起共鸣。所以，无论在商务场合还是生活中，具有幽默感的人几乎都拥有好的人际关系，走到哪里都受欢迎。

案例

两家公司就一笔生意进行谈判，在某一个问题上反复商讨、迂回、讨价还价，整整三个星期仍未获得结果，双方均感到疲惫和沮丧，却各不相让。这时有一方的负责人诙谐地说："你看，咱们双方至今还没有谈出结果，如果奥运会设立商务谈判比赛的话，我们肯定并列冠军，并载入吉尼斯世界纪录，因为我们如此有毅力，我敢保证，谁也破不了这一记录。"此话一出，双方都开怀大笑，紧张的氛围立刻有所缓解。之后双方都做出了让步，很快达成了协议。

幽默不仅可以使当事人从尴尬中解脱，化烦恼为欢畅，变痛苦为愉快，还可以化干戈为玉帛，使当事人平息激动，回归理智，使彼此在新的基础上重拾信心，增进感情。因此，适当使用幽默的语言和词语，可以更好地沟通。

思考与练习

1. 倾听有哪五个层次，如何做到真正的倾听呢？
2. 商务场合提问的常见方式有哪几种？

要点回顾

1. 沟通的基本要求是态度真实诚恳，表情亲切自然，举止大方得体，声音平和沉稳，语言文雅舒适。
2. 沟通的技巧有：适当发问、委婉拒绝、善于倾听、适时赞美、善用幽默。

第五章

商务交往礼仪

案例

事件一：2017 年 8 月美国时任总统特朗普与第一夫人共同前往飓风灾区，出发时第一夫人穿着一双细高跟鞋现身，众网友纷纷质疑：你真的是去救灾的吗？

事件二：2018 年 10 月，在江苏的一座小镇溧阳，一位学生的妈妈因为给孩子送作业来到学校。当她走到学校走廊时，发现孩子们都在上课，她便脱下高跟鞋，光着脚从一楼走上三楼，把作业送给孩子后，又拎起高跟鞋轻轻地走回一楼，慢慢离开。这一幕被学校的一位老师拍下上传到网络，在那张照片下的上万条留言里最醒目的一条是：你有教养的样子真好看！

分析

在事件一中，主要人物是在普通人眼中的知名人士，他们拥有着所谓的"学历高""见识广""教养好"等标签。然而在人际交往中，礼仪无关学历高低、见识多寡，而在于心中是否有一颗尊敬他人之心。在事件二中，我们至今不知道这位母亲姓甚名谁，从事什么职业，甚至也不知道她的孩子上几年级，但我们知道的是这个孩子未来一定可以收获的是真正的礼仪行为和根植于内心的教养。

第一节 商务交往的原则

礼仪是藏在我们日常生活中的小细节，它不像钻石拥有明亮耀眼的光芒，更像一块碧玉，时时规范着你的行为，滋养着你的心灵。而在商务交往中，礼仪更是在无形地塑造着你的行为，影响着你的职业形象，甚至决定着你的人际关系和企业的文化价值。商务交往中需要把握以下几项基本的礼仪原则，做到"心中有礼，行中有仪"。

一、尊重为本的原则

礼仪的核心是尊重，"礼者，理也"。商务交往过程中，礼仪的展现是尊重客户的体现，也是商务交往中的法则、规范。尊重他人就是尊重自己，更是尊重当下的商务场合。我们就拿商务形象来举例，你要到客户公司拜访，电话预约成功，一切准备就绪，可是到了楼下才发现自己今天并没有穿正装，而是一身休闲装扮。如果这时不加调整就直接出现在客户面前，那么从第一次见面起，客户对你的印象就已经大打折扣，客户可能会认为此人太过随意，对此次拜访不够重视，做事不严谨，甚至对你公司产品也产生怀疑。这些疑虑都取决于你是否在用行动来尊重客户，而不仅仅是挂在嘴边。所以说，商务交往中的尊重原则首先是从尊重自己开始，从而达到尊重客户的目的。

二、注重沟通的原则

中国人有句老话说"一句话成就一生，一句话断送一生"，可见沟通是多么重要的一件事。说话是本能，但沟通却是一种能力的展现。作为商务交往中的基本要求，注重沟通过程的礼仪是非常必要的。我在课堂中经常会邀请学员参与互动，常常会先问一句："请问您贵姓？"学员大多会回复我"姓张"或是"姓王"，却很少听到"免贵姓王或姓张"。生活中，我们接听电话时，很多人拿起电话就是一句"喂",而不是"您好"。其实这都是我们日常交往中尤其是正式场合中需要特别注意的沟通礼仪。

三、讲究规范的原则

商务交往是一种特定场合,特定场合下就会存在特定的规范,这与生活中的休闲场合有着极大的区别,而所谓的规范就是商务礼仪的规则,就是一种标准。讲究规范就是你要懂得场合规矩。例如,我们在日常生活中,见到朋友甚至是同事,有时也会称呼一句"张大哥""刘姐",这种亲属性称呼在生活中可以增进感情,促进交流,但在正式的商务场合这样称呼对方就不能体现对被称呼者的尊重之情了。此时,符合商务礼仪标准的"张主任""刘经理"更能体现规则与礼仪的运用。

四、产生互动的原则

互动是什么? 我们可以把它理解为是交往过程中的主动性,积极主动地推进商务交往的过程。这也是在商务礼仪中非常重要的原则之一。交往的目的是促进交流,塑造形象,产生互动,提高交往价值。好的互动可以产生有价值的交往结果,好的互动可以建立优质的人际关系,好的互动也可以提升企业的品牌形象。

思考与练习

1.请选择商务交往四个基本原则中的一个原则,结合实际案件说明其重要性。

2.很多人对于礼仪的认识存在误区,特别是商务交往过程中的礼仪,有些人认为这是"作",也有人认为许多大人物从不讲究礼仪,可以随心所欲。你怎么看待这个问题呢?

要点回顾

1.礼仪在商务交往中被频繁使用,礼仪的真正目的是尊重客户,塑造企业与个人品牌形象是本节的要点之一。

2.本节重点强调了商务交往礼仪的四个基本原则:尊重为本、注重沟通、讲究规范、产生互动。四者缺一不可。

第二节 商务接待的核心要素

导入

王芳是一家高科技公司的行政经理，由于公司在专业领域的突出表现，经常会有来自全国不同城市的同行前来参观拜访。为此，公司特别给王芳安排了一位接待助理小张，协助王芳完成频繁的接待任务。

这天一大早还没到上班时间，王芳就接到总经理的电话，说下午一点钟有从青岛来的一家同行业公司一行三人到公司参观，请王芳代表公司做接待。因是总经理的朋友，所以特地提醒王芳做好接待准备。一番了解后，王芳挂断电话，拿出接待清单开始一一对应。安排助理小张布置会议室并准备公司的宣传资料和纪念礼品，请小张代表公司和司机小刘一起去机场接机。之后王芳又根据财务部拟定的预算标准进行餐饮及住宿安排，还亲自手写了一封欢迎信让助理小张提前放在为客人预订的房间中。客人一路从机场到公司，从大厅到会议室，整个行程愉快而顺利。第二天客人临走时，对公司在专业领域取得的成绩以及行政部门的接待工作赞不绝口，并同样留下了一封手写的感谢信。信上提道：此行让我们感受到贵公司能成就今日之行业领先，不仅体现在专业领域的优秀，更体现在日常工作的细节，可谓卓越典范！感谢贵司如温暖春风般的接待，你们辛苦啦！

随着市场经济的发展，商务往来日趋频繁，专业领域的交流使得行业技术越来越先进，而商务交往过程中的企业形象也成了另一重要展现内容。商务礼仪是塑造员工形象、企业形象的艺术，它不仅包含了企业及员工的外在形象，还包含了企业行为与文化的内涵。中国人民大学外交学博士生导师，我国著名的礼仪专家金正昆教授曾说：企业形象，是商务活动永恒的主题。

商务交往的两个核心要素如下。

一、掌握规则

人生活在社会中，商务交往是一种典型的社会活动，而这种社会活动的首要目的则是展现企业形象。从这一主题出发，交往过程中的每个细节都有规则可言，既有行业规则，也有礼仪规则，不同的领域、层次也会拥有独特的属于自己的规则，但无论如何变化，基本的商务礼仪规则是不变的。掌握这些基本规则，就可以让你在日常交往中做到心无旁骛，"心中有礼，眼中有敬，言中有雅，行中有仪"。

（一）讲究平衡的规则

拿敬酒来说，在商务场合下的餐饮礼仪中，当主人将第一杯酒敬给主宾后，接下来就可以依次按照顺时针方向给客人敬酒了。这就是我们所说的平衡的规则，也就是接待时要做到一视同仁，平等接待。掌握了平衡的规则我们就不难发现，接待礼仪当中有很多讲究平衡规则的地方，如赠送礼物价值的平衡、接待与拜访规格的平衡规则。

（二）遵循惯例的规则

惯例是指法律上没有明文规定，但过去曾经施行，可以仿照办理的做法，也被称为习惯做法。商务礼仪中有很多这样的习惯做法，例如顺时针的惯例，比如请客吃饭时，正式的餐桌上会有一个大转盘，方便大家用餐，那么这个转盘是不是想往哪转就往哪转呢？当然不是，正确的做法是以顺时针方式旋转。而这种旋转方式并不是法律规定，没有哪条法律上写着吃饭必须顺时针旋转圆盘，这只是一种习惯性的做法。再比如人数较多的情况下递送名片时，通常也是采用顺时针递送的方式。这就是惯例，是约定俗称的做法，大家在自然而然的交往中形成并达到不成文的约定。在中国，很多优秀的礼仪做法就是通过惯例的方式保存下来的。

（三）规格对等的规则

什么叫对等？比如甲乙双方进行正式的商务交流，甲方一行 6 人出席了会议，那么从对等的规则来说，乙方同样需要有 6 人出席，这就是规格对等的规则，同时也是对双方尊重的展现，即接待的人数对等。再比如甲方派出人员最高级别为总经理，那么通常情况下，乙方也必须有总经理级别的人出席才能体现出对甲方的尊重之情。这就是最高级别人员身份对等。对等的规则在生活中也常常被用到，比如互送生日礼物时，我过生日你送了我一本书，那么你过生日我可能会考虑送上一支价值和意义相当的笔。这也是生活中对等规则的一种体现。

二、细节完美

对于接待这件事，中国人一直都非常重视。唐代诗人杜甫曾写下"花径不曾缘客扫，蓬门今始为君开"的诗句，前一句写长满花草的庭院小路，还没有因为迎客打扫过。而下句则说，一向紧闭的家门，今天才第一次为你崔明府（客人）打开。寂寞之中，佳客临门，一向闲适恬淡的主人不由得喜出望外。可见主人对于客人是何等重视，也体现了主客双方深厚的情感。而其中"蓬门今始为君开"，更是在细节之处体现了中国人的待客之道。

在本节开头的案例中，行政经理王芳就是将接待过程中的细节表达得非常完美，这包括在准备阶段中使用的清单、提前布置好的会议室和准备的礼品等，而王芳特别为客户准备的手写欢迎卡更是体现了"细节之处见真心"。而客户的赞扬和回信则是对王芳所在部门工作最大的认同。

王芳在工作中积累了丰富的接待经验，整个接待过程流畅自如，指挥若定，得心应手，这让客人感受到了如春风般的温暖，并受到了客人的一致好评，不仅为公司的对外形象加分添彩，也为自己的接待工作增加了优秀的案例。这样的细节服务不仅为客户带去了极致的服务体验，更是为企业带来了良好的品牌效应。

如今企业在接待过程中展现出的行为礼仪甚至直接关系到企业销售额的变化。在竞争日趋激烈的今天，产品的同质化使得人们将目光聚集到服务上，也聚集在细节的呈现中，细节的表达带来的不仅仅是产品的呈现，更是企业整体形象的输出，也是企业文化的输出。

思考与练习

1.在商务礼仪中，掌握规则胜于展现自我，请分别说说三个规则在商务交往中的运用。

2.请结合实际工作说说你印象最深刻的一次接待，是哪些细节打动了你？

要点回顾

1. 商务接待是商务交往的一部分，作为接待方需要把握两个核心要素：掌握规则与细节完美。这两个要素的呈现使得接待过程有了主心骨，使得整个接待过程更加顺畅高效。

2. 掌握规则中的三个规则：平衡规则、惯例规则、对等规则。

3. 细节的完美呈现体现于接待的全过程。

第三节　商务接待的事前准备

"有朋自远方来，不亦乐乎。"在接待宾客的过程中，时时处处体现着对宾客的尊重之情。商务接待过程可谓是体现宾客之礼的全过程，主要包括：事前准备、迎接宾客、引导座位、奉茶、进入主题、送别六个流程。

案例

A公司是一家电子商务企业，近些年来发展迅速，经常外出参加行业展销会，也会在展销会上结识客户，成交订单。这一天，公司销售经理刘军接到一位在展销会上进行过深度交流的客户电话，说希望能够到公司来实地考察一下，也非常有意向产生大批量的产品采购订单。刘经理一听非常高兴，于是召集销售部全体员工开会进行任务分工，周萌萌是刘经理的助理，她被分配的任务是制订接待方案并协助完成接待任务。周萌萌对此十分重视，希望能够给客户留下一个非常好的印象，于是根据刘经理的预算，周萌萌从汽车租赁公司租来了限量版的加长车准备用于接待客户，预定了本市最豪华的酒店并且是一人一间，还请了花艺师将会议室和公司前厅做了一番精心的布置，希望能够让客户感受到满满的诚意。客户一行一看到接送的车就被吓了一跳，不停地表示太客气了，不必如此隆重，刘经理也有些尴尬。进入公司，全体销售人员列队欢迎，90°深鞠躬，客户再次感到"受宠若惊"，开玩笑地说"这阵势像迎接外国政要，我们都不敢进门了"，刘经理也只得打着哈哈敷衍过去。会议进行得比较顺利，结束后共进中餐。当餐厅按照周萌萌提前点好的菜单上齐所有菜品时，刘经理发现客方负责人张总几乎没有动筷子，询问之下才得知，原来张总患有严重的荨麻疹，日常饮食十分清淡，也不能喝酒，更不能吃海鲜，而周萌萌为了表示公司的重视点了一桌子的海鲜，结果弄巧成拙，一番好意打了水漂。

分析

在本案例中，周萌萌作为接待方案的制定者，站在本公司的立场，将接待的重点放在了环境布置、车辆接送等外在呈现上，本意是想表达诚意，没想到却忽略了对被接待者的信息收集以及恰当的接待规格，结果闹出了不少笑话。

任何一次高质量的商务接待都离不开事前的认真筹划、细心准备。《道德经》中提到"天下难事，必作于易，天下大事，必作于细。"意思是说天下间的难事一定是由容易的事情演变而成的；天下的大事一定是从细小处开始累积的。商务接待对于很多企业来说既是一件难事也是一件大事，难在琐碎事务太多，容易遗漏；大在事关企业品牌与对外形象，不容小觑。这就要求企业必须做好充分的事前准备工作。

一、基本信息汇总

（一）明确来访目的

这一点直接决定了此次接待的规格，如有重大交易促成或是重要事项谈判，那么接待的规格显然要比日常交流更高。一些接待工作较为频繁的企业也会有相对应的接待规格标准，这些都取决于来访目的和来访者的具体情况。案例中的周萌萌就是高估了本次接待的规格，反而好心办了坏事，让客户感到为难，甚至还会引起客户对产品利润过高的误解，这样可就得不偿失了，这也体现了接待中"适度原则"的重要性。东汉郑玄曾说"礼主于敬"，《孝经》中也说"礼者，敬而矣也"。敬是以客户为中心，而礼仪是恰当方式的展现，绝不是一味的奢华和献媚。

（二）了解客人信息

重要来访者的个人信息是接待中不可忽视的细节，例如个人的职业经历、主要头衔、称谓等。甚至是饮食中的禁忌也是需要了解清楚的，例如少数民族的宗教信仰中有不食猪肉的习俗，提前了解客人的这一信息有助于我们在制订接待方案时做选择。

（三）掌握到达和离开的时间

在行程中，当本公司负责全程接待，从接待的流程上，迎接与送别都是由本公司来完成的。所以，具体的时间也需要了解清楚，以便做好细节准备工作。

除此之外还包括具体人数，性别、级别、职位、联系电话等。以上这些信息都需要在确定了来访事宜后向对方相关人员详细了解并记录在册，这也有助于今后接待工作的安排。

二、制订接待方案

根据事前了解到的基本情况，接待部门需要提前制作出一整套的接待方案，包括接待人员，迎送方式、交通工具、膳食安排、工作日程、是否需要文娱活动等。如果外地来的朋友，文娱活动的安排一般都以本地特色景点、美食和文化标志为主，能够更好地突出接待者的精心和诚意。除此之外，还包含礼品的准备，中国人讲究礼尚往来，来而不往非礼也。礼品的准备更是奠定了下一次双方交流的基调。所谓"礼轻情意重"，礼物不在于贵重，更在于其意义本身。老布什是有史以来"访华最快的美国总统"，就任才刚满月即对中国进行了工作访问。1989 年 2 月，他在钓鱼台见到了老朋友邓小平和时任中国总理李鹏，李鹏送给老布什夫妇两辆"飞鸽牌"自行车，这位当年喜欢和夫人芭芭拉在北京街头骑车的美国总统直接就跨了上去。好的礼物可以增加双方情感，在商务交往中往往可以成为"化龙点睛"之笔。

在接待方案中最最重要的还有经费开支。有多少钱办多少事，根据预算制订方案，做到心中有数，才能更好地传达心中之礼。

三、接待人员培训

接待人员的选择也非常重要，除了与会的双方重要来宾之外，服务人员的培训也不能马虎。正式的场合下接待人员中男士着西装，打领带或穿着公司统一制服。女士则可化淡妆，着装上以西装套裙为主，也可适当选择裤装或统一制服。接待人员的素质培训同样十分重要，礼貌用语的使用以及接待过程中的照顾意识可以使被接待者倍感温馨。

四、接待环境布置

会谈、会见以及大型会议最主要的活动场地就是在会议室了，无论是小型会客厅还是大型会议室，环境的布置都展现出主办方的细节接待功底。桌花、台卡、会议专用办公用品、茶水、纸巾等，提前调试相关电子产品：投影仪、电脑、翻页笔等（图 5-1）。

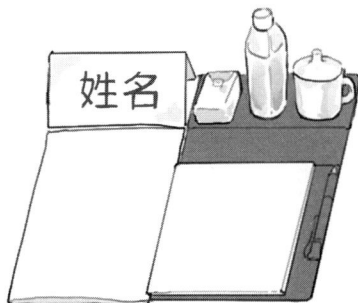

图5-1　会议桌物品摆放

五、提前到达现场

无论是机场接待还是与会地点接待，提前到达是最基本的礼貌，宁可等客人，莫让客人等。对于接待而言，事前准备工作的好坏直接决定了一次接待是否能够顺利完成，而细节工作的准备则决定能否给客户留下良好的印象，这是整个接待流程的第一步。

思考与练习

1. A公司一行六人从外地到我公司参观访问，并开展学术交流活动，计划停留三天，由我公司进行全程接待。此次行程由总经办全程负责，如果你作为接待负责人需要做哪些具体的准备工作呢？

2. 请思考事前准备环节对于整个接待过程起到怎样的作用？

3. 如何理解接待中的"适度原则"？

要点回顾

1. 本节重点介绍了事前准备包含的内容：基本信息汇总、制订接待方案、接待人员培训、接待环境的布置以及提前到达现场。

2. 基本信息包括来访的目的、重要来访者的个人信息、到达和离开的时间等。

3. 接待方案的制作决定了接待的规格，包括接待人员的人数，迎送方式、交通工具、膳食安排、工作日程、是否需要文娱活动等。

第四节　迎送宾客的礼仪

我因为工作原因经常在全国各地讲授商务礼仪课程，也会有客户专程到机场迎接，而来自青岛张老师的接待给我留下了深刻印象。张老师经营着一家自己的教育机构，每年我都会为张老师的机构进行 4 天例行培训，常年的交往让我们彼此已经成为朋友，然而我发现从第一次到第十次，作为机构的负责人张老师总是会亲自来接我，不会叫滴滴专车或出租车，也不会让助理前来，并且每一次来总是会带上一大束鲜花，穿着正式的服装，满脸笑容地等待着我。更有意思的是张老师会举着一块非常耀眼而特别的粉红色导示牌，上面写着"欢迎高级礼仪培训师吴丽娜老师"。彼时我便能够在机场众多的迎接队伍中一眼认出她。张老师说："我的形象有多正式、多优雅，就体现出您在我心中有多重要；我的笑容多灿烂，就表明我有多么欢迎您。所以不管您来青岛多少次，我都会一如既往地这样做。而鲜花更不能因为关系熟络而省略，因为我知道培训工作很辛苦，每天六小时课程下来，让您走进房间就能看到我为您准备的花朵，能够消除哪怕只是一点点的疲惫也是好的。另外，引导牌可不仅是方便您快速找到我，更是在为咱们的课程做宣传，很多接机的人在机场问我，这个老师是什么人，你们这么隆重地迎接她？这时候我就会非常详细而郑重地介绍您。这可是一举多得的好事呢！"

分析

张老师对商务接待中的礼仪可谓运用纯熟，已经达到张弛有度的境界。迎接宾客的过程正是恰到好处地体现你对客户重视程度的好机会。一束鲜花，一句问候，一次主动的开门和清晰的自我介绍，都是让客户快速融入企业，了解企业，消除陌生感，拉近距离最好的方式。

一、迎接宾客的礼仪

接待流程的第二步便是迎接宾客的礼仪。商务交往双方第一次的见面有时就在机场、车站或酒店的大厅里，听上去似乎都不是正式的场所，但往往这一次见面便是真正开始商务交往的全过程，它像一把钥匙，打开双方交流的大门。

（一）接车接机安排

（1）指引牌的准备。制作清晰，大小适中，头衔、称谓使用规范正确。不可随意拿出一张纸，只写名字却没有称谓和工作单位等识别信息，这可是接待中的失误，会给客户带来随意应付的印象。

（2）主动问候寒暄。初次与客户见面，主动寻找客户并发出询问是非常有必要的，见到有人前来，可尝试性地探询，如："请问您是 ××× 教授吗？"，这样的主动探询会让对方更为舒适，照顾到对方的处境。得到肯定的答复后，热情问候表达关心。在这里我们要提到一个关键的要点，就是对等原则当中，接待双方最高级别人员身份对等。然而在迎接宾客这一环节中往往会出现迎接者并不是与宾客身份对等之人，有时是下属、助理，有时是专职接待人员，这时迎接者需要在问候时加上一句：××× 特地派我来接您或 ××× 正在会议室等着您。看似简单的一句话，表达的却是接待者如临现场的氛围，也充分体现了对宾客的尊敬之情，不可忽视。

（3）引导宾客前行。在较为陌生的环境中，接待者应主动担任起宾客的引导员，引导时可遵循"以右为尊"的礼仪原则，行进在宾客的左前方1米左右的位置，使宾客置于右侧，方便交流，同时配合引导手势指引宾客前行。

（4）代提大件行李。主动提出帮助客户代提大件行李，主要是拉杆箱等较重的物件。需要注意的是宾客随手的小包或女士手包一般不必帮助代提。

（二）车辆住宿安排

在接待宾客的过程中一定会涉及车辆的使用，对于轿车的座次礼仪是很多人关心的问题。在车辆安排中需要掌握两个重要原则：一是以右为尊，二是方便为上。商务礼仪属于国际礼仪的范畴，以右为尊一直是商务礼仪非常重要的原则，轿车的座次安排也同样遵循此原则。对于接待常用的五座轿车，当接待车辆拥有专职驾驶人员的时候，后排右侧的座位是最佳的一号位，依次是左后方，副驾驶位。如果驾驶人员是主人或者身份与宾客相当，那么副驾驶位便成为第一优选位，依次为右后、左后（图5-2）。

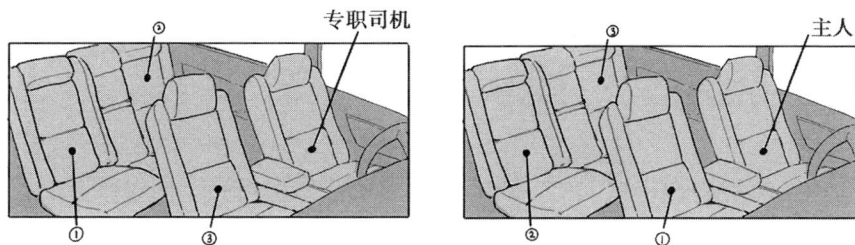

图5-2 轿车座次

（三）陪同入住安排

有一年春天我前往江苏泰州为一家企业授课，迎接人员是企业的人力资源部经理，一上车我就闻到了淡淡的玉兰花香，不禁说了一句"好香啊，很清新"，她微笑着说："您喜欢就好。"当时我并没有在意这句话，当到了酒店，走进房间时才发现，卫生间、床头都放了一小瓶玉兰花。我仔细观察，一个个分散的小玉兰组合在一起，用白色的绸缎系了美丽的蝴蝶结，显然是有意为之。这一细节让我十分感动，特地发了感谢短信给人力资源部的经理，谢谢她的细心和暖心。而她还是那一句："您喜欢就好。"让我感到非常温暖。这样的人一定是一个热爱生活、工作认真且能够温暖他人的人。礼是心中之敬意，仪是展现之形式，礼仪的细节处处表达这份敬意。对于重要宾客来访，必要时可在客人入住的酒店房间内做些准备，如摆放水果、欢迎卡、行程表甚至是公司介绍册、当地风光汇总手册等。让宾客有宾至如归的感受。

（四）列队迎接安排

正式的商务活动中，对于迎接宾客的队形也是有一定要求的，有时往往与接待的规格挂钩。正式迎接时最常见的队形有两种："南飞雁"和"领头羊"。

南飞雁队形。此队形是将迎送人员中身份最高者安排在队伍的最前端中间位置。这种迎宾队形一般在车站、码头、机场或单位大门口等空间较大的场所采用，用于表达对来宾及活动的重视程度。排列时依据"以右为尊"的原则，根据职位高低，从中间身份最高人员开始，从右侧到左侧依次排列（图5-3）。

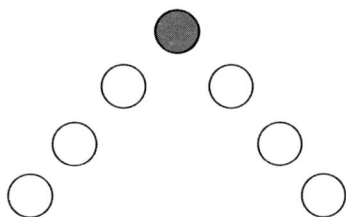

单位大门

图5-3　南飞雁队形

领头羊队形。迎接客人时，这一队形的使用频次略高于南飞雁队形。在领头羊队形中，身份最高者站立于队伍的最前端，其他人员根据职位的高低，由近及远顺序排列，这种队形常见于会见、会谈、宴请等活动中，大多数在会见厅、会议室门前进行（图 5-4）。

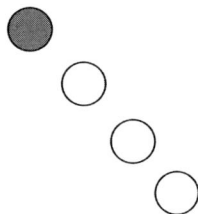

单位大门

图5-4　领头羊队形

这两种队形都需要主方列队等候，客方到来时，主方握手相迎，之后共同进入下一个交流阶段。

二、送别宾客的礼仪

商务礼仪中，送别与迎接宾客同样重要，甚至还有"出迎三步，身送七步"的说法。

（一）热情挽留

当客人提出告辞时，主人一定要热情挽留。在热情挽留之后，若客人执意要走，则应等客人起身后，再起身相送。切忌在客人刚提出告辞时就积极地起身送客，或者以某种动作、表情暗示送客之意。

（二）礼貌相送

客人辞行时，主人应与之告别，对其来访表示感谢，请对方多多包涵接待工作的不妥之处，道惜别之语，如"慢走""常联系""欢迎再来"等。对于本地的客人，一般应将其送到门口、电梯口、楼下或其乘坐车辆的驶离之处，目送客人离去，待客人完全离开视线后才能返回；对于远道而来的客人，必要时则应将其送至车站、码头或机场等处，待客人离开后再返回。

思考与练习

1. 请与伙伴共同排出南飞雁与领头羊两种迎接宾客的队形，并尝试完成握手与共同走进公司大门的练习。

2. 请结合实际举例说明送别礼仪的重要性。

3. 请用角色扮演的方式练习乘车的礼仪。

要点回顾

1. 接待流程中迎接与送别客户在本节中得以阐释，迎接的重点内容包括：接车接机安排、车辆住宿安排、陪同入住安排、列队迎接安排等。

2. 接车接机时要注意的礼仪包括指引牌的准备、主动问候、引导前行、代提大件行李等。

3. 重要来宾来访可采用列队欢迎的方式，分别是南飞雁队形和领头羊队形。

4. 送别客户的礼仪中注意起身在后、加以挽留、礼貌相送。

第五节　接待中的位次礼仪

孔鲤过庭

　　孔子的儿子名叫孔鲤，字伯鱼。平时和孔子的学生们一起上课学习。有一天，一位叫陈亢的学生好奇地问伯鱼："你在老师那里听到过什么特别的教诲吗？"伯鱼回答说："没有呀。有一次他独自站在堂上，我快步从庭里走过，他说：'学《诗》了吗？'我回答说：'没有。'他说：'不学《诗》，无以言。'我回去就学《诗》。又有一天，他又独自站在堂上，我快步从庭里走过，他说：'学《礼》了吗？'我回答说：'没有。'他说：'不学《礼》，无以立。'我回去就学《礼》。我就听到过这两件事。"陈亢回去高兴地说："我提一个问题，得到三方面的收获，听了关于《诗》的道理，听了关于《礼》的道理，又听了君子不偏爱自己儿子的道理。"

　　孔子对儿子孔鲤的教诲是："不学《诗》，无以言，不学《礼》，无以立"，可见语言与礼仪对人一生成长的重要性。礼一直是人际交往中非常重要的组成部分，不知礼、不学礼、不重礼则无法在社会上立足。

　　接待流程中的第三步是引导客户入座，在这一环节中位次与座次显得尤为重要。在古时，人们对方位之礼的重视程度就非常高，无论是建筑，人与人、物与物之间的方位，都有不少讲究。时至今日，无论社会怎样变化，方位与身份、角色的联系依然存在。在当今社会的商务交往活动中，座次的安排依然是接待方是否知礼、懂礼、重礼的体现。接待时，座位的安排要遵循惯例的规则，同时也要照顾到客户的日常习惯。根据规模大小与人数的多少，通常可分为会见与会谈的座次、签字仪式的座次、大型会议主席台座次等。

一、行进时的位次礼仪

对于重要活动的接待，一般会安排 1~2 位专门的迎接人员进行前期联络，在宾客抵达时迎接对方，引导宾客到达迎宾线位置，同时引导对方进入主会场并就座。这样的迎接人员有时是企业的专职接待主管，也可能是公司前台或临时安排的接待助理等，在这里我们统一称呼为接待员。

宾客到来时，接待员主动问候并向宾客说明职责，如"总经理正在会议室等您，我带您过去，请随我来。"此时，接待员要行走在宾客左前方 1 米左右的位置，抬起左臂，四指并拢，指向行进的方向（见第二章引导手势）。行进过程中需要注意以下几点。

1. 引领中的位置变化

在较为宽畅的大厅引导时，可行走在宾客外侧 1 米左右的前方，方便宾客的行进。在较为狭窄的走廊引导时，可行走在距宾客 1.5 米左右的前方，以方便对向过来的人。

2. 行进中的位次

行进中以前为尊，右边大，左边小为基本原则。三人行则以中间位为尊，右边次之，左边为末。多人行进时，以最前面为大，依前后秩序越往后越小。

3. 及时提醒

行进中若遇到台阶、转弯处要做到及时提醒，语言和手势相结合。

以上是迎接宾客过程中的礼仪细节，迎接时要积极、主动、热情，客到礼到，话到礼到。

二、商务会见与会谈的座次

商务会客中，小范围内的交流，我们称为会见，人数较多时可称为会谈，即双方会谈。会见通常安排在小型会客室或办公室。宾主各坐一边。

根据会见与会谈的情形，一般可分为以下三种形式。

1. 相对式

相对式也就是主宾双方面对面就座，这种形式的会见方便双方进行交流，就某一问题深入探讨，公事公办，比较适合事务性会见。相对式分为如下两种形式。

（1）遵循"以右为尊"的原则。邀请客人落座于进门的右侧，主人则落座于进门的左侧（图 5-5）。

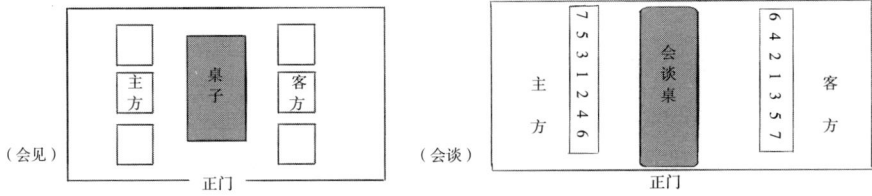

图5-5 相对式1

（2）遵循"面门为上"的原则，邀请客人面对正门落座，主人则落座于背对门的座位（图5-6）。

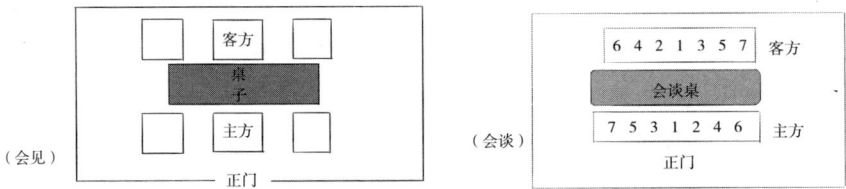

图5-6 相对式2

2. 并列式

也就是主宾双方并排面门而坐，遵循"以右为尊"的原则，邀请客方落座于右侧，主人则位于左侧。双方的其他随从人员分别在主宾与主人一侧按照身份高低依次落座即可（图5-7）。

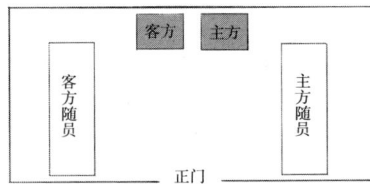

图5-7 并列式

3. 主席式

商务会见时，有时会出现同时会见两方或两方以上的客人，那么就会涉及主席式。落座时主人面门而坐，客人坐于桌子的两侧或背对门落座（图5-8）。

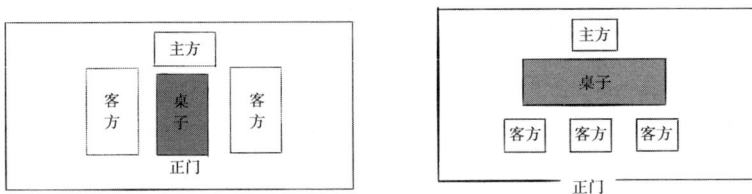

图5-8 主席式

三、签字仪式的座次

签字仪式是商务场合常见的一种礼仪活动，是企业与企业之间就专业领域的谈判达成一致的结果，也是商务交往活动中较为正式、庄重和严肃的一种活动方式。通过正式的签字仪式来表达双方对于合作的重视程度以及对对方的尊重。

一般来说，签字仪式需要有特定的场地，双方主签人需提前确定，根据签字现场的需要准备好签字桌、台卡，如果签字活动涉及外方，那么还需要准备国旗，除此之外还包括签约的正式文本、签字笔、鲜花、横幅等。签约当天所有文件、物料提前摆放就位。签字桌后并排摆放两张椅子，主签人面门而坐，以右为尊，即客方在右，主方在左，相关旗帜以同样原则摆放。双方助签人立于主签人侧后方，其他随行人员排列站立在主签人身后（图5-9）。

1. 签字桌
2. 双方旗帜
3. 客方签字人
4. 主方签字人
5. 客方助签人
6. 主方助签人
7. 客方参加签字仪式人员
8. 主方参加签字仪式人员

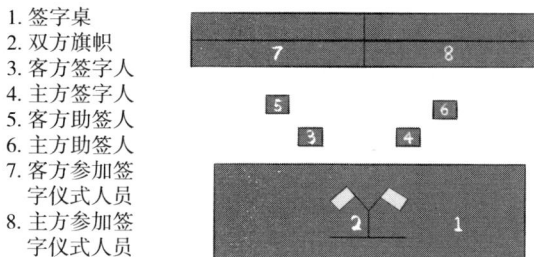

图5-9　签字仪式座次

知识链接

签字仪式中的注意事项

1. 正式开始签字前，双方助签人需要协助主签人打开文本，使用标准手势，手掌打开，五指并拢，指明签字位置，方便主签人在己方文本上签字。

2. 签字过程中，文本的交换通常是由助签人来完成的，主签人再在交换后的对方文本上签字。

3. 签字结束，双方共同起身，面带微笑，主签人交换文本，握手祝贺，也可以交换签字笔以表达纪念。最后合影留念。

一次完整而隆重的签字仪式彰显了主客双方精诚合作的信心，为商务交往双方的后期合作打下基础。

四、大型会议主席台的座次

商务礼仪中，接待时涉及大型会议，从原则上讲，遵循前排高于后排，中央高于两侧，右侧高于左侧的惯例。大型会议中，排位的重点在于主席台的座次排列。根据主席台就座人数的不同，主席台的排位方式分为奇数排位法和偶数排位法两种。

1. 奇数排位法

当主席台人数为奇数时，1 号人物居中，2 号人物在 1 号人物的右侧，3 号人物在 1 号人物的左侧。其他人员根据身份从高到低依次排列（图 5-10）。

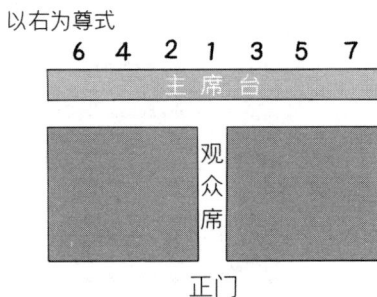

以右为尊式

6 4 2 1 3 5 7

主 席 台

观众席

正门

图5-10 奇数排位法

2. 偶数排位法

当主席台人数为偶数时，1 号人物和 2 号人物同时居中，1 号人物在右侧，2 号人物在左侧。其他人员根据身份从高到低依次排列（图 5-11）。

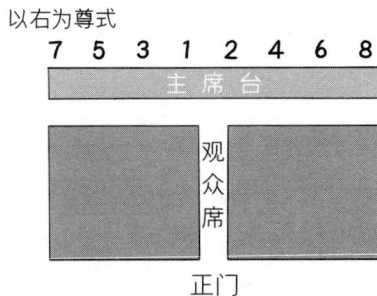

以右为尊式

7 5 3 1 2 4 6 8

主 席 台

观众席

正门

图5-11 偶数排位法

以上是商务场合下主席台人员的排位方式，政务礼仪和公务礼仪与其有着截然不同的排位方式，请参考相关政务礼仪的知识，以免混淆。总体而言，座次的排列在商务接待中占据着非常重要的位置，在运用时要更加注重灵活使用，以客为尊，遵循惯例的原则。

知识链接

中华传统礼仪中对座次十分讲究，在公务和政务礼仪中，遵循国内会议规定，主席台的排位方式有如下两种。

（1）以左为尊式。根据中共中央办公厅掌握的原则，会议主席台座次的安排：当领导人数为单数时，1号首长居中，2号首长排在1号首长左边，3号首长排右边，其他依次排列（图5-12）。

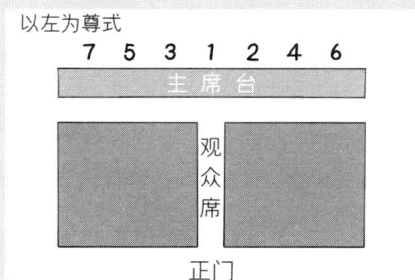

图5-12　以左为尊式

（2）左膀右臂式。无论主席台人数是奇数还是偶数，2号首长始终在1号首长的左手边，3号首长始终在1号首长的右手位置（图5-13）。

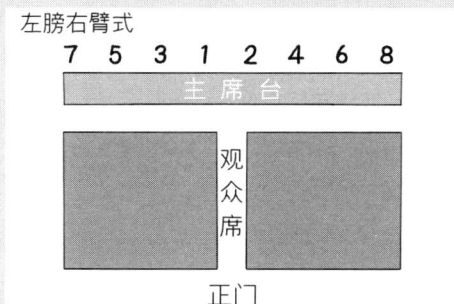

图5-13　左膀右臂式

公务礼仪和政务礼仪与商务礼仪的原则有所不同，此处作为大型会议主席台座次的延伸知识帮助读者了解基本情况，更多相关知识可查阅有关书籍。

思考与练习

1.请找出一张白纸，画下大型会议中主席台的排位方法。

2.请试着练习一下签字仪式的全过程。

要点回顾

1.位次与座次的礼仪在商务接待中占据重要位置，包括行进中的位次、会见与会谈的座次、签字仪式的座次、大型会议主席台的座次。

2.会见与会谈的座次分为相对式、并列式和主席式三种排列方式。遵循的原则包括以右为尊、面门为上、远门为上等。

3.大型会议的主席台排位分为奇数排位与偶数排位两种，商务礼仪的排位与政务礼仪和公务礼仪有所不同。

第六节 接待时的礼仪细节

案例

小张是公司的前台，这天她像往常一样九点不到就到达了公司，打开电脑开始准备一天的工作。过了一会儿，一位事先有约的客人走到她的面前，要求会见销售部的李经理，小张一看，客人提前了30分钟，然后马上拿起电话联系李经理，李经理说他正在会见一位重要的客人，希望对方等一会儿。挂断电话后，小张对客人说："李经理正在会见一位非常重要的客人，麻烦您在那边等一会儿！"说完，小张用手指了指旁边的一张沙发。这时电话铃响了，小张没顾上跟客人多说什么，就赶紧接电话去了。大约10分钟后，当小张想起这位客人时，发现客人已经离开了……

分析

在这个案例中，你能看出客人为什么没有继续等待李经理，而是选择离开了吗？小张到底做错了什么呢？接待无小事，事事皆有礼。在本案例中，你认为客人是否感受到了被接待呢？首先，小张用手指了指沙发，这个动作看似很随意，但"一指禅"在对方眼中是极不礼貌的，首先会让客人感觉自己不被重视，没有被尊重。其次，小张说"李经理正在会见一位非常重要的客人"，这让客人觉得这句话的潜台词好像在说，你并不重要。并且当电话再次响起时，小张应与客人打个招呼再去接电话，10分钟内都对客人不予理睬，没有关照到客人的情绪，这一连串的小事让客人在整个接待过程中感到自己被忽视，自己不重要，最终选择了离开。可想而知，客人离开时，对公司的印象一定大打折扣。

交往中的礼仪体现了接待者的个人素养，也表达着企业的品牌文化，而管理者与员工的行为礼仪正在无形之中向客户传递着企业的价值观。商务接待在进入主题后，双方正式开始专业性的交流，这时候，奉茶、寒暄等礼仪中的细节开始慢慢呈现，成为交流中的润滑剂。

一、奉茶

会议接待中，应安排专门的工作人员为嘉宾及参会者奉茶。上茶时要按照先后顺序进行：一般先为客人上茶，后为主人上茶；先为主宾上茶，后为次宾上茶。先为女士上茶，后为男士上茶；先为长辈上茶，后为晚辈上茶。这也体现了礼仪中"尊者为先"的原则。

如果参会人数较多，也可以确定位次起点，接下来就可以按照顺时针方向依次上茶。如果是大型会议，出席人数较多，会场比较集中，则需要提前将放好茶叶的茶杯摆放在桌上，会议开始前 10~15 分钟由工作人员将热水注入茶杯中，稍稍漫过茶叶，这样可以使茶叶慢慢浸润舒展开来，也更容易泡出味道，称为"润茶"。在会议奉茶时还需要关注以下几点。

1. 选茶

对于茶叶，可根据客户的喜爱挑选，北方人一般喜欢香味茶，如菊花茶，江浙地区一般喜饮绿茶，福建广东一带一般喜欢喝乌龙茶、红茶等。大型会议中，选用绿茶作为主茶较为广泛。

2. 选茶具

在会议中，茶具的选择也会有所不同，大型会议多选择白色带盖的经典高杯上茶。而在小型会议时，可以根据主客双方的具体喜爱选用精美独特的专用茶杯。

3. 沏茶

民间有句俗语"酒满敬人，茶满欺人。"意思是说，倒酒时要斟满以表达自己的诚意和感情。而沏茶不可沏满，茶是热的，如果倒满了，不仅烫手也难以拿取，有对客人下"逐客令"的嫌疑。所以，沏茶时，以茶杯的七八分满为宜。续水时也不要斟得太满，特别要注意不要用手指、茶壶口或水瓶口弄脏茶杯。一般来说，可在会议开始后 30 分钟进行第一次续水，以后可每 40 分钟续一次水。对会议主要嘉宾，要视情况多续几次水，不要等其喝干再续。大型会议的续水次数不仅要根据时间情况来确定，更要根据现场情况来调整，切不可死搬教条。续水时，如果宾客用手掩杯，则表示不需要添水，工作人员就不必续水。

4. 上茶

上茶时，右手拿水瓶，左手小指与无名指拿杯盖，拇指和食指拿茶杯，转身，倒水，放回水杯，转动杯把至客人方便拿取的位置，最后盖上杯盖，整个动作流畅自然，大方得体。会议上茶环节的面部表情和礼仪姿态代表着主人待客的态度。如果工作人员面部表情冷漠，动作漫不经心，上茶时茶杯撞击声过大，都会引起宾客的不快，甚至是误会。大型会议由于采用提前上茶的方式，需要逐杯检查，避免出现空杯情况。检查时不必揭开杯盖，只需用手指背面触摸杯子外壁，如果是热的表明已倒过水，如果是凉的则表明是空杯，应及时补上热水（图5-14）。

图5-14　上茶

二、寒暄

你一定听过这样一句成语：嘘寒问暖。意思是殷勤地询问他人的生活情况，表示对他人生活的关心。在商务场合下的意思就是寒暄，交流双方借由气候、起居、双方共同的朋友或事件等话题表达一种问候与应酬，这也是一种礼仪。

寒暄话题涉及面非常广，我们常见的有天气、医疗养生、时事热点、时尚话题等。一般会选择双方都较为熟悉的内容。而在时机的选择上以无干扰为原则，双方初次见面或许久未见时可以多加寒暄以促进交流，增进情感。时间控制在3分钟以内，做到适可而止，以免偏离主题。

当然，寒暄也有一些禁忌，一般而言商务场合下个人隐私不寒暄，宗教信仰不寒暄、政治主张不寒暄。

思考与练习

1. 请思考茶文化在商务交往中所起的作用。

2. 有人说寒暄就是说客套话，是一种虚伪的表现，对此你怎么理解?

3. 思考生活中常用的寒暄语有哪些?

要点回顾

1. 奉茶的礼仪可以从选茶、选茶具、沏茶、上茶四个环节中体现礼仪细节。

2. 奉茶时注意沏茶不可过满，小型会议沏七分满，大型会议可沏八分满，以不打扰会议的进行为原则。

3. 寒暄的禁忌：个人隐私不寒暄，宗教信仰不寒暄、政治主张不寒暄。

第七节　拜访的礼仪

被拒绝的金先生

某照明器材厂的业务员金先生手拿着企业新设计的照明器样品兴冲冲地登上6楼，脸上的汗珠未擦一下，便直接走进了业务部张经理的办公室，正在办理业务的张经理被吓了一跳。

"对不起，这是我们企业设计的新产品，请您过目！"金先生说。张经理停下手中的工作，接过照明器，随口赞道："好漂亮啊！"并请金先生坐下，给他倒了一杯茶，然后拿起照明器仔细研究起来。金先生看到张经理对新产品如此感兴趣，如释重负，便往沙发上一靠，跷起二郎腿，一边吸烟一边悠闲地环视着张经理的办公室。当张经理问他电源开关为什么装在这个位置时，金先生习惯地用手搔了搔头皮。虽然金先生做了较详尽的解释，张经理还是有点半信半疑。谈到价格，张经理强调"这个价格比我们的预算高出较多，能否再降低一些"，金先生回答："我们经理说了，这是最低价格，一分也不能再降了。"张经理沉默了半天没有开口。金先生有点沉不住气，不由自主地拉松领带。张经理皱了皱眉："这种照明器的性能先进在什么地方？"金先生又搔了搔头皮，反反复复地说"造型新、寿命长、节电"。之后张经理托词离开了办公室，只剩下金先生一人。金先生等了一会儿感到无聊，就随便地抄起办公桌上的电话，同一个朋友闲谈起来。这时，门推开了，进来的不是张经理，而是办公室秘书……

想必读者们已经猜到了结果，张经理并没有留下样品，更没有与金先生达成合作，而是请他的秘书将金先生请出了公司，而原因自然不言而喻。如果要细数金先生在拜访中存在的问题，有这样几点：商务拜访中，应先与对方预约，然后再登门拜访；拜访的过程也是宣传个人和企业形象的过程，金先生在进入张经理办公室前应该先整理一下自己的仪容，把汗擦干净。而且习惯性地搔头皮的动作既不卫生，又让人感到作为一个推销人员的不自信和对自己产品方面的业务知识的不熟悉；进门之前应先敲门，等里面的人说"请进"以后再进入，猛然闯进去吓人一跳是不尊重他人的表现，也是不礼貌的；坐在沙发上跷二郎腿的坐姿是不礼貌的，求人办事更不应该如此；最糟糕的是，他不应在没有得到主人同意的情况下吸烟，更不能随使用他人办公室的电话聊天。

在商务往来中，接待与拜访是相辅相成的，有接待就有拜访，接待者作为主人以礼宾之姿接待来访者，而拜访者同样应以拜会之法做到礼貌拜访，客随主便，有礼有节。在拜访中体现良好的个人形象是对客户传递一种信息，即优质的产品与卓越的服务，而这种信息传递的结果就是客户信任度的明显提升。

一、提前预约

古人也讲究提前预约，而且更为重要。士相之间不可随意登门，至少提前一天送出"拜帖"，表明身份，说明事由。现代人们交往的方式有很多种，微信、QQ、邮件，无论哪一种都可以成为提前预约的工具。拜访时的提前预约到底约什么呢？

案例

王教授是一位大学的哲学教授，教学资历深厚，为人平易近人，学生们都很喜欢他。这天，王教授接到一个电话，是一位毕业几年的学生，因为正好来到母校所在的城市出差，就想与老师见见面。王教授非常高兴，于是特地选了中午的时间准备请这位学生尝尝许久未吃的当地特色菜肴。见面的气氛非常愉快，就在中餐时间即将结束之际，这位学生拿出了许多专业课程方面的问题想要请教王教授，解答这些问题显然只有中午吃饭的时间是不够的，而当天下午王教授还有一堂课要上。没办法，他们只能另外选择时间了。

　　预约时除了常规的约时间、约地点、约人物，其实主题才是最重要的。这位学生本想见面后再和王教授仔细说说他的思路和遇到的困惑，而王教授认为他是出差之余来看看老师，属于礼节性的拜会，双方没能约定主题，造成误会，于是最终没能达到学生约见王教授的目的，遗憾地错过了一次宝贵的机会。

　　（1）约主题。一定要注意清晰表达出拜访者想要解决或商讨的问题是什么？预计多长时间？这些都有助于更快速地与对方达到一致，有目标地进行预约和拜访，也会使拜访过程更加顺利、高效。如"刘经理，您好，我想在今天下午三点左右到您公司，与您确认一下最新合同中关于付款流程的问题。"还可以是"张主任，您好，关于下一年度的培训计划我有一些新的想法，不知明天您什么时候方便可以抽出一个小时的时间，我去拜访您，详细与您讨论一下。"

　　（2）约时间。商务往来多以公事为主，通常约在上班后1小时到下班前1小时之间为宜，还可以根据所在城市的作息惯例选择。如为礼节性或非工作内容的拜访，则最好不要选择在工作时间段为宜。

　　（3）约地点。从拜访的角度来说，地点的选择往往是由被拜访者来决定的，以公司办公室或双方都较熟悉的场所为最佳。如由拜访者选择则需要考虑到交通、地域、距离远近等因素，以被拜访者方便为上。

　　（4）约人员。要注意有时预约时并非直接预约到当事人，有时一些领导或重要的人士，是秘书在安排相关事宜，那么我们在预约时一定要说清楚预约的对象以及拜访者的人员情况和人数了。

二、拜访前的准备

　　机会总是留给有准备的人，一次成功的拜访一定是建立在充足的准备之上的。

　　（一）计划准备

　　在实际工作中，很多职场新人会在预约完成后产生一种开门红的错觉，于是兴冲冲地就要去见对方。其实不然，拜访前的计划准备是非常细致的一项工作。

　　拜访计划涉及交通，如何到达，什么时候去。拜访要提前到达，但并不是越早越好，过早地到达拜访现场，可能反而给对方造成不便。通常提前5~10分钟到达现场为宜。可这并不意味着提前5分钟才到达客户所在地附近。通常来说，以客户拜访为目标的会面需要拜访者至少提前 15~20 分钟到达客户附近的区域，这样可以建立信心、检查资料、梳理语言、自查形象等，可以使拜访者更加具备职业感和专业性。

预算也是非常重要的。礼品的准备，产品的呈现等可能都需要一些资金，提前了解预算，计划预算，做到心中有数。

提前安排好交谈的时间，把握交谈的节奏，让会面按计划进行。

目标与任务则是以终为始的根本，一次会面不是一次闲聊，一次拜访更不只是一次关系的建立。确立访问的目标和任务，具体而明确地朝着目标前行。

（二）形象准备

在本节开头的案例中，被拒绝的金先生给张经理的第一印象想必不会太好，挂在额头的汗水让人感觉来得匆忙，没有做好准备。拉松领带的动作着实有点随意，无法产生信任感。自信力也大打折扣。任何时候都不要忽视你的形象。电影《当幸福来敲门》中有一段经典的镜头，无论生活多么艰难，身处何地，主角克里斯都在身上背着一套西装，就连带着儿子赶往收容所也一样背着西装，只有这样，他才可以在客户面前展示他的自信与稳重，让客户对他产生极大的信任。而这一套正式的西装也成了他唯一的"职业财富"。形象有时不能够成为成功的关键却可以成为激励我们前行的力量，它可以帮助每个职场人士找到自我的价值。著名主持人、女企业家杨澜女士曾说过这样一句话：没有人有义务通过你邋遢的外表发现你优秀的内在。在西方，许多国际知名的公司都不再依靠用俊男美女来表现公司的形象，寻求公众的信任了。他们意识到，个人（职员）的形象就是集体（公司）的形象，许多公司把形象作为一个职员的重要基本素质，因为职员的形象不仅通过他们的外表，还通过他们的沟通行为、职业礼仪等留给客户深刻的印象。这种印象反映了公司的信誉、产品、服务质量、公司管理者的素质及层次等。通过对公司职员形象的判断，客户可以判断公司的服务、信誉。所以，职员的形象直接影响着公司的信誉，并在很大程度上影响着企业的发展。

（三）内部准备

拜访者如何体现自己的专业性和职业感？对产品和服务的熟悉程度是最好的答案。此外，重要的访问还需要做一些前期的自信心建设，尤其是团队访问，统一节奏，分工明确，各司其职将会对展示公司形象达到事半功倍的效果。

（四）外部准备

外部准备，包括样品、展示工具、电子设备、公司宣传及产品资料等都需要提前备好。优秀的案例，甚至是竞争对手的信息、数据对比图等都是可以加分的项目。对拜访方的信息了解会让对方感受到你对本次会面的重视程度，恰当的礼品也是十分有必要的。

三、拜访中的礼仪

拜访的过程是交往双方正式见面的过程，所涉及的礼仪活动非常广泛，包括我们前面几章的内容，如会面的礼仪、形象的礼仪、仪态的礼仪等。在这里就不多加赘述了。下面为大家强调几点拜访中的礼仪细节。

（一）事先约定，准时到达

到达的时间要选择恰当。太早，人家毫无准备，太晚影响他人休息。现代商务礼仪中，提前 5~10 分钟是比较恰当的选择。即将到达时，还可以发短信或打电话提醒，方便接待者做好相关准备，总之记住这八个字：从容赴约、尊重主人。

（二）登门有礼，遵守常规

进门访问前，应先敲门或按门铃通报。如有前台，则应先在前台或秘书处征询，得到同意后方可进入，切不可贸然闯入。进入门内要特别注意几点：一是毋侧听，听到有人说话或对方正在打电话不可悄悄打听或不出声地在侧面倾听他人隐私，这是不道德的。应打招呼后回避或退至门外等候。二是进屋后，如遇到有其他人在场，应主动向所有相识的人打招呼问好，或适当寒暄；对陌生人也应点头致意，如果主人不主动介绍，不应询问他们与主人的关系以及来访原因等。三是主人递茶水时，应欠身双手相接并致谢。如茶水太烫，可等其自然凉了再喝，不可用嘴边吹边喝茶水。喝茶慢慢品饮，切忌啜出声响。四是门的开阖。《礼记》中说"户开亦开，户阖亦阖。"意思是说门原来是开着的，你就还开着，原来是关着的，你就还关着，别擅自开阖。强调不要因为自己后入室而打乱先入者的状态，也不要因为自己先入室而让后入者不方便。上述例子提醒人们，在拜访中，除了自己之外还要想到他人。

（三）客随主便，入乡随俗

各地各家风俗都有不同。中国人的习惯是尊重主人。从拜访方的角度来说，强调的是不给主人添麻烦，客人依随主人的方便或安排而行事，便是对主人最大的尊重。

（四）适时告辞

为客之道彰显了拜访者的礼仪修养，也是交往双方不断推进交流的保障，一次拜访或许并不能成就一番事业，但一次拜访却可以奠定未来合作的基础。在拜访礼仪中，告辞可是重中之重。一般来说，已经约好了会谈的时间，应该到点就结束。从访问的时长来说，初次拜访建议半小时以内，经常拜访建议一小时以内。

当双方谈完事情，或者谈完事又刚好到休息时间时，就应起身告辞。除非你想请对方吃饭，或者对方请你吃饭，否则快到用餐时间必须毫不犹豫地告辞。当有其他人来访，而你们的沟通也基本完成时，即应告辞；如果还没谈完，对方同意和你继续谈，也应尽快谈完并离开。

遇到以下五种情况之一时，要及时"知趣"而退：

（1）双方话不投机，或当你说话的时候，被拜访者反应冷淡，甚至不愿搭理。

（2）被拜访者站起身来，或是把你们的谈话总结了一下，并说出以后可以再继续交流的话。

（3）被拜访者虽然显得很"认真"，但反复看手表或时钟。

（4）被拜访者把双肘抬起，双手支在椅子的扶手上。

（5）快到休息或就餐时间。

做客必须识趣，特别是因公拜访，知道适时告辞。这不仅是商务礼仪的要求，也是起码的做客之道。

接待与拜访是商务交往中非常重要的两个部分，也是商务礼仪应用得十分广泛的场合。对于商务交往的礼仪希望大家记住这样三句话：知礼，心无旁骛；懂礼，敬人有礼；用礼，张弛有度。心中知礼之人，内心更加坦荡、从容，时刻知道需要用宽厚与善良礼待他人。懂礼者了解尊敬他人有方法、有原则，可学、可实践，用仪式感来表达心中敬意。而在商务礼仪运用的过程中，灵活把握适度的原则，把尊重自己、尊重他人、尊重场合融合在一起，共同构筑企业的品牌形象。

本章的最后，借用杰克·韦尔奇先生说过的一句话：我与你的区别在于，你们只是知道了，而我却做到了。这是他在接受一位记者有关知识经验分享内容提问时的回答。礼仪也同样适用，礼仪是人人可知的小细节，如同过马路不闯红灯一样简单易懂，但真正能做到的又有几人呢？礼仪需要修炼，需要实践，更需要自省。

思考与练习

1. A公司是一家化妆品销售公司，销售经理与客户预约时间进行产品推广演说，如果你是销售经理，需要做哪些拜访前的准备呢？请写下来，越详细越好。

2. 结合实际案例说说拜访中告辞的时机选择。

3. 请思考除了文中提到的内容，拜访中还需要注意的礼仪有哪些。

要点回顾

1. 拜访的礼仪可分为提前预约、拜访前的准备、拜访中的礼仪。

2. 拜访前的准备包括计划准备、形象准备、内部准备和外部准备。

3. 拜访中的礼仪有：准时到达、登门有礼、客随主便和适时告辞。

4. 为客之道需关注告辞的时间和时机。

第六章

中餐礼仪

儒家经典《礼记》中记载，"夫礼之初，始诸饮食"，认为饮食活动中的行为规范是礼制的发端。我国礼仪的发端是祭祀礼仪，而祭祀礼仪是从饮食礼仪起始的。人人习以为常的"饮食"，不仅仅是"民以食为天"的古训，道出吃饭至上的观念，它还是儒家文化的核心思想——礼的本源。

案例

《红楼梦》第三回

贾珠之妻李氏捧饭，熙凤安箸，王夫人进羹。贾母正面榻上独坐，两边四张空椅，熙凤忙拉了黛玉在左边第一张椅上坐了，黛玉十分推让。贾母笑道："你舅母你嫂子们不在这里吃饭。你是客，原应如此坐的。"黛玉方告了座，坐了。贾母命王夫人坐了。迎春姊妹三个告了座方上来。迎春便坐右手第一，探春坐左手第二，惜春坐右手第二。旁边丫鬟执着拂尘，漱盂，巾帕。

李，凤二人立于案旁布让。外间伺候之媳妇丫鬟虽多，却连一声咳嗽不闻。

寂然饭毕，各有丫鬟用小茶盘捧上茶来。当日林如海教女以惜福养身，云饭后务待饭粒咽尽，过一时再吃茶，方不伤脾胃。今黛玉见了这里许多事情不合家中之式，不得不随的，少不得一一改过来，因而接了茶。早见人又捧过漱盂来，黛玉也照样漱了口。盥手毕，又捧上茶来，这方是吃的茶。

分析

《红楼梦》中的贾府是世代功勋之家，府里的规矩很多，尤其是用餐礼仪。文中呈现的是林黛玉第一次在贾府用膳时的情景，从中我们可以看到一些礼仪细节，如座位的安排。在女眷吃饭时，贾母会坐在主位上，两侧分别是王夫人和邢夫人，之后是宝玉和贾府的几位小姐。因黛玉是第一次在府中用膳，为了表示对她的欢迎，让她坐在了上位，其后都是坐在下位。又例如，吃饭时保持安静。虽然吃饭的人数众多，伺候的丫鬟婆子也很多，但没有人发出一点声音。这和古代的医疗条件有关系，古代曾经发生过很多次被食物噎到而死亡的例子，所以古人立下规矩，食不言，寝不语。最后是饭后洗手漱口。吃完饭后丫鬟立刻捧来洗脸盆洗手，之后送上清水用来漱口，之后第二次才会端上饮用的茶水。这些繁复的讲究，其目的是显示贾府门楣的贵重。古人在餐桌上有灼灼智慧，而中餐发展至今，虽摒弃了一些繁文缛节，却也依然沿袭着用餐中的文化底蕴和习俗。

"你在品味食物的时候，别人在品味你。"在现今的商务宴请中，礼仪也无处不在。如何点酒，点什么菜，如何安排座次，如何敬酒，如何交谈，什么样的用餐习惯，这些都在告诉别人你是一个什么样的人，也在传递着你是否能恰当应对社交场合的各种活动，是否适合代表公司与外界交往。钱钟书先生在其《吃饭》一文中说："吃饭有时候很像结婚，名义上最主要的东西，其实往往是附属品。"

餐桌是沟通情感、发展事业、体现修养的场所，一方圆桌，展现一片天地，吃中餐，真的需要智慧。

第一节 宴请礼仪

　　王梓是销售部新入职的员工，工作勤奋，为人热情，颇受领导和同事的信任和喜爱。一天下班前，部门陈经理留下了他，给他布置了一项工作。下周陈经理和公司老总一起宴请客户，对方公司来4个人，请他提前安排一下。王梓一边答应着，拍着胸脯请领导放心，另一边心里却犯了难，自己没有经验，宴请的准备要从何处开始呢？王梓决心好好研究一下中餐礼仪。

　　让我们跟随王梓，先从宴请礼仪了解吧。

一、宴请的种类

（一）宴会

　　宴会又称燕会、筵宴、酒会，是因习俗或社交礼仪需要而举行的宴饮聚会，是社交与饮食结合的一种形式。人们通过宴会，不仅获得饮食艺术的享受，而且增进了人际间的交往。宴会是一种比较正式、隆重的设宴招待。宴会是正餐，出席者按主人安排的席位入座进餐，由服务员按专门设计的菜单依次上菜。宴会按规格有国宴、正式宴会、便宴、家宴。

1. 国宴

　　国宴是指国家元首或政府首脑为国家庆典或为外国元首、政府首脑来访而举行的正式宴会，在宴会中规格最高。按规定，举行国宴的宴会厅内应悬挂两国国旗，安排乐队演奏两国国歌及席间乐。席间主、宾双方有致词、祝酒。

APEC国宴

APEC 第二十二次领导人非正式会议欢迎晚宴于 2014 年 11 月 10 日晚上结束，国宴中的菜品标准为"四菜一汤"。先是一道冷盘，随后按照顺序依次是上汤响螺、翡翠龙虾、柠汁雪花牛、栗子菜心、北京烤鸭，之后是点心、水果、冰激凌、咖啡、茶。

汤：上汤响螺

响螺又称香螺，带壳的海洋软体动物，在营养成分上富含优质蛋白，蛋白质含量高达 11.8%，除此之外还含有多种维生素和矿物质，尤其是钙、镁、磷、锌等元素含量丰富，有很高的营养价值。具有开胃消滞、清热明目、滋补养颜的功效。

用上汤响螺作为一道开胃汤，不仅具有开胃消滞的功效，对女性贵宾还具有滋补养颜的功效，再合适不过了。

主菜一：翡翠龙虾

APEC 会议上的饮食从数量上来说要恰到好处，不能出现吃剩浪费的现象，从质量上来说要讲求品质，凸显国宴之风。所以，选用翡翠龙虾再合适不过了。龙虾的营养密度高，蛋白质含量高达 18.9%，高于大多数鱼虾类，脂肪含量极低，大约 0.2%，并且所含的脂肪酸为不饱和脂肪酸，易于人体吸收。矿物质含量较其他鱼虾类都要高，尤其是锌、碘、硒等元素的含量丰富。

国宴中的龙虾，在烹饪时会把肉壳分离，如此可以为宾客的就餐带来方便，避免出现不雅的吃相。

主菜二：柠汁雪花牛

牛肉中的蛋白质高达 19.9%（均值），其含量要远高于其他畜肉类，并且脂肪含量不高。而 APEC 国宴中选取的雪花牛肉又是牛肉中的优质品，牛肉中的脂肪沉积到肌肉纤维之间，形成明显的红、白相间，形状似雪花浸入红肉中，因此得名"雪花牛肉"。雪花牛肉肉质更细嫩、柔软有弹性，也容易切割。

国际会议中要考虑到的因素很多，每个国家领导人的宗教信仰、口味习惯、文化习俗等各异，所以在食物的选材方面一定要考虑周全。在国际社会，牛肉是最被广泛接受的肉类，所以在 APEC 国宴中把"柠汁雪花牛"作为主菜之一就可以理解了。

主菜三：栗子菜心

这是一道简单家常菜品，寻常百姓家里也可以做。上好的菜心品质柔嫩，风味可口，维生素 C 和矿物质钙含量丰富。菜心属于十字花科植物，还具有很强的抗氧化作用。膳食纤维的含量也很高，能起到调节肠胃功能的作用。栗子富含不饱和脂肪酸，有助于改善心脑血管功能，同时富含钾元素，可避免因高钠饮食而出现的高血压现象，栗子的其他营养素也很丰富。

栗子菜心作为一道素菜，清淡可口，既保证了各国嘉宾的膳食营养，又为 APEC 国宴增添了素雅的气息，不失为一道兼具健康与品味的佳肴。

主菜四：北京烤鸭

烤鸭是北京特色美食，原料选取上好的填鸭，具有肥瘦分明，鲜嫩适度，不腥不酸的特点。烤鸭中富含优质蛋白，涵盖人体所需的 8 种氨基酸，同时钙、磷、铁等矿物质含量也很丰富。

"只有民族的，才是世界的。"各国嘉宾不仅要吃得开心，还要回味无穷，一生难忘。要实现这个目标，就需要拿出举办地的特色美食，本届 APEC 会议在北京举办，烤鸭自然少不了。顾及现场有 3 个经济体的嘉宾不吃鸭子，餐饮团队特意为其准备了"五福蔬菜卷"：由黄瓜丝、胡萝卜丝、山药丝、杏鲍菇丝、姜丝调制专用酱汁，外以鸭饼包裹。这五种原材料搭配在一起，不但营养丰富，口感俱佳，更有"五福临门"的寓意。

点心、冰激凌

作为餐后甜点，在摆盘上要体现会议主旨，在内容上要彰显民族特色，例如豌豆黄、驴打滚等小吃，在形式上还要顾及宾客口味，例如冰激凌等。

APEC 第二十二次领导人非正式会议欢迎晚宴是国宴规格，各种细节考究到位，突出中国特色，将中国传统饮食文化再一次推向世界。

（以上摘自《APEC 国宴菜品营养知多少》，腾讯网）

2. 正式宴会

正式宴会除不挂国旗、不奏国歌及出席规格有差异外，其余的安排大体与国宴相同。正式宴会有三个确定：时间地点确定、人员确定、菜单确定。常见的是年会、尾牙、生日宴等。

3. 便宴

这是一种非正式宴会，常见的是午宴、晚宴，有时也有早宴。便宴最大的特点是简便、灵活，可不提前确定时间地点或人员，也可以临时点菜，不做正式讲话，菜肴可丰可俭。

4. 家宴

家宴是指在家中设便宴招待客人，以示亲切友好。家宴往往由家中主人亲自下厨烹调，家人共同招待。

（二）招待会

招待会是一种仅备一些食品和饮料，不备正餐的宴请形式。席间通常不安排座次，较为灵活、自由。常见的形式有冷餐会、自助餐会、鸡尾酒会或茶会等。

1. 冷餐会

在大型商务活动中尤为多见，是一种非正式的宴会。它的具体做法是，不预备正餐，而由就餐者自主地在用餐时自行选择食物、饮料，然后或立或坐，自由地与他人，或是独自一人用餐。冷餐会与自助餐的形式基本相同，通常以格调高雅、风味独特的冷菜、饮料、低度酒为主，并非以进餐为主要目的，它通常适用于招待会、新闻发布会等。

2. 自助餐会

自助餐会是一种自己选取食物的现代餐会形式。可以同时款待人数较多的宾客，各种口味菜肴可以混合搭配。由于其形式不拘一格，来宾可边吃边走动交谈，因此越来越受到中外人士的喜爱。自助餐会可分为两种：一种是安排座位的，另一种是不安排固定座位的。

3. 鸡尾酒会或茶会

这是一种以酒水、果汁、茶水和一些小吃为主体，轻松、自助式的接待聚会。会场气氛活泼、随意，宾客可以随意走动与人交流、接触。通常不设座位，举行的时间也比较灵活，但通常会选择在下午。

二、宴请的筹备

（一）宴请准备

宴请前的准备工作包括确定宴请的目的、对象、形式、规格、时间、地点、菜单、邀请函、现场布置等。

1. 宴请目的

确定此次宴请的目的，如庆祝纪念日；展览会开幕、闭幕；工程的动工、竣工；商务合作；商务会演等。

2. 宴请对象

确定哪些人士参加，具体到参加人士的身份、人数等。

3. 宴请形式与规格

根据宴请的重要性、目的与宴请对象的要求，来决定是正式宴会、便宴还是招待会。一般来说，正式的、规格高的以宴会为宜，人数多，较轻松的商务活动则以冷餐会或酒会更为合适。

4. 宴请时间

宴请时间根据商务活动的需要来安排，通常也要考虑应邀者的时间是否方便。通常商务宴请会避开节假日、民族节日等。在时间控制上，正式宴会的用餐时间通常为 1.5~2 小时，非正式宴会为 1 小时左右。

5. 选择宴请地点

通常的原则是：按客人尊贵和重要程度确定宴请地点；按宴请类型确定宴请地点；选择熟悉的地点。对于不熟悉的宴请地点，需要事先了解餐厅各方面状况，包括档次、环境、交通、菜品、服务等，以便宴请活动的顺利进行。

6. 发请柬

各种宴请活动，一般均发请柬。这既是礼貌，也是对客人起提醒、备忘之用。请柬一般提前一周至二周发出，以便被邀请人及早安排。

7. 席位安排

根据宴请人员的人数、身份，安排好桌次与每桌的座次，使席位安排既尊重来宾，又有灵活性，有利于席间交谈方便，增进情谊。

8. 现场布置

宴会厅和休息厅的布置，取决于活动的性质和形式。宴会可以用圆桌也可以用长桌。一桌以上的宴会，桌子之间的距离要适当。招待会比如冷餐会的餐台通常用长桌。酒会一般还会摆设小圆桌或茶儿。总体来说，正式活动场所的布置应严肃、庄重、大方，可少量点缀鲜花、盆景或刻花等。正式宴会一般均排席位，并尽量事前让大家心中有数，现场也要有专人引导。

（二）邀请礼仪

在完成宴请准备工作的具体事项后，应向宴请对象发出邀请。邀请分为口头邀请和书面邀请。口头邀请是当面告知，或打电话邀请。书面邀请则要书写请柬或邀请卡。重要宴请活动和重大外事活动一般要发请柬。

请柬格式内容包括宴请形式、时间、地点、主人姓名等。请柬行文不用标点符号，所提到的人员、单位、节日名称，都应使用全称。中文请柬的被邀请人姓名写在请柬的信封上，行文中不提被邀请人姓名，主人姓名放在落款处。正式宴会应事先排好桌次席位并注在信封的下角。要求回复的要标明"请回复"等字样。请柬可以使用印刷字体也可以手写，手写字体要美观，字迹要清晰。

三、赴宴礼仪

通常宴请者会在举办宴会的前半个月或一周内发出请柬。收到请柬的人无论是否参加宴会，都应先通知主人，以便主人安排。这是对主人邀请的礼貌回复。出席宴会前一般应梳洗打扮，按场合着装，这将给宴会增添隆重、热烈的气氛。

1. 准时参加

达尔文说过："敢于浪费哪怕只是一个小时时间的人，说明他还不懂生命的全部价值"。鲁迅也说过："时间就是生命，无故地空耗别人的时间，实在无异于谋财害命的。"可见，遵守时间是一种美德，更是对交往对象和自己最大的尊重。应邀者要准确掌握赴宴的时间，按照请柬上标明的宴会开始时间准时到场。所谓适时、准时，一般情况下是指在宴会开始前5~10分钟到达。如因故不能准时赴宴，应提前打电话通知主人，诚恳地说明原因。同样，赴宴也不宜去得太早，会给主人造成不便。如果到达时宴会已经开始，迟到的客人应向同桌的其他客人致歉，并适时招呼主人，表示已到达。

2. 抵达入座

应邀出席宴会活动时，应听从主人的安排。若是正式宴会，在进入宴会厅之前，要先了解自己的桌次和座次，入座时注意桌上的座位卡是否写有自己的名字，不可随意入座，入座后主动向周围的人打招呼示意，同时注意坐姿的端正。

3. 适时交谈

进餐前要与周围的客人互相结识、交流，这是结交新朋友的好时机。谈话要掌握时机，内容要视交谈对象而定。

4. 文雅进餐

进餐时，举止要文雅，把食物送入嘴中，而不是把嘴凑近食物。咀嚼食物不要发出声音，万一打喷嚏、咳嗽，应马上转头避人，用手帕掩口。菜或汤很烫时不可用嘴吹，要等稍凉后再吃。口中有食物，不宜高谈阔论。嘴唇有油污不要沾染到酒杯上，应先用餐巾拭净。鱼刺、骨头不要丢在桌布上，要放在盛残渣的碟子里。宴会上，若感觉闷热，不可当众解扣宽衣，需要时可去盥洗室。用餐时遇有酒水打翻、筷子掉地，碰到了邻座，需道声"对不起"，再请服务员帮忙收拾。对于餐桌上的公用物品，若离你较远，不可起身去取，可请求邻座帮忙，用后放回原处，并向邻座致谢。

5. 得体退席

用餐完毕后，应等主人开始送客之后才能离席。席间，确实有事需提前退席，应向主人说明后悄悄离去，也可以事前打招呼，届时离席。宴会结束退席时，应向主人致谢，对宴会的组织及菜肴的丰盛精美表示称赞。

思考与练习

1. 商务人士在筹备宴会时应该做哪些准备？

2. 如果你应邀参加一个正式宴会，需要注意哪些礼仪事项？

要点回顾

1. 宴请常见的形式是宴会或招待会。宴会按规格有国宴、正式宴会、便宴、家宴。招待会常见的形式有冷餐会、自助餐会、鸡尾酒会或茶会。

2. 商务场合的正式宴会通常有三个确定：时间地点确定、人员确定、菜单确定。

3. 宴请前的准备工作包括确定宴请的目的、对象、形式与规格、时间、地点、现场布置等。

4. 在完成宴请准备工作的具体事项后，应向宴请对象发出邀请。邀请分为口头邀请和书面邀请。口头邀请是当面告知，或打电话邀请。书面邀请则要书写请柬或邀请卡。

5. 赴宴时，要准时参加，遵循主人安排的席位与座次，与宾客恰当交谈，并文雅用餐。用餐完毕后，应等主人开始送客之后才能离席，并向主人致谢。

第二节　席位与座次的安排

陈斌刚参加工作两个多月，就赶上了公司举办的跨年晚宴。晚宴在市中心一家酒店的中餐厅举行，大厅里摆了十几张圆桌。陈斌和同事们早早就进入大厅。晚宴有节目表演，为了能找到最佳观赏角度，陈斌进入大厅的第一件事，就是先找了个居中的桌子，在其中一个视角颇佳的座位上坐下，还拉开了自己周围的椅子招呼几个熟悉的同事一起坐。同事们连连摆手，示意他不要乱坐。陈斌有些不解，难道我坐错了吗？正犹豫着，他的部门经理进来了，看到陈斌，立即调侃他道："哟，陈斌挺有领导气质呀，看来你以后前途无量啊！"陈斌这才明白，中间的这张大桌是领导们的。他一脸尴尬，连连道歉，赶忙起身离开。

分析

作为新员工，在重要的宴会上，不分青红皂白地乱坐，给领导和同事们留下了不得体的印象。宴请中的座次，是每一个职场人士甚至每一个中国人都应该熟悉和知晓的重要内容。

一、宴席的由来

古人席地而坐，所以"席"和"筵"是常见用具。细分之，铺在底下的叫筵，覆在上面的叫席，通称筵席。《周礼·春官注》："筵，亦席也。铺陈曰筵，籍之曰席。筵铺于下，席铺于上，所以为位也。"

《礼记.礼器》中记载，"天子之席五重，诸侯之席三重，大夫再重"，表明为天子设席要五重，诸侯三重，大夫两重，可见当时等级观念的森严。席有长短之分，长席能坐三四人，短席能坐二人，最短的席仅能坐一人。一人席的等级比二人席高，二人席的等级又比三人席或四人席高。

由此可见，席位与座次的安排是整个中国饮食礼仪中最重要的一部分。中国人一向讲究长幼有序，餐桌上的席位安排也是如此，主人和宾客，长辈和晚辈，职位高和低，在宴请中都颇有讲究。

二、桌次安排

任何规格的宴会，只要宴席超过一桌，就会涉及桌次问题。宴会通常安排圆桌，原因在于圆桌方便大家取食、交流，又暗喻"圆满"之意。餐桌的摆法要依房间的大小和结构而定，主桌位置的确定，总体上奉行"以右为上""以中为上""以远为上""临台为上"的规则。具体安排见图6-1。

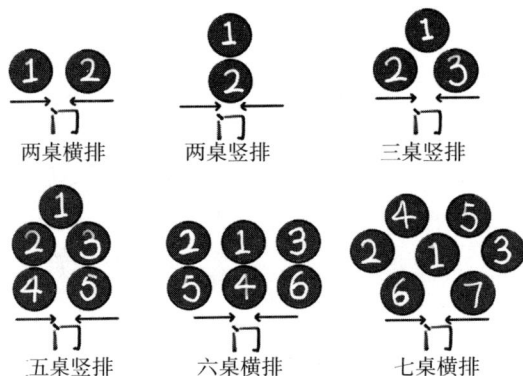

图6-1　桌次安排

（1）宴席只有两桌时，面向正门而居右的餐桌为主桌。

（2）当宴席有3桌或3桌以上呈直线排列时，位于正中的餐桌为主桌。

（3）当3桌以上多行并行排列时，面对正门、距离正门最远、居于其所在行正中的餐桌为主桌。

（4）当3桌以上以圆环状排列时，居于正中的餐桌为主桌。

（5）其他餐桌，距离正门越远、离主桌越近、位置越靠右，桌次越高。

摆放整齐的餐桌，应该保证每两张餐桌之间的距离相当，每两张座位之间的距离相等，餐桌上的用具及台布规格和摆放位置相同，力求整齐划一。

为了确保在宴请时赴宴者及时、准确地找到自己所在的桌次，可以在请柬上注明对方所在的桌次，在宴会厅入口悬挂宴会桌次排列示意图，在每张餐桌上摆放桌次牌（用阿拉伯数字书写），安排引位员引导来宾按桌就座。

三、座次安排

案例

陈斌按照部门经理的吩咐，预定了某高档酒店的中餐厅包厢宴请客户。用餐人数一共8位，陈斌的公司为主方，总经理、部门经理、一位同事，还有他，一共4人参加，客方也是4人，也各有不同的职位身份。请问，陈斌应该如何安排大家就座呢？

（一）座次分布的总体原则

（1）面门居中位置为主位。

（2）主宾双方交错而坐。

（3）越近主位，位次越高。

（4）同等距离，右高左低。

（二）单主人宴请与双主人宴请

在商务宴请中，如果是单主人宴请，座次排法是以主人为中心，主方和客方各自按照"以右为尊"原则，按"之"字形飞线排列，同时要做到主客相间。

如果是双主人宴请，例如男女主人共同宴请；或重要宾客较多，需安排两位重要主人接待时，采用双主人宴请的座次安排。第一主人称为主陪，第二主人称为副陪。座次排法是主陪和副陪相对，以右为尊的排列。主陪坐主位，副陪位于主陪的对面。宾客通常随二位主人，按右高左低顺序依次对角飞线排列，同时要做到主客相间。具体见图6-2。

1."主陪"位置

主陪坐在主位，通常面门居中位置为主位，主位通常背后有墙，有"靠山"，坐那里能看到门口，视野最开阔也最全面。具体辨认方式为：

（1）面门的位置。面门居中为主位。

（2）背有靠山。通过装饰的背景墙来确认主位的位置。

（3）通过餐巾折花来辨认。主陪的口布折花通常最高，也是最特别的，例如花形或颜色与众不同。

2."主宾"位置

主宾是客人一方的第一顺位，是客人里面职位最高者或地位最尊贵者。在商务宴请中，主宾的位置在主陪的右手边。有一种特殊情况是，如果主宾身份远高于主人，为表示尊重，也可以安排在主陪位子上坐，而请主陪坐在主宾的位子上。

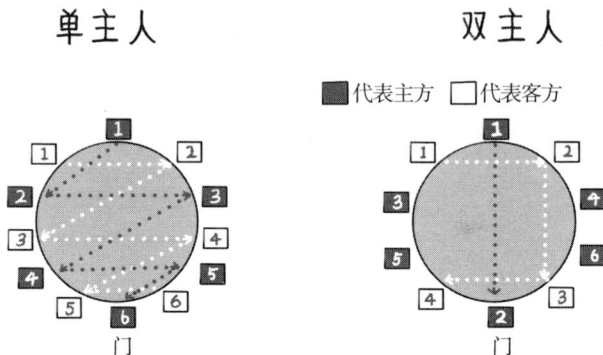

图6-2　座次安排

3."副陪"位置

副陪是主人一方的第二顺位。在单主人宴请时，副陪位于主宾的右手边；在双主人宴请时，副陪位于背门的位置，即主陪的正对面。

4."副宾"位置

副宾是客人一方的第二顺位。位置在"主陪"的左手方。

思考与练习

如果你是陈斌，面对主人4位，客人4位，并且是单主人宴请的形式，你会怎么安排座次呢？

要点回顾

1. 宴会的桌次奉行"以右为上""以中为上""以远为上""临台为上"的规则。

2. 为了确保在宴请时赴宴者及时、准确地找到自己所在的桌次，主方可以在请柬上注明客方所在的桌次、在宴会厅入口悬挂宴会桌次排列示意图、在每张餐桌上摆放桌次牌、安排引位员引导来宾按桌就座。

3. 宴会座次分布的总体原则为：面门为上；主宾双方交错而坐；越近主位，位次越高；同等距离，右高左低。

第三节 点菜的技巧和禁忌

宴请客户，通常主人方会事先对菜单进行再三斟酌，点菜是一项复杂的工作，要考虑的因素也很多。首先要以客人为重点考虑对象，他是否有饮食禁忌，例如宗教禁忌、健康禁忌等，也需要了解客人是否有饮食偏好，尽量投其所好，提高宾主双方的满意度；其次，菜肴的分量、口味、烹调方式、食物材料等也需要事先与餐厅沟通清楚；最后，还要考虑所选的菜肴价格是否合宜，够不够宴请的规格，会不会超出预算。如果主宾没有任何饮食禁忌，也没有特别的饮食偏好，那么安排菜肴时，可以优先考虑有中国特色、本地特色、餐厅特色或是主人拿手的菜肴。让主宾品尝当地招牌菜，尤其是对他而言新鲜没有吃过的餐点，通常会给他留下美好的回忆。

案例

徐先生带着从外地远道而来的几个客户到北京某五星级饭店的中餐厅吃烤鸭，这里的烤鸭很有名气，品尝过的食客均赞不绝口。徐先生选择这里招待客户，就希望能尽好地主之谊，好好款待客户。入座后，徐先生叫来服务人员点菜。一行6人，他点了2只烤鸭，10个热菜，其中还包括了近1.5千克重的澳洲大龙虾。不一会儿，从凉菜到热菜，一道道美食上了桌，客人们喝着酒水，品尝着美味的佳肴和烤鸭，颇为惬意。然而菜有点多，吃到最后，大家已感到酒足饭饱，但桌上仍有不少菜，有些菜甚至没动几筷子。这时，服务人员又端上了"澳洲大龙虾"，放上桌一看，好大一盆，客户不由得惊叹，摇摇头说道："这怎么吃得了呢，可惜了"。

你觉得徐先生这次宴请所点的菜合适吗？餐厅又有什么不当之处呢？

一、点菜的基本原则

（一）不铺张浪费

点菜的基本原则是不铺张、不浪费、不超支、不打肿脸充胖子。总的原则是考虑客人身份及宴请目的，做到丰俭得当。现代宴席一般是 10 ~ 12 人为一桌（常见圆桌），每桌菜肴在 12 ~ 14 道。宴请宾客意在吃饱、吃好，菜肴恰到好处的满意度，没有过重的负担。

（二）看客点菜

宴请的客人如果以年长者或者女性居多，热菜的数量与用餐人数相当即可；若年轻人居多，则热菜数量以就餐人数加 1~2 道菜为原则。在上热菜前，通常配上一些冷盘小菜，这样在热菜上桌前，台面不空。

（三）注重规格

点菜要先确定宴请的规格和档次，做好预算。宴请的档次主要体现在大菜（也称主菜）和酒水两个方面，需与客人的身份和宴请的目的相匹配。

二、中餐的菜品搭配

中餐的菜肴有六个项目：冷盘、热炒、大菜、汤、点心、水果。

1.冷盘

冷盘为开胃凉菜，通常在开席前就已经放置在餐桌上，一般为双份。冷盘很讲究装盘工艺，优美的形、色对整桌菜肴的评价有一定的影响，使人兴趣盎然，不仅引诱食欲，对活跃宴会气氛也有帮助。

2.热炒

开席后先上热炒，烹饪方式以爆、炒、煎、炸、烹等为主，原料大多由肉类（畜，禽）、海产品（鱼，虾，蟹）和蔬菜组成。大型宴请，这六大类尽量兼顾，合理排列组合，避免同一材料的重复。热菜一般质优者先上，质次者后上；味淡者先上，味浓者后上。

3.大菜

大菜也称主菜，是宴席中的主角，通常在其他热菜前上，是较为名贵的海鲜类，或每位一份的盅类，如鱼翅、燕窝、龙虾等，以显示出宴请的规格。大菜成本最高可占整个宴席的一半左右，是整套宴席的精华重头戏。

4.汤

汤有咸汤、甜汤之分。通常咸汤也为鲜汤，一碗好汤，不仅暖身，还能平衡膳食，滋补身体。煲汤往往选择富含蛋白质的动物原料，如牛、羊、猪骨、鸡、鸭骨等。甜汤或甜羹，是宴席中爽口解腻的配角，可安排在汤品后上桌。

5. 点心

有甜有咸，是在宴席结束前，汤品之后上桌。通常是一些糕、粉、面、饺子、包子等食物。

6. 水果

最后一道水果，是为了让客人助消化、润喉、解腻、醒酒用的，将宴席画上一个完美句号。

三、点菜人员

（一）主方点菜

通常菜由主方来点，一般在点菜前会询问在座宾客有无忌口，如果有，一定要避开；如果没有，要根据客人来自哪里、职业特点、个人爱好等来推断其口味。如果难以判断，可以点一些有口碑的菜，也就是说一般大众都接受的菜，即中性菜。

主方点菜应注意整桌菜肴有冷有热，荤素搭配，有主有次，主次分明。同时，根据宴请的对象和宴请的目的来确定本次宴请的规格和档次，安排恰当的主菜，以及菜和酒的搭配。点菜的主方犹如餐桌上的设计师，搭配布置、考虑周详，才能让每位宾客吃得满意。

（二）客人点菜

入席后主人也可以请客人点几道菜，通常优先请主宾、长者、领导点菜，或尊重女士，由女宾来点，在一些非正式宴请中也可以每位轮流点一道菜。客人点菜要点一些价格适中，口味大家基本都可以接受的菜肴。一桌小小的菜肴，不仅仅是美食的荟萃，更是智慧的结晶，做到皆大欢喜方能宾主尽欢。

（三）职业点菜师协助点菜

在高档的餐厅都有专门负责点菜的工作人员，他们可能是餐厅经理或是领班，在具体服务过程中大多承担点菜职责，因此非常有经验。主人可以将人数、口味，男女比例等告诉点菜师，由他们建议点的菜，一般不会令人太失望。因为点菜师更了解本餐厅的特色和拿手菜，以及哪些菜受客户的好评高。

四、点酒水

俗语说"无酒不成宴，无酒不成礼"，宴席上如果没有酒，则会让客人感到无酒不欢，无酒不敬。美食再搭配上好的酒，的确是人生至高享受。如果说点菜的主方是餐桌上的设计师，那么餐桌上的酒就是宴席的指挥棒，因为酒杯一拿，互相干杯，宴席开始拉开序幕；随后敬酒、劝酒、闹酒等，气氛热烈进入高潮；最后喝尽杯中剩酒，宴席结束。整个宴席的起承转合，所有进程都由"酒"来象征指挥。

点酒时，首先要尊重客人对酒的偏好，爱喝红酒的人，千万不要勉强他喝白酒；其次需要遵循的原则是高档菜配高档酒，低档菜配低档酒，这样才能使酒和菜质量相当，相得益彰。总体来说，中餐的宴请档次，一是看大菜，二是看酒。酒也显示着宴请的规格档次。

如果宴请中饮用两种以上的酒，可遵循的原则是：低度酒先，高度酒后；清淡酒先，浓郁酒后；普通酒先，名贵酒后；干味酒先，甜味酒后；新酒先，陈酒后。宴请中在选择饮料时，通常有鲜榨的各类果汁、玉米汁等，也有一些碳酸饮料，如可乐、雪碧等。一般而言，对于无酒精饮料的点选原则是：无糖的先，含糖的后；无汽的先，有汽的后。

思考与练习

1. 宴请的规格和档次如何体现？

2. 回到开篇的案例，徐先生宴请客户，一行6人，点多少热菜合适？除烤鸭外，作为大菜的"澳洲大龙虾"应该什么时候上菜较为合适呢？

要点回顾

1. 点菜可以优先考虑有中餐特色、本地特色、餐厅特色的菜，并且事先了解客人有没有饮食的禁忌，如宗教禁忌、健康禁忌等。

2. 点菜既要注重规格，也不可铺张浪费。宴请的客人如果以年长者或者女性居多，热菜的数量与用餐人数相当即可；若年轻人居多，则热菜数量以就餐人数加1~2道菜为原则。

3. 中餐的菜肴有六个项目：冷盘、热炒、大菜、汤、点心、水果。其中，大菜（主菜）是宴席中的主角，也体现着宴请的规格和档次。

4. 宴请需配合适的酒水为整个宴席增色，酒水遵循高档菜配高档酒，低档菜配低档酒的原则，才能使酒和菜质量相当。

第四节 中餐餐具的使用

夏经理经常需要全国各地出差，往往会受到客户的热情款待。在湖南的一次经历让他难忘。那是一个为期两天的会议，为了招待好夏经理，客户方特意安排了助理小余在每次用餐的时候坐在夏经理身边照顾。小余知道夏经理喜欢吃湖南菜，所以每次吃饭都会很热心地帮夏经理夹菜，并且主动介绍菜的烹饪过程和特色，然而小余每次给夏经理夹菜时，用的都是自己的筷子，为了显示尊重，在夹菜前还特意把筷子吮吸干净才夹菜。他不经意的动作却让夏经理陷入了尴尬，面对小余的热情布菜，吃，还是不吃？太为难了。

小余很热情地在用餐时照顾夏经理，可是他有哪里做得不妥吗？让我们从中餐餐具的使用中来了解。

中餐的餐具主要有筷、碗、盘、碟、匙、杯。正式宴会上，酒具有三套杯，即饮料杯、葡萄酒杯、白酒杯。中餐的餐具还包括辅助餐具，是指进餐时可有可无、时有时无的餐具，它们主要在用餐时发挥辅助作用，最常见的中餐辅餐具有：洗手盅、湿巾、牙签等。

一、中餐餐具的摆台

摆台是把各种餐具按要求摆放在餐桌上。中餐宴会摆台需根据宴会的性质、形式、主办单位的具体要求、参加宴会的人数、面积等来制订方案。总的要求是左右对称，出入方便（图6-3）。

1. 餐碟

餐碟也称骨碟，根据台形摆放，要求餐碟与桌边相距1.5厘米。

2. 筷子架、筷子

筷子架摆在餐碟右上方，筷子摆在筷子架上。筷子的后端距桌面 1.5 厘米，筷子套的图案向上。

3. 汤碗、汤匙

汤碗摆放在餐碟上方偏左，汤匙摆放在汤碗内，梗把朝左。

4. 酒具

中餐宴会一般使用三套杯，即水杯、葡萄酒杯、白酒杯。先将葡萄酒杯摆放在餐盘正上方，然后水杯位于其左，白酒杯居于其右，三杯直径横向呈一条直线，杯距约 0.5 厘米。

5. 牙签

牙签多为袋装，摆在筷子与餐碟之间，印有图文的一面向上对正。

6. 餐巾

餐巾折叠整齐，可折成各种款式，一般摆放在餐碟中或插在水杯中。

7. 香巾、香巾托

香巾托位于餐碟左，香巾置于香巾托内。

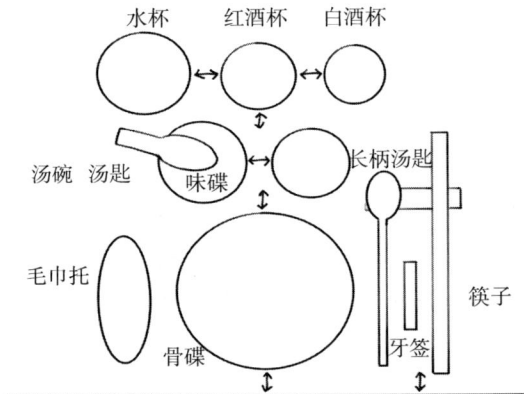

图6-3　餐具的摆台

二、中餐餐具的使用

（一）筷子

筷子是华夏饮食文化的标志之一，是中华文明的一个符号。3000 多年前的中国就已经出现象牙筷子，后传至朝鲜、日本、越南等汉字文化圈。中华民族强调饮食文化，民以食为天，不仅要吃出健康美味，还要吃出艺术与哲理。一双筷子就蕴含着很多传统文化与思想。

1. 筷子的含义及用法

（1）筷子一头圆象征天、一头方象征地，对应天圆地方，这是中国人对世界基本原则的理解；方的在上，圆的在下直接接触食物，代表"民以食为天"。

（2）筷子标准长度七寸六分，代表人的七情六欲，以示与动物的本质不同。

（3）使用筷子讲究阴阳和谐，两根筷子上为阳、下为阴，组成一个太极，上动下不动，才能夹得稳。

（4）使用筷子时，用餐者五指分成三部分，拇指在上，无名指和小指在下，中指在中，此为"天地人"三才之象，这是中国人对人与世界关系的理解。

2. 使用筷子时的注意事项

（1）无论筷子上是否残留着食物，都不要去舔它。

（2）当暂时不用筷子时，可将它放在筷子架上或放在自己所用的碗、碟边缘。

（3）不要把筷子当成叉子去叉取食物。

（4）与人交谈时，应暂时放下筷子。

（5）切不可用筷子敲击碗、盘，指向对方，或拿着它停在半空中，好像迫不及待地要去夹菜。

（6）照顾他人，需使用公筷母匙，不可用自己的筷子为他人夹菜。

3. 用筷九忌

（1）三长两短。筷子要对齐放在桌子上或手中；筷子长短不齐意为"三长两短"代表"死亡"，过去人死装进棺材，棺材盖还没盖上时前后两块短木板与两旁加底部共三块长木板，合在一起做成的棺材正好是三长两短，所以极为不吉利。

（2）仙人指路。席间说话时不要把筷子当道具随意乱舞。同样，拿筷子时食指自然弯曲贴近筷子不要向外伸出，否则就如同用筷子指人一样，大多有指责、骂人之嫌。

（3）品箸留声。每次用完筷子要轻轻放下，尽量不要发出响声。把筷子的一端含在嘴里、用嘴吮吸并发出声响是一种粗鲁无礼的行为。

（4）击盏敲盅。使用餐具时尽量保持安静，千万不要用筷子敲击盘碗，这种行为被看作是乞丐要饭，因为过去只有要饭的人才用筷子击打饭盆发出声响以引起行人注意索要施舍。

（5）执箸巡城。取食物时要看准并利落地取一块到碟中再放入口中，不要拿着筷子在菜盘上空中游走却又不夹菜。

（6）迷箸刨坟。有条件情况下尽量用公筷夹菜。夹菜不过盘中线，取菜请取靠近自己身体这一侧最上面的部分，夹起食物之后不要放回盘碟，更不要拿着筷子在菜盘里不停扒拉。

（7）泪箸遗珠。用筷子取菜时要迅速利落，确保不要把汤汁流落到其他菜里或桌子上。

（8）颠倒乾坤。筷子要用圆的一头取菜，一头一尾不要颠倒使用，否则给人饥不择食的感觉。

（9）当众上香。筷子不用时要放在筷子架上，千万不要图省事把筷子插在饭中，传统为逝者上香时才这样做。

一双筷子就是最好的教科书，以上 9 种筷子的禁忌，我们在日常生活的餐桌礼仪中要多加留意。

知识链接

　　我们的祖先发明筷子与食物有关。中华民族很早就开始了农耕生活方式，主要作物是适应性强的谷子（黍）。黍类粮食有两大特点：一是颗粒小；二是粗糙的外皮不易被除去。在最初的时候，我们祖先可能是将谷粒（小米）捣碎煮粥食用的，往往还要掺杂一些野菜、树叶之类一起煮，以便改善口味，并节约粮食。据有人研究，"茶"字的原始意义是掺有野菜和树叶的粥状食物。至今在西北地区还有一种叫"油茶"的食物，用羊油把面粉炒熟，再掺上一些甜杏仁之类的东西，食用时用热水一冲即可。在这里，"油茶"一词中的"茶"就是使用的它最原始的意义。广东人至今把用早点叫"吃早茶"，实际上也是使用的"茶"比较接近原始的意义。在湖南口音中，"吃"字读作"恰"，很接近"茶"字读音。在华北一些地区，把"熬玉米粥"称为"擦黏粥"，同样，"擦"与"茶"同音。这些现象都说明"茶"原本是一种食物。茶吃起来比较费事，其中的野菜和树叶之类会妨碍茶的流动，而不容易把茶喝进口中。这是我们的祖先发明筷子的关键所在。

　　西方人最早是游牧民族，食物是烤熟煮熟的肉块，可以切成小块拿在手中进食。印度人的主要食物是稻米，容易去壳，可以蒸煮成团，同样可以用手抓着进食。我们祖先的日常食物是茶，是一种黏稠的半流质食物，不能用手抓着吃，也不能用手捞食影响其中的野菜和树叶。可能有一个聪明的古人顺手取来小木棍儿之类的东西试着把野菜或树叶拨入口中，这就是筷子的最初形式。筷子最早的称呼是"箸"，箸字的繁体写法是"筯"。从读音和字形上就可以看出，筷子最原始的作用是帮助进食，并非必不可少的进餐工具。但那时的小木棍儿之类还不能称为筷子，筷子之所以称筷子，主要在于人们必须具有使用筷子的技术，而用筷技术则需经过练习才能掌握。我们的祖先发现用小木棍儿之类拨食茶中野菜树叶的方法之后，就纷纷模仿，最后把小木棍儿的数量固定为两根。熟能生巧，古人使用小木棍儿的技艺越来越高，直到把两根小木棍儿使得上下翻飞，巧得如同自己的十指一样灵活自如，筷子就诞生了。

（二）碗

碗在中餐里主要用于盛放主食、汤羹。在正式场合中用碗的注意事项有：

（1）端碗要用龙含珠的姿势，四指托碗底，拇指扣碗边，不可让指甲伸到碗里。

（2）不要端起碗来进食，尤其不要双手端起碗来进食。

（3）食用碗内盛放的食物时，不可将嘴凑到碗边去吃，应以筷子、汤匙辅助取食，然后送到嘴里。

（4）碗内若有剩余食物时，不可将其直接倒入口中，也不能用舌头舔。

（5）暂时不用的碗内不宜放入其他东西。

（三）盘

盘，或称为碟，是中餐盛放菜肴扁而浅的餐具。个人食盘是放在每人面前的那个盘，使用方式和碗大致相同。由转台公盘夹取食物后，先暂放在个人食盘内，再用自己的筷子夹食。

使用盘要注意的事项有：

（1）个人的食盘要始终放在桌上，不可端起盘子，以口就盘来吃盘中的食物。

（2）在使用食盘时，不可取过量的菜放在食盘里，给人饥不择食的感觉，十分不雅。吃多少取多少，不可浪费。

（3）不吃的食物残渣、骨头、鱼刺，不要吐在饭桌上，应轻轻取放于食盘的前端，取放时不要用嘴吐到食盘上，而要使用筷子夹放到食盘前端。

（4）如果食盘放满了，可示意服务员换食盘。

（四）杯子

中餐酒杯主要使用水杯、葡萄酒杯、烈性酒杯组成的三套杯。

水杯。专门用来盛水、果汁、碳酸饮料等软饮料的杯子，通常比较大。水杯不可用来盛白酒，但可用来喝啤酒。不喝饮料时，应请服务员收走杯子，不要把杯子倒扣在桌上。

葡萄酒杯。喝葡萄酒通常使用容量稍大的高脚玻璃杯，种类繁多。

白酒杯，因为传统的中国白酒通常酒精含量偏高，所以使用小高脚杯或小瓷杯。

（五）匙

匙，椭圆形或圆形的带柄小浅勺，也称"调羹"，是中餐传统餐具，主要用来喝汤或食细碎食物用。在正式场合，使用汤匙时应注意以下几个方面。

（1）尽量不要把汤匙塞入口中，可倾斜汤匙把食物倒进嘴里进行享用，更不要把汤匙长时间放在口中反复吮吸或用舌头舔。

（2）用汤匙取食物时最好取一口能吃下的量，切记不要过满，以免食物溢出来弄脏餐具或衣服。

（3）舀取食物后可将汤匙在碗边轻轻荡一下或在原处暂停片刻待汤汁不再滴流后再享用。

（4）汤匙从外向里舀汤，碗里的汤很少时可把碗向身体一侧倾斜以便更方便舀取。

（5）正如筷子不能插到米饭上，汤匙不用时应平放于食盘上或放在汤碗下面的碟子里，不要让它在汤碗中"立正"或直接放在餐桌上。

（6）喝汤时，可以用公勺把公用汤碗中的汤舀到自己小碗中，进过嘴的汤匙切记不要再放回公用汤碗中舀汤。

（7）不要"左右开弓"。用餐过程中不能一手拿着勺子、一手拿着筷子，同时在手中使用。《朱子童蒙须知》中说："凡饮食举匙，必置箸。举箸，必置匙。食已，则置匙箸于案。"就是说，要吃菜就吃菜，要喝汤就喝汤，不要一边用筷子夹菜一边用勺子喝汤。

（8）不要用汤匙敲盘、碗、锅、盆等餐具。旧社会乞丐要饭时常用勺子敲击手里的碗发出响声来博得别人的注意。所以，汤匙尽可能不要与其他餐具接触发出响声。

（六）洗指盅

洗指盅是为了用餐卫生，在上虾蟹等需要用手指辅助食用的食物时提供给客人洗手的器皿。洗指盅一般装载一半清水或红茶，上面通常有用于装饰的柠檬片或花瓣，洗手时不用可拿开这些装饰物。

用洗指盅洗手时，两手轮流轻轻放入水里，沾湿前三指指尖迅速摩擦，洗手时动作迅速而轻柔，动作不要太大、乱甩乱抖，洗毕将手置于餐桌下用餐巾擦干，并将洗指盅放在餐碟左上角让服务员收走。

盅中的水不要喝，如有客人不清楚洗手盅的作用而饮用了里面的水，主人、宾客或服务员最好假装没看见，以避免客人难堪。为了避免客人误喝，最好的解决办法是服务员预先告诉客人洗手盅的用途。

（七）牙签

牙签主要用作餐后剔牙之用。用餐过程中，尽量不要当众剔牙。如非剔不可，需注意以下事项。

（1）一只手持牙签，另一只手掩住口部，切勿张开"血盆大口"。

（2）剔出来的东西，切勿当众观赏或再次入口，不要随手乱弹或随口乱吐。

（3）剔牙之后把牙签丢弃，不要长时间叼着牙签或一边剔牙一边说话。

（八）湿巾

比较讲究的中餐，在用餐之前会为每位用餐者送上一块湿毛巾，此湿巾只能用来擦手，不能用来擦脸、擦嘴、擦汗等。擦过之后，应将其放回盘中，由服务员取回。

有时，在正式宴会结束前，服务员会再为用餐者送上一块湿毛巾。与前者不同的是，餐后的湿毛巾是用来擦嘴的，但不要用来擦脸或抹汗。

思考与练习

1.中餐的餐具主要有哪些，是如何摆台的，尝试着画出来。

2.使用筷子有哪些禁忌？

要点回顾

1.中餐的餐具主要有筷、碗、盘、碟、匙、杯等，还有辅助餐具，如洗手盅、湿巾、牙签等。照顾他人，需使用公筷母匙，不可用自己的筷子为他人夹菜。

2.中餐酒杯主要使用水杯、葡萄酒杯、白酒杯组成的三套杯。

第五节　用餐礼仪

刘泽近日调到办公室工作，陪同领导一起宴请客户。他事先在一家餐厅预定了包间，并提前点好了菜。宴请当日，客户王总和他的秘书提前到了，还有几位客户在路上。刘泽热情地问候了王总他们，并直接招呼王总入座。刘泽的领导见状有些尴尬，忙拉住他制止："不急不急，你先请服务员安排点茶水，我和王总他们先在沙发区坐坐，一会儿人到齐了再入席。"刘泽赶紧招呼服务员给大家上茶。看到领导们在沙发区闲谈交流，刘泽感到自己插不上话，就一个人坐在餐桌边喝茶等待。领导不悦地看了他一眼，让刘泽心里很不安，隐约觉得自己做错了什么。

分析

主客双方在进入雅间后，通常会先在休息区餐前小坐，喝茶聊天，等人到齐，并且凉菜上齐之后，主人邀请主宾入席，大家才正式入席，在此之前，其他人不可提前入座。刘泽正因为不懂得这些，所以让场面很尴尬。

一、餐前等候的礼貌

（一）等候带位

用餐的礼仪不是从入席开始，而是早在进入餐厅的那一刻，就在很多细节上凸显了一个人的素养。到达餐厅时，有些人会非常主动，直接进入餐厅找位子坐下，再高声呼唤服务员送上菜单。其实到餐厅用餐就如登门拜访老友，是需要等朋友开门迎接后才能进入别人家里的。如果门口暂时没有人，就算大门敞开，也不能自己随意进入。进入餐厅也是如此，比较高档的餐厅，入口处通常会有接待人员，在客人到来时询问客人的人数和座位的要求，再安排专人领位。所以客人应该等候餐厅接待人员招呼后，由服务人员领位进入才不失礼仪。如有预约，可主动告知预约名字或客人人数，并请求带位。

（二）在等候区等待

有些餐厅设有等候座位，如果暂时客满没有位子，客人可坐下等候桌位空出再用餐。在大厅等候的座位如果有限，优先礼让老弱妇孺。有些餐厅在等候区会提供免费的饮品及一些瓜子、水果等小食供客人享用，请勿过量食用，更要注意保持座位周围的整齐清洁。

（三）包厢内的餐前小坐

在正式宴请客户时，主方往往会提前预订包厢。客人进入包厢后，不可直接坐到餐桌旁。主人通常会招呼客人先在沙发休息区小坐，双方可以喝茶、交谈，如果初次见面的宾主也可以略做介绍，互换名片。等候所有宾客到齐后，由主人招呼大家一起入座。在主人尚未邀请大家入座前，无论是主方还是客方，都不可以随意提前上桌就座，因为这时尚未安排座次，贸然入座是失礼的行为。

二、私人物品的放置

餐桌是公用的，除了餐具和菜肴外，不可摆放任何与用餐无关的私人物品。例如名片夹、小包、墨镜、帽子、笔记本等随手放在餐桌上是不妥的，既会让餐桌显得凌乱，也会影响他人用餐。同时，虽然现在很多人习惯将手机放在餐桌上以便随时查看微信或接电话，但对于同桌就餐的其他人，则意味着缺乏重视，频频看手机也是对主人的失礼，需尽量避免把手机长时间置放于餐桌上。

私人物品应该放到哪里呢？

一些零碎的小物件，如眼镜、化妆品、笔记本、手机等，应放在随身携带的小包里或手提袋里，避免散落在不同的地方，既方便拿取，又可避免丢失。用餐是一个温馨愉悦的过程，无论主人还是客人，如果丢失了个人物件，会令在场的所有人心感不安，影响用餐的气氛。

女士的小包或男士的手包，可随身携带，在用餐时放在椅背上。一些餐厅服务人员会用服装袋罩住椅背和包包，避免沾染食物的气味，也避免弄脏。

外套、围巾、较大的皮包等，通常可在进入包厢后，挂在包厢里的衣橱或挂衣架上。有些餐厅在椅子下面设有置物筐，也可将皮包、外衣等私人物品直接放入，然后将置物筐放在椅子下面，或视线可及的地方。

三、吃和吃相的讲究

（一）坐姿

（1）入座时从椅子左侧轻缓入座，不可猛起猛坐弄出椅子声响，更要小心以免碰翻茶杯餐具等。落座后，男士双腿不要分得太开，女士应双膝并拢。

（2）两腿交叠坐时，悬空的脚尖应朝下，切忌脚尖朝上或抖动。不可因不舒适而把鞋子脱掉，甚至磨搓双脚，以为别人看不到，其实是最失礼的表现。

（3）在餐桌上与人交谈时，不要斜靠椅背，或把手放在沙发扶手上与人交谈，这样会显得傲慢。

（4）在餐桌上不挖鼻、不掏耳、不撩头发。保持双手清洁，一只手拿筷子，另一只手不可垂到桌下，也不可整个手肘放到桌上。应该将手腕轻靠在桌边，或拿着碗，或轻扶餐盘。

（5）暂停用餐时，双手可放在腿上，或手腕抵住桌边。

（二）用餐

（1）用餐时主要展现的是上半身、头部、嘴部的动作。不要弯腰驼背埋头紧吃，应该细嚼慢咽。口中有食物时不要开口说话，双唇闭上咀嚼食物，避免发出较大的声响，喝汤时也不要发出吸吮的声音。

（2）用餐时，以食就口，将食物迎向自己而不是自己迎向食物。因此，整个用餐过程要维持头部的高度，脸和头要朝前，不要低头猛吃。

（3）中式菜肴形状多样，对于需要用手撕开或用牙齿撕咬的食物，要动作轻缓，低调进行。汤汁饱满类的食物，可右手用筷子夹，左手持汤匙盛接。比较柔软的食物可先用筷子分到合适的大小再一次入口。需要咬断的食物要一次咬断，藕断丝连很不雅观。

（4）不要一次往口中塞太多食物。

（5）保持餐桌清洁，及时清理附近的残渣，保持餐桌面和地面的干净。

（6）转台取菜时，只可夹取转到自己面前的菜，不能"隔山探海"，夹取远处的菜。也不可乱翻挑拣或滴落汤汁。

（7）吐骨头等残渣时避免发出声音，可用手或汤匙筷子盛接，再倒入餐盘一边。残渣不可堆在餐桌上，应堆放在自己餐盘的一边。若有无法下咽需要吐出的食物，可用纸巾包裹，避免展露出来。

（8）啃骨头或鱼虾之类需要用手辅助时，最好用两根手指，不要弄得满手汤汁。

（9）饭后将筷子并拢平行放在筷架上；餐布、纸巾折叠后放在桌子左边，不要揉捏成一团。

四、对服务员的礼貌

"尊重你的上级领导是一种天职；尊重你的同事是一种本分；尊重你的客户是一种常识；只有尊重所有的人，包括为你服务的人，才是一种修养。"观察一个人是否有修养，通常从小处着眼，在餐厅用餐时，对服务人员的态度是否友善，遇到问题时是否能够礼貌沟通，无形中也在体现着自己的修养。

对服务人员提要求或寻求帮助时，多用"请"字，并不忘说"谢谢"。服务人员有时难免犯错，发生任何问题，沟通时都应该压低音量，或者请经理来协助解决，不可高声质问或颐指气使。如果遇到服务态度良好，服务热情周到时，应该当面赞美并对他表示感谢。礼仪是双向的，你尊重他人，他人也会真心尊重你。

思考与练习

1.进入包厢，主客双方在餐前小坐时可以做些什么？什么时候才可正式上桌呢？

2.在用餐时，请列出至少 5 条要注意的事项。

要点回顾

1.较为正式的宴请，在主客双方入席之前应在休息区小坐，喝茶聊天，递送名片，相互寒暄，切不可盲目提前入席。

2.用餐时私人物品妥善放置，零散的物品放在小包里，小包可放于椅背或置物筐内，外套围巾等在入座前挂在衣架上。私人物品不可随意摆放在桌面上。

3.用餐时要注意坐姿端庄，用餐动作文雅。

4.用餐期间注意对服务人员要有礼貌，多使用"请"和"谢谢"，尊重为你服务的人也是一种修养。

第六节　喝酒的讲究

俗语说："无酒不成宴，无酒不成礼。"正式宴席上如果少了酒，难免让人感到无酒不欢、无酒不敬。酒在餐桌上不仅仅是一种饮品，更是一种润滑剂，一种酒文化的传承。中国人的好客，在酒席上发挥得淋漓尽致，人与人的感情交流往往在敬酒时得到升华。

案例

莎莎是新毕业的研究生，工作半年，从初入职场时的毫无头绪到现在的从容自信，她深深感谢领导和公司前辈们的提携。在年底的公司年会上，莎莎终于找到机会在餐桌上正式感谢一下领导。她举起手中的白酒杯，站起身来："齐总、陈经理、李主任，我想敬三位领导一杯酒，感谢你们这半年来对我的指导和帮助，才让我有这么大的进步。我以后一定会认真工作，报答三位领导对我的期许。"说完，她举起酒杯一饮而尽。三位领导你看看我，我看看你，笑而不语地举了举杯……敬酒是好意，可是莎莎有什么地方做得不妥吗？

分析

敬酒时的一个规则是：可以多人敬一人，不可一人敬多人，除非你是领导。莎莎作为下属向领导敬酒，一次性把几位领导都敬了，反而让领导们为难了，也缺少了敬意和尊重。

一、中餐酒的分类

（一）白酒

白酒是中国传统的蒸馏酒，又称"烧酒"或"白干"。它以高粱、玉米、大米、大麦或其他杂粮酿制、蒸馏而成。白酒的特点是无色透明，质地纯净，醇香浓郁，味感丰富，酒度在 30° 以上，刺激性较强。白酒根据其原料和生产工艺的不同，形成了不同的香型与风格。白酒的香型有以下五种。

（1）清香型。清香型的酒，酒气清香芬芳，醇厚绵软，甘润爽口，酒味纯净。主要品牌有山西杏花村的汾酒，故又有汾香型之称。

（2）浓香型。浓香型的酒，饮时芳香浓郁，甘绵适口，饮后尤香，回味悠长，可概括为：香、甜、浓、净四个字。主要品牌有四川泸州老窖特曲，故又有泸香型之称。

（3）酱香型。酱香型的酒，香气幽雅，回味绵长，杯空香气犹存。主要品牌有贵州茅台酒，故又有茅台香型之称。

（4）米香型。米香型的酒多为米酒、小曲，口感清柔，幽雅纯净。主要品牌有桂林的三花酒、全州的湘山酒。

（5）复香型。复香型的酒为混合香型，通常兼有两种以上主体香型的白酒为复香型，也称兼香型或混香型。这种酒的闻香、回香和回味香各有不同，具有一酒多香的特点。主要品牌有贵州董酒，湖南的白沙液，辽宁的凌川白酒等。

白酒中生产得最多的是浓香型白酒，清香型白酒次之，酱香型、米香型、复香型等较少。白酒是我国酒品生产中很重要的组成部分。现在随着人们饮酒习惯的逐步改变，白酒的酒精含量在逐步降低，许多名酒的生产厂家都相继研制出中度白酒，以适合出口和国内广大消费者的需要。

（二）黄酒

黄酒是我国生产历史悠久的传统酒品，因其颜色黄亮而得名，是我国南方和一些亚洲国家地区人民喜爱的酒品。黄酒以糯米、黍米和大米为原料，经酒药，麯曲发酵压榨而成。酒性醇和，适于长期储存，有越陈越香的特点，属低度发酵的原汁酒。酒度一般在 8°~20°。

黄酒的特点是酒质醇厚幽香，味感谐和鲜美，有一定的营养价值。黄酒除饮用外，还可作为中药的"药引子"。在烹饪菜肴时，它又是一种调料，对于鱼、肉等荤腥菜肴有去腥提味的作用。

（1）江南糯米黄酒。江南黄酒产在江南地区，以浙江绍兴黄酒为代表，是黄酒历史最悠久，最有代表性的产品。它是以糯米为原料，以酒药和麸曲为糖化发酵剂酿制而成，存放时间越长越好。由于原料的配比不同，加上酿造工艺的变化，形成了各种风格的优良品种，主要品种有状元红、加饭酒、花雕酒、善酿酒、香雪酒、竹叶青酒等。酒度在13°~20°。

（2）山东黍米黄酒。黍米黄酒是我国北方黄酒的主要品种，最早创于山东即墨，现在北方各地已有广泛生产。以黍米为原料，以米曲霉制成的麸曲为糖化剂酿制而成。具有酒液浓郁、清香爽口的特点，在黄酒中独具一格。即墨黄酒还可分为清酒、老酒、兰陵美酒等品种。酒度在12°左右。

（3）福建红曲黄酒。以糯米、粳米为原料，以红曲为糖化发酵剂酿制而成。其代表品种是福建老酒和龙岩沉缸酒，具有酒味芬芳、醇和柔润的特点。酒度在15°左右。

（三）啤酒

啤酒是以大麦为原料，啤酒花为香料，经过发芽、糖化、发酵而制成的一种低酒精含量的原汁酒，通常人们把它看成一种清凉饮料。啤酒的酒精含量通常在3°~5°，最高一般不超过12°。

啤酒的特点是有显著的麦芽和啤酒花的清香，味道纯正爽口。其含有大量的二氧化碳和丰富的营养成分，能帮助消化，促进食欲，饮之有清凉舒适之感，所以深受人们的喜爱。啤酒中含有11种维生素和17种氨基酸。是一种酒精含量低，发热量高的酒类，故有"液体面包"之称。

（1）生啤酒。生啤酒又称鲜啤，酒中含有活酵母，发酵时间短，口感新鲜。在生产过程中未经过高温杀菌处理，只能存储在15℃以下的环境，保质期在3~7天，所以不适宜高温存储和长途运输，一般采用桶装。

（2）熟啤酒。也就是人们常见的瓶装或听装啤酒，它经过了高温杀菌，没有活性酵母菌再发酵，稳定性更强，保存时间更久，其保质期可达60天以上，酒精度一般在12°左右。

（3）黑啤酒。黑啤酒呈咖啡色，是以高温烘焙出的焦香长麦芽为原料，再进行发酵。这种啤酒麦汁香浓，营养丰富。

（四）葡萄酒

葡萄酒的品种很多，因葡萄的栽培、葡萄酒生产工艺条件的不同，产品风格各不相同。按照我国最新的葡萄酒标准GB15037—2006规定，葡萄酒是以鲜葡萄或葡萄汁为原料，经全部或部分发酵酿制而成的，酒精度不低于7%的酒精饮品。

（1）白葡萄酒。用白葡萄或皮红肉白的紫葡萄制作，将果皮和籽去掉，分离发酵制成。酒的颜色微黄带绿，近似无色或浅黄。多数白葡萄酒清淡酸爽，水果的香气和味道都十分浓郁。酸度较明显，具有健脾、去腥的特点。

（2）红葡萄酒。采用皮红肉白或皮肉皆红的葡萄制作，将果皮、果肉和果汁一起混合发酵而成。酒色呈自然深宝石红、宝石红、紫红或石榴红。红葡萄酒与白葡萄酒的主要差异之一就是广泛存在于葡萄皮和葡萄籽中的单宁，它能使红葡萄酒的口感更加干涩，同时能增强葡萄酒的酒体和风味。单宁也有助于防治心血管病，所以常饮红葡萄酒具有养生保健的作用。一般葡萄酒陈放 4~10 年饮用味道最佳。

（3）桃红葡萄酒。葡萄经过压榨后，果皮与果肉一起发酵，达到一定颜色后将渣滤掉酿制而成，也有些地方将红、白葡萄酒按一定比例勾兑而成。酒色为淡红、桃红、橘红或玫瑰色。这一类葡萄酒在风味上具有新鲜感和明显的果香，含单宁不宜太高。

（4）起泡葡萄酒。起泡葡萄酒是由葡萄酒加糖再发酵产生的。在法国香槟地区生产的起泡酒叫香槟酒，在世界上享有盛名。其他地区生产的同类型产品按国际惯例不得叫香槟酒，一般叫起泡酒。酒精含量不超过 14°。

（5）加强葡萄酒 / 加度葡萄酒。发酵成原酒后，添加白兰地或酒精，又加糖以提高酒精含量和糖度的叫加强甜葡萄酒，我国叫浓甜葡萄酒。酒精含量 14°～24°。

二、酒与菜的搭配

好席配好酒，选对了菜肴，还要选对酒水，让二者相得益彰，才能在商务宴会上达到事半功倍的效果。酒的特点是形似水，性如火。在中餐中，酒类不同的口感配以各种美味佳肴，既突出了宴会的档次，也衬托着宴会的气氛。中餐中喝什么酒，酒的种类与菜肴的安排、季节、宴会主题等都有联系，需要考虑的要素有：

1. 考虑宴会的档次

针对客户身份与重要性的不同，宴请的档次也有高低之分。在宴请尊贵的客人时，自然是置办高档宴席，选用高档酒类；在宴请普通客户时，宜选用中低档宴席，配备中低档酒类，这样才能使酒菜相得益彰。

2. 考虑用餐的季节

选择菜肴时要依据气候的差异，选择酒类时也要注意配合当时的气候。比如，冬天，一般人们喜欢喝"烫酒"，既开胃又养胃，用餐时常常搭配白酒、黄酒；夏天人们则喜欢喝"冰镇啤酒"，有消暑的功效，用餐时常常选择啤酒。

3. 考虑宴会的菜肴

用口味清淡的酒配口味清淡的菜，口味浓郁的酒配口味浓郁的菜。

清香型白酒，口味清淡素雅，应该搭配一些味道清淡口感清爽的菜肴，如凉拌素锦、虾皮白菜、素三鲜等。这样可以避免清雅的酒香被菜肴浓重的味道喧宾夺主。

浓香型白酒，口味浓郁猛烈，通常应搭配一些味道重、油水足的菜肴，比如油焖大虾、京酱肉丝、狮子头等。这样菜肴的美味配合酒的浓香，可以相辅相成，同时胃里有足够的油水保护，既不容易喝醉，也有益健康。

酱香型白酒，口味酱香醇厚，回味悠长，通常可配一些味道鲜美的菜肴，比如西湖醋鱼，这样菜肴的鲜味刚在嘴里淡去，酱香的醇厚又及时填补空缺；酱香型白酒也可搭配一些口味偏酸辣的菜，如剁椒鱼头、干锅鸡等，口味相互促进，相得益彰。

白葡萄酒更适合与海鲜和鸡肉等白肉搭配。这是因为白葡萄酒酸度较高，酸度高的酒与油腻的食物搭配起来，口感会非常好，因为白葡萄酒中的酸就像一把尖刀一样插进油腻的食物中，达到清理口腔的效果。

如红烧牛肉、红烧羊肉等，搭配味道浓郁的红葡萄酒比较合适，因为红酒中的单宁可以中和平衡酱汁。

三、敬酒的礼仪

敬酒是宴会上的一种仪式。传说，钟毓和钟会幼时，一次，他们都以为父亲睡着了，遂邀约偷偷喝酒。其实父亲并未熟睡，不过是想窥视他们兄弟二人偷喝酒时的情状。父亲发现，毓喝酒，"拜而后饮"，会则"饮而不拜"。于是各问其缘由。毓曰："酒以成礼，不敢不拜。"而会则曰："偷本非礼，所以不拜。"这个典故很有趣，说明古人饮酒时都讲究一定的礼节。这种礼节，使饮酒成为一种庄重的活动、一种仪式。在酒宴上，主人要向客人敬酒（叫"酬"）；客人要回敬主人（叫"酢"），敬酒时还要说上几句敬酒辞；客人之间也可相互敬酒

（叫"旅酬"）；有时还要依次向人敬酒（叫"行酒"）。

中餐中人们在宴席上不仅劝食，而且劝酒。劝人多喝几杯酒的方式，一方面表达了敬酒人的真诚，希望对方喝好喝得尽兴，同时也可以活跃宴席的气氛，为饮酒者助兴。

（一）敬酒前的斟酒

中餐宴请中，敬酒之前需要斟酒。通常，酒水应当在饮用前斟入酒杯。这个工作往往由服务人员承担，客人不会亲自倒酒。但有时候，主人为了表示对来宾的敬重、友好，会亲自为来宾斟酒。

宴会进行中的斟酒，应在客人干杯前后及时为宾客添斟；每上一道新菜后要添斟；客人杯中的酒不足一半时也要添斟；客人互相敬酒时也要及时添斟。

斟酒的顺序也严格地按照从高到低的顺序，斟酒一般要从地位高的人，即主宾位开始，再斟主人位，然后按顺时针斟酒。如在座的有年长者，或者远道来的客户，应先给他们斟酒。此外还需注意的是，如果宴请亚洲区客户，应先斟男主宾，再斟女主宾；如果宴请欧美客户，则应先斟女主宾，再斟男主宾。

（二）敬酒的顺序

案例

小杜是公司的销售主管，在一次公司举办的年终答谢宴会上，作为东道主的一方，小杜的老板李总先敬了客户。轮到小杜时，他举起酒杯，对自己的老板说道："李总，我先敬您一杯，谢谢您在这个项目中对我的栽培和信任……"话音未落，李总就打断了他，轻声责备道："小杜，在座的各位老板才是我们的上帝，没有他们的信任，我们这个项目早就搁浅了，你应该先敬他们，怎么先敬我了？"

在这个案例中，作为宴会东道主一方，一定要先敬客人，再敬自己人。若没有李总的提醒，小杜就失礼于客户了。那么酒桌上的敬酒有哪些要注意的呢？

宴请的客人不同，习俗不同，敬酒的顺序也略有不同。

在正式的宴会上，敬酒是讲究轮次的。在宾主入席后，用餐开始前，主人通常先提一杯同饮酒，向同桌的客人敬酒，感谢大家及主宾的光临，也代表宴席正式开始。随后敬酒按照宾主身份、职位高低依次进行。如果不是主人，一般不能率先敬酒，一定要等主人完成必要的敬酒环节，才能开始向主人或其他宾客敬酒。敬酒前一定要充分考虑敬酒的顺序，主次分明，如果向同一个人敬酒，你应该等身份比自己高的人敬过之后再去敬。若与不熟悉的人在一起喝酒，也要先打听一下身份或是留意别人如何称呼，这一点心中要有数，以避免出现尴尬或伤感情的局面。

如果宴席规模较大，主人则应依次到各桌敬酒，而各桌由一位代表到主人所在的桌餐上回敬。

如果是同事聚会，则先敬领导，再敬同职位的同事以示尊敬；家宴是先敬长辈，再平辈互敬。一般情形下，客人、长辈不宜先向主人、晚辈敬酒。

（三）敬酒的要求

（1）一般的宴会上，主人应率先提出干杯。提议干杯时，应起身站立，右手持杯，左手托底，面带微笑，目视其他人，说一些祝福的话。在主人提议干杯后，其他人要手拿酒杯起身站立，互相碰一碰，但可以不全喝完。应该注意的是，即使你是一个滴酒不沾的人，此时也要拿起酒杯抿上一口，以示对主人的尊重。

（2）如果是一对一地敬酒，敬酒者要走到被敬者面前敬酒，除非二人相邻而坐。

（3）向某位宾客敬酒时一定要右手执杯，左手托底或象征性托底，以示尊重。在敬酒的时候自己的杯子要略低于对方的杯子。

（4）敬酒要有说词，通常说一些祝愿、祝福、感谢的话。称呼对方时，眼睛要看着对方，面带微笑地真诚表达。

（5）自己敬他人，如果不碰杯，自己喝多少可视情况而定，但不可比对方喝得少。如果碰杯，则往往代表自己会喝净杯中酒，一句"我喝完，您随意"，会显得落落大方。

（6）干杯之后要亮杯，杯口45°角朝向对方示意。敬酒完毕要感谢对方并请对方落座。

（7）作为被敬酒的人，在对方来到自己面前敬酒时，也要手拿酒杯起身站立（即使是滴酒不沾，也要拿起杯子做做样子），将酒杯举到眼睛高度，说完"干杯"后，将酒一饮而尽或喝适量。然后，还要手拿酒杯与敬酒者对视一下，敬酒的过程才算结束。

（8）可以多人敬一人，不可一人敬多人，除非你是领导或身份较高的宾客。

（9）宴会上的相互敬酒可以活跃气氛，但要适度，不要勉强他人。每人都应控制酒量，如不会饮酒，可事先言明喝饮料，切不可因饮酒过多而失言、失态。

思考与练习

1.白酒、黄酒、啤酒、葡萄酒各有哪几种类型？

2.在正式宴请中，敬酒是一种仪式，有哪些注意事项？

要点回顾

1.中餐中酒的种类有白酒、黄酒、啤酒和葡萄酒。白酒最为常见，白酒可分为清香型、浓香酒、酱香型、米香型和复香型。

2.酒和菜的搭配要考虑宴请的档次，遵循高档酒配高档菜，低档酒配低档菜的原则，且根据菜肴的浓郁程度与酒搭配。

3.敬酒要按照敬酒的要求，了解敬酒顺序，分清主次。避免一人敬多人，这是非常失礼的举动。

第七章

西餐礼仪

案例

大型中法合资企业新入职的行政主管 Diana 接到了一项重要工作任务：公司需要在酒店安排一场正式的西式晚宴来招待远道而来的法方代表，同时公司还有幸邀请到了本地法领馆领事与夫人出席。公司长期合作的酒店希望 Diana 给出晚宴的具体要求，这下她开始犯愁了：西餐倒是吃得不少，但其实从来没有特别注意过西餐宴请的礼仪规范，这要求该怎么提呢？特别是还有重要人物出席。

分析

虽然我们并不是每天用西餐，但一定也有和 Diana 一样尴尬的时候，虽然都用过西餐，但真到正式的社交或商务西餐场合，却不太清楚规范的西餐礼仪，开始显得拘谨，也影响了自己原有的自信与风采。让我们一起来帮助 Diana，她需要先学习和了解以下几个方面，从而更好地向酒店提出具体要求：

1. 餐桌摆台
2. 座位安排
3. 菜单设置
4. 用酒安排

同时我们也建议作为任职于多元文化公司的行政主管 Diana 在晚宴之前安排一次公司全员培训，包括：

1. 西式用餐礼仪
2. 餐桌上的社交礼仪

第一节　西餐文化和西餐历史

一、"ETIQUETTE"的概念

当代英语中的"etiquette"（礼仪）一词最初起源于法国，在1789年法国大革命后它成为英国文化的一部分。17世纪法国国王路易十四的宫廷"太阳王"（这是他的别号）喜欢在凡尔赛宫里宴客与举办豪华聚会。但是，他很快注意到贵族宾客的举止行并不良好，他甚至收到了园丁的抱怨，因为在这些聚会上，许多鲜花和园艺作品都遭到破坏或毁坏。因此，路易十四决定在凡尔赛宫内的周边放置一些小纸卡，上面写着希望大家遵循的规则。在法语中，这些小纸卡被称为"etiquettes"，即使在今天，这仍然是一个使用频繁的法语词。除了设置这些"etiquettes"小纸卡外，路易十四甚至还制定了一条法规："来到凡尔赛宫时，请遵守'etiquettes'（之后被译为'礼仪'）。"随着法国大革命的发生，法国大多数富有阶层都被追捕、威胁或斩首。他们中的许多人决定离开家园，横渡英吉利海峡，定居在英国。"礼仪"现在已经被公认为英国文化的一部分，其实在一开始它是由法国人创造的。

今天，我们必须区分礼貌、礼仪和礼节这三个词的含义，事实上它们密不可分，它们代表着德育形式和社会行为的不同方面和界限。下面的内容是对这三个概念的解读。

（1）礼貌：礼貌是永恒的，不受时代影响。彬彬有礼是教育和常识的产物，它是"把他人置于自己之前"。它的基本内容是知道在何时何地如何做来表达无私，而不自私。

（2）礼仪：礼仪是关于如何在特定社交或商务环境中或在特定情况或文化环境下的一套公认的行为规则。礼仪可能因文化、国家以及时代而变化。

（3）礼节：礼节是最正式最高级别的礼仪。它是当会见和面对政客、国家元首或具有特定头衔的人士等时，如何做能表示对他们的国家或头衔的尊重。

二、西方餐桌礼仪的起源及文化背景

餐桌礼仪属于礼仪的范畴，因时代、国家、文化和文明的变化而不同。至今，餐桌礼仪仍然是各个文化背景下都最能令人印象深刻、让人脱颖而出的一项礼仪。西方餐桌礼仪的起源与发展一样源起于法国。如果说法国现在被公为是世界饮食大国之一的话，那么也是因为法国人（尤其是过去的那些法国国王们）那曾经令人赞叹的宴会组织能力与餐桌布置能力。法国同时也是第一个有食谱书籍和有关饮食法律记载的西方国家。法国大革命后，大部分法国贵族为了躲避被斩首的厄运而移居英国，这也开启与促进了礼仪文化在英国的发展。随后的欧洲工业革命帮助了中产阶级的出现和崛起，也助力西方餐桌礼仪的发展达到一个新的水平。

随着人们生活水平的提高，中产阶级创造出各种各样的新式餐具；相较于以前的餐具种类也越来越多，做工也越来越精美。如今我们所用的种类繁多的西餐餐具，主要源自新兴中产阶级崛起的维多利亚时代。

三、西方餐具和玻璃器皿的发展历史

当我们谈到西式用餐时，西方餐桌文化主要围绕着三种餐具：餐刀、餐勺、和餐叉来展开。在进一步了解西方餐桌文化之前，你有没有想过这三种餐具是从何而来，为何西方人决定是用这三种餐具，而不是一把剪刀或夹子之类的工具呢？

在谈到礼仪与餐桌文化时，有一点非常重要，那就是所有这些规则的形成都与历史发展相关。所以我们需要回到不同世纪和不同年代去追溯相关的历史，因为所有礼仪文化都与人类历史的发展有着密不可分的关系。

（一）餐刀

1. 餐刀的发展

（1）从石器时代到撒克逊人时代。石器时代人类燧石制刀，主要用于狩猎或打磨象牙或骨头。

到新石器时代，人类用锤子将石刀捣成更锋利的刀具，用来刺杀动物和分割肉类。那时刀具被更多地视为日常工具，而不是餐具。

青铜时代，刀具主要分为两种：单刃刀，用来切食物；双刃刀，用来狩猎或打仗。

在中世纪早期，法兰克人（法国王朝）在腰带上带着一把名为"Scramasa"（撒克逊匕首）的万能刀用来打猎和打斗。撒克逊匕首相当长，而且锋利，这是当时人们可以使用终身的工具，刀刃经常被雕刻标记。

（2）中世纪。欧洲贵族开始随身携带两把刀：一把大的用来打猎，一把小的既可作用餐工具，又可作匕首杀人。这时刀具在历史上首次开始与"用餐"相关。

（3）中世纪晚期至今。"dinner knife"（餐刀）一词起源于16世纪的意大利，但当时只有富有的主人家才能为每位宾客提供餐刀。

从17世纪起，随着路易十三的首席部长黎塞留的出现，餐刀在法国越来越受欢迎。主教在看到一位贵族用刀当牙签使用后，要求银匠把刀尖从锋利的尖头变为现在常见的圆弧形。路易十四是第一位为每位客人提供餐叉、餐刀和餐勺的国王。到了18世纪，整套餐具套装才真正地在整个欧洲开始流行。到了19世纪，餐刀的种类和功能开始变得多样化。

2. 餐刀的种类

餐刀的种类见图7-1。

① Dinner Knife 主菜刀（或晚餐刀）。

② Steak Knife 牛排刀。

③ Luncheon Knife 前菜刀（或午餐刀）。

④ Fish Knife 鱼刀。

⑤ Dessert Knife 甜品刀。

⑥ Fruit Knife 水果刀。

⑦ Butter Spreader 黄油抹刀。

图7-1　餐刀的种类

（二）餐勺

1. 餐勺的发展

从人类历史上看，勺是最早被人类使用的食具。但这仅仅是因为大自然为人类提供了天然的"勺子"：人类很容易找到一块形状像碗的木头，并加上一个把手。这种工具最初最简单的作用就是取水。勺之所以是最古老的餐具，也是因为人类最早的食物烹饪方法是用水"煮"与"炖"。

2. 餐勺的种类

（1）与餐刀一样，近代餐勺的发展也始于 17 世纪的法国，当时的餐勺有以下 5 种。

①Table Spoon 餐勺。

②Tea Spoon 茶勺。

③Porringer Spoon: 汤粥勺（需搭配热麦片粥碗）。

④Dessert Spoon 甜品勺。

⑤Mote Spoon 有孔小勺：用以取出茶水中的茶叶。

（2）19 世纪及其崛起的中产阶级为餐勺带来了巨大变革，使它有如下 11 种不同种类，见图 7-2。

①Iced Tea Spoon 冰茶勺。

② Severing Spoon 服务勺。

③Pudding Spoon 布丁勺。

④Cream Soup Spoon 奶油汤勺。

⑤Tea Spoon 茶勺。

图7-2 11种主要的餐勺

⑥Bouillon Spoon 清汤勺。

⑦Grapefruit Spoon 西柚勺。

⑧Chocolate Spoon 巧克力勺。

⑨Citrus Spoon 柑橘勺。

⑩Demitasse Spoon 小咖啡勺（摩卡勺）。

⑪Salt Spoon 盐勺。

（三）餐叉

1. 餐叉的发展

餐叉是历史上最具争议的餐具。最初的叉子不具任何用餐目的。事实上，叉子在埃及时代是人们用来举起祭品的一种与宗教相关的器具。

第一批能被追溯到的被用作餐具的叉子来自 7 世纪的中东宫廷。到了 11 世纪，有一位拜占庭公主把叉子带到了意大利。当教会得知她用叉子吃饭时，他们严厉地责难她，称这个器具是对上帝给予人类手指的侮辱。随后叉子这个餐具从餐桌上消失了 300 多年。

叉子在 16 世纪重新出现在英国、意大利和法国，但仍然被认为是一个非常女性化和奇怪的餐具。比如路易十四，就是那位制定了一系列礼仪规则的国王，他在最开始也选择继续用手指与刀吃饭，而不用叉子。直到 1633 年，英国国王查尔斯宣布"使用叉子是很体面的"。这句话清楚地预示着西方文明餐桌礼仪的开始。一个世纪后，非贵族阶级开始使用餐叉。到了 18 世纪和 19 世纪，下层阶级也开始追求更讲究的生活，这就导致了超过 15 种不同种类餐叉的出现。

2. 餐叉的分类

有些餐叉出现后很快就消失了，但许多被保留了下来，以下是 12 种不同的餐叉，见图 7-3。

①Dinner Fork 主菜叉（晚餐叉）。

②Fish Fork 鱼叉。

③Luncheon Fork 前菜叉（午餐叉）。

④Lobster Fork 龙虾叉。

⑤Fruit Fork 水果叉。

⑥ Salad Fork 沙拉叉。

⑦ Dessert Fork 甜品叉。

⑧ Ice Cream Fork 冰激凌叉。

⑨ Seafood Fork 海鲜叉。

⑩ Strawberry Fork 草莓叉。

⑪ Snail Fork 蜗牛叉。

⑫ Oyster Fork 生蚝叉。

图7-3 12种主要的餐叉

（四）玻璃器皿

1. 玻璃器皿的发展

玻璃是在公元前 3500 年前后由腓尼基水手偶然发现的。腓尼基人（现在的黎巴嫩）乘船航行，有一天，他们在海滩上准备食物，于是收集了一些干海带（海带里含有大量天然苏打）、泡碱块，把它们堆在一起生火，再架了个锅准备烧水。当炉火熄灭，锅被移走时，他们发现了一种坚硬、发亮的硬块——玻璃就这样诞生了。

玻璃的发展史是一个世界性的故事，许多文明都有记载制造玻璃的历史。但我们集中关注以下几个对于餐用玻璃器皿至关重要的历史时刻。

真正的玻璃制品始于埃及人和第 18 王朝（公元前 1580 年）。埃及人第一次做出不同简单形状的玻璃器皿。不过，当时玻璃并没有用于餐桌上。他们只是被当作运送液体的容器。玻璃也就是这样被带到了罗马帝国：腓尼基人的水手们用玻璃器皿把物资运到罗马。罗马的陶工很快对这种新材料产生了兴趣，并开始复制埃及的工艺。罗马的玻璃制造商改进并发展了埃及的工艺，使其达到了另一个高度，玻璃开始成为一个成功的商业商品，并且玻璃制造这门工艺也被罗马出口到英国、法国和德国。

但是在中世纪，人们仍然广泛使用木头、金属甚至动物皮作为容器来盛水、装葡萄酒或啤酒。在当时，玻璃仍然非常昂贵，它们仅被用于制造镜子、窗户、珠宝和形状简单的容器，以及大量用于教堂等宗教场所。

到了 15 世纪，玻璃的统治权已经转移到欧洲。之后的几个世纪，意大利东北部的威尼斯成了玻璃制造业的主要城市，聚集了最好的玻璃制造商，并保持着工艺的发展。以至于意大利政府曾经制定了一项法律，禁止威尼斯的玻璃制造商离开威尼斯。然而，这反而使许多玻璃制造商后来搬去法国、英国和德国或更后来的美国，建立了自己的公司。

美国工业革命让玻璃器皿发生了重大变化。1827 年，伊诺克·罗宾逊发明了一种压力机，它可以自动地、大批量地、毫不费力甚至成本更低地制造玻璃。它意味着把一种手工艺品变成一种工业化商品。

随着越来越多的中产阶级寻求更多更为精致的生活用品，玻璃行业不断改进工艺制作出更多模型以满足客户的需求至此，玻璃器皿开始真正走上了人们的餐桌。

2. 玻璃器皿的分类

如今，我们在餐桌上可以看到许多不同种类的玻璃器皿。其中，有 6 种玻璃器皿是西式餐桌上最常见的（图 7–4）。

① Water Glass 水杯。

② Water Goblet 高脚水杯。

③ White Wine Glass 白葡萄酒杯。

④ Red Wine Glass 红葡萄酒杯。

⑤ Champagne Flute 细长型香槟杯。

⑥ Champagne Coupe 广口浅香槟杯。

图7-4　玻璃器皿的种类

四、摆台的方式

摆台是指将宾客在用餐过程中所需的各种餐酒用具按标准摆放在餐桌上，以供就餐时方便地取用。

（一）英式摆台（图7-5）

英式摆台特殊性主要体现在餐具和玻璃器皿的摆放方式上。

1. 餐具的摆放

餐具只能放在盘子的两边。从第一道菜开始，由外开始向内依次摆开；离盘子最近的餐具是最后一道甜点餐具。

2. 玻璃器皿的摆放

关于玻璃器皿，英式摆台采用的是菱形摆台，如图7-5所示。

图7-5 英式摆台

离用餐者最近的玻璃杯是第一个被使用的，最远的玻璃杯是最后一个被使用的。中间的两个玻璃杯有什么作用呢？小的玻璃杯装白葡萄酒，大的玻璃杯装红葡萄酒。

按照英国餐桌用酒的传统，用餐开始时要先喝一杯开胃的波特酒或雪莉酒。所以第一个位置的小玻璃杯就是波特酒杯，它比葡萄酒杯要小得多。要注意的是，水杯不在菱形摆放里，因为它是唯一的用餐者将从用餐开始一直使用到结束的玻璃器皿。

3. 英式摆台中的主要注意事项

（1）面包盘和黄油刀将放置在所有摆台设置的左侧，即所有摆放的餐叉的最左侧。

（2）正式且最保守的英式摆台，应在展示盘（欢迎盘）上方放置月牙形沙拉盘。在20世纪初，月牙形沙拉盘被用来放沙拉或做成配菜的蔬菜。

（二）美式摆台（图7-6）

美式摆台是目前全世界上使用得最广泛也是最常见的一种西式摆台方式。这是出于以下两个原因。

（1）美式摆台相对而言更节省空间，有助于餐桌上的各类餐具放置得不拥挤、使用更方便。

（2）酒店和餐饮场所大量使用美式摆台来举办半正式宴会和活动，因此逐渐被大众接受。

图7-6　美式摆台

（三）美式摆台与英式摆台的主要区别

两者首要区别在于甜品餐具的摆放方式。在美式摆台中它们不再被放置于盘子两边，而是放在盘子的上方。

第二个区别在于玻璃器皿的摆放方式。美式摆台中使用的不再是菱形而是三角形摆台方式。在这种摆放方式中，水杯放在用餐者餐盘正中间的正上方，葡萄酒酒杯从右向左呈斜直线依次排开。

英式和美式摆台方式中，餐叉和餐勺都是面朝上摆放的。而法式摆台与美式摆台唯一的区别便是餐叉和餐勺都需面朝下摆放。为什么会有这种区别？原因是，当时法国的银匠在制作银质餐具时通常会在背面刻上主人家徽或家族缩写。这是为了主人在宴请时能显示他的富有，因为当时并非每个人都能买得起印有自己名字的银制餐具，所以法国富裕家庭便将餐具面朝下摆放来展示其家徽标志。这样的摆台传统与习惯保留至今。而之后的英国贵族与银匠们采用了相对的方式，将家徽或家族缩写雕刻在餐具的正面，于是英式摆台中（包括之后发展起来的美式摆台）餐具是面朝上摆放的。

（四）法式摆台

法式摆台更多的是与历史有关的一种变体。当今适用英式摆台的场合与环境都非常正式，但法式摆台相对少见。

思考与练习

1. 请根据菜单（沙拉—汤—肉—甜品）摆出（或画出）一组美式摆台图，并注明各类餐具的名称。

2. 如何在一分钟内把西式餐桌礼仪的由来为他人讲解清晰？试着写下你的版本。

3. 思考餐刀的由来。

要点回顾

1. 本节重点是介绍礼仪"Etiquette"一词的由来；西方餐桌礼仪、餐具及玻璃器皿的起源及发展历史；西方餐桌的摆台方式。

2. 西方餐桌文化主要围绕着三种餐具：餐叉、餐刀和餐勺来展开，且餐桌文化的形成与人类历史的发展有着密不可分的关系。

3. 西方餐桌摆台方式主要包括英式、美式和法式三种。

第二节　餐桌礼仪规范

李总在一家别致的餐馆预订商务午餐，这是一张四人餐桌，李总会带上自己的助手。他计划要会见一位已经接触很久的老客户，讨论进一步合作，但是李总并不知道和他一起来的人会是谁。这种场合下，李总的得体着装应该是什么？一套正式的深蓝色西装，搭配暖色系的衬衫和领带？运动夹克、蓝色牛仔裤，还是一件不扣第一颗纽扣的暖色衬衫？或是任何着装都可以？

分析

在这种情况下，唯一不确定的因素是和老客户一起来的那个人。也许是客户公司的首席执行官，也许是李总潜在的竞争对手，也许是他的潜在客户。无论哪种可能性，都需要他穿着正式而得体的服装，给他人留下良好的第一印象。

一、用餐着装礼仪

（一）餐桌上的着装规则

（1）正式着装比不正式着装要更得体。

（2）注重得体的细节，不要认为戴领带或化淡妆会太多余。

正式的着装要求大概分为以下几类：白领结、晨礼服、黑领结、商务正装以及商务休闲装。

1. 白领结

这是西方社交场合在晚间最正式的着装守则，一般在国宴、舞会等晚间正式场合穿着。

女士：及地长裙；短衣袖配长手套，长衣袖配短手套；头冠只适用于已婚女士。

男士：黑色燕尾服搭配长裤；白色有领衬衫，带白色领结；漆皮绑带的皮鞋。

2. 晨礼服

也称正式日装，是西方对日常着装的正式着装要求。

女士：正式礼服，搭配上衣外套及手套；女士佩戴帽子（而不是头饰）；全包鞋（不露趾）。

男士：黑色或深灰色长尾礼服，系领结；双排扣马甲。

3. 黑领结

这是西方晚宴上的一种半正式着装要求。

女士：如果不跳舞的话，头发可以披着；裙装长度应该根据仪式和活动地点而选择。

男士：黑领结，白衬衫，双排或单排扣西装外套，漆皮皮鞋或牛津鞋。

4. 商务正装

女士：穿正式商务套装，包括夹克及正装裤或正装裙。

男士：穿着西装套装以及佩戴领带。西装套装颜色越深，场合越正式。

5. 商务休闲装

女士：服装可以是休闲裤、及膝短裙，或连衣裙等。

男士：从卡其裤、有领衬衫、纽扣衬衫到套装，或单件套装，商务休闲装指的是职业午餐着装。不穿夹克的男士应该穿长裤和有品位的长袖衬衫，可以打领带，也可以不打领带，或者穿同样精致的衣服。

当然，除了正式社交用餐场合，我们生活中也有休闲用餐场合，我们需要在两者的着装上，即商务正装与商务休闲装之间找到一个分界与平衡。在社交用餐场合一定需要摒弃的休闲着装有：休闲短裤、人字拖、拖鞋便鞋、无袖背心、迷你短裙、棒球帽、T恤衫或者破洞牛仔裤等。

（二）用餐着装细节

对男士来说，如果穿了全套西服，那么在用餐过程中西装外套、领带和马甲应该一直穿着，无论是因为温度变化或是吃太饱喝太多都不能脱下。通常建议准备坐下时，便解开西装外套的扣子（但这只适用于单排扣的西装外套，双排扣的西装外套请时刻保持扣子扣好）。解开西装外套的扣子会让你坐起来更舒服，减轻扣子的压力，同时也防止衣服起皱。坐下后的习惯动作就是拉一下裤腿，稍微拉一下裤子，可以减轻膝盖处裤子的压力，使人坐着更舒适。还有便是调整衬衫袖口和袖扣：有时衬衫的袖口卡在西装袖子里，需要在坐下的时候把袖子拉出来；袖扣也可以适当进行调整。不要解开领带，也不要脱下西装外套把它放在椅背上。还有一点要注意，当入席坐下时解开的西装外套扣子，起身时，应立刻把扣子扣上。

对女士来说，应穿舒适的高跟鞋，不要在桌底下把高跟鞋脱掉。着装应该始终保持得体优雅。用餐尽可能选择小型手包而不是大型手袋，这样在用餐时可以把包放在身后或者放在大腿上，而不必把它送到寄存处或者地板上。

着装具体规范也决定宴会的基调与要求，作为主人举办宴会时，请记住这一点：在邀请信息（或更正式的活动发布）上标明活动着装要求，这将对受邀请者有所引导，也将有助于整个宴会顺利举办，拍出着装和谐的照片，也使得每个出席者感到得体自信。

二、用餐仪态

用餐仪态主要是餐桌坐姿。坐姿看似简单，但在实际用餐过程中却是最复杂最考验人的姿势之一。原因很简单，一顿正式的晚餐可能持续两三个小时，大部分人刚开始都能端坐，但往往坚持不了五分钟，人就会不自觉地靠向椅背。餐桌坐姿注意以下要点。

（1）用餐时最好坐椅子前端约三分之一处，这样用餐者上半身更容易靠近桌子方便享用食物，同时还有助用餐者时刻保持背部挺直，整个坐姿显得更优雅，更能呈现一种"已准备好随时享受美食"的愉悦状态。

（2）整个用餐期间要保证椅背无他物，从始至终不仅身体不能靠到椅背上，餐巾或夹克、包包等私人物品也不要搁在椅背上。

（3）用餐时间较长，最好找一个自己觉得比较舒适的姿势，但要保持腰背挺直，也要时刻保持脚踏着地面：无论穿高跟鞋还是平底鞋，双腿并拢双脚平放，不要脱下鞋子、不要翘起脚尖，更不要抖脚。

（4）腰背挺直的同时，头与下巴也时刻保持直立向上，这样更有利于与对面用餐者的视线保持礼貌的接触。享用食物的时候，可通过微微前倾，微微颔首的方式避免汤汁不小心流下时弄脏衣服；要注意颔首只是微微叩下巴，但颈部依然保持直立不要前倾。

（5）身体与桌子之间保持 15~20 厘米约两拳的距离，这样有助于把食物更方便送到嘴里而避免不小心把食物掉进缝隙中。

三、座次安排

餐桌座次安排必须考虑周详、安排稳妥。妥当的座次安排，宾主尽欢、尽兴而归；座次安排若不妥当，用餐者如坐针毡，甚至会带来不必要的麻烦。座次安排需要周详考虑以下两个方面。

（1）了解每位客人的社会地位与级别。

（2）了解每位客人的个人观点与他们的亲疏关系以营造良好的餐桌氛围。

西方餐桌的座次安排主要可分为法式与英式两种。

（一）法式座次安排（图 7-7）

男、女主人各坐于餐桌两侧的中间，女主人面向门而坐，而男主人则背对门；正式晚宴通常允许携带家眷，如果你是贵宾，那么家眷也被视为贵宾。座次安排通常要遵循以下几个规则。

（1）相对而坐：男女主人通常在桌子两端面对而坐。

（2）女士优先：通常女主人坐于第一主位面对门，男主人坐于第二主位背对门。

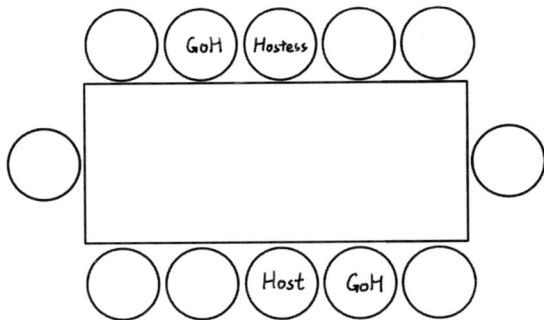

GoH——Guest of Honor

图7-7　法式座次安排

（3）以右为尊：男主宾坐于女主人右侧，女主宾坐于男主人右侧。

（4）恭敬主宾：男女主宾分别紧靠女主人和男主人，以便主人照顾。社会地位越高、级别越高，离主人的位置越近，反之越远。

（5）交叉排列：为方便男士照顾女士，通常男女交叉入座，生人与熟人也尽量交叉排列。如用餐者数量是 8、12、16、20、24 等 4 的倍数，也会出现两位同性别的客人坐在一起。

（二）英式座次安排（图 7-8）

法式与英式座次安排规则大同小异，最主要的区别在于男女主人不是坐在桌子两侧的中间，而是坐在桌子的两端，这样所有的用餐者都能面对而坐。

图 7-7 和图 7-8 将帮助你更好地理解两种安排的共同点和差异处。

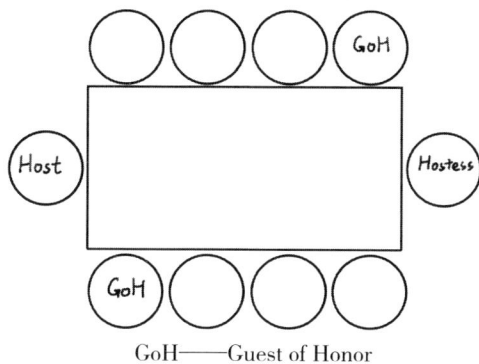

GoH——Guest of Honor

图7-8 英式座次安排

四、西餐用餐的步骤与技巧

西餐菜单会根据不同的场合、形式或特别要求而有所不同，但是菜单的构成结构不变。从三道式菜单的基本结构演化成四道式、五道式、八道式、十二道式等。本节因篇幅有限，不一一赘述。

最经典的西餐菜单结构是由三道菜组成，包括一道头盘（在美国也称为开胃菜）、一道主菜，一道甜点。这是我们在日常用餐中最常见的经典西式菜单。在更正式的用餐场合，它会演化成四五道菜的菜单，如：两道开胃菜（一道冷菜，一道热菜），两道主菜（一道鱼，一道肉），以及一道甜点。通常西餐的用餐时常为 1.5~2 小时。

西式菜单的菜式数量没有限制。对于一些非常隆重和独特的用餐场合，菜式数量可能会有数道，例如 35 道，但如今已经相当罕见。而且这样的菜单是绝不会出现在一个国宴级别的正式晚宴中，因为官员和国家首脑们有非常繁忙的日程安排，并没有太多时间花在饭桌上。

2009 年，我和团队为法国总理准备宴会，设计的是一份六道式菜单，并计划在 1 小时 45 分钟内上完所有菜式。当总理与其一行人到达后，总理助理告诉我们："总理只有 45 分钟的用餐时间，请加快步伐。"我们不得不匆忙准备每一道菜，并在菜上桌 5 分钟后立即清理上一道菜，尽管大多数客人还没有吃完。这件事给我们的提示是：菜单的设定需要考虑周全，特别是需要根据最重要人士的用餐习惯与当日安排保持同步。

（一）餐巾的使用技巧

人类社会使用餐巾已有几千年的历史了。在罗马时代，人们躺在大块的餐巾上吃饭，餐巾覆盖了身体，确保汤汁不洒在衣服上。在中世纪初期，人们认为坐着吃饭更方便、更健康，餐巾尺寸也随之变小了。

1. 餐巾尺寸的选择（图 7-9）

如今，在正式和传统的西方用餐环境中，越重要的餐桌，需要的餐巾就越大。

通常有 5 种不同尺寸的餐巾：

（1）Cocktail Napkin 鸡尾酒餐巾：15 厘米；

（2）Tea Napkin 茶巾：30 厘米；

（3）Luncheon Napkin 午餐餐巾：35 厘米；

（4）Dinner Napkin 晚餐餐巾：45~50 厘米；

（5）Formal Dinner Napkin 正式晚宴：56~66 厘米。

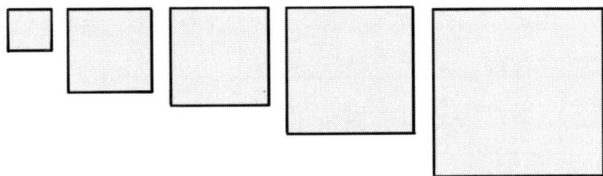

图7-9　餐巾尺寸

2. 使用餐巾的方法

（1）餐巾的摆放（图 7-10）。

一旦坐在餐桌旁，用餐者要做的第一件事就是展开并放置餐巾：先找到你的餐巾，它或者在你正面的迎宾盘里，或者在你左边的面包盘里。无论纸巾折得有多漂亮，多花哨，你都得把整张展开。然后将它重新对折成矩形，放在膝盖上，开口朝向自己。这样摆放的主要原因是使用过的餐巾可以避免污渍被他人看到。

图7-10　餐巾的摆放

（2）擦拭嘴角的方法。

使用餐巾擦拭嘴角时，请使用餐巾开口朝向自己的内侧。用餐巾的内侧轻轻擦拭你的嘴（餐巾只用于嘴部），然后把它放回大腿上。这时从整块餐巾的外部看，它依然完好干净如初，只有用餐者才会注意到它是被使用过的。

（3）离席时的餐巾处理。

如果追溯到19世纪，在用餐期间离开餐桌会被认为是非常无礼的。而今天，除非你是参加白金汉宫的年度盛宴，有女王陛下出席，否则在大多数的宴会上，如果需要暂时离开餐桌，礼仪上都是允许的。

如果你只是需要暂时离开几分钟，可以随意折叠一下餐巾，把它放在椅子上，请注意不是椅背上，而是椅面上。当你再次回到座位时，请将它再同最初一样对折，开口一边朝向自己，然后放在膝盖上。

如果你因为任何原因或用餐结束而需要永久离开，那么请将餐巾折叠起来，放在餐具的左边。请不要把餐巾放在餐盘里，这会被认为是对服务人员的不敬。如果这时你面前没有餐盘，把餐巾放在你的正前方桌面的空白处也是合适的。

（二）面包和黄油的食用技巧

展开并铺好餐巾之后，根据用餐流程，下一步将是食用面包和黄油。

根据宴会的正式程序，上面包有两种主要的服务方式：一种是由服务员直接端上并直接放在你的面包盘内；另一种是将面包篮放在餐桌中间供大家分享。在一个长形餐桌布置中，通用的方式是一个面包篮，供4位用餐者使用。

第一种服务方式（图7-11）：如果服务员递给你一盘不同种类的面包，他可

能会先向你介绍一下面包的种类，然后请你选择。这时你只需要口述或指向你
选择的那个面包，服务人员会把它放在你左边的面包盘里。一次选择一种面包，
并且不要自己用手去直接拿取。如果你想尝试几种不同的面包，可以在服务员
再次到来时选择。

图7-11　服务方式一

　　第二种服务方式（图 7-12 ）：你可以自由地为自己挑选面包。请在自己选
取面包之前，将面包篮递向或轻声低问你左右两边的其他用餐者是否需要面包。
一旦他们选择好了，或者表示不用后，你再选择自己需要的那一个放入自己的
面包盘中。需要提醒一下的是，面包在西方文化中是一个非常重要的宗教符号，
这就是为什么面包是不用餐具食用，而是必须用手来食用的原因。

图7-12　服务方式二

　　一旦手中的面包放入面包盘中，这个面包应该不会离开盘子。食用面包时，
请用手把它掰出一口食的大小，然后用黄油涂抹后，一口食用。如果你喜欢的
话，请确保剩余的面包还在面包盘里。记住整个涂抹黄油的动作须在面包盘里

或正上方进行。尽量不在第一道菜上菜前动用面包，否则会被视为自私而不讲究，请耐心地等候宴席正式开始。

在某些正式餐桌场合，可能看不到面包与黄油，如果主人认为没有必要，那么请不要去要求主人提供，以免让主人尴尬。相同地，也不要向主人索要胡椒和盐。

面包套餐一般会在上甜点之前被撤走。传统的面包套餐应该包括：面包盘、黄油刀和黄油容器。撤面包是一个关于用餐流程的提示，用餐者会知道当面包从餐桌上被撤走时，甜点就会来了，用餐也将接近尾声，服务人员可能会清理桌面，比如去除所有面包屑等。这时，请尽量不要求保留面包与黄油。因为这可能暗示你还没吃饱，会给人留下负面印象。

（三）喝汤的方式

喝汤在西方餐桌上通常被认为是一个比较棘手的用餐环节。如果汤汁太多，溢出风险会高，如果太热，发出声音的风险会大。西餐用餐礼仪中必须记住的一点是，食用每一道菜，都需手持餐具将食物送到嘴边，而不是将嘴靠近盘子。喝汤也不例外，喝汤时右手持汤勺。汤匙应始终放在你的右手边，在一个正式用餐环境中，建议你不要换手，即使你是左撇子。

（1）正确拿汤匙的方法。像拿笔一样，拇指在手柄末端4~5厘米处捏住手柄。把勺子拿得离把手太近既不舒服也不优雅，因为手指有可能会碰到汤盘（图7-13）。

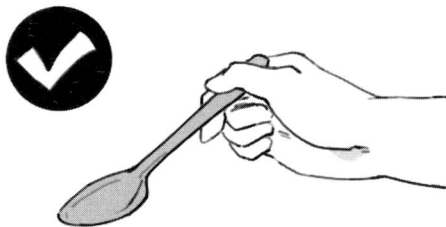

图7-13 汤勺的正确拿法

（2）正确舀汤的方法：用勺子的侧面边缘舀汤，尽量舀表面较为冷却的汤。英国人和法国人在舀汤的方式上存在差异。但是两种方法都是正确的，你可以选择你觉得最舒服的方式。

法式舀汤：从盘子的最远端舀汤，向内舀汤。当汤盘几乎要空时，向内

（自己）倾斜盘子(或碗)（图 7-14）。

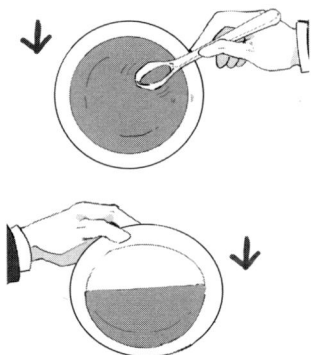

图7-14　法式舀汤

英式舀汤：与法式舀汤正好相反，从盘子最近端舀汤，向外舀汤。汤快喝完的时候，把盘子(或碗)向外（远离自己）倾斜（图 7-15）。

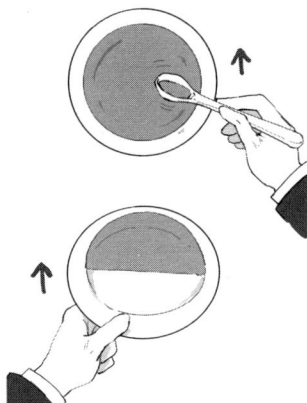

图7-15　英式舀汤

（3）喝汤的正确方法：将汤匙递送到嘴边，身体可以微微向前，但尽量保持坐姿，即使你必须在那一刻倾听并看着其他客人，也尽量保持正确的方法。用勺子的边缘喝汤，而不是从汤勺的前端。

（四）用鱼刀和鱼叉食用鱼的方式及用主餐刀和主餐叉食用鱼的方式

在当今的西方餐桌礼仪文化中，为客人上一整条鱼是非常少见的，同样也不会端上一整条大鱼供众人分享。

礼仪的黄金法则是让餐桌周围的每个人都非常舒适。所以如果是一整条鱼，那么鱼的去骨服务是必须的，那就意味着会有一些桌边服务。如今，越来越多的主人或餐厅会选用无骨的鱼排来招待客人。在 19 世纪早期，人们吃鱼时手里拿的餐具是两把餐叉，而非一副刀叉。在 19 世纪中叶的工业革命之后，一套特地食用鱼的刀叉出现了，渐渐被人们所接受，"鱼刀"并非功能驱动的产物，而是被新中产阶级创造出来的文化需求。

　　鱼刀和鱼叉与普通刀叉的区别是，鱼刀鱼叉底部会多出两个小切口，并且鱼刀没有刀刃（图 7–16）。

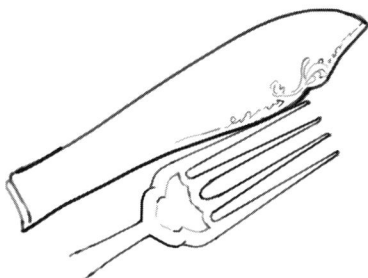

图7-16　鱼刀、鱼叉

　　使用鱼刀鱼叉的正确方法：左手持叉，右手持刀。叉口向下，食指放在叉柄顶部，这种拿捏方式会给你更多力量来操作。鱼刀的使用与其他餐刀有所区别，鱼刀需要像拿笔一样来拿捏（和汤勺一样）。鱼刀不是用来切割食物的，而是用来将煮熟的鱼肉从鱼骨上剔下来。如果遇到的是无骨鱼块，那么它的使用方式将和下一节中的肉类食用方式相同（图 7–17）。

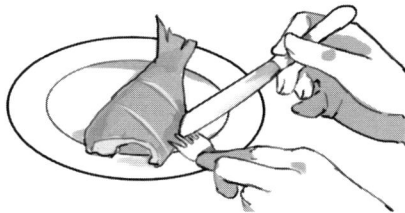

图7-17　鱼刀、鱼叉的使用方法

（五）肉类和土豆泥的食用技巧

　　在很多情况下，主菜将是一块肉（准确地说是无骨烤牛肉或家禽），与蔬菜或土豆泥类等配菜一起供应。这时所需使用的餐具是主餐叉和主餐刀，或主餐叉和牛排刀。

　　让我们从切肉的方法开始。左手持叉，右手持刀。用刀切下需要食用的部分，切记每次都是遵循吃多少切多少的原则。忌把整块肉切成小块，然后把刀放下来，用叉一块一块叉取。

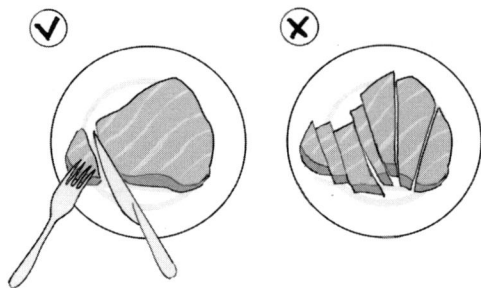

图7-18　肉类、土豆泥的切法

正确的食用方式是：切一块，吃一块，然后重新开始。用你的叉把食物叉住后，把刀放置于叉子后开始切，从外向内切，从远向近切。想好怎么切后再动刀，确保减少切动的次数，也会让你的用餐技巧看上去熟练而得体（图7-18）。

（六）甜品的食用技巧

西餐的最后一道菜往往是甜点。甜点需要使用的餐具，有时会是甜点叉和甜点勺，有时可能就是单独的一把甜点勺。甜点有两种不同的餐具放置，取决于所供应的甜点，如软蛋糕、冰激凌、厚皮馅饼或任何其他甜点是否需要切割。

正确的使用方式：左手持叉，右手持勺。甜点叉被用来叉食物，甜点勺可以当作刀来使用，用它的边缘来切断甜品底部较为坚硬的部分。

食用甜点时不应把勺子当作笔来握，即像握汤勺的姿势，而是应该像握一把刀那样，用食指按住勺柄，这样就可以用勺子的边缘切割（图7-19）。

图7-19　甜品的切法

（七）复杂食物的食用技巧

即使大多数时候主人或主办方会尽量让客人用餐舒适，但偶尔我们也会面临一些棘手的情况：一根鱼骨头在嘴里，一盘小小的青豌豆，一份柔软的黑松露土豆泥……所有这些不太方便食用的食物，需要一些技巧来完美处理，这里给到几项常用技巧。

1. 处理嘴里的骨头、鱼骨或核等的方法

永远不要把手指直接放到嘴上，甚至在餐桌上不应该用手触摸脸部。正确的方法是：左手把叉面反转朝上（就像拿着一支笔），把它放在嘴前，尽可能靠近嘴唇，这时右手需遮挡在嘴前。同时，把不想要的杂物用舌头和嘴唇轻轻地推出到叉面上。整个过程中不要发出声音。随后，只需把它轻轻放回盘子的一侧。整个过程快速而无声，最好只有自己知道。

2. 处理小青豆等小颗粒食物的方法

在正式餐桌场合中吃小青豆等小粒食物也会不容易，因为"抓住它"的唯一方法是用叉尖叉食。要做到优雅和有效，就需要餐刀来帮助，需要沿用刀刃来聚集小青豆，然后再用叉子集中叉取。

3. 处理土豆泥等泥状食物的方法

使用餐叉食用食物的过程中，叉口必须保持向下。所以哪怕是泥状食物，也不能反转餐叉当作勺子来用，而是需要用叉背面来承载土豆泥。这时可以用刀来协助将泥状食物推上叉背。

当同时有非常小颗粒的食物和泥状食物时，我们可以将两者混合在一起，让泥状食物粘包裹小颗粒食物，并用刀一起推上叉背。

五、西餐餐具的正确摆放方式

西餐用餐过程中，正式宴请的餐具摆放方式是必须了解的一个重要规则。这将帮助我们理解所有通常所说的"无声服务码"。它不仅能帮助我们与其他客人互动，还能让服务人员在无法语言沟通的情况下知道如何提供服务。

（一）用餐期间休息时的餐具摆放方式

为了更好地解释，我们先把餐盘想象为一个钟面。用餐期间暂时放置餐具时（通常是吃了三四口后），需将刀叉暂时放下，刀叉交叉后，叉口盖住刀刃；叉会占据"7"的位置。叉尖朝下，叉柄留在盘子外面，不要使整个叉都放入盘内；刀朝内放置，将占据"4"的位置，刀柄同样留在盘子外面。整个摆放方式在是 7 点 20 分（图 7–20）。

图7-20　用餐休息时的餐具摆放

（二）用餐结束时的餐具摆放方式

用餐完毕，叉刀挨着在6点半的位置摆放，叉尖朝上，刀刃向内（图7-21）。

图7-21　用餐结束时的餐具摆放（一）

英式传统的餐具摆放位置是6点30分，在其他欧洲国家，甚至美国就比较宽松，将餐具合并后摆放在"4点20分"到"6点30分"之间，都是合乎礼仪的（图7-22）。

图7-22　用餐结束时的餐具摆放（二）

（三）非必要的餐具摆放方式

在许多所谓的礼仪专家网站和一些浏览器上，如果你键入"餐具摆放位置"，你可能会看各种图片，表示："准备好下一道菜了""食物很好吃"或"不喜欢这个食物"等。这里需要告诉大家的是这些完全不用去记忆和学习，因为如今没有人真正这样在实践（图7-23）。

图7-23 非必要的餐具拜访

六、西餐桌上的酒文化及祝酒礼仪

（一）西餐桌上的酒水

宴席越正式，饮品的选择就越少。在一个随意的餐桌上，大家可以喝或者点些让个人开心的饮品，如水、果汁、苏打水、啤酒、葡萄酒等。但是，如果是正式宴席，那么摆在用餐者面前的玻璃杯种类就代表着将要喝的饮品。如果这时候谁再要求喝别的饮品，就会被认为是无礼的。

在大多数正式宴席上，饮品种类包括：水（矿泉水或气泡水）、白葡萄酒、红葡萄酒和香槟。在一些传统英式宴会上，可能会在用餐开始时有一杯波特酒或雪莉酒。

在正式宴席上，请不要提出需要啤酒、果汁、鸡尾酒，或者其他特别要求，否则会让主办人觉得他没有尽力地照顾客人。

（二）品尝葡萄酒的三步法

在大多数正式的西式宴席和晚宴上，葡萄酒是最重要的桌上饮品，用来招待客人、制造话题、给客人留下深刻印象。如果没有对宴席上的葡萄酒表示你的礼数而马上啜饮，会显得失礼。因此，需要有品酒的过程，整个过程十几秒到几十秒，它的作用是体现你对葡萄酒的欣赏与了解。此方法适用于白葡萄酒、红葡萄酒，甚至起泡酒（图 7-24）。

看　　　　闻　　　　品

图7-24 品尝葡萄酒的步骤

第一步"看"。拿起酒杯，把它放在眼前，轻轻倾斜或旋转酒杯，看看杯中酒的颜色和厚度，也就是葡萄酒的"裙摆"。

第二步"闻"。把杯子拿到鼻子前，闻酒的味道，了解这款酒的个性：轻盈或浓郁，年轻而新鲜，或陈年而复杂……并获得大部分香气：浆果、柑橘、皮革、木材、蘑菇、黄油等，你可以得到成百上千的味觉信息。

第三步"品"。抿一口酒，慢慢享用，然后把杯子放回餐桌。之后你可以用一个开放式的问题与其他客人进行品酒话题的社交互动。如"这葡萄酒太美味了，你觉得呢？"以促进沟通与交流。

（三）祝酒礼仪

祝酒这门艺术可以给宴会带来一个美好的开始，并创造一个难忘的氛围。

1. 西餐桌上的"祝酒"要求

在中国餐饮文化中，主宾之间都会多次敬酒（甚至每次续杯时），然而西方餐饮文化中的祝酒方式略有不同。祝酒仅限于主人发起，并只会在用餐期间发生一次。可以在用餐开始时、用餐结束时或在上甜品之前。

西餐桌上只有主人可以发起祝酒，主人会先站起来，安静地等待所有的对话结束。之后，主人举起自己的杯子，目视所有客人并发表祝酒词。主人可以邀请宾客起立，也可以让宾客保持原来就座的状态，此时餐饮服务暂停。

祝酒词一般为简短、直接、积极的演讲词，以使在场的每个人感觉良好，并为整个宴会创造一个良好的开端或以结束宴会为目的。祝酒结束后，主人举起酒杯，喝一小口，无须一饮而尽。然后主人先就座，宾客再坐下，餐饮服务继续。

知识链接

祝酒词

各位朋友、各位同事：

"很高兴今晚大家围坐在这里，与我共进晚餐，共度这一时刻。今年对我们公司来说是一个非常重要和美好的里程碑，我想感谢大家为此所付出的时间、努力和辛勤的工作！我希望你们会喜欢今天特意为大家准备的这场宴会，希望每一年我们都能以此方式来庆祝我们的优异成绩。干杯！"

2. 祝酒过程中的注意要点

（1）如果你不喝酒，你可以举起一杯水或其他饮料来参与祝酒，但是不能用空杯子祝酒。

（2）祝酒时只用喝一小口，不需要炫耀自己的酒量，将整杯酒喝完。

（3）正式的西方宴会祝酒中一般不碰杯，特别是长桌宴会时（超过 8 人的长桌子）。

（4）作为主人，不要走到每位客人跟前碰杯，只需在自己的原位上，举起酒杯与所有客人用眼神交流，温柔地微笑即可。

思考与练习

1. 在商务宴请场合做简短的祝酒。

2. 如果在正式晚宴场合，需要中途离开座位，此时餐巾应该如何放置？餐具应该如何摆放？

要点回顾

1. 本节重点介绍标准的西餐桌礼仪规范：用餐着装礼仪、用餐仪态、座次安排、西餐餐具的正确摆放方式、用餐技巧及祝酒礼仪。

2. 用餐场合需着装得体优雅，且注意着装上的礼仪细节。

3. 用餐仪态中餐桌坐姿的五大要点。

4. 西方餐桌的座次安排主要可分为法式与英式两种。

5. 用餐期间休息时和用餐结束时餐具摆放的正确方式。

6. 西餐用餐技巧主要包括：餐巾的使用技巧、面包和黄油的食用技巧、汤的法式和英式两种食用技巧、复杂食物的食用技巧。

7. 餐桌上品尝葡萄酒的三步法"看、闻、品"及祝酒礼仪。

第三节　西餐桌上的社交礼仪

公司把 Diana 安排在领事夫人旁边，Diana 非常希望能在这场晚宴上给领事夫人以及其他嘉宾留下好印象。但是她仅仅掌握了正确的西方用餐礼仪其实并不够。因为无论餐桌上的食物有多美味，餐具和玻璃器皿有多豪华，我们都需要记住，餐桌上和其他社交场合一样，社交中最重要的是与他人的交流与互动，以及注重他人感受，做到这些，加上得体的用餐礼仪，一定会让人印象深刻。

一、餐桌上的沟通礼仪

（一）餐桌上的主宾互动原则

你需要有参与谈话和引导谈话的能力，知道哪些是该问的问题，哪些是需要避免的话题，同时也要对他人的话语表示出真正的兴趣和尊重，这样才能让你在社交或商务餐桌上得到大家的赞赏。

如果你不是主人，就不应该表现得像主人一样，大声说话或是成为宴会桌上的主角。正式宴会中，在同一张大长桌上，你不应当与长桌对面的陌生客人交谈；你的主要社交对象应当是你左、右两边的客人。不要只关注你左右两边的其中一个人，即使他／她对你更有吸引力、更有趣或更有商业价值。

不要忘了良好礼仪的一个重要部分也是去帮助他人发光发亮。

（二）与服务人员的互动原则

一次用餐中与他人的互动，也包括服务人员。对服务人员不尊重的行为或语言不会让任何人更尊重你，只会让自己显得傲慢和肤浅。以下是应该避免的三种不礼貌的招呼服务员的行为：

（1）对服务员吹口哨。

（2）对服务员打响指示意。

（3）对服务员大喊大叫同时挥舞手臂。

当需要服务员给予帮助时，请试着去捕捉服务员的眼神或朝服务员微笑点头示意来引起他们的注意。如果他们仍然不理解，这时便可以加上不高于你视平线的小幅度手势来辅助。

即使你是客人，也请常用"请"和"谢谢"这些词用来表达对服务员的尊重。

二、餐桌上的手机礼仪

如今我们面临着一个新时代的餐桌礼仪，在 19 世纪，这一节的内容根本就不会存在。随着电子产品的兴旺发达，现在我们每天都离不开智能手机，很多情况下，人们在用餐时会下意识地把手机放在餐桌上。要解决这个问题，我们必须先问问自己：为什么我们要和朋友／客户一起用餐呢？正如之前所提到的，人们共同用餐的目的是社交，是我们用来与桌上的同伴沟通与交流；它的最佳状态是不受干扰的互动。

在非常隆重和正式的宴会餐桌场合，人们被建议不要佩戴手表，原因不尽相同：一场盛大的聚会应该被视为一次特别的人生记忆，你可能会结交到对你人生而言非常重要的人士，时间与之相比显得并不重要。每五分钟就发一个短信和不停查看时间一样，这种分心的行为会把你和餐桌上的其他人隔离开来，阻碍了你和他们的良好互动与交流。所以，在这里认真地建议大家，在用餐时，请不要将手机放置于桌面上。请把手机放在你的手包里或西服内袋里，且把它调成静音或震动模式。

如有需要拨打或接收紧急电话或消息时，简短而小声地告知同桌或邻座的客人后轻轻离开餐桌，然后在大家的视线之外不远处尽量简短地处理好（或暂时处理好）后再轻轻回座。千万不要因为接电话或回信息而错过 30 分钟的交流时间。如需要与他人交换手机上的联系信息，也最好在入席之前或离席之后进行。

三、离席时的礼仪

首先，需尊重主人以及其他宾客的用餐节奏，遵守用餐结束时间。换句话说，就是知道什么时候应该结束用餐以及离席。在一次宴会中不要成为最后一个离开的人，甚至是那个耗到宴会最后的客人。

关于饮酒，为了确保自己以最好的形象结束晚宴，我们必须了解自己的酒量，避免过度饮酒。一场令人愉快的晚宴也可能是一个可怕的陷阱，你会坐上几个小时，和他人愉快地交流，而没有留意到自己喝了多少酒。为了避免这种情况的发生，可以采纳以下建议。

（1）一边喝酒，一边喝水。

（2）为自己事先定量，到量后就停止喝酒，换饮水或非酒精饮品。

其次，作为宾客，在宴请结束时对主人说一句简单而真诚的结束语总是会受到欢迎。比如你提到食物的美味，或是一款勃艮第白葡萄酒让你觉得惊艳，又或是整个宴会让你感受到纯粹的愉悦。宴会过程中总会有一些令人愉快的事情是你可以用真诚的话语来告诉主人的。

如果说社交场合中的第一印象是至关重要的，那么最终印象也同样重要。以正确的方式结束一次用餐，以一句积极的话语或一个温柔的微笑答谢主人，都会令人加深对你的良好印象。

四、西餐用餐注意事项

（一）避免满嘴食物说话

嘴里满是食物时说话是在餐桌上永远都要避免的。请合上嘴咀嚼食物，当食物嚼完咽下后再表达你的观点。

向同桌的其他客人提问时，也请注意恰当的时机。如果看到你说话的对象正把食物送入嘴里，这时就应该等待片刻，让他／她平静地咀嚼和吞咽食物后再继续对话。

如果当他人向你提问时，你口中有食物，那么可以将一只手遮挡在嘴前，并向他／她示意：我会尽快将嘴里的食物咀嚼下咽，然后来回应你的提问。

（二）手肘的摆放位置

用餐时手肘部分不能直接放在桌上。这项礼仪源于过去的桌面单薄，而且不是非常平稳，所以人们被告知不能把他们的肘部直接放在桌子上。而现在用餐时保持肘部一直靠近身体两侧，不打扰到两边的用餐者，是一种优雅得体的表现。

当我们用餐需要切一块肉或任何较坚硬的食物时，我们的肘部都会不自觉地向上抬起来增强手部力量。记住让你的手肘尽可能地靠近自己的身体，但也不需要特别刻意与僵硬，身体保持放松。

（三）避免手拿餐具说话

虽然说互动与交流是用餐中最重要的部分，但是它也必须遵循一些礼仪规则。每次你想要交谈之前，非常重要的一点：请先放下你手中的餐具（7:20 的方向，表示暂停用餐），然后再开始说话。用叉子或刀指向别人会被认为是极具攻击性甚至冒犯的行为。尽量控制讲话时的肢体语言；大多数的餐会，客人之间的距离并不是很宽敞，为了他人考虑，请不要过度摆动手臂而打扰到左右的客人。

（四）用餐时咳嗽、打喷嚏、打嗝及吐痰等的处理

在西方文化中，在用餐时吐痰是绝对要避免的；但是有时难免会出现咳嗽、打喷嚏甚至打嗝的情况。在这种情况下应迅速请对方原谅，把一只手放在嘴前；背对着桌子，用纸巾捂嘴朝地板的方向，避免打喷嚏或咳嗽时唾液溅到餐桌上。

如果你需要不停地咳嗽或打喷嚏，请找个理由离开桌子几分钟（最好去洗手间），等感觉好转了再回来。

每个人都有可能遇到这些尴尬的事情，所以不要表现得过于惊慌，从容一些比较好。

（五）餐桌上小意外的应对

正式西餐常常持续两三个小时，甚至四五个小时，所以有可能发生各种意外：打碎杯子、泼洒点酒在桌布上或洒在另一位客人身上、不小心把叉子或餐巾弄到了地上，等等。

在所有这些（常见的）意外情况下——是的，这些"意外"每天都在世界各地的餐厅和宴会上发生着——最重要的不是竭尽全力去避免，而是一旦发生你将如何应对，以及能否保持从容和冷静。

首先你需要简要地向周边人表示歉意；其次再寻求服务员的帮助（请确保不大喊大叫或吹哨）。虽然不需要向服务员道歉（因为这是用餐中正常的意外），但也请礼貌地请服务员帮忙更换餐巾或餐叉等，以及提醒不要忘记清扫一下打碎的玻璃或掉落的食物。千万不要惊慌失措，不要用自己的餐巾来擦餐桌上或是掉在地上的酒或食物，请记住餐巾仅仅为"嘴"服务。

（六）对不喜欢的食物的处理

通常我们会在以下两种情况下遇到不喜欢或者不想吃的食物。

（1）上菜时便发现这是不喜欢或不想吃的食物。如果你不喜欢你盘子里的食物，出于礼仪，需要吃上一两口。如果实在是吃不下，就请把餐具摆到"已用餐完毕的位置"（6:30），之后等服务员来把盘子收掉。不要把盘子推开很远；不要说"对不起，我真的不能吃这个食物，看着就恶心！"之类的话；不要做出

明显厌恶的面部表情来表示你对食物的看法。

如果有人问你为什么吃得很少（请记住：出于礼仪，这样的问题请避免向他人提出），礼貌的回复可以是：你意识到还有很多美味的菜在后面，想留一些胃口到后面。

（2）吃到嘴里后才发现它的味道或口感是自己不喜欢的。这种情况下，当食物已经在你嘴里时是非常棘手的，因为你必须把它重新放回你的盘子里，但又不能用手直接去接。合乎礼仪的做法是，拿着餐叉或餐勺（最好是勺），把它放在嘴前，将餐具碰到你的嘴唇，另一只手则遮挡在嘴的前方。然后借助舌头的帮助，将食物轻推回勺上（不要用力吐，记住不能发出任何声音），再将勺上的食物转移回盘子上就可以了。这一连串的动作必须非常快速利落，只有你自己能注意到，而他人不会轻易察觉你出了状况。

思考与练习

1.请写出餐桌上的社交礼仪中五项应该避免的行为。

2.晚上6点你要参加一个新客户的接待晚宴，但是半小时后，你需要等你的一个老客户给你关于方案的反馈电话，你有哪些妥善的处理方式呢？

3.用餐时你一不小心把红酒泼洒到了桌布上以及你身边男士的西装上，这时你应该怎么办？如果你是那位男士，又该怎么办？

要点回顾

1.本节重点介绍餐桌上的沟通礼仪、手机礼仪、离席礼仪及西餐用餐注意事项。

2.餐桌上主与宾，及与服务员的互动原则。

3.社交场合不仅第一印象至关重要，最终印象也同样重要，因此优雅地离席礼仪将会给他人留下深刻的良好印象。

4.西餐用餐需注意：不要满嘴食物说话、手肘不要上桌、不要手拿餐具交谈以及餐桌上咳嗽、打喷嚏、打嗝及吐痰的正确处理方式、遇到餐桌上的小意外及对不喜欢的食物的正确处理方式。

第八章

服务礼仪

第一节　服务礼仪概述

中国被誉为"文明古国，礼仪之邦"，有着悠久的文化传承和优良的道德传统。《礼记》一书中写到："人无礼不立，事无礼不成，国无礼则不宁。"人们在生活、工作中都需要通过礼仪来表达彼此的情感和尊重。礼仪礼貌是文明的起码要求，是人与人之间在交往接触过程中，相互表示敬重和友好的行为规范。

随着人们物质生活水平的不断满足和提高，精神文明的追求被提升到了前所未有的高度，顾客对服务体验的要求也越来越高。社会在进步和发展，服务行业方兴未艾，随之而来的是产品同质化越来越严重，行业差异性越来越小，在激烈的竞争中，唯有服务不可替代。在现今的服务业中，服务礼仪的应用已经被提升到了战略的高度。

案例

孙先生来到一家咖啡厅，服务人员立即迎了上来，热情地问候："先生下午好！里面请。"孙先生看了一眼服务员，微笑了一下，继续往里走，挑了一个靠窗的位置坐了下来。服务人员拿着餐单走了过来，微笑地询问道："先生您看要点儿什么吗？是用餐还是饮品？"孙先生抬头回应说："先不点吧，我等人。"服务人员微笑着说："好的，那您需要点餐随时叫我。"然后轻轻地转身离开。孙先生打开手机跟朋友联系，看朋友什么时候过来。这时服务人员走过来，手里端着一杯水，微笑着放在孙先生座位前的桌子上："先生，给您倒了一杯柠檬水，您请慢用！如果您有需要，请随时叫我。"孙先生看了一眼服务人员转身离去的背影，微微地笑了一下。朋友说大概还要半小时才到，他转头看到墙边的书架上放着几本杂志，正准备去拿一本来看，服务人员这时候抱着几本杂志走过来双手递给他，说："先生，看您朋友还没来，不知道您是不是对今天的财经杂志感兴趣。一看您就是成功人士，我们咖啡厅经常接待像您这样的成功人士，也会特地为你们准备最新的相关财经杂志。"孙先生听了心里挺开心，自己在事业上确实做得还不错，今天下午也是想约客户过来谈谈业务合作的事。服务人员放下杂志继续对孙先生说："您先看着，您要是需要点单的话请随时叫我。"孙先生听到这儿，笑着跟服务人员说："那帮我来一杯大的美式吧。"

分析

孙先生本来只是等人，暂时还没有打算点单。但服务人员的热情服务，每一次都礼貌微笑地与他交流，并懂得满足他的每一次尚未开口的小需求，孙先生被服务人员的细心和真诚所打动，最终提前点单消费。

一、服务的概念

1991 年国际标准化组织 ISO9000-2 标准"质量管理和质量体系要素第 2 部分：服务指南"对服务做出如下定义：为满足顾客的需要，供方与顾客接触的活动和供方内部活动所产生的结果。

服务，曾经在很长时间里是产品的附加品。但随着时间的推移和发展，我们看到了社会的变化，也看到产业竞争的变化。例如银行业：在 20 世纪 90 年代，那个时候人们进银行只为存钱、取钱或者办理一些简单的业务，我们并未看到太多的服务，服务成了业务的附加品。随着时代的发展，在 21 世纪初期，银行的客户们开始发现银行产品的同质化，产品的竞争不再成为各大银行之间的优势。为了提高同业竞争力，银行的服务业务开始发生变化，一是产品变得丰富化，出现了金融理财等产品；二是银行的厅堂环境变得明亮和舒适。客户可以在各家银行中挑选更舒适的环境、更丰富的产品，银行业服务的领域扩大化，从产品的竞争升级为环境的竞争。随着外资银行的进入，各大银行均在环境的打造、产品的丰富方面花了不少心思。但这种同质化同样会带来竞争的压力。在这样的市场环境下，为了获得更多的客户，占有更多的市场份额，服务的竞争逐渐白热化，优质服务、特色服务、惊喜服务层出不穷。近年来，银行业出现的"创百佳""创千佳""星级网点打造"就是银行业对品质服务的不断追求。服务已然成为服务业竞争的核心。

在现代人眼中，服务已然是商品价值的一部分。正如我们去咖啡店买一杯咖啡，购买的不只是一杯咖啡，还包括了厅堂的环境、服务人员的态度、咖啡的品牌文化等。企业的成功来源于客户的商品购买量，客户购买意图取决于客户体验，也就是"客户的满意度"。然而客户的满意度，取决于能对客户的期待值给予何种程度的回应，即所谓的达成度。服务，便是让达成度提高、客户满意度提升的关键所在。

二、服务的价值

从四张桌子的小店，发展成全球市场份额第一的中式餐饮企业；一天5次翻台率，年服务客户1.6亿人次，会员达4000万人；全国430家店，全球466家店，均是直营，这就是餐饮行业津津乐道的海底捞（数据参考海底捞上市后首份年报）。

案例

海底捞最早的时候，是创始人张勇在四川简阳的路边支起四张小桌子卖麻辣烫开始的。刚开业时，张勇不会炒料，他就左手拿书，右手炒料，营业好几天迎来了第一拨客人，张勇他们四个可谓热情似火，关怀备至。在客人吃完的时候，又给客人赠送了一盘点心；结账时，张勇主动给客人优惠了10元钱。几位客人走时一致评价：味道真不错！张勇很纳闷，边学边炒的火锅料，评价怎么会这么高？他品尝客人剩下的火锅。汤一入口，味道太苦，难以下咽，是中药放多了。这时候他明白了，顾客是被他们的热情服务所打动，弥补了味道上的不足。从此之后，他深信一个道理：实力大小固然是关键，但却不是最重要的，最重要的是服务。他开始制定征服顾客的法宝：服务必须要好，态度必须要好，速度必须要快！顾客有不满意的地方，赔礼道歉一定要诚恳！

张勇发现，优质的服务确实能给自己带来不少回头客，这让他服务得更加卖力了。他开始主动帮客人拎包、带孩子，甚至擦鞋……总之，无论客人有什么需求，只要能办到的，他从来不会说一个"不"字，总是尽量一一满足，并争取做到最好。海底捞上市了，海底捞的服务在业内出了名，也影响了至少是餐饮服务业的细节与极致服务的追求。

优质的服务为企业带来的是丰厚的利润和良好的品牌声誉。企业的成功源于顾客满意度和忠诚度。反之亦然。如果你满足不了顾客的期望，就别指望在激烈竞争的市场上生存太久。组织的使命就是：服务顾客，然后获取成功。

现代社会，任何行业都是服务业。无论是餐饮、还是航空、银行、汽车、金融、餐饮，甚至制造业。越来越多的企业都看到了服务带来的价值，产业竞争也从"产品转向服务"。

譬如电脑这种属于市场核心的产品，各厂家之间的激烈竞争使几乎所有厂家的电脑走向日常化。电脑的操作系统大多数是采用 Windows 操作系统，必要的性能和主要的运行程序也形成一定的标准，使用的零部件也基本相同，电脑的性能也几乎大同小异，就算是一流生产商的产品，其质量也不会与其他生产商有太大差别。相反，各厂家提供的电脑售后服务却大相径庭。在维护售后服务方面，有的厂家提供当天上门服务，还有部分厂家只提供邮寄修理服务，顾客将电脑寄回厂家再邮寄回顾客的过程也需要花费一定的时间，有些厂家提供 24 小时免费技术支持，还有因为夜间技术支持的需求量大而定点提供技术支援的厂家。另外，也有一些厂家要求如果需要提供夜间技术支持，还需要支付额外的服务费。

与购买硬件产品不同，选择的厂家不同，那么所能享受到的服务就不同，这已经成为电脑销售的差距的焦点。今后，不仅是售后维修、技术支持，就连电脑的资产管理、搭载在电脑上程序的管理，以及各种安全软件的服务等也会成为一般性的服务项目。从这些电脑龙头企业自己不断证明的实例中已经可以说明：今后只有着眼于服务的企业才更有可能取得成功。

同时，服务越来越受到重视也是因为服务更容易获得到每年营业额增加的"无形利润"。例如售后维修服务，顾客使用硬件产品期间，基于服务合同，每年都会为服务企业持续不断地产生利润。在未来行情不稳定的今天，企业必定会从每年都必须从零开始积累营业额的"有形利润"作为经营企业的手段，转向挖掘"无形利润"的服务导向潜力。

比尔·盖茨曾说过："微软以后 20% 的利润将来自产品本身，而 80% 的利润将来自产品销售后的各种升级、换代、咨询、维修等服务。"由此可见，服务在市场竞争中的举足轻重。层出不穷的服务项目、各具特色的服务环境、不断提升的服务态度，目的都是满足客户不断提升的需求。换个角度，作为顾客，我们其实也不难发现自己的很多消费行为都是感性消费。比如，我们常去的那家银行，接待我们的那位大堂经理和蔼可亲，或者理财经理推荐产品的时候专业耐心，我们可能就会一直光顾。再比如，我们可能会因为一家咖啡厅的装修很特别，广告语很吸引人而走进这家咖啡店；进去之后，热情的笑脸和专业的推荐，以及那杯喝上去还不错的咖啡，可能就会让我们念念不忘，就算转几个街角也要再次光顾。

最初的一次光顾，我们可能仅仅因为别人推荐或者偶尔走入，但后来持续的光顾，就是因为那次的服务满足或者是超出了我们的期待，触发了我们的感性认识，从而产生消费依赖。由此看到，服务的本质就是满足客户的需求。而在满足需求的同时，服务也会产生价值。

（1）好的服务可以树立和巩固品牌形象，增加品牌价值。

（2）好的服务有利于创造良好的口碑，好口碑有利于争取新顾客和维护老顾客。

（3）好的服务可以发现和挖掘市场潜力，充分利用现有的商品，最大限度地占领市场。

（4）好的服务本身就是企业的利润增长点。在企业的经营管理中，要以服务为核心，围绕服务开展经营管理工作；从服务中找到产品的设计、生产、管理和销售的新思路。

三、服务的层级

酒店原本只是一个喝酒的地方，但后来到酒店来喝酒的顾客提出还要吃饭，所以就有了餐饮的业务；吃好饭喝好酒，有的顾客喝多了回不去了，于是，酒店就开始提供住宿的服务；再后来，又有客户来酒店就是为了开会，于是，酒店就发展成了今天的酒店。所有的服务，不能固步不前，只有不断地适应客户的要求，不断满足客户的需求，不断创新，未来的服务才可能有更多的发展。

服务的目标是不断地满足客户的需求，客户的需求也是在不断地提升。在思考客户需求的时候，马斯洛的需求五层次理论是一个非常好的参考。吃饭、睡觉等基本需要获得满足后，安全的需求也会产生，进而产生归属需求，以及尊重需求，最后则要满足自我实现的需求。在深入思考服务时，这个理论能够带给我们一些启发和思考。

案例

李大叔走进一家银行，他看见门口有广告，写着理财产品高达 5.17% 的利率，但是又担心是否是 P2P（P2P 是 peer to peer 的缩写，是指互联网金融点对点借贷平台）业务，所以，带着疑惑走进银行的大门。一进门，大堂经理就迎上来亲切地问道："大叔您好呀，您要办理什么业务呀？"李大叔看了她一下，回答说："你们门口的这个 5.17%，是不是真的呀？"大堂经理回复说："大叔，您是想来咨询一下理财产品是吗？您要不要进来了解一下？这是我们这个产品的介绍，真不真呀，您了解了之后再判断。您要不要看一看？"大堂经理双手递上一份产品介绍。看李大叔接过产品介绍，大堂经理继续说道："大叔，您今天如果有时间，我可以帮您拿个号，我们有专业的理财经理，可以帮您详细解答一下。这样您就会更清楚了。您要不要拿个号？"

本来李大叔是经过，只打算顺便进来随便问问的。但看到大堂经理这么热情，就取了个号，了解一下这个产品。后来在理财经理的解释下，李大叔对产品有了进一步的了解，不但购买了这款理财产品，而且还将其他银行存的钱转到这家银行，并在理财经理的专业财务配置建议下进行了相应的财产配置。

顾客在消费过程中，需要的既有产品，又有服务，但并不是所有企业提供的服务都是一样的。一般来讲服务分为如下四个层级。

第一层级——基本服务

基本服务是指客户的特质基本利益价值得到满足。对于顾客来说，进到一家服务机构，顾客希望得到相应的服务。而这些基本服务仅可以满足他们的基本需求，比如吃饭、睡觉、存钱、购物等。基本服务就是按行业和企业的规范和标准向客户提供最基础的服务，客户认为这是你必须做到的。它仅仅是一种简单交易。比如你走进一家便利店，买了 100 元商品走人，与商家互不相欠，这就是基本服务。

基本服务包含规范的服务流程及流程中应该有的过程。比如我们走进一家银行，银行大堂经理会上前说："您好，欢迎光临，请问您需要办理什么业务？"接着指引你到柜台后让你办理业务，柜员会用规范的语言说："请输入密码""请核对信息""请问您还需要办理其他业务吗？""请带齐您的随身物品"等等，上述这些服务言行就是基本服务。因为在各个银行中，所有工作人员都是这样服务的，客户认为这是应该的。所以我们常说标准化和规范化仅仅是最基本的服务。如果这些服务得到满足，至少顾客不会离开。但并不是每位顾客都只满足于这个层面的基本需求。

我们发现，在这个过程中，如果只单纯满足顾客的这个层次的需要，他下次可能便不再光顾了。

第二层级——满意服务

满意服务就是提供服务的商家态度友善，使客户得到精神方面的满足。比如顾客去超市购物，超市的服务人员殷勤备至、嘘寒问暖、热情接待、语气很友善、态度很礼貌，这就是满意服务。

企业要想具有战略上的竞争力，有两种途径：一是低成本，二是差异化。差异化意味着满足客户更高层面的需求。在接待顾客的过程中，我们会注重顾客的体验和感受，亲切热情地接待，满足顾客的心理需求，在顾客提出个性化的需求时，我们也会想办法为他解决和提供，这会为顾客带来更多的满足感。这也就是我们所说的第二层级的服务：满意服务。

服务的水准线至少应该是满意服务，优质的服务不但要满足客户特质上的需求，还要满足客户精神上的需求。

第三层级——超值服务

超值服务是指具有附加值的服务，指那些可提供可不提供，但是提供了之后能够使客户更加满意，觉得有更大的收获。

超值服务就是向消费者提供超越其心理期待的满意服务。

服务中力所能及地让客户感受到超值，比如站在顾客立场上，给顾客提供咨询服务；主动为顾客提供其所需要的额外的信息；注重感情投资，逢年过节寄卡片、赠送小礼品等；主动向顾客寻求信息反馈并提供所需的服务；实实在在地替顾客做一些延伸服务，使顾客不由自主地体会到所接受服务的"超值"；在业务和道德允许的范围内，为顾客提供一些办理私人事务的方便等等行为。这样的服务在客户的眼里就会是物超所值。提供的服务给客户带来的超值感，是在原本服务期待之外，客户满意度会超越第二层级。

第四层级——难忘服务

难忘服务是客户根本没有想到，远远超出他预料的服务。

在客户服务中，真正打动顾客的，是他没想到或是认为不可能做到，我们却为他想到并为他做到了的服务。这样的服务给客户带来惊喜和感动，从情感层面打动客户，让客户记忆良久，难以忘怀。

案例

讲到酒店行业，就一定会提到丽兹卡尔顿酒店，这家酒店以服务全球闻名。秦小姐之前在香港入住丽兹卡尔顿酒店，酒店的床上摆放了四个不同的枕头，分别是高的硬枕、软枕，低的硬枕、软枕，因个人习惯连续两晚秦小姐睡的都是软的低枕。当她半年后再次入住新加坡的丽兹卡尔顿酒店时，她发现进入酒店后，每一位员工都能认出她，并以姓氏称呼，进到房间，她更是惊奇地发现，床上正是她喜用的低的软枕。她不由得赞叹这家酒店的细致和对客户的用心。在傍晚的时候，她去一楼等前来见面的朋友，顺便逛了一下酒店的销售店铺，走到一个精致的礼金袋前，她不由得被礼金袋的别致所吸引，多看了几眼。正巧朋友的电话打过来，她就离开了店铺。可是没想到的是，第二天退房的时候，酒店经理却拿着一个小礼袋走过来，跟她说："秦小姐，昨天看到您对这个礼金袋有兴趣，冒昧猜想您可能会喜欢。今天将这个送给您，谢谢您对我们酒店一直以来的支持！"秦小姐打开一看，正是昨天看中的那个礼金袋。这就是丽兹卡尔顿，全球闻名定有原因。

关注客户的需求，从客户体验和感受出发，做在客户开口之前，创造一个个惊喜服务。一次的惊喜创造的是一次的感受，一连串的惊喜将改变事物的性质。好的企业，会一次次地去创造每一次的难忘服务，而好的服务不是仅仅一个员工做得好，而是每位员工都能够找到客户需要被关注的点而去为客户提供令人惊喜的服务。

四、服务的特征

服务不是一件容易的事情。想要做好服务，首先我们需要了解服务的特征。服务具有如下四个特征。

第一个特征是"服务是无形的"。

第二个特征是"服务的生产和消费是同时发生的"。

第三个特征是"服务对个别化的要求很强"。

第四个特征是"很多情况下要与顾客一起生产服务"。

就像顾客去一家餐厅吃饭，顾客购买的是餐厅的菜品和餐食。但从进餐厅门开始到美食吃进嘴，还得经历进门、落座、点菜、上菜、餐中服务等。这一系列的服务活动中，消费与服务同时存在，不同的客户需求不一样，客户的性格不一样，服务人员的服务方式和沟通方式也会不一样，在互动中完成选座、入座、点菜、上菜等过程。这个过程中，没有服务，餐食菜品就无法让客户满意。服务，不仅是工作中的必备要素，也是提升客户满意度不可或缺的部分。

五、服务中的客户感知

在客户服务中，客户会对服务过程产生感知，对服务的质量做出评价，最终影响购买和再次购买。客户服务接触一般是由三个部分构成：面对面接触、电话接触、远程接触。三种接触对客户都会产生相应的感知影响。服务接触中客户感知的来源主要来自以下四种情形。

1. 自发性

自发性指服务人员主动提供服务的行为。在服务中，如果是被动服务，则会给客户带来不好的感受。好的服务，要求服务人员有自发性，能够主动觉察客户的需求，并及时提供相应的服务。

2. 应对性

应对性即员工对问题顾客的反应。员工对于问题顾客，是否始终有耐心，并积极为顾客解决问题。

3. 适应能力

适应能力是指服务人员对顾客要求和需要的反应。服务过程中，会遇到不同的顾客，也会有不同的个性化的需求和要求，服务人员是否以客户为中心，服务中有一定的灵活度，来为顾客提供相应的服务。

4. 服务补救

服务补救是服务人员对服务失误的反应。服务补救是一种管理过程。服务中，因主观或客观的原因，可能会产生服务的失误，面对服务失误，服务人员是否能在第一时间觉察，并主动积极分析失误原因，然后在定量分析的基础上，对服务失误进行评估并采取相应的补救措施，用真诚的态度、灵活的方式挽回客户的损失，并获得客户的谅解。

瑞典著名服务市场营销学专家格罗鲁斯在 1982 年提出，服务质量在于感知服务与期望服务的差距。服务质量从本质上而言是一种感知，由顾客的服务期望与感知到的服务质量水平之间的比较决定的。其最终的评价者是顾客。顾客对于服务质量的感知会影响客户的满意度。

有研究发现，客户的期望值来自企业的前期营销传播、企业的口碑和形象、公共关系以及顾客过去个人的经验、知识与信息。而顾客到了企业之后，就会使用个体的感知感觉系统进行感受与评价。个体的感知感觉系统包括人们的视觉、听觉、嗅觉、味觉、触觉。在体验之后，会与之前的期望值做一个对比，得出三类不同的结果：第一类是超越期望值，顾客则会选择再次光顾并推荐给更多的潜在顾客；第二类是等于期望水平，客户没有惊喜也没有不满，则下次如果没有竞争对手，顾客还可能再次光顾，如果出现了竞争对手，则不一定；第三类是低于期望水平，客户会产生不满情绪，可能导致投诉或直接离开，给企业和服务人员带来巨大的影响。

那么如何才能让客户有更良好的服务体验呢？

北美学派通过对服务质量的决定因素和顾客如何对服务质量进行感知的研究发现约有 10 个维度决定了服务质量，之后，他们将这 10 个维度归纳总结为 5 个，分别是有形性、可靠性、响应性、安全性、移情性。美国绩效研究协会的学者则称之为有形性、可靠性、及时性、放心性、同理性。我们将这五个维度称为优质服务五要素。

有形性是指有形的设施、设备、人员和沟通材料的外表。具体会指公司应该有的设备、设备的外观是否吸引人，公司员工穿着是否得体、整洁干净，与所提供服务相关的资料是否齐全，公司的营业时间是否使顾客感到方便等。

可靠性是指可靠、准确地履行服务承诺的能力。具体表现在公司承诺了在某个时间内做到某事，事实上正是如此；当顾客遇到问题时，公司及服务人员尽力帮助顾客解决问题；公司自始至终提供良好的服务；公司在承诺的时间提供了相应的服务；公司会告知顾客开始提供的服务的时间、内容及相关事宜。

响应性是指帮助并迅速提供服务的愿望。响应性体现在：顾客期望公司员工提供迅速及时的服务；公司的员工总是乐于帮助顾客；员工无论多忙，都会及时回应顾客的要求。

安全性是指员工所具备的知识、礼节以及表达出自信和可信的能力。具体表现在：公司员工的行为举止是值得信赖的，公司员工始终热情对待顾客，公司员工具备了足够的专业知识解答顾客的问题，公司给客户的感觉是可以被信赖的。

移情性则是指设身处地为顾客着想和对顾客给予特别关注。具体表现在：公司员工会了解顾客最感兴趣的东西；公司员工可以在过程中了解顾客的需要；公司员工会对每位顾客给予关注，也会适当给予个别的关照；能用同理心理解顾客，让顾客感受到移情性。

这五要素将指导我们在服务过程中为客户创造更好的体验。

六、服务礼仪的概念

如果说服务是一种抽象化的表现，那么服务礼仪就是服务的一种具象化的表现形式。

什么是服务礼仪？服务礼仪是各类服务行业人员的必备素质和基本要求，出于对客户的尊重和友好，在服务中注重仪表、仪容、仪态和语言以及操作的规范。热情的服务则要求服务人员发自内心热忱地为客户提供主动、周到的服务，从而表现出企业员工的良好风度和素养。

服务礼仪是与人交往的需要，是服务中以客户为尊的一种具体表现形式。在客户服务的过程中，懂得服务礼仪，尊重他人的风俗习惯，是知礼、懂礼、守礼的表现。

七、服务礼仪的重要性

"首先你要爱客户，客户最终才会爱你。"

在市场经济环境中，商品的竞争就是服务的竞争。把客户服务放在首位，关注客户感受与体验，最大限度为客户提供规范化、人性化的服务，以满足客户的需求。服务礼仪是体现服务的具体过程和手段，使无形的服务有形化、规范化、系统化。

有形、规范、系统的服务礼仪，不仅可以树立服务人员和企业良好的形象，更可以塑造受客户欢迎的服务规范和服务技巧，让服务人员在与客户交往的过程中赢得理解、好感和信任。

作为服务人员，学习和运用服务礼仪，有助于提升企业的形象，提升自我修养，同时也可以提高服务的价值，创设良好的客户沟通先机，最终达到提高企业竞争力、提升服务效益的需要。

八、优质服务的服务意识

在 20 世纪 80 年代，北欧航空公司的总裁卡尔森先生写了一本书《关键时刻》，书中统计一年他们航空公司接待的旅客大致是 1000 万人次，而一位旅客从进入候机大楼开始一直到飞机降落，基本上会经历 5 位工作人员为其服务，所以他说，抓住整个企业命脉和服务口碑的这 5 乘 1000 万次的 5000 万个机会，在每一个环节、每一位服务人员、每一位客户的身上都体现服务的重要性。因此，关注在服务过程中如何提升客户满意度，如何从基本服务到满意服务再上升到惊喜服务，我们需要关注如下 4 个核心要素。

1. 以客户为中心

就是把客户放在第一位，站在客户立场上考虑，从客户的角度考虑问题，想客户之所想，急客户之所急。根据客户的需要，重视客户的意见，不断完善服务体系，最大限度地使客户满意。

2. 客户永远是对的

这是客户满意服务的重要表现。因为客户是商品或服务的购买者，不是麻烦的制造者。马斯洛需求层次理论的第四个层级是尊重的需求。客户需要的是尊重和认可。沃尔玛集团有一句名言"顾客永远是对的，如果不对，请参照上一条"。并要求全体员工参照执行。在这里，并不是说顾客就永远不会犯错，而是说我们在与顾客交往的时候，把"对"留给顾客，让顾客保有面子，感受到被尊重。

3. 关注服务细节

有一句话是这样说的，细节决定成败，素养来自细节。服务礼仪涉及的行业非常多，各行各业的服务流程和细节不尽相同，但是各行各业的服务礼仪都应该符合每个企业的实际情况，切实可行，并且让客户和服务人员都感到舒服和自然。礼仪的核心是不变的。诚如惠普创始人戴维·帕卡德曾经说过："小事成就大事，细节成就完美。"生活的一切原本由细节构成，如果一切归于有序，决定成败的必将是微若沙砾的细节。

在服务中，有一个不变的公式：100-1=0。这是顾客满意经营中非常有名的公式。在服务中尽管有 100 位顾客对你的服务感到满意，但只要有一位顾客说"不"，服务满意度和知名度就会变成零；服务中有 100 个细节都做得不错，但只有一个细节你忽略了，客户的服务体验就可能因此而不好；服务环节中有 100

位服务人员都做得不错，但有一位做得不好，整个服务就可能功亏一篑。所以，服务要讲究细节，服务不是一件容易的事。

4.超出客户的预期

我们都知道，客户在进入一个营业场所之前，对于此营业场所或者对此行业一定是有他的心理预期的。如果他感知到的服务是小于他的预期服务的，那么他接收到的服务就是低于期望的；如果他预期的服务和他感知的服务是相同的，那么这就是一份满意的服务；那么如果他感知到的服务是大于他自己的预期服务的，那就是一份超出期望而惊喜的服务。

通常我们会将服务分为功能服务和心理服务。功能服务就是为顾客提供方便，解决他各种各样实际的业务问题。心理服务就是要在为顾客解决问题的过程当中，让他心理上得到的一种满足，经历愉快的人际交往。我们也可以将此看作是硬服务和软服务。硬服务是指我们的基础能力，是我们必须掌握的行为、知识、技能等，这些都是可以考核衡量的，是兑现承诺满足我们需求的一些工作。软服务是我们的提升空间，是指我们服务人员的态度、价值观、信念和思维方式，它是一种附加特性的服务，在服务中赋予了企业文化理念层次的精神价值，在过程中可以更大程度地提升客户的满意度。作为服务人员，我们要让客户的服务感受从理所当然到满足，最后到惊喜，就可以达到优质服务。

时代在发展，服务在进步，客户越来越挑剔，所以作为服务人员，我们要关注在服务流程、服务技巧和服务礼仪上，在注重仪表、仪容、仪态和语言、操作规范的同时，还要满足客户的不同需求，并让客户觉得他就是你眼中最重要的VIP。

思考与练习

1.请举例说明服务礼仪的"同理性（移情性）"和"有形性"。

2.请判断下面的行为是否符合优质服务的4个核心要素。

A.李先生在餐厅就餐后回来途中发现自己的钥匙不见了，于是找到餐厅的前台，接待人员小王说："您的钥匙不可能忘在餐厅，否则工作人员一定会交给我们的。"

B.一位老太太在一家百货大楼里迷了路，于是向柜台小姐打探，柜台小姐请同事帮忙照看柜台，然后把老太太送到了目的地。

C.乘客搭乘某航空公司国内航班经济舱，因飞机颠簸导致呕吐，并对飞机餐抱怨，空乘致歉解释后将多余的头等舱餐食送至乘客。

3.请指出在下面案例中，卖家为朱女士创造了第几层级的服务，并请详细说明原因。

案例

有一次朱女士在网上某个购物平台为父亲买了一台电视，送货的员工不但按时把货送到了，同时还帮忙安装，让家人在小年夜可以一起看电视。朱女士对这次服务很满意。但电视送来的一个月后，发现电视中常常会出现重音，于是朱女士拨打了售后电话。售后人员将情况反馈给了相关部门，维修人员在当天就上门检查故障情况。检查之后跟朱女士说："朱女士，真不好意思，您的电视我们检查了，是因为一个零件出了问题，我跟厂家联系了，您这种情况从厂家调货到维修，可能需要一周多的时间，现在又是过年期间，我怕影响您和家人的相聚时光。所以，我跟公司沟通了，像您这种情况，可以选择免费维修，或者我们帮您重新更换一台新的电视。"

朱女士原本只是想修一下，没想到能更换一台新电视，而公司先提出帮她更换一台新电视，一家人自然是很高兴，逢人便夸，逢人就推荐。

要点回顾

1.服务的概念：为满足顾客的需要，供方与顾客接触的活动和供方内部活动所产生的结果。服务的核心是提高客户满意度。

2.服务的价值：树立和巩固品牌形象，增加品牌价值；创造良好的口碑；最大限度地占领市场；为企业带来利润增长点。

3.服务的四个层级：基本服务、满意服务、超值服务、难忘服务。

4.服务质量在于感知服务与期望服务的差距。从有形性、可靠性、响应性、安全性、移情性五个维度可以提高客户的感知度。

5.而服务礼仪是体现服务的具体过程和手段，使无形的服务有形化、规范化、系统化，从而增强顾客对服务的感知，使服务达到甚至超越顾客的期望值。

6.优质的服务意识，以客户为中心，客户永远都是对的，关注服务细节，超出客户的预期。

第二节　服务形象

导入

　　随着信息技术的迅猛发展，"智慧地球""智慧城市""智慧交通"等概念如雨后春笋般大量涌现，银行金融服务如何实现"智慧化"转型，如何面对新兴互联网金融的挑战，已成为全球商业银行都面临的重要课题与挑战。近年来，各家银行纷纷创新图变，布局智慧网点，努力"提升效率、改善体验、优化服务"，角力新型网点发展的新蓝海。中信银行是最早加入这场"无硝烟战争"的银行之一。进入中信银行其中一家智慧网点，入口处自助银行区大面积的中信红企业形象色，给来到网点的客户以强烈的视觉冲击力和记忆力，网点一层大众客户区均以中信红为主装饰基调，配以白色墙地面及白色灯光效果，塑造出了现代、简洁、明亮且具有鲜明中信银行品牌特征的环境风格。中信银行在网点装饰中运用了较多的布艺、铝板、亚克力等新型环保材质，在良好塑型的同时，有效降低了环境噪声和光污染，给客户以恬静、私密、温馨的沟通交流环境。

　　迎面而来的大堂经理着装整齐规范、衣服熨烫整洁、工牌工整佩戴、盘发一丝不乱、妆容精致细节，手拿着工作 PAD，满面春风，热情招呼。看到这一幕，你会不会被眼前的情景所感染，有兴趣来体验一下他们的"智慧服务"？

一、服务形象概述

　　试想，当我们走进一家饭店，走过来的服务人员头发凌乱、衣服上隐约还带着污渍，你一定会有所迟疑；当服务人员对你微笑并递上菜单，你无意中看见他发黄的牙齿、掉在前额的一缕长发以及右手小指头上留着的长指甲，我想，你应该再没有在这家店坐下去的勇气了吧……

是的，在服务中，客户一进门看到店面的整体印象，看到服务人员的形象，立马就会在脑海中产生一个主观评价，从而影响接下来彼此之间的交往。这就是心理学中常提到的"首因效应"。首因效应是指当人们第一次认知客体时在大脑中留下的第一印象。心理学家研究发现，第一印象会直接影响到接下来的交往，只有建立好第一印象，才能开始第二步。

第一印象如何塑造？又包含哪些内容呢？大家一定听过一个理论"73855 法则"。这是由美国心理学教授艾伯特·麦拉宾（Albert Mehrabian）在 20 世纪 70 年代提出来的。所以又叫梅拉比安沟通模型或麦拉宾法则。其中 7% 指的是谈话的内容，38% 指的是谈话的语音语调，55% 指的是可视化的形象。人与人在交往之初，对第一印象形成影响的因素有哪些呢？我们试着在脑海里回想一下第一次见到的某人，可能是应聘时来面试你的上级，可能是相亲的对象，可能是一位合作伙伴，当时你对他产生第一印象的时间是多久呢？ 3~15 秒这个短短的时间你就会产生第一印象。是如何产生的呢？你看到他穿的服装，发型妆容，表情动作，谈吐表达等，就会对他产生一个初步印象。换句话来说，就是第一印象来自"音容笑貌""言行举止"。所以，在人际交往中，我们不可忽视的，是我们经常提到的仪容、仪表、仪态。这些行为举止的背后，就是一个人的身份、态度、素养、教养等。

仪容指的是人的容貌，仪表指的是人的服饰，仪态指的是人的举止行为。我们在服务中，也需要去用心管理好我们的形象，仪容整洁、仪表规范，树立良好的职业形象，让客户放心、信任。

二、服务形象要求

绝大多数服务企业都有自己规范统一的标准制服。要求服务人员规范穿着，统一妆容与发型，干净无污渍、整洁无破损。

服务人员的形象标准不能以自我审美和自我意识为准。有的服务人员可能会说自己行业的制服不好看，不愿意穿着，或者将制服修改成自己喜欢的样子。殊不知服务人员整齐统一的穿着与修饰，既是职业素养，同时也会带给客户规范管理的安全感，并给客户带来统一协调的美感。就如同我们在欣赏一场群舞，舞台服装并不一定适合每一位舞者的个人特征，但整体来看就是一幅气势磅礴的美丽画卷。

三、服务仪表要求

仪表是指人的服饰。服务人员统一着装，这是服务人员的职业素养的具体表现，也可以在客户面前展示出良好的职业风范。

服务人员的着装制服有着一种无声语言的表达作用。当一位穿着干净整洁、规范统一的服务人员出现在客户面前的时候，是在用自己的形象跟客户说"我很认真，我值得依赖""我已经做好了为您服务的准备"。

不要小看服装的表达功能，不同的行业会有不同的制服。服装有标识作用，客户会通过服装一眼识别服务人员的身份，从而快速找到对应的服务人员；服装也有美学功能，客户更希望在一种视觉美的环境中享受服务；服装也是一种团队语言，向客户传达着信息："不是我一个人，而是我们一群人在为您服务"；服装还有一种辅助工作的功能性作用，所以，银行人员的制服与餐厅人员的工作服在设计上就会有所不同。

（一）男士制服的着装要求

男性服务人员的常见制服款式类型有西服款式、军装风格款式和华服款式，穿着时都应符合各自的礼仪特点和规范。

西服款式通常分为两件套和三件套，两件套包括一件西服上衣和一条西服裤子，三件套包括一件西服上衣、一条西服裤子和一件西服背心。作为制服穿时，通常选择的是深色系，有严谨保守之意。西服常规情况下会佩戴领带，给人稳重规范之感。作为服务人员的制服，所有人员的领带的颜色和款式也应是统一的。西服的纽扣，一般双排扣的需要全部系好，单排扣的，最下面一粒不系，若单位有规定的，可按单位规定穿着。西服西裤衬衣都应熨烫了再穿着。

配套西服穿着的皮鞋应该是黑色商务皮鞋，无破损无污渍。有些行业统一管理也可着深咖、深棕色系，无任何装饰的系带皮鞋。袜子应与西裤的颜色保持一致，中筒袜为宜，忌彩色袜、透明薄丝袜。

男士穿军装风格款式的制服时，应按规定配套穿着，不可将制服与便服外衣混穿。其他搭配的领带、帽子、腰带等饰品按规范配套穿着整齐，不得依个人喜好随意增减。

华服是指有中国元素、朝代感、民族特点的服装。着华服时应注意：所有的扣子要全部扣好，不可随意挽起袖子或裤腿，相应的饰品佩戴好，保持干净整洁无异味。

（二）女士制服的着装要求

女性服务人员的常见制服款式类型有西服款式、华服款式、其他款式，穿着时也各有礼仪规范。

女士服务人员的西服款式，最常见的是套裙或成套的裤装。套裙的穿着参照商务着装的标准，在颜色选择上，多半采用的是保守严谨的深色系。配套裙装穿着的丝袜也应以肉色系为宜，不露袜口、不抽丝、不破洞、无花纹。

与西服相配的是深色的皮鞋，材质为亚光皮面料，款式为船鞋，即包住脚趾和脚后跟、露出脚背，鞋跟高3~5厘米，鞋面无装饰，低调干净无破损，便于行走，走路无声响。

西服内可根据行业特点搭配丝巾。具体系法可参看本书中形象礼仪的相关介绍。

华服制服具有民族的独特魅力和韵味，常以旗袍为主。中国的旗袍主要特色是修身、立领、盘扣等，服务行业使用时常常会加以改良，便于穿脱和工作作业，不会过于暴露。穿旗袍时同样需要配连裤袜，鞋的款式也需要与服装相匹配。同时，务必注意穿着人员的举止仪态。

其他款式。随着时代的发展，服务行业也各具特色。根据行业特性而选择的款式也各色各样。但无论是何种行业，款式上应尽量符合有利于工作、统一、方便行走等特点。

（三）配饰要求

与服装一起穿搭，常常会有相应的配饰。配饰需要与整体相协调，同时体现行业的审美，为服装添彩。

配饰一般是指项链、耳环、戒指等首饰，也包括鞋子、帽子、包、腰带等除了服装之外所有穿戴在身上的物件。

1.胸牌

胸牌作为服务人员的工作身份标志，应严格按照公司规定佩戴上岗。一般胸牌可标明单位名称、所属部门、员工职位、姓名以及企业LOGO等信息。广义的胸牌，还包括徽章、胸章、工号牌等。

服务人员佩戴胸牌上岗，有利于顾客识别自己的身份，同时也符合礼仪的基本原则。人际交往中"尊者有优先知情权"，在工作岗位上服务人员规范佩戴胸牌，是主动向顾客表明自己身份，体现对客户的尊重感。

常规佩戴时，应注意按照公司规定位置平整佩戴，并且保持其干净整洁，无污渍，字迹无损毁。如果胸牌破损或字迹损坏，应主动更换新胸牌。工整佩戴胸牌也同时在向顾客传递认真工作的态度。

胸牌一般是佩戴在左胸，因为人们有从左边阅读的习惯，但有时候衣服是左斜襟的，因此也有佩戴在右边的情况。一切依照公司的规范统一佩戴就可以了。如果是挂绳的工牌，则需要注意正面朝外，不影响工作。

2. 饰品

饰品在整体的服饰中起到装饰的作用。饰品会分为发饰、耳饰、颈饰、手饰、胸饰、腰饰、足饰等。饰品主要是起到装饰的作用，千万不要喧宾夺主，更不要影响工作。服务人员在工作岗位上，所佩戴的饰品以少为佳。通常在服务岗位，对于所佩戴的首饰也有相应的要求。

（1）首饰材质有要求。通常首饰的材质多种多样，有金属、钻石、玉石、翡翠、珠宝、木质、竹质、塑料质等。在服务岗位上，通常只可以佩戴金色和银色金属质地、珍珠质地。从美观上来讲，会要求同色同质，也就是佩戴的首饰要属于同一色系同一材质。从数量上来讲，也不宜多，一般以三样为宜。

（2）珠宝大小有规范。在服务岗位，讲究低调，不可炫富。常规情况下，宝石的直径应在5毫米以下。

（3）不可佩戴夸张的首饰上岗。比如有些服务人员喜欢个性化的首饰，长吊坠、体积较大的，或者较为粗犷的首饰，以及有黑暗风的首饰，这几类首饰禁止佩戴上岗。在岗位上应佩戴比较精巧细致符合要求的首饰。

具体来说，对于男女服务人员，首饰的佩戴还有以下具体要求。

耳饰，是耳朵上的饰品，以简单精巧为宜。女性服务人员以佩戴耳钉为首选，男性服务人员不得佩戴任何耳饰上岗。

颈饰，是指佩戴在脖子上的饰品。女性服务人员可以佩戴精巧的细项链，男性服务人员不得佩戴任何颈饰。尤其是红绳子、皮绳子、玉器、夸张的金饰，均不可佩戴。

手饰，是指佩戴在手上的饰品，一般包括手镯、手链、戒指等。服务岗位由于手上的作业很多，为了避免给工作带来影响，手饰以少为宜。通常情况，手镯和手链在工作中不要佩戴。戒指可以根据个人情况和岗位情况选择性佩戴。一般来讲，一只手上最多佩戴一枚戒指，宝石大小符合规定，最好是指环，有戒托的戒指容易损坏或者影响工作。而有一些岗位，比如医生护士、汽车销售及售后、食品加工行业，出于安全和健康考虑，均不得佩戴戒指上岗。

3.手表和眼镜

通常情况下，手表和眼镜可能是部分服务人员的工作必需品。

佩戴手表上岗的服务人员易给他人"有时间观念"的感觉。而有些岗位要经常读取时间，也需要佩戴手表。

两者在公司没有要求的情况下，要符合工作场合佩戴商务款式，造型应简洁大方，不可浮夸。

四、仪容要求

仪容是指人的容貌，具体指的是面部、头发、手部、体味等。在待人接物的服务活动中，干净整洁的仪容形象会给人赏心悦目的感觉，留下良好的印象，令客户心情愉悦。

在服务行业，对于仪容的整体要求，要符合岗位规范，干净卫生、没有体味。具体要求如下。

（一）女性的仪容要求

1.发型管理

从发型管理上来讲，讲究干净整洁、稳重干练、没有碎发，给人精神饱满的感觉。管理发型有"三不"，前不遮眉，侧不盖耳，后不及领。一定要管理好前额刘海，不能影响工作，这也就是我们常说的"前不遮眉"。最好是刘海全部后梳，也就是大家常说的"大光明"发型。如果希望留有刘海的女性，建议梳斜刘海，且刘海长度不要超过眉毛。如果在工作中频繁用手抚摸刘海，不仅给人不卫生的感觉，同时会带来过多多余动作有不够专业之嫌。"侧不盖耳"指的是侧面的头发一定要挂到耳后，并用黑色发夹或发胶固定。"后不及领"则是指头发的长度如果碰到领子，则需要束起。干净干练整齐的发型会增加客户的好感和信任度。

发型上则应根据行业特点而定。大部分的行业为了体现端庄得体，会要求盘发上岗。要注意盘发的高度不宜太高也不宜太低，刚好在耳朵后延线高度适中为宜。盘发可以统一发型，也可以用统一的发网饰品装饰。有些行业因为行业特点，也有束发的要求。发型整理好之后，一定要整理好碎发，可以用发胶或发蜡，头上不可有彩色的装饰发夹和皮筋，可见的黑色发夹不宜多于4个。头发的发色以黑色为宜，避免将其染至夸张的鲜艳色。

发型的干净整齐非常重要。服务人员应经常洗头，保持干净。女性服务人员建议每两天洗一次头发。切不可以在公众场合整理发型，以免给人轻浮之感。

2. 面部管理

俗话说"三分长相七分打扮"。在现代商务社会，化妆不仅仅可以更好地修饰容貌，也是对交往对象的一种尊重。

女性服务人员要求淡妆上岗，妆容自然大方，肉眼可视，朴实无华。注意要求岗前上妆，化妆和补妆应选择避人。随时留意妆容的完整。

应注意口腔卫生。餐后刷牙或漱口，牙齿间无食物残渣，口腔内无异味。上岗前不吃有异味的食物，保持口气清新。

3. 手部管理

通常说手是人的第二张脸。对于服务人员来说更是如此，服务人员经常用手来为客户提供服务。服务人员的手部护理也非常重要，注意干净卫生，同时避免手部生疮、干燥、脱皮等问题，应常使用护手霜对其护理。指甲应经常修剪，保持甲缝洁净，不留长指甲，不涂指甲油。有些服务岗位因为有统一的美观要求，要求涂指甲油并规定了色号，则指甲油便被视为制服的一部分，上岗时必须按要求涂抹好。

（二）男性的仪容要求

1. 发型管理

从事服务岗位的男性服务人员，在发型管理上，整体要求是干净清爽、符合要求。要求至少每月理一次发，做到前不遮眉，不遮盖视线，侧不盖耳，不留鬓角，后不及领，不得剃光。不留怪异或者过于新潮的发型。

头发避免出油、有味、有头皮屑，要求每天清洗。可适量涂抹定型水或发胶，保持头型的固定。

发色最好以黑色或自然色为宜，不得染浅色，也不允许任何挑染。

2. 面部管理

男士每天都要剃须，同时注意耳部及鼻腔和鼻毛的清理。注意眼部卫生，洁面彻底；饭后洁牙，保持口气清新。

3.手部管理

男性也同样要注意手部的清洁和护理，避免脱皮、干裂、生疮，可常用护手霜做手部护理。不留长指甲，指甲长度在 1 毫米以内，留意指缝清洁，手部干净卫生。

思考与练习

1.什么是第一印象？第一印象为什么重要？

2.女性服务人员的妆容应该注意什么？

3.男性服务人员仪容管理中应注意什么？

4.对照规范检查自己的形象是否符合岗位规范。

要点回顾

1."第一印象"在服务中的重要性。

2.男性服务人员以及女性服务人员的仪表要求，包括制服着装要求，配饰要求，包括胸牌佩戴、鞋袜要求、饰品要求等。

3.男性服务人员以及女性服务人员的仪容要求，包括发型管理、面部管理和手部管理。

第三节　服务举止

案例

　　这天，周女士来到 S 品牌金店的门店，打算看看金饰。进店的时候，门口并无任何店员迎接，再走进去，看到两个店员在一起聊天聊得正欢，都没有看到她进来。周女士有些不悦，但这个品牌她很喜欢，也就没有在意，走向两位店员。店员看到她过来，侧过脖子看着她问道："想看什么？"周女士问："我想看看彩金的饰品，在哪边？"店员抬起左手用食指向左边一指："那边。"周女士看了一眼店员，转身就离开了门店。

分析

　　周女士进店本来是有很强烈的购买欲望，但与服务人员接触的时候，服务人员的举止状态没有让她感受到被尊重，因而转身离去。案例中的服务人员在没有接待顾客的时候就扎堆聊天，顾客进来也没有第一时间迎接；当需要明确指示的时候，还伸出了不应该伸的食指和左手。这一系列的表现，不但传递了不尊重顾客的信息，而且反映出这家店的管理水平较低，进而让客户对这个品牌的口碑产生了怀疑，从而远离。

一、服务举止的重要性

　　服务是一项综合技能的集中体现，仪态举止也是服务中一个重要的组成部分。服务举止是指服务人员在服务的过程中的仪态，包括站姿、坐姿、走姿、蹲姿、手势等，在本章中的服务举止还包含服务人员的表情管理。

　　在服务行业，服务举止被认为是提升服务品质和档次的一个重要依据，一个不恰当的行为不单单是肢体的动作，更是一个人的道德意识、思想观点、文化水平的综合反映，品格有高低之分，行为也有美丑之别，而美好优雅的行为常常是高尚品格的写照。服务人员在自己的工作岗位上，要高度重视体态语的正确运用。在实际工作中，服务人员要对个人形象和仪态具有较高的、较为规范的要求。既能在工作中有效地运用自身的体态语，也能正确地理解他人的体态语。

在整个服务过程中，肢体语言都是非常重要的服务语言，得体的肢体语言及仪态会让服务增值，给客户带来更好的服务体验。首先，优雅的举止可以提升服务品质；其次，得体的举止能够弥补服务中的不足；再次，恰当的举止能够增进双方沟通。

设想一下，案例中的周女士进入这家门店，服务人员如果能在第一时间就迎上来，面带微笑，身体前倾主动问候说"女士早，欢迎光临"；在周女士询问商品的具体柜台时，能够用标准的手势语进行指示，并陪同她走向相应的柜台，周女士一定会对这家门店产生好印象。她本来就喜欢这个品牌的商品，因为服务人员专业的举止表现会让她进一步加强好印象，那么接下来就很可能产生购买行为，为门店带来营业额。

人际交往中肢体语言是比有声语言更重要的一种语言信息。在首因效应中，视觉的影响力占到了55%。在人们接受信息的过程中，信息除了文字信息，大部分是来自于听觉信息，也就是我们所说的语调语气，以及视觉信息，就是我们能看到的仪容、仪表、仪态。人们接受信息时，往往视觉信息占更重要的比重，因此，在人际交往过程中，视觉对人的影响力是最大的。而服务人员的举止姿态正是产生强烈的视觉影响力的因素。服务人员在服务的过程中，通过这些信息的展示，向顾客传递了尊重和友好的态度。因此，现在很多服务型企业都非常注重员工仪态礼仪的培训，学习如何正确地站、坐、行、走，如何正确运用手势，避免一些错误的姿态。

二、建立信任的身体语言

在客户服务中，建立客户信任是非常重要的。当服务人员能够与客户建立信任，在接下来的接待中，就更容易互动，更容易让客户满意。

建立信任不是一件容易的事情，需要很多元素的累积。人是感性动物，在人与人的接触中，人的右脑负责感性部分，也就是看到的、听到的、闻到的、摸到的，以及这些产生的感觉、情绪、记忆等。而左脑是负责理性部分，就是数据、逻辑、文字等。人与人见面，首先映入眼帘的便是音容笑貌、举手投足，通过这些看到的、听到的从而产生了印象。如果产生好印象，便能够顺利地开始第二步的接触。当服务人员在面对客户的时候，展现出的是良好的修养、规范的举止、热情的语气、亲切的态度、专业的风范，便更容易与客户建立信任。

在服务中，举止仪态中的站立行走、蹲姿以及手势的标准，在举止礼仪的章节里已经详细介绍过，请参阅本章节，我们主要谈谈在客户接待服务中有助于建立信任的关键的身体语言。

（一）背部管理

常言道"站有站相、坐有坐相"，健康挺拔的仪态更容易给对方精力充沛、活力满满、训练有素的印象。服务人员在管理自己举止仪态时，尤其是站立时、入座时、下蹲时、行走时，一定要注意管理好自己的脊背，保持双肩展开、背部挺直，头正颈直，端庄大方。挺拔优雅的仪态向顾客传递的正是一种企业精神、一种服务态度，告诉顾客你随时在等待着为他们提供最优质的服务。

（二）眼神管理

都说眼睛是心灵的窗户，千万不要关了"窗户"，更不要让眼睛传递出不恰当的信息。与人交流，眼神传神，也会传递出很多没有说出口的信息。

与人交流时，不当的眼神会引起对方的不适感。比如，上下打量的眼神会让客户感觉不尊重；斜视给人的感觉是不在意或者看不起；而飘忽不定的眼神给人的感觉则是没底气、不自信；若是居高临下地俯视客户，则会让客户感受到压迫和不舒服。这些眼神的传递都是不恰当的。

在服务顾客的过程中，要注意尊重顾客的人格，无论对方的身份如何，都会竭诚提供优质的服务，创造良好的体验感受。服务人员带着这样的服务心态，眼神也会将这些信息传递给客户。

在与客户接触的过程中，服务人员应使用亲切与自信的眼神与客户的眼睛平行对视，传递出"我们欢迎您，您可以信任我，我一定会努力为您提供最好的服务"。当客户来到营业厅时，即使正在忙碌，也应当停下手中的工作，正视客户并认真回应；楼梯上偶遇客户，客户站在台阶下，服务人员应当走下台阶与客户在同一平面上对话；当客户坐下时，服务人员应当屈膝、俯身前倾或下蹲，保持直视、平视或仰视的状态与客户对话。

除了眼神的角度，服务人员也应当注意眼神中传递出来的信息，除了亲切热情与信心之外，也要因时因地因事制宜。比如客户买了新车，心情愉悦，这时候我们的眼神也应该是欣喜的，与客户情绪共鸣；如果客户是来投诉的，我们一定是焦急的、担心的，希望安抚客户情绪、了解客户问题，帮助客户解决问题时，眼神流露出来的也一定是相应的情绪状态，急他所急，想他所想。情绪与客户共鸣，更容易让客户对我们产生信任之感。

在服务中，把握好眼神的使用至关重要，善用眼神与客户交流，建立与客户的信任。

（三）微笑管理

相由心生，微笑总是能快速拉近人与人的关系，流露出彼此友好的心态。微笑是全世界最通用的语言，微笑是人与人之间最容易拉近距离的人际交往艺术，微笑在服务中是成本投入最小，但获得收益最大的一种服务方式。在与客户接触的过程中，主动地向客户展示得体合宜的笑容不仅可以展示出服务人员的职业修养，也会迅速拉近与客户间的距离，建立服务人员大方优雅的个人形象，同时带来有温度的服务体验。人的情绪是可以传递的，服务人员要善于利用亲切的表情管理促进与客户之间的关系。笑得自然、真诚、适度、主动，为客户营造宾至如归之感。服务中，真诚地面对客户，真心地对待客户，微笑具有神奇的力量。

在前面的章节里，我们已经学习过如何练习微笑，在未来的工作中，服务人员也应该时常对镜练习，要做到"由心而发"，诚挚地与客户相处，真心地为客户服务。

在岗位中，也要自然运用好"三度微笑"，做到"来时热情迎接、相处亲切交流、走时微笑送别、待岗温馨自然"。见到客人点头微笑，服务时保持微笑，称呼对方时点头微笑，向人询问时礼貌微笑，递送物品时点头微笑，联系业务时和蔼微笑。由心而发的"微笑"，传递真诚用心地关注，让每一次接待都留下温暖的记忆。

（四）手势管理

在服务过程中手势的运用非常普遍。为客户递物、指示方向、展示物品、介绍商品等情况，我们都会用到手势。手势是身体语言的一种表达方式。试想一下，有一天你去到一家商场，想找某品牌的专柜，刚好碰到一位商场的工作人员，你上去询问，他用食指一指："那边！"作为顾客的你，此时会有什么感受呢？是不是会觉得他不够尊重你，而且觉得他不够专业？会不会影响你在商场购物的心情呢？

规范的手势，除了体现服务人员的专业之外，还可以体现对客户的尊重，从而影响客户的心情，影响客户的消费行为。服务中，我们要特别注意手势的规范性和使用的正确性。

在前面章节关于"手势"的部分，我们学习过"前伸式""提臂式""直臂式""斜臂式""横摆式""曲臂式"六种手势。这六种手势在服务中要经常使用、规范使用。相关的动作标准在前面的章节已经跟大家详细介绍过。想要每次都能展现出规范美感的标准手势，平时要多加练习，让肌肉产生记忆。在每一次的指示、展示、邀请、引导时，都可以时刻传递专业与重视，让客户感受到尊重和美感。

除了手势，在客户服务中，也经常需要双手递接物品。经常会有递送文件资料、递笔、递水、递商品的时候，也会遇到需要接过客户的资料、证件、物品的时候，这时注意一定要双手递接。双手递接代表了尊重和礼貌。如果确实因为工作场合的特殊性或者正拿着重物时，只能使用单手递物，递物前必须跟客户清楚说明并致以歉意，方可使用单手递物。具体递接物品的动作标准和注意事项，与本书前面的章节所述一致。各行业的服务人员应根据自己的行业特征多加训练，力求"规范、一致、美感"。

（五）洁癖管理

这里讲的"洁癖"指的是多余的动作和多余的语言。服务人员时常在服务的过程中不经意会有一些个人的小动作小习惯，比如喜欢摸耳朵、撩头发、抖动身体等，特别是客户不在跟前的时候，更会随心所欲，甚至出现在岗位上剪指甲、挖耳朵、抠鼻子等不雅动作。人的大脑具备想象的能力，当客户不经意间看到服务人员的这些动作时，大脑里一定会浮现出不好的感受，除了感觉服务人员素质低下无自我约束力外，还会对公司的管理水平和产品质量产生联想，质疑公司提供的产品和服务，从而失去客户。

礼仪是律己，律己体现了对他人的尊重。服务中，规范和规矩非常重要，服务人员的一切举止行为表现出来都应该是训练有素、彬彬有礼、亲切热情、细致入微。这样的服务更容易让客户对服务人员产生好感，对企业的管理产生信任，拉近彼此的距离。在服务中，除了举止仪态需要规范之外，也不可以出现任何多余的动作。具体来讲：

（1）不出现多余的动作，比如抓耳挠腮、倚物站立、整理自己、清理卫生等动作。

（2）待岗待机时不交头接耳，即使是必要的交流，也需要尽快完成。

（3）岗位上不做与工作无关的事情，比如看手机或书报等。

除了举止动作的规范，语言的表达也需要规范，不能有多余的话语。服务人员在与客户沟通时，尽量不要出现"嗯""啊""这个""还有"之类的口头禅。要注意表达清晰，去掉多余的非必要信息。不够专业的表达不仅会影响客户对信息的接受，同时也容易引起客户对于服务人员以及服务机构专业度的质疑。因此，在岗位上的语言表达一定要简单清晰，没有多余的话语。训练有素的表达能进一步建立客户信任，能有效拉近客户关系，缓解矛盾，快速解决问题。

三、服务中的零度干扰

案例

王洁是鞋店新来的实习生，初到岗位，师父在上岗前就跟她关照了对待客户一定要"客户至上""关注细节""礼貌热情"，王洁也听进去了，而且心里暗暗想，一定要做到最好。正想着，店门就被推开了，一位穿着讲究的女士走进来了，王洁马上迎上去问候："女士早上好，欢迎光临！您要看点什么？"女士看到王洁热情的笑容，也微笑地回应了一句："我随便看看。"女士就开始一个柜架一个柜架地看。王洁很紧张，看顾客走哪儿，她就跟到哪儿，顾客突然停下来，一转身，紧张的王洁没来得及刹住脚，一下撞上了顾客，吓得她马上道歉："对不起！"果然，顾客生气了，反问道："跟这么紧干吗？怕我偷你家的东西吗？"女士白了王洁一眼，转身径直走出了鞋店。王洁困惑了，"热情"难道有错吗？

案例中的服务人员认为及时热情地为顾客服务是很重要的。因此，当顾客走进店内时，为了表达出主动热情的服务态度，同时也可以随时随地提供服务，就寸步不离地紧跟顾客。一旦顾客刚开始接触商品或者将视线投向某商品，就马上询问并邀请体验服务，以便进一步促进消费。而事实上，这样的服务在顾客眼里真的是贴心热情的好服务吗？这类情形我们可能也遇到过，结果却是适得其反。寸步不离的跟随式服务不但不会让顾客觉得贴心，反而可能让人感觉到压迫、不自由，甚至产生被监视的感觉，非常不舒服。缺乏自由选择的空间和信任感，很可能让顾客加速离开，不再浏览商品和产生购买行为。

服务中，我们需要注意"零度干扰"。零度干扰，又称零干扰理论。就是要求服务人员在服务过程中，为服务对象创造一个宽松、舒畅、安全、自由、随意的环境。让被服务对象能够逛得惬意，选得满意，买得称心。这是服务礼仪的一种重要的支柱型理论。其基本主张是，服务人员向服务对象提供具体服务过程中，要主动采取行之有效的措施，将对方所受到的干扰减少到所能够达到的极限，也就是要达到干扰为零的程度。总的来说，就是要使服务对象在被服务的过程中所受到的干扰越少越好。因此，服务行业和服务人员应从以下三个方面来注意。

（一）创造无干扰环境

顾客眼里的商品是什么呢？就如我们去买一杯星巴克的咖啡，我们除了希望喝到一如既往的咖啡口味之外，我们还希望有什么呢？明亮整洁的厅堂、良好的视野、舒适的座椅、高效又温暖的服务……在顾客的眼里，商品不仅包含所购买的商品，还包括服务和环境。

服务场所的周边环境实际上也是整体服务的有机要素之一，如果忽略了环境，会很难让服务内容尽善尽美，也难以让服务水准"更上一层楼"。为服务对象创造零干扰的周边环境，主要需要从以下几点着手。

（1）讲究卫生。环境卫生通常最为服务对象所看重，并且直接与服务企业的档次、服务水平的高低挂钩。所以周边环境的卫生，只要是在服务企业的辖区内，特别是在为服务对象提供服务的现场，以及顾客所到之处都要彻底打扫干净，并随时随地保持清洁。

（2）重视陈设。陈设顾名思义就是服务企业的装潢和摆设，它要符合服务企业的主题，既要文明、美观，又要安全、适用。近些年来，银行的竞争日渐激烈，由原来的产品竞争上升到环境竞争，由环境竞争上升到服务竞争。近年来各银行开始评定星级网点，创百佳、创千佳，不仅从服务上、管理上着手，也从厅堂文化上打造特色网点。网点内的陈设各具特色，不仅陈设整洁，布线精美，设计合理，在陈设的内容上也是大花心思，有的有当地文化特色，有的有本品牌特点，从视觉和文化的统一上下了不少功夫。陈设安全、适用、特色、美观，既增加了服务企业的美感，又增强了客户的体验感，给客户带来更美好的服务体验，是服务环节中不可或缺的部分。

（3）限制噪声。在服务的时候，讲究零度干扰。声音的干扰往往会影响客户的体验。声音频率的赫兹如果过高，传到人耳会引起不适感。在服务中，一定要注意安静环境的维护，讲究"服务三轻"，即说话轻、走路轻、操作轻。

说话要轻。服务人员在工作中，不可以交头接耳聊私事，如果因为工作需要，交流的时间应短，音量控制在仅相互可以听到就可以了。如果需要与客户进行交流，也应保持音量在客户可以听到的范围，以免影响其他的客户。特别要注意的就是保护客户的隐私安全，在公众场合涉及金额时，更应该注意音量。

走路要轻。服务人员需要为客户提供服务，免不了在服务厅里行走，如果脚步较重，或鞋子原因发出声音则难免影响客人，引起不快。因此，建议服务人员的鞋子尽量是软底鞋，不能有响底，走路尽量轻。轻盈的步伐不仅可以给客户带来安静的空间，也可以显示出服务人员朝气的风貌。

操作要轻。服务行业与服务人员在为服务对象服务时，一定要将妨碍对方的噪声限制到最低点。不知道大家是不是有这样的经历：有时候在饭店吃饭，这边刚吃到一半，旁边桌在翻台，就听到乒呤哐啷的收拾声音；特别是有时候吃得久一点，或者去得晚一点，服务人员收拾的声音就更大了。不少客户反应是：这还让不让人吃饭了，是不是嫌弃我们吃得久呀？客户的体验感很不好，下次自然就不来了。在服务中，服务人员可能因为工作的缘故，不得不在操作时发出较大的声音，但从客户体验的角度，这会带来负面影响。因此在服务场所内，服务人员应尽量营造安静舒适的服务环境，即便要进行业务操作，也应尽可能轻声，最大限度地保证环境的舒适，给客户带来安静的享受空间。

（二）保持适度距离

案例

周小姐家附近开了一家美容院，她考虑是不是办张美容卡，毕竟离家近。

于是，她推开美容院的大门，服务人员立即迎了上来，跟她热情地打招呼："姐，您好呀！是来做美容吗？"热情的迎接让周小姐感觉比较不错。她表示自己是第一次来，接下来，服务人员就热情地把她拉到沙发上请她坐下，同时另一名服务员端上来一杯玫瑰养生茶。尽管刚才服务人员拉她的动作让她觉得不舒服，但立马上来的养生茶让她决定还是继续了解一下该美容院的产品和相关服务。

服务人员拿着笔记本走过来，熟练地坐在她的身边打开笔记本，就开始热情地跟周小姐沟通起来，问周小姐平时的习惯，帮她介绍套餐情况。周小姐看到贴在身边的热情的服务人员离自己很近，还时不时地碰碰自己的手臂，感觉非常不舒服，她往旁边挪了一点，服务人员马上又挪过来继续亲热地交谈介绍。连续了两次，周小姐实在忍受不了，就找了个托辞离开了美容院。

当今社会，我们越来越注重服务礼仪的规范性。良好的服务礼仪可以使客户感觉更加愉快从而促进消费链的增长。在服务中，服务人员除了要表达出热情，还应该要注意适度和规范。这个案例中，服务人员认为亲切和热情很重要，想与客户拉近关系，但却忽略了人与人的交往距离，过近的距离会让人感觉没有分寸感，自然对服务的评价就大大下降了。服务工作中很多细节都有规范，过度服务，反而过犹不及，恰到好处的服务才是客户所需要的。服务中，需要恰如其分地把握合适的服务距离，方能给予客户足够的尊重感。

什么是服务距离呢？服务距离就是你在为客人服务时应该保持的恰当距离。太近了，会给人压迫感，太远了，又会让人觉得疏远。美国人类学家爱德华·霍尔博士将人际交往中的距离划分为4种类型，分别是：亲密距离、个人距离、社交距离、公众距离。在人与人所进行的交往中，交往对象彼此之间的距离，因场合、因对象、因身份都会有所不同。交往中人际距离必须适中，过大过小都不当，都是有碍于正常的人际交往的。

而在服务场合中，根据实际的服务情形，服务人员与服务对象保持合适的人际距离，大致可分为以下5种。

1. 服务距离

服务距离是服务人员与服务对象之间的距离，一般情况下0.5~1.5米为宜。特殊的情形视具体情况而定。在一般的服务情形下，不得靠近距顾客0.5米之内，也不得与顾客有身体上的接触，如果在机舱这样狭小的空间，则需要有避让的动作。而在幼儿园、医院这样的特殊场合，则根据工作守则和服务对象的实际需求来操作。

2. 展示距离

展示距离是指在服务对象面前进行操作示范，让服务对象更直观、更充分、更细致地了解服务项目。比如调酒师为客人展示调酒过程，相距 1~3 米的位置，客人就会看得比较清楚，增加了品酒的乐趣。但在展示的时候，需要注意保护顾客的安全。进行展示时，一般以 1~3 米距离为最佳。

3. 引导距离

引导距离就是服务人员为服务对象带路时彼此之间的距离，按惯例，现在的商务和服务场合中，一般都是以右为尊，服务人员一般走在顾客的左前方 1.5 米左右，最为适当。但如果顾客的右边车水马龙或者有其他不安全因素，则应让顾客走在内侧，以保护顾客的安全。

4. 待命距离

待命距离是指服务人员在顾客还没传唤自己、要求自己为之提供服务时，要与对方保持的距离，正常情况下 3 米以外为宜。从心理学角度来看，这符合社交距离的心理感受，在这样的距离之外，顾客会有不被打扰的享受空间。服务人员在待命距离的时候，要注意随时留意顾客的需求和动向，以便及时提供服务。但不可以时刻盯住或者窥视。

5. 信任距离

信任距离是指服务人员为了表示对服务对象的信任，也为了使对方在浏览、斟酌、选择或体验更为专心致志时采用的一种距离。此时应离开服务对象，从对方的视线中消失。但我们要记住，从对方的视线中消失不代表置之不理、完全消失，而是处于一个随时可以被顾客呼唤到的位置，或者告之顾客可以随时找到自己的方式。比如我们去茶室，在为我们提供了需要的茶水和茶点等服务之后，服务人员会在离开前告诉我们，"如果需要请按服务铃"，这样可以让到茶室的客人们更加静心、舒心地享受茶香，与好友随意交谈。

了解并掌握了服务距离，在服务中也有了"分寸感"，相信在服务中，服务人员更能以专业的行为获得客户的认可和信任。

（三）热情服务无干扰

案例

一天下午王总约了客户到一家茶室谈业务，特意订了一个包间。服务员小琳很热情地按照王总的要求快速上齐了茶水和茶点，离开了包厢。王总和客户寒暄了一会儿，喝了一泡茶，正准备开始就业务问问客户的需求和想法时，包间的门被打开了，服务员小琳提了个壶站在门口，笑盈盈地问王总："王先生，我来看看您这边需不需要加水，我怕你们喝得快，就赶快过来看看。"王总有点生气："不用，才喝一泡，还有水。等会需要会叫你的。"小琳一看王总的脸色，悻悻地提着壶退出去了。王总看着退出去的服务人员，整理了一下心情，开始跟客户交谈起来。刚说到关键处，门又被敲响了，服务员小琳又站在门口："王总，您这边需要加水吗？"王总眼睛瞪着小琳："没叫你进来，把壶放下，没叫你不要再敲门了。"结账的时候，小琳被投诉了。她很委屈，难道热情服务也错了吗？

您知道吗？在工作岗位上，服务人员需要为服务对象热情服务这是不言而喻的，但它要有个度，必须掌握好分寸，在表现得热烈、周到、体贴、友善的同时，要给客人提供一定的自由度，不至于使服务对象在享受服务的过程中受到服务人员无意的打扰或影响。俗话说"添一分则多，减一分则少"，凡事物极必反。服务不够热情，会怠慢服务对象；如若热情过度，同样也达不到预期效果。一般情况下，服务人员向服务对象提供无干扰热情服务，特别要注意以下三个方面的问题。

1.注意语言

服务人员在问候服务对象时不宜多言多语，如不适当的征询、不适当的邀请、不适当的推介等。客户刚开始浏览商品就问"您需要什么？需要拿出来给您看看吗？"客户还在门口就吆喝"进来看一看／试一试／尝一尝"等。

2.注意表情

在人际交往中，表情通常是一种信息和交流的载体。服务人员在服务时，要对自己的表情自觉地进行适当地调控，更为准确、适度地向对方表现自己的热情友善的态度。要避免不恰当的眼神、不适合的笑容。

3. 注意举止

服务人员在为服务对象提供服务时，一定要注意自己的举止，如不卫生、不文明、不敬人、不负责的举止等。

服务确实是件讲究细节的事情。如果我们时时刻刻都把"客户至上"放在心上，便会在细节处处加以关注，从客户的感受出发，细致入微，做到优质三到，即服务中的"眼到""嘴到""意到"，让客户感受到至上的礼遇。

意识决定行为，行为决定结果。服务人员只有学习并掌握了零度干扰理论，才能正本清源，真正提高自己的认识，并且在服务实践中与种种干扰服务对象的所作所为绝缘。

思考和练习

1. 实现"零度干扰"应从哪三个方面来注意？请详细说明。

2. "服务三轻"是指哪"三轻"？为什么需要注意？

3. 为什么说建立信任的身体语言非常重要？

4. 请详细列举建立信任身体语言的五项管理要点，并结合举止要求练习。

要点回顾

1. 服务举止的重要性：提升服务品质；弥补服务中的不足；增进双方沟通。

2. 建立值得信任的身体语言的五项核心要点：背部管理、手势管理、微笑管理、眼神管理、洁癖管理。

3. 零度干扰，又称零干扰理论。就是要求服务人员在服务过程中，为服务对象创造一个宽松、舒畅、安全、自由、随意的环境。服务中的零度干扰要从三个方面特别注意：创造无干扰环境、保持适度距离、热情服务无干扰。

4. "服务三轻"指的是说话轻、走路轻、操作轻。"服务三到"指的是眼到、嘴到、意到。

5. 服务中的五种距离分别指：服务距离、展示距离、引导距离、待命距离、信任距离。

第四节　服务沟通

近年来，网上购物已成为人们的生活习惯。随着购物系统的日益完善，选择这类购物方式的人群也越来越多，越来越广。

这天方晴在公司开会，接到一个陌生电话，因为在会议上不方便接听电话，她就把电话挂掉了，谁知道电话又打进来，她再挂，电话再打……反复几次之后，她就把电话静音了。等她开完会再来看电话，上面有一条短信："你快递还要不要了？"原来是快递小哥的电话。她想起来，最近买了一个热水壶，但大小是可以放进家楼下的蜂巢的呀，为什么快递小哥还打电话过来？说话还这么不客气。但方晴还是回了一个电话过去。电话响了一会儿，对方接听声音很大，也有点粗鲁："你谁呀？"一番解释之后算是搞明白了，快递小哥投递之前打算确认方晴家有没有人……方晴就纳闷了，明明蜂巢可以放得下，为什么还要确认？别家快递为什么不需要确认？最令她生气的就是快递小哥说话的态度。

于是，她就跟卖家沟通："你们家的快递态度太差。"

卖家客服回复："这不是我们家的事儿，你对快递不满意，可以去投诉快递公司。还请给我们家一个五星好评哟！"

方晴最后选择了退货……

案例中的快递小哥在送货前想着按流程要确认一下是否有人在，但沟通过程中没有注意沟通技巧，也忽略了沟通态度，反而惹怒了顾客，导致退货。

人际交往离不开沟通。我们的思想、信息、情感相互交流，达到相互理解、相互认可，相互支持。同样的一件事，使用的语言不同，得到的效果也可以大相径庭。汉语是世界是最优秀的语言之一，经过数千年的锤炼，足以表达最为细腻、复杂的情感和思想。礼以敬为主，在礼仪的场合，需要秉持"自谦而敬人"的理念，以恰到好处的方式与对方进行交流。

所谓"良言一句三冬暖，恶语相向六月寒"，一句恰当的表达，一句暖心的话语，都会快速拉近人与人的距离。一句伤人的话语，却会令双方关系跌入冰谷，背相而去。

在服务中，沟通更是必不可少。有时候，商品好，服务人员形象管理佳，但不会服务沟通，仍然会令顾客不满意甚至投诉。服务礼仪的核心在于恰到好处地向宾客表达自己的尊敬之意。所以，规范、巧妙的服务沟通在服务工作中就显得特别重要了。

服务沟通是服务人员在服务宾客时所用的语言。恰当得体的沟通技巧，不仅可以表现出服务人员的亲切、友好、热情，也能传递出对宾客的尊重，进而提升服务的满意度，同时还可以提高服务的效率。因此，在服务工作中，准确而适当地使用沟通技巧，对于服务人员来说是必备的服务技能。

服务工作，最根本的目的是给顾客带来愉快美好的服务感受。服务人员在与顾客沟通时，要注意使用文明语言、礼貌用语、吐字清晰、用词文雅，根据恰当的情境使用合适的沟通技巧。

一、服务沟通的 3A 法则

"对不起，我不知道，您问别人吧。"

"这个您买不买？都看了好久了，后面还有人等着呢。"

有时候会听到有服务人员这样对顾客表达。也许服务人员原本没有什么恶意，但这样的言语在顾客听起来就不那么舒服了，感觉到自己不被尊重，不受欢迎、被推诿、被催促、被嫌弃。

根据服务礼仪的规范，服务人员在工作岗位上应当向顾客表示尊敬之意，给顾客带来美好的感受，必须善于抓住以下三个重点：接受对方、重视对方、赞美对方。这就是我们常说的"3A 法则"。"3A 法则"是由美国学者布吉尼教授提出来的。在英文中，"接受"（Accept）"重视"（Appreciate）"赞美"（Admire）三个词汇都是以字母"A"打头，因此又称为"3A 法则"。按照 3A 法则的规定和要求与顾客沟通与交流，这样就更加方便和准确。

（一）接受对方

服务人员接待的顾客来源非常广泛，顾客千差万别。在这些顾客中，有些顾客高雅得体，也有些顾客的行为或表现并不是我们的服务人员所喜欢和接受的。而想要做好服务，就不能以自己的好恶为标准，更不能带着情绪上岗。能换位思考理解顾客并接受对方，热情相待，来者不拒；不怠慢、不冷落、不排斥、不挑剔、不为难；积极、热情、主动地接近对方，淡化彼此双方之间的戒备、抵触和对立的情绪，这就是接受对方。

接受对方也包括接受对方的风俗习惯和交际礼仪。在人际交往和服务过程中，不因服务对象的身份地位不同、学识教养不同、性别背景不同而区别对待，也不因个人喜好选择对待，而是站在服务对象的角度去理解对方、接受对方，帮助对方。在全球的星巴克咖啡店，无论你是谁，也无论你点不点咖啡，你只要坐进去，就不会有人赶你走。接纳文化，在这里得到彰显。

接受对方也包括包容和理解服务对象。在岗位服务时，即使顾客的理解或者操作是错误的，也不要直接与顾客争辩，或直接指出顾客的错误，而是尽可能地采取委婉的语气表达，让顾客能充分理解，更易于接受。

优秀的服务人员，一定是严于律己、宽以待人，从内心深处去接纳和包容顾客，关注顾客至上，展示宾至如归，提供至上礼遇。

（二）重视对方

重视服务对象，是服务人员对服务对象表示敬重之意的具体表现。应当表现为认真对待服务对象，并主动关心服务对象。让对方在被服务的过程中感觉自己的重要性和独特性。

重视对方，是在心里尊重对方，尊重对方的心理感受，尊重对方的需求，把对方放在重要的位置，这远比我们给对方送个小礼品更重要。

尊重需求是人类最基本的需求之一，因此，人际交往中，务必使对方获得情感满足。

服务人员有时候总会觉得自己的工作不被重视，其实尊重了对方就是尊重了自己。尊重了他人，在相互的交往过程中，自己的才华才有机会得以显现。

　　有一天下午，张女士带着女儿走到位于一幢写字楼二楼的培训机构的大门。她想给女儿报一个英文学习班，在网上搜了很久，发现离家比较近的就是这家，属于连锁机构，而且听说口碑还不错。走到二楼，就看到玻璃的大门是关着的，透过玻璃窗往里面看去，发现里面空荡荡的，大厅也没有人走动，离门很远的前台有两个黑黑的脑袋，大概都在低着头，也没有人看到在门口张望的张女士和女儿。张女士当下心里就有点怀疑，这难道就是那个口碑不错的培训机构？怎么门可罗雀？但来都来了，张女士还是准备进去咨询一下。

　　于是，她推开厚重的玻璃门，走到前台，叫了一下前台人员："打听一下，你们是××培训机构吗？"前台人员这时抬起头来，看着张女士回答："是啊。"张女士心有不悦，就说了一句："哦，我还以为你们关门了呢。"前台的小姑娘想也没想直接回了一句："怎么可能，门开着呢。你们是要来上课还是来咨询的？"张女士一听这话，眉头就皱起来了，但还是耐心地回道："我来咨询的，想看看高考英语提升班。"前台小姑娘就说："那您等一下，我给您安排一下咨询老师。"然后就拨通电话，可能是没人接，她嘀咕了一下，就拿起手机走到一边打电话去了，张女士和女儿就干站着。而另一位前台人员，还在摆弄她的电脑……

　　等了很久，前台小姑娘才回来说："刚帮您联系了一下，我们那个资深的老师现在不在公司里，就帮您安排了另一个老师。我带两位去会议室吧。"

　　张女士带着女儿跟随前台小姑娘走进了一间非常狭小的会议室。里面的老师见到张女士和女儿，打了个招呼之后就开始介绍了："我们现在的高考冲刺班有三种不同的班级，一种是一对一，费用就比较高了，但效果比较好；第二种是一对四，费用相对低一点，效果也还可以；第三种是小班教学，一个班大概20人左右，效果就不保证了。你们看你们要哪一种？"

　　张女士回复说："我女儿现在是高二，成绩还可以，现在想考上海交大，哪个会比较适合？"

　　老师回复："要考好学校肯定是要多付出的，那就一对一吧。"

　　张女士想了一下说："那我们回去考虑一下吧。谢谢您了！"

　　说完就带着女儿走出了教室。离开机构经过前台时，大厅里仍然一片静悄悄……

———◆◆◆———

这个案例的结局想必大家肯定也猜到了，张女士最终没有选择这家培训机构。张女士最初来到这家机构是慕名而来。但过来之后，门口的冷清，大门不开，已让她心生疑窦。推门进来之后，没有人理睬，让她感到被忽视。心情从最开始的期待越来越差。跟前台人员交流的时候，"以为没人呢"这句话张女士只是想表达一下情绪，结果前台人员不但没有理解她的情绪，反而说"怎么可能呢"，张女士感觉到自己没有得到重视和尊重，情绪就更不好了。前台人员去找咨询老师的时候，既没有说"请您稍等"，在张女士和女儿等了很久之后，也没有表达歉意。情绪积累到这时候，张女士还是忍耐着，想听听专业人士的建议，但负责咨询的老师却没有关注她女儿的具体情况，了解她们的具体需求，只一味地推荐自己的产品。在这个过程中，没有人关心过顾客，让顾客感受到被怠慢，整个接待过程，没有让顾客感受到尊重和重视。顾客在最终选择的时候，自然就敬而远之了。反过来，如果张女士一进门就马上看到接待人员放下手中的工作，主动迎上来问候："女士，您好！欢迎您，请问有什么可以帮到您的？"她会是什么样的感受呢？一定感觉自己是受欢迎的，受重视的，对这家机构的好印象一定会增加，有助于接下来的咨询与洽谈，为后期的成交奠定基础。

在服务中，重视对方，会表现为时刻的关注和关心，耐心的聆听和解答，贴心的帮助和照顾，以顾客为中心，努力提供优质的服务，满足顾客的个性化需求。

重视对方，在服务中具体体现在如下三个方面。

1. 记住对方的姓名

卡耐基说，世界上最美的声音，就是有人对自己名字的呼唤。人对自己的名字总是最敏感的，被对方记住，就意味着对方对自己重视有加。在我们的服务中，有四类顾客的姓名是一定要记住的：

VVIP顾客，非常非常重要的客人，是指国宾或本国的国家领导人；

VIP顾客，非常重要的客人，是指重要的外宾、政府的高级官员和社会各界知名人士；

IP顾客，重要的客人，一般包括与本公司关系密切的其他公司的负责人、领导以及政界、商界、军界、学术界、新闻界人士；

SP顾客，特殊的客人，包括常来消费、曾经有投诉或特殊要求、需要特别关照的客人。

在记住这些重要顾客的姓名的同时，也一定要记住千万不要叫错人的姓氏，张冠李戴，否则反而弄巧成拙，这就要求服务人员一定要花心思，要特别留意和细心，提前做好功课。

是不是只要注意特别重视这些顾客就行了呢？显然不是，来者都是客。所以，在特别重视这几类顾客的同时，接待普通顾客，也要注意随时留心他们的个性化需求，以满足顾客需求为己任，同时，也要注意在普通顾客面前为特殊顾客提供特殊服务时，服务差异带来的差异感受，尽量尊重普通顾客的心理感受。

2.随时随地使用尊称

案例

有一次，某公司财务经理王先生去某银行谈一笔贷款业务。银行的业务经理约他直接去营业厅后面的办公楼里见面。王经理走进营业厅，厅堂里客人比较多，大堂经理和保安都不在门口，他就径直穿过厅堂朝右侧的通道走过去。当他接近通道的时候，他就听到身后有个人在叫他："哎！那个谁！登记了没有？后面不能去！过来登记！"王经理回头一看，一个保安站在后面，瞪着眼看着他，左手还抬起来手心向下勾着招呼他过去。

如果您是上例中的王经理，一定也是非常不舒服吧。

服务中，礼貌地称呼对方，是重视顾客的一种具体表现。在服务中，见到顾客主动招呼，并规范使用尊称，是服务中对交往对象表示尊重的一种常规表现。开口两件事："称呼＋问候"。随着地区不同，称呼的方式也不一样。在广东地区，会经常称呼顾客"靓女""靓仔"，在江浙沪地区，会经常称呼对方"先生""女士"，在北方会经常称呼顾客"大姐""大哥""大叔""大妈"等。服务人员要因地制宜，使用规范标准的礼貌称呼，体现对顾客的尊敬之意。

3.倾听服务对象的要求

在服务中，我们需要注意倾听顾客的心声，并准确理解顾客的需求和意图，从而达到满足顾客的目的。

在人际沟通的过程中，倾听是一种礼仪，是表示对交流对象的一种尊重。

服务人员在接待顾客的时候，无论是在忙什么工作，只要顾客一来到工作台席前，应该马上停下手中的工作，以热情礼貌的态度接待。顾客表达自己的服务需求时，服务人员也应该认真聆听，不打断、不厌其烦，耐心倾听，充分理解对方，并接纳对方的意见和建议。

（三）赞美对方

赞美是和批评、挑剔、厌恶等相对立的一种积极的处世态度和行为。一个人无论是通过语言还是通过行为表达出对别人的优点和长处真诚的肯定和喜爱，都是赞美。人际交往的过程中，欣赏并认可对方，不仅是一种礼貌，更是一种修养。

赞美是每个人都需要的。美国著名心理学家威廉·詹姆斯研究发现："人类本性中最深刻的渴求就是受到赞美。"赞美会迅速拉近彼此的距离，建立良好的关系。赞美也是自己内在足够充盈的一种表现，对自己足够的认知和认可，才会去用欣赏的眼光看待他人，发现他人的优点。

赞美有以下几个基本原则。

1. 实事求是

有的人为了赞美对方，就刻意奉承，找一些好词来堆砌。对长相一般的顾客说您长得真美，对小个子顾客说您的身材真好，这样的赞美不但不会使顾客高兴，反而可能会让对方难堪。有时候，为了卖出商品，服务人员夸大其词、极尽吹捧、过度恭维，也违背了我们服务中"真诚"的原则。赞美一定要实事求是，每个人的身上都会有优点，我们要善于发现对方身上的优点，去欣赏他、赞美他。

2. 适可而止

有的服务人员为了获得更多的顾客好感，在服务过程中，不停地赞美顾客，而这样的夸张表现不但不会让顾客满意，反而容易使对方心生反感，认为服务人员过度殷勤、刻意讨好，虚假有余，真诚不足。过度的赞美不但不会让顾客对我们的赞美产生接纳喜欢之意，反而会对服务人员产生虚伪之感。在服务中，赞美之词不用多，一两句即可，恰到好处才如水浸润人心。

3. 真诚赞美

无论你会不会说赞美的话，只要是真心地发现、真心地表达，顾客都会接受。

有一次顾客在包厢吃饭，服务包厢的其中一名服务人员把菜上错了，非常忐忑地跟顾客道歉，顾客不但没有责怪她，反而说"上错了我们就错吃，不过这道菜味道还不错"。这名服务员特别感谢顾客，要知道，上错了菜，这道菜得自己赔，还可能要扣绩效奖金。但顾客没生气，还自己埋单，她非常感谢对方，在顾客埋单后对他说："先生，真的太感谢您了，谢谢您没有责怪我。您真是个好人，谢谢您！给我也上了很深刻的一课。我以后会记住，要认真对待，努力做好工作。"这名顾客恰好是一个公司的销售总经理，经常需要宴请顾客，听到服务员的话，他笑了笑没说什么。后来，公司的宴请经常放在这家饭店，也经常点名让这名服务员来服务。没有华丽的辞藻，没有过多的话语，真诚，简简单单的几句话，顾客就能接受。赞美，发自内心、真诚就好。

4. 赞美内在高于外在

赞美是一种欣赏，是一种认可。在彼此不熟的时候，我们可以通过对顾客的外在进行赞美。比如：可以夸气色，"您今天气色真好，真精神"；也可以夸衣品，"您这身衣服真适合"；还可以夸声音，"您的声音真好听"；夸发型，"您的发型真好看"；夸皮肤，"您的皮肤保养的真好"……如果我们夸对方"您真有品位""您对我们的行业真了解""您真的跟其他顾客不一样""您的眼光真好"等，则是夸对方内在的修养、眼光。夸人内在高于夸人外在，夸人内在给人的感觉是"懂我""了解我"，内在的品质被对方欣赏，是更高层次的理解。

5. 赞美要及时

当下赞美，才是最恰到好处的欣赏。当顾客看中一件销量较好的商品，我们就夸赞"您真有眼光"；当顾客猜出了一个菜的工艺，我们就夸赞"您真是行家"。事情一发生就即刻赞美对方，即时赞美就像润物细无声，悄无声息地住进顾客的心里。

赞美是与对方交往的一种情感纽带，是表达欣赏和接纳对方的方式。真诚地、实事求是地赞美对方的长处，是用心地发现并及时地表达情感的一种方式。在我们的服务中，在真诚相待、真心接纳、包容宾客、表达尊重的同时，也不要忘记赞美对方，真正把对方放在心上。

二、服务沟通中的语言要求

案例

赵先生买了台新车，接下来就要为新车买保险了。他打了几个电话之后，了解到各家保险公司的车险都差不多，于是就比较了一下各家的赠品，选了 A

公司。保险公司的快递员按约定时间将保单送到赵先生手里的时候，赵先生提出："赠品呢？"保险公司快递员回了句："我不知道，这您得问销售。我只负责送保单。您是刷卡还是微信支付宝？"赵先生听了之后，心生不悦，就说："等等。"于是拨通了当时卖保险的销售电话，电话接通后赵先生说："我想找给我卖保险的销售，我的赠品没到。"对方一位女生回复："先生，不好意思，我们这边是随机配接的电话，我不清楚您的销售是哪位？您知道他的名字吗？"赵先生不耐烦了："你们的销售电话打过来就是这个，我没留意他的名字，你可以帮我查一下吗？我的车牌号码是……"对方回复："我这边也不好查。先生，要不，您先查好再打过来吧。"听完，赵先生转头就对快递说："不好意思，我也联系不到销售，这个保单我不要了，请退回去吧。"快递一脸懵……

在顾客服务的过程中，顾客不止与一位服务人员接触。每一位服务人员表现出来的状态都会给顾客留下印象，而所有印象的叠加会形成公司给顾客的整体印象。在顾客的眼中，每一位服务人员都代表了公司，每一位服务人员都肩负着塑造公司形象的关键作用。服务人员的言行举止、一举一动都是塑造公司形象的关键所在，不仅要按公司的要求注意形象、举止，更要符合行业的语言规范。在服务中，规范使用语言有以下要求。

（一）首问责任制

首问责任制这个概念，最早是在我国政府部门中创造并实行的，是针对群众对机关内设机构职责分工和办事程序不了解、不熟悉的实际问题而采取的一项便民工作制度。

对于服务行业来说，服务质量的优劣直接决定着公司的兴亡。服务人员要想尽可能地让顾客有更好的服务体验，需要有良好的服务心态，过硬的服务能力，也应尽力获得顾客的信任。而首问责任制有着重大的意义。在服务中，顾客常常会提出各种各样的问题，服务人员有时候会觉得麻烦而推脱，或者因为本人不清楚就直言让顾客自己找其他部门，这样就会给顾客推诿之感，难以建立信任。因此，在服务型公司里，公司会要求所有员工了解公司的产品、机制、流程以及相关信息，以便为顾客提供更及时、准确的一站式服务。本着"主动服务"的原则，不允许员工回绝本岗位以外的正常问询。在顾客的第一接触人是你的时候，你就必须尽自己所能，给顾客明确的答复或者将问题最终解决，不允许有"不知道、不清楚、不确定"等无效回复。

首问责任制包含的内容主要是：第一，凡属于本人职责范围内的问题，要立即给顾客的询问以圆满答复，对顾客提出的要求予以妥善解决；第二，虽是本人职责范围内的问题，但因顾客的原因，目前不能马上解决的，一定要耐心细致地向顾客解释清楚，只要属于顾客的原因不存在了，就应马上为顾客解决问题；第三，凡是属于本人职责范围之外的问题和要求，"首问责任者"不得推诿，要积极帮助顾客问清楚或帮助顾客联系有关部门给予解决。必须做到环环相扣，手手相接，直到顾客的问题得到圆满的答复，要求得到了妥善的解决。

正如中国单体酒店联盟智库专家说："首问责任人必须尽自己所能给宾客提供最佳和满意的服务，直至问题得以解决，或给予明确答复。首问责任制的推出，不仅仅是一种酒店服务形式，而是通过这种形式折射出了酒店为宾客服务的真实内涵。"这值得我们其他的服务业担任管理职务的人参考和借鉴。

在中国单体酒店联盟智库中曾经有这样一个案例：如果你是酒店员工，有位顾客向你问路，而你又不知道，这时你会怎么办？综合不同酒店员工的实际情况，有四种有代表性的做法：第一种，你可能会告诉顾客，你也不知道，请他去问其他相关部门；第二种，你可能会告诉顾客，你也不知道，但酒店营销部有电脑，他可以去网上查一下；第三种，你可能告诉顾客，你不知道，请他稍等，你打电话给知道的人，请他过来向顾客说明；第四种，你可能会马上请同事替岗，请顾客稍等，你向熟悉路况的人问清楚，然后回来告诉顾客或陪同顾客一起到相关网站查询。很显然，第一种和第二种就是"推诿行为"，看似客人没有受到冷落，却像球一样被踢来踢去，也有可能被拒绝的客人就不会自己进行电脑查询。方法三和方法四算得上是"主动服务"，但并不是最佳解决方案。因为复述可能既花时间，又产生误差，弄巧成拙。所以，在服务中，如果本着"服务宾客，到我为止"的服务理念去解决，最好的方法是这位被顾客询问的员工清楚当地主要交通情况，由他直接告诉客人。

好的服务来自意识的转变，如果每一位员工都把"主动服务""首问责任""顾客满意"放在首位，则意识指导行动。员工们会有服务质量和服务水平的飞越，努力令顾客满意，及时帮助顾客解决问题，不断抓住任何一个为企业赢得顾客赞誉的机会。

（二）规范使用文明礼貌用语

作为现代服务行业，服务人员首先要懂礼知礼，才能守礼用礼。接待顾客时，我们希望顾客感受到宾至如归，就要做到主动、热情、积极，语言上符合行业规范，不讲粗话、脏话、讽刺话以及与服务无关的话，常用礼貌用语、文明用语、规范用语，并注意用词文雅。

礼貌用语是在服务的过程中正确地表达对顾客尊重的一种语言表达方式。在服务的过程中，我们应该经常使用，规范使用。"您好、请、谢谢、对不起、再见"是我们常用的十字礼貌用语。除此之外，与顾客交流时，还应注意：说话要尊称，态度平稳；说话要文雅，简练明确；说话要婉转，充满热情；说话要讲究语言艺术，力求语言优美，婉转悦耳；与顾客讲话要注意举止表情。使用礼貌用语是服务人员素养的表现，正确使用也会给顾客带来愉快温馨的感受。

（三）符合基本要求

在工作岗位上使用岗位用语、文明用语、礼貌用语，在使用的时候有以下三个基本要求：普遍性、主动性、约定性。

普遍性指的是在服务的过程中，要经常使用，甚至在每一句话的表达中都一定会出现文明礼貌"十字用语"。

主动性指的是在服务的过程中，有积极的意识，致力于为顾客创造良好体验感，以顾客为中心，积极主动使用这些语言，更能在使用时注意"眼到、嘴到、意到"，内外合一。

约定性指的是这些语言通常在行业中会经常出现，是约定俗成、沿用已久、人人皆知的。所以，服务人员应当遵守惯例，尽量不要另辟蹊径，以免出现沟通错误或产生误会。

（四）服务沟通要及时

所谓沟通要及时，是在服务的一些关键节点，一定要注意及时规范地与客人进行沟通交流。特别要注意这六大时间节点：客人来时有迎声，客人问时有答声，工作失误有歉声，受到帮助致谢声，暂时离开有知会，客人走时有送声。

及时与顾客沟通交流，除了符合服务的规范性之外，还体现了我们对顾客的关心和细心。

（五）客服语言四大禁忌

在服务中构建良好的顾客体验，礼貌让人心生喜悦，能拉近人与人的关系。

恰到好处的语言可以让人如沐春风，礼貌用语可以提升服务品质。在服务岗位中，也有一些语言是不可以说的，如果一不小心使用了这些语言，除了伤害顾客之外，还会给我们的服务增加麻烦。顾客服务中以下四大语言禁忌是我们一定要知晓的。

1. 说不尊重的话

尊重他人是人的基本素养，每个人都希望被尊重。在人际交往的过程中，不尊重他人的话是绝对不可以说的。特别是对对方的长相、身材、衣着等进行不好的评价，或者对对方的缺陷进行评价，会大大伤害对方，让对方难堪。礼仪是一种尊重，必须维护他人的面子。在服务岗位中，一定要避免不尊重的语言。

2. 说不友好的话

有的时候在服务岗位，服务人员可能被顾客抱怨了几句，或者本身自己生活中的事情影响了工作的情绪，服务人员在与顾客沟通的时候，逞一时口舌之快，急于在口舌上战胜对方。殊不知赢了一时却输了顾客。人际交往时，想要让对方接纳你，你先要向对方展示友好。服务中，即便对方不够友好，服务人员也应友好相待，展现良好的职业修养。

3. 说不耐烦的话

服务工作本来就是烦琐的、细致的。在服务工作中，我们会遇到的顾客也是形形色色，有的顾客喜欢表达，有的顾客喜欢提问。如果我们在服务中没有耐心，在顾客兴致勃勃地表达的时候不耐烦地打断顾客，会让顾客感觉特别不被尊重。在人际沟通中，认真倾听对方是尊重对方的一种表现。在服务中，顾客愿意向你表达，也是他对你有信任，愿意向你倾诉，如果这个时候你愿意花时间来倾听对方，不仅是一种礼貌和修养，更可以在倾听中与顾客培养感情，同时更好地了解顾客的想法和需求。如果你真的想要打断对方，千万不要太直接，应该在恰当的时候巧妙地打断，不让对方觉得尴尬。在与对方交流的时候，更不能流露出嫌弃的表情，甚至直接指责对方。

4. 说不客气的话

案例

孙大爷的儿子给他买了一个手机，但没过两天手机就出现问题，不能打电话了。孙大爷在邻居的陪同下来到专卖店，销售人员接待了他，问清楚缘由之后，拿过手机来检查，很快就发现手机有摔过的痕迹，于是就问大爷："大爷，这手机摔过了吧？"孙大爷脸涨得通红："就轻轻滑了一下，不会有影响吧……"销售人员回复说："这明明是您自己的问题啊。您这样不合适吧，明显是因为您自己的问题出现的故障，还说我们手机有质量问题。您这属于因自己的原因损坏的，如果要修的话要另外付钱。"孙大爷抬起头看着销售人员，半天说不出话来。

在服务中，说话不能太直接，也不要直接指出顾客的问题。有的人天性直接，就把这种直接带到服务工作中。在与顾客交流的时候，如果顾客出现了错误，直接指出来，丝毫不留情面，这样不客气的表达会让顾客感觉被冒犯，失了面子，也会离你而去。

在服务中，表达时一定要注意对方的感受，不能太直接、太生硬，要照顾对方的面子。一定要指出来的时候，也要用对方能接受的方式。

（六）语气表达要注意

与顾客沟通，语气语调非常重要。热不热情、欢不欢迎，从声音的高低就可以听出来。所谓抑扬顿挫，就是情感的表达。在与顾客交流的过程中，仅仅规范的语言还不够，还需要亲切热情的态度。要注意以下几点。

1. 语言语调悦耳清晰

音色清晰，发音清晰，语气柔和，增强服务中顾客的舒适感。试想，服务人员如果粗声粗气，顾客的感觉也一定不好，温和清晰的语气，更能拉近彼此的距离。

2. 语气诚恳亲切

与顾客交流，要有亲切的态度，让顾客感到宾至如归，交谈的语气诚恳，更容易与顾客建立信任感，从而更好地提供服务。

3. 首选普通话

普通话现在全国通用，在各个服务场合，也应当尽量使用普通话。各地也会有各地的方言，有时候在接待老年顾客的时候，可能老年顾客还是会更习惯方言交流，服务人员可以照顾顾客的习惯，首选普通话，其他交流则可以使用方言。

4.语速适中

各人性格习惯不同，有人说话快，有人说话慢。但这在服务中都不行。在服务中，表达和沟通都是为了更好地服务。所以，在服务中，说话时要注意语速适中，不快也不慢，务必让顾客听清楚。

5.音量适中

适中的音量，既能让顾客听清楚，又不至于影响他人。与人交流，适中的音量是最让人舒服的，声音过大，会让人觉得聒噪，又影响服务区其他的顾客，声音太小，可能会导致顾客听不清楚，影响服务效果。在服务中，恰到好处的音量是刚好让顾客听得到，还不会影响其他人。除了保持服务场合的优雅环境和顾客的良好体验，还要注意保护顾客隐私，尤其是在顾客埋单或者支取大额现金时，更要注意。

（七）积极倾听有助于高效沟通

案例

李先生在网上买了一个实木的餐边柜，安装人员上门安装时发现桌子的其中一个面板的边上有明显的磕痕，李先生就拍了照片发给客服说："在你们家新买的柜子右边有个明显的磕痕。"

很快客服就回消息说："那给您补偿点钱吧。"

李先生回复说："我是想问你怎么处理。"

客服说："或者我们安排师傅上门给您补修一下，但补修就不补偿钱了。"

李先生一听这话，不高兴了："你的意思是没补好也不管了？"

客服说："反正要么直接补点钱给您，您就自己修，要么找师傅给您修补，就不能补偿钱了。您自己选。"

李先生听完，反驳："你们店就是这样服务的吗？我不要了，退货吧！"

案例中，从李先生与客服之间的交谈，我们不难发现，客服仅仅关注在自己的既定服务沟通的流程中，而没有去认真倾听李先生的表达和诉说，更没有关注到顾客的感受和诉求，导致李先生对服务的不满而发生退货。

人际交流中，倾听是对对方的尊重，是重视对方的意见、重视对方的情感和态度的一种行为表现。同时，积极的倾听也会帮助服务人员更好地了解顾客的意图。

　　有一次，周女士在美容店染头发，理发师不慎把染发剂弄到她的衣领上了。周女士当场就提出了投诉。美容店的店长闻声马上赶过来："女士您好，我是店长。真的非常抱歉，让您生气了，您这边有什么问题，我来帮您处理吧。"

　　周女士看了一眼店长，生气地说："店长是吧，你们理发师也太不小心了，染个头发，把我的新衣服弄上了颜色，这衣服是我男朋友送我的生日礼物，这怎么穿呀？你们理发师是不是新来的，太不专业了。我这衣服现在这情况，你说怎么办？"

　　店长一听连忙向周女士鞠躬道歉："真是对不起，是我们的员工操作不当。"周女士继续说："就是，太不专业了。怎么能弄成这个样子呢？你看，这领子……"边说边拉着领子让店长看。店长认真地聆听，顺着周女士的手朝领子上看过去，确实是染上了一块颜色，店长对周女士说："真是有一小块呢。真是对不起。我来帮您看看有没有什么办法处理。"周女士听到店长这样说，稍微缓和了一下语气。助理送上一杯饮料，周女士坐下了。店长正巧看到周女士的脖子上戴了一条精美的项链，于是就问她："您这条项链好漂亮啊，我刚好也想给我太太买一根，不知道您是在哪里买的呀？"

　　周女士一听店长提到项链，眼睛亮了起来："这是我男朋友送的。"

　　店长观察到周女士的表情，回应道："您男朋友对您可真好。项链也选得特别好，特别衬您。你们感情一定很好吧。"

　　周女士回复说："那是。"于是就开始讲她和男朋友的故事，店长在旁边认真地听，还时不时地回应。聊着聊着，周女士也不提衣服的事了。还是店长主动说帮她把衣服送去干洗店，并免掉这次染发的费用。周女士满意地回家了，后来还成了这家理发店的常客。

────────────

　　案例中，店长能认真倾听顾客的抱怨，不争辩、不反驳，同时还恰到好处地赞美顾客，并适时转移话题，最后解决了这次事件。聆听对于顾客来说，就是尊重，让他发表意见，重视他的需求，认真地聆听和适时地反馈能够获得顾客的好感，进而为解决问题打下良好的感情基础。

不懂得倾听，就无从谈沟通。古希腊哲人曾经说过，造物主给了我们每个人两只耳朵和一张嘴，就是要我们多听少说。现代社会学家们经过研究也发现，通常情况下，人与人沟通的成败并不在于他们说话时间的长短，而是在于他们说了什么，以及所说的内容被正确理解的程度。而沟通的成功，一定程度上也取决于倾听者是否会倾听。

无论与什么顾客沟通，也无论是沟通什么问题，先听对方把话说完，这是最基本的礼貌。如果顾客想表达自己的观点，他当然希望你能听完；如果他对某件事有不同的观点，他也希望你能让他充分表达自己的意见；如果顾客想跟你交流讨论，他也希望你听他讲完，你可以充分了解他的处境和想法；如果顾客遇到了不开心的事情，他也希望他的发泄和倾诉你可以认真听完。倾听会让顾客对你产生好感、产生信任。

倾听是一种能力。倾听时，有的人喜欢站在自己角度上评价地听，总是在拿自己的观点来评价对方"对"或者"不对"；有人倾听时人在心不在，根本没用心聆听；还有人倾听时喜欢打断对方，急于表达自己的观点。这些都是不恰当的。倾听是一个从心到脑、从头到脚、由内而外的全身心活动。全面的倾听要注意两点：

（1）心态倾听。是指要注意全心全意地听，认真地听，关注顾客说了什么，他有什么样的想法、情绪和意图。

（2）体态倾听。尤其要注意以下 6 个方面。

①眼睛倾听。眼睛是心灵的窗户，与人沟通时，眼睛的交流会让对方感受到被关注、被重视，同时还能进行相应的情感交流。

②表情倾听。倾听者的情绪要随表达者变化，这正是认真倾听的一种重要表现。当顾客在表达时，真诚的微笑能鼓励对方说得更多；倾听时，是一种情感的交流，能同理对方，能让对方感受自己被理解；当听到顾客在表达欣喜时，倾听者会面露微笑；当顾客表达受挫时，倾听者则应表达出焦虑等相应的表情。

③姿态倾听。从心理学角度来说，在倾听时，如果出现抱胸、背手等动作，表示内心并不接纳对方的意见，而叉腰动作则含挑战之意。所以，在倾听时，要注意姿态开放，不要出现环抱双手、背手或叉腰等动作。

④体态倾听。体态是一种无声的语言。在顾客说话时，如果我们可以停下手中的事情，认真地转向他，并目光交流，顾客会感受到尊重。而在顾客表达

的时候漠不关心，仍然做着自己的事情，则会让顾客感受被忽视，顾客会选择走掉或者投诉。所以，在顾客表达的时候，要停下手中的事情，认真地倾听。同时，身体的前倾是对讲述者有兴趣的一种表现，通过身体前倾，希望获得更多的信息。所以，当表述者看到倾听的人身体前倾时，他愿意说得更多。如果在倾听的时候拿着笔和本子认真记录，则顾客更会觉得自己的意见是被重视的。这些都有利于接下来处理问题。

⑤点头倾听。在倾听的过程中，适时地点头并不一定代表我们同意对方的观点，而是表示我们在认真倾听对方的意见。倾听的时候，点头的动作能让对方感受到意见被人聆听，从而更愿意表达。

⑥用嘴倾听。用嘴倾听并不是让你急于表达。"善者不辩，辩者不善。"用嘴倾听是指在倾听的过程中要有回应。如果顾客在说，而服务人员一直都是无声倾听，顾客也会认为服务人员没有真正在听，尤其是在电话沟通时，服务人员在电话另一端更需要适时地说出"嗯""哦""明白了""好的"等，以免长时间没有发声，顾客以为电话另一头已没有人倾听或电话已经挂断。与顾客交流倾听时，应当有语气词作相应的回应。一般来说，在对方表达时，可以用"嗯""是""好的""明白了，原来是这样"这一类词语表达正在倾听，同时也是鼓励对方多说。当对方的表达中有比较重要的词汇或者涉及需要执行服务的关键词汇，应该逐字重复，比如"好的，一份牛排，七分熟，不用铁板"。当对方的表述告一段落，则可以用自己的语言简单总结顾客说话的内容："您的意思是……"您希望我们这样处理对吗？"以此来确定已经完全理解对方的意思。沟通本来就是双向的，服务人员要善用简洁的语言对听到的内容进行回应和总结，这既是倾听的礼貌，也是保证信息有效交换的重要过程。

有句话叫"久医成疲"，每天接待各类顾客，难免会有疲惫的时候，这需要服务人员自我调节，唤醒身上的正能量，不抱怨、不逃避、不推卸、积极倾听、乐观面对，做一名优秀的倾听者。

带着让顾客更满意的心态去倾听，使用良好的体态去倾听，无论顾客是提意见、问问题、抱怨，哪怕是挑刺，都是你倾听的内容。积极地倾听，可以让顾客感受到被尊重，顾客的意见得以表达，情绪得以抒发，有利于双方更高效地解决问题。

积极倾听是礼貌，也是有效服务沟通的保障。

三、服务沟通中常用的语言技巧

在顾客服务中，我们经常会跟顾客进行沟通。在与顾客沟通的过程中，恰到好处地使用规范的语言技巧，表现出亲切、友好，传递出对服务对象的尊重、敬佩之意。不但可以增加顾客的好感，拉近与顾客的关系，还在无形中管理顾客，提高我们的工作效率。

按照服务礼仪的规范以及场合的不同、行业的不同，服务语言的使用也不尽相同，各有特点。各服务行业最通用、常用的一些服务语言，按使用情形来分，有以下十类。

（一）问候用语

人们在见面打招呼时，都会使用问候用语，以示致意，表达关心关切之意。

在服务岗位上，通常在以下五类时机时需要规范使用问候用语：主动服务他人之时，他人来找有求自己之时，他人进入本人服务范围时，他人与自己相距过近或双目相视时，自己主动联系他人时。

在服务岗位上，应主动向顾客表达问候之意，若问候对象先开口，服务人员一定不要忘记回敬问候。通常在服务岗位的问候方式会分为以下两类。

（1）标准式。就是直截了当地向对方问候。通常是称呼之后加上"您好""各位好""大家好"等。

（2）时效式。就是在一定的时间范围之内起作用的问候方式。即在称呼之后加上相关的时间问候词，比如："王先生，早上好！""午安！""晚安！""端午好"等。

问候语在使用的时候要注意把握时机，在与顾客见面相距1.5~3米时应主动问候，并配合热情友好的微笑，同时身体略微前倾。若是在行进过程中，则应停下侧身或是放慢脚步礼让顾客，以表示尊敬之意。

（二）迎送用语

在服务中，服务人员经常要迎接顾客、送别顾客。在迎接之时和送别之时，主动规范使用迎送用语，不仅可以让顾客倍感尊重，而且体现了服务的有始有终。

1. 欢迎用语的使用

首因效应是指最初接触到的信息所形成的印象对人们以后的行为活动和评价的影响。人与人第一次交往中给人留下的印象，在对方的头脑中形成并占据着主导地位，这种效应即为首因效应。

我们在接待顾客之初，也要积极留给顾客主动热情的首轮好印象。欢迎用语使用在顾客光临之初，与顾客一见面，主动热情地使用"欢迎"之类的话语，会在人际交往的首因效应中塑造良好的第一印象，为接下来的顾客服务情感体验奠定好基础。

在使用欢迎用语的时候，通常是使用"称呼"加"欢迎光临！"或"欢迎您的到来！""见到您很高兴"之类的话语。但行业不同，也需要注意欢迎词的区别使用。比如，汽车4S店的售后维修部门，我们就不方便说"欢迎光临"，以免给顾客带来不好的感受，而改说"有什么可以帮到您"；医院里的导诊前台迎接时会说"请问您挂哪个科室"。

2.送别用语的使用

在与顾客离别之时，也是留下良好印象的关键时刻。千万不要以为送别时已经结束了服务，实际上送别比迎接更为重要。在人际交往心理学中，末轮效应是相对于首轮效应而言的，末轮效应留给人们更强烈更持久的印象。强调服务结尾的完美和完善，即要"完美收官"。在实际情景中，它是一家公司或某位服务人员留给交往对象的整体印象中重要的部分。它甚至直接决定着该公司或个人的整体形象是否完美，以及完美的整体形象能否继续维持。末轮效应理论的核心思想，是要求人们在塑造公司或个人的整体形象时，必须有始有终，始终如一。

很多时候，服务人员在服务过程中都特别热情，但在送别顾客的时候，这份热情就开始减弱了，态度也不如之前好了。这样反而会将之前留下的好印象冲淡，甚至留下不好的印象。所以，送别时刻也同样重要，甚至比迎接时更加重要。

送别的时候，我们常规会使用一些送别的语言，比如"再见，请慢走！""欢迎下次再来！""请慢走，希望下次有机会再次为您服务！"同样与迎接语言一样，我们要注意行业的区别性。比如，医院的医生护士送别患者，通常说"祝您早日康复！"汽车4S店售后部门送别顾客则应当说"祝您一路平安！"

每一次接待都希望让顾客感受到宾至如归，我们在迎送的时候，应通过语言这个载体，让顾客感受到温暖亲切温馨热情的服务氛围。

（三）请托用语

我们在服务岗位上，经常会需要指引顾客，有时候也免不了会请顾客协助或帮忙，或者劳驾顾客配合，这些时候，我们就需要使用恰当的请托用语，让顾客听起来舒服，配合起来舒心。

请托用语的使用分为如下两类。

1. 标准式

标准式通常在服务中用于清晰指示的时候。在服务过程中，指示用语使用相对比较频繁。顾客到了服务场所，通常是不熟悉的，需要服务人员对其进行相应的指示以便进行高效准确的服务。但在不少场合，会发现服务人员在使用指示用语的时候并不规范，比如，要求顾客出示身份证件时会说"把身份证拿出来"，要求顾客往里走的时候会说"往里走，别堵门口"之类的话，听起来特别别扭。在顾客服务沟通中，命令型的指示会比较高效，但这样的表达却会让人觉得被指挥或者被命令，感受不到被尊重，造成顾客的反感，影响顾客满意度。所以，时刻要注意，在服务中，服务人员必须规范准确地使用指示用语。规范礼貌地使用指示用语，在用语前加"请""请您"即可，比如"请往里走""请出示一下您的身份证件"。同时配以专业的肢体动作和指示手势，亲切的表情，友善的态度，整体给顾客带来自然温馨的感受。

2. 体贴式

在服务中，有时候为了服务的有效性、高效性和安全性，各服务流程或制度中往往会有一些规定，比如，到银行取 2 万元以上的现金需要出示身份证件；坐飞机需要全程系好安全带；到游乐场参与各类项目需要系好安全带；高空项目不得携带任何物品，包括眼镜，等等。各机构都会有相应的规定，服务人员在告知顾客的时候，有时候会过于直接，比如"这是我们银行的规定""这是我们公司的规定""你不可以"等，强硬的语气会让顾客感觉非常不舒服，顾客没能感受到尊重，就可能离我们而去，或者引起投诉。如果我们可以在指示和告知前加上"劳驾""打扰""麻烦您""拜托""辛苦您"这样的话语，听起来就会舒服多了。要知道，在服务中，语言需要尽显尊重，以客为尊才是得体的表达艺术。

服务过程既是服务又是管理，需要顾客配合执行。人们往往都习惯于倾向关注自己的利益点，因为对方的利益而行动，驱动力往往不足。在岗位上，如果因为服务管理而可能给顾客增添一些麻烦，需要顾客配合，服务人员往往需要提出"利他"的理由，站在顾客的角度上考虑，给顾客带来实际的好处或帮助，顾客才会更愿意配合。就像飞机上提醒乘客系好安全带，乘务长会说："为了您的安全，请您全程系好安全带。"到银行取大额现金时，柜员会提出："为了您的资金安全，我们需要核对一下您的身份信息，请您出示一下您的身份证件。"这样的"利他"表达，会让顾客有获得感，为我们的服务管理工作带来方便快捷，何乐而不为呢？

（四）征询用语

服务是满足顾客的需求。在服务过程中服务人员需要礼貌地征求顾客的意见和需求，然后再提供令顾客满意的服务，这是服务的宗旨。

在以下时刻，服务人员需要使用征询用语征询顾客的意见：主动提供服务时，了解顾客需求时，请对方选择时，启发对方思路时，征询对方意见时，等等。征询时要注意表达的态度，以客人为主，"征询"主要是了解和探询客人的意见，千万不要给客人造成强迫之感。

一般情况下，征询用语有如下两种方式。

1. 封闭式

即便初步感知到客户的需求，在服务之前，仍需主动向顾客征求意见，以表示尊重。比如说"需要为您加水吗？""需要我为您介绍一下商品吗？"

2. 开放式

在不明确顾客需求的时候，我们可以使用"您有什么需要？""我可以为您做点什么？"之类的语言来了解顾客的真正需求。若在顾客需求不明确之时，或者顾客也没有明确表达的时候，我们则可以使用选择性征询语来确定顾客的意见，比如"您是自用还是送人？""您是喜欢浓一点还是淡一点？"

服务前的征询语在服务中必不可少。征询的表达可以将选择权和自主权交给顾客，让顾客感受到尊重。不加征询直接为顾客提供服务，会让顾客有不尊重之感。征询之后再提供服务，真正将关注点放在顾客的需求上，提供切中需要的服务，增加顾客满意度。

（五）致谢用语

致谢用语是表达感谢之情的。在提供服务的过程中，顾客配合或者是为我们提供了方便，或是顾客对我们表达了理解，以及受到顾客赞美的时候，我们都应当表达对顾客的感激。在应当致谢而不说出口时，可能会引起顾客的不悦甚至反感，顾客会认为他为我们的付出没有被我们看到或接受。所以，情感是需要表达的，表达出来的情感才能让对方感受到。

致谢时，常用的语言是"谢谢您！""太感谢您了！"这在服务场合会经常用到。如果是有具体的事情需要充分表达感谢，则还应该在致谢时将致谢的原因一并提到。比如"太谢谢您理解我们的工作了""谢谢您帮忙调换了座位"等，这样的致谢给人的感觉更加有诚意。

（六）祝贺用语

著名的汽车销售员乔·吉拉德每月都要给他的1万多名顾客寄去一张贺卡，1月贺新年，2月纪念华盛顿诞辰日，3月祝贺圣帕特里克日 ……凡是在他那里买了汽车的人，每个月都会收到他的卡片，每个自己的纪念日、生日都会收到他的祝福。贺卡上承载的是满满的爱意，乔·吉拉德没有忘记自己的顾客，顾客也不会忘记他。他成了世界上著名的销售员。他说，他寄贺卡是为了表达一个字"爱"。而世界500强，许多大公司都在使用这套顾客服务系统。

无论是寄贺卡，还是在特别日子的祝福，或是在交付产品的时候有一个特别的祝贺，都会让顾客感受到爱，比如"生日快乐""恭喜您成为我们的业主"等。通常在节假日，会使用节庆式祝贺，比如"新年好""端午安康""中秋快乐"等。在一般性的场合，可以使用常用的应酬式，比如"一帆风顺""生意兴隆""入住愉快""恭喜恭喜"等。

（七）应答用语

快速反应，及时应答，让顾客感受无处不在的关注和照顾。每个人都需要被关注和重视。在服务中，当顾客呼唤服务人员，服务人员应当第一时间回应，给予顾客足够的关注感，回应时规范使用应答语，也是服务的品质。

应答语的使用要求规范、灵活、热情、礼貌。应答时，可根据情境灵活使用。但要提醒的是，在服务中，不要跟顾客说"不"。常规使用的应答语有："是的""好的""马上来""一定照办""马上改进""我会注意的""谢谢您的指教""您过奖了""这是我应该做的"之类的语言。

（八）道歉用语

在服务的时候，因为种种原因给顾客造成不便、妨碍、打扰等的时候，服务人员应当真心诚意地向顾客表达歉意。

表达歉意时，常规情况下，可以使用"非常抱歉""对不起""请您原谅""不好意思""请多包涵"之类的抱歉用语。但如果事情比较严重，还应该同时说明自己的歉意和失误之处，同时表示一定会为此负责，为顾客排忧解难。

主动承担的责任心更加能够表现出道歉的诚意，取得顾客的谅解。

（九）推托用语

案例

　　飞机上乘客马小姐上了飞机之后，看到机上乘客较少，很多座位都是空着的，就想把座次换到同伴的旁边。她提起随身的包就往同伴的旁边走过去，这时候一位空姐走过来问她："女士您好，请问一下您的座位是这里吗？"马小姐说："不是，但这里是空着的，我想跟我的朋友坐一起。"空姐回复说："不好意思，飞机上不能随便换位子。"说完就忙着去帮助其他乘客指引座位了。马小姐一听有点不高兴，对空姐说："怎么不行，这里又没有人。"空姐估计也没听到，就没再理她。马小姐非常生气，觉得自己被拒绝了，又被怠慢了，但还是按空姐的要求坐回了原来的座位。不过她心里想着，一会儿一定要投诉这个空姐。

　　在服务中，因客观原因无法满足顾客的某些需求、或是因为顾客的要求过高无法满足时，需要向顾客解释原因或者回绝他们时使用的语言就是推脱用语。服务人员使用推托用语时切记要有服务之本心。不可让顾客产生不负责任、不管不问、冷冰冰无人情味、直接不留情面等感觉。虽然不能满足当下的需求，也要尽力让顾客从情感上能够接受。

　　空姐在服务的时候，既需要满足乘客的需求，有服务的职能，也需要保证飞机安全飞行，行使管理的职能。按照航空管理规定，乘客确实是不可以随意调换座位的。案例中的空姐在此时只关注了行使自己的管理职能，却忘记了服务的职能，拒绝乘客时语气生硬，难怪乘客会心生不满，想要投诉。服务工作中拒绝顾客本是一件令人不快的事，如何表达才会让人容易接受呢？

　　在机舱另一侧服务的另一位空姐，这时候发现乘客不快，她马上走到马小姐身边，微笑地轻声问马小姐："女士您好，有什么需要帮助的吗？我看您刚才是不是遇到一点不顺利的事情？"马小姐看了一眼这位空姐，说道："是啊，我看飞机上挺空的，就想换到我朋友旁边去，可那位空姐直接拒绝了我，态度真差！"空姐微笑着解释说："真是特别不好意思。是这样，疫情期间对于飞机上乘客座位的管理是会比较严格，主要也是考虑到大家的健康和防疫的需要。我能理解您想跟您的朋友坐到一起，您看这样行不行，我这就去跟我们乘务长沟通一下，看能不能帮您调换。您看可以吗？"马小姐听到空姐这样说，就说："原来是这样。如果是这样的情况，我也会理解和支持的。"空姐回复马小姐说"谢谢您的理解。您看您还需要换座位吗？如果需要，我现在就去跟乘务长说。"马小姐露出了微笑："谢谢你了！既然是疫情期间的规定，我也会遵守的。不用麻烦了。"

服务人员在岗位上，除了服务职能还有管理的职能。有时候顾客并不了解公司的相关规定，提出了这样或者那样的要求。如果违反了公司或行业的规定，可能是不利于安全操作，服务人员就需要"管理"顾客。有些服务人员这时候就会认为，既然我在"管理"，那语言是不是也可以直接一点？不要忘记，同时，我们也是在"服务"。在拒绝顾客的时候，服务人员应当巧妙地表达出原因，表达出"推托"并不是拒绝服务，而是为顾客着想，保障服务项目的顺利进行，这样也可以让顾客感觉到放心和安全。

在拒绝和推托时，服务人员一定要注意语气委婉，态度谦和。表达时，"不好意思""对不起""非常抱歉"之类的道歉语会让歉意的态度被顾客感受到，同时，让顾客知道是什么原因而不能提供服务，顾客从心理上来讲更能感受到被尊重。当然，在服务中，仅仅只有道歉还不够，还需要表达进一步的服务意愿，所以，通常在推托时，还会有替代方案给顾客选择，这样顾客才会从心理上真正接受，从而建立对服务人员的信任。

（十）赞赏用语

赞赏用语，通常在人际交往中，是对他人的认可和认同，及时表达出恰当的赞赏，能拉近与顾客之间的关系，促成双方进一步的合作。

人们都喜欢欣赏自己的人。罗伯特·B.西奥迪尼在他的《影响力》一书中就提到，喜好是影响他人的原则之一，人们都会喜欢喜欢自己的人。当顾客表达一个观点时，服务人员可以适当给予正面评价"您说的太对了""是这样的""您真有眼光"之类。当顾客按照正确的程式操作时，服务人员也可以说"正是这样的""正如您所做的这样""您真是专业"等。

服务沟通是服务环节中非常重要的一部分。规范、灵活、巧妙的沟通能迅速拉近与顾客之间的关系。作为服务人员，也需要时时练习、刻刻注意，留心观察，亲切交流、将至上礼遇落实到行为中，给顾客带来温暖周到的服务体验。

思考与练习

1.请举例说明服务沟通中常用的十类服务用语。

2.如果你遇到这样的场景：你是一家办公楼物业的工作人员，这天有顾客开车过来，但出来的时候发现停车场的收费系统里查不到自己的车，来服务台找到你。你会如何跟顾客说明并协助他解决问题？

3.在你的岗位工作中，什么时候会赞美顾客，如何赞美？请尝试在身边找到三位同事赞美对方。

要点回顾

1."3A法则"是由美国学者布吉尼教授提出来的。分别指"接受"（Accept）、"重视"（Appreciate）、"赞美"（Admire）。

2.赞美的基本原则：实事求是、适可而止、真诚赞美、赞美内在高于外在、赞美要及时。

3.在服务岗位上，要主动、经常、规范地使用以下十类服务用语：问候用语、迎送用语、请托用语、征询用语、致谢用语、祝贺用语、应答用语、道歉用语、推托用语、赞赏用语。

第五节　七步服务流程

北欧航空的卡尔森总裁在他的书里曾提过"平均每位顾客接受其公司服务的过程中，会与 5 位服务人员接触；在平均每次接触的短短 15 秒内，就决定了整个公司在顾客心中的印象。"所以，在顾客的眼里，任何一个片断，任何一位服务人员，都会造成顾客心目中对公司的整体印象。在这个过程中，如果有断层或者有细节出现问题，都会在顾客心目中造成糟糕的印象。

每个行业都有自己的服务流程和服务特点。在服务中，规范的流程、体贴的细节、灵动的交流最能体现服务的品质。接待顾客时，一个人做得好，不代表企业的服务品质，一群人做得好，才是企业的服务水平的体现。

服务流程应是连贯的、严谨的，服务人员之间的配合应该是流畅的。顾客在行云流水的服务流程中，体验感受一定也是非常美妙的。所以，在服务管理中，除了细节需要精益求精，流程也需要严谨管理。所有的服务人员按照规范标准的流程，将细节展现到极致，多加训练，保证服务规范制度和流程在每一位服务人员的工作中表现出来都具有一致性，服务的品质也得到了相应的保障。

案例

清早，小清和同事们就换好了工装、整理好了店面，打开店门准备迎接顾客。

没过多久，一位打扮时尚的女士就走进来了。小清离门口最近，她马上扬声说到："您好，欢迎光临！"店里的小伙伴们也马上跟着合声："您好，欢迎光临！"小清热情地迎上去："女士早上好，想看看眼镜是吗？里面请，随便看看。"女士看了小清一眼，没回话，就在店里的货架旁边走边看起来。

小清想起培训时提过"零度干扰"，就站在离顾客有一定的距离处默默关注顾客。当女士在其中一个货架边停留的时候，小清马上迎上去："女士您好，您眼光真好，这个品牌的眼镜无论从质量还是时尚度来讲都是非常棒的。您是想看太阳镜还是近视镜？我叫小清，很高兴可以为您服务。"

顾客许小姐回答说："太阳镜。"

小清看了一下许小姐，穿着洋气，年轻时尚，马上接话："我们这个品牌的太阳镜卖得非常好，镜架根据中国人的脸型设计，更贴合中国人的鼻梁和脸型，镜片采用的全部是国际领先材质，舒适性非常好。您有没有中意的款式？"

许小姐看了一下小清，说道："那你给我推荐推荐吧。"

小清礼貌地站在离许小姐大概一米的位置，上身微微前倾，面带微笑，目视许小姐："好的。请您稍等，我帮您拿几款，您可以试试。"她转身拿了几款太阳镜，小心地放在柜台上："这是我们这里卖得非常不错的几款。看您的脸型小巧精致，给您挑了这几款线条和颜色都比较柔和的，您可以试试看。当然，您要是喜欢个性张扬的，我也给您推荐几款。您的脸型好，适合的款式很多。"

许小姐听到小清这样说，开心地笑了："是呀，我喜欢戴太阳镜，我家里有好多了，但还是喜欢买。"边说，边拿起一个眼镜来试戴，小清连忙把镜子转向许小姐，并用标准手势指示："您这边来看看。呀，您真有眼光，这一款真是特别衬您的气质。"

许小姐在柜台前试了将近一个小时，小清耐心细致地在旁边协助她试戴。最后许小姐终于选中了两款。许小姐这时候又说"帮我在里面拿个新的吧。"小清二话不说马上去仓库帮许小姐拿了两个新的出来，并帮助许小姐仔细查看了眼镜是否有瑕疵。

终于选好了，小清陪着许小姐在付款处将钱付好之后，她小心地将两款眼镜、小票及保修卡放进包装袋中，并微笑着对她说："您眼光真好，这两款眼镜非常时尚，很适合您。许小姐，我们的眼镜是半年内免费保修的，您一定要保留好这个保修卡凭卡保修。如果在7天内您有任何原因想退换，只要没有任何损坏、标签完好，您可以来我们门店找我。"

许小姐开心地拿着眼镜袋，小清笑着对她说："您看还需不需要看看其他的商品？您对我们的服务还满意吗？如果您满意，欢迎以后常来哦。这个是我们店的二维码，您也可以扫一下，以后就可以经常看到新款上市，以及一些眼镜和眼睛的保养知识。"小清双手呈上一张印着店铺二维码的名片，许小姐接下并放进了购物袋："谢谢你！今天就不看了，我还有些事，下次再来。"

小清说："好的，那我送您。"陪着许小姐，小清把她送到店门口，帮许小姐开了门，再次扬声送别："慢走，感谢惠顾，欢迎下次光临！"

许小姐带着满意的笑容离开了门店。

顾客接待是一门艺术。服务人员在接待的过程中，既要注意接待的流程，也要注意接待的态度，更要注意接待的技巧和方法。主动、热忱、耐心、诚恳、周到的接待，才能让顾客满意。

顾客服务接待会分为有实物销售的和无实物销售两种情形。无论是哪一类的服务接待，都需要与顾客进行接触，了解顾客需求，并提供相应的服务来满足顾客的服务需求或购买需求。服务接待流程一般来讲分为七个步骤，分别是岗前准备、迎接顾客、询问需求、提供建议、实施服务、确认满意、礼貌送别。

第一步：岗前准备

严谨的工作程序是服务品质的保证。上岗前完善的准备更是高品质服务的前提。岗前准备是服务接待中非常重要的一个环节。如果前期的准备工作没有做到位，将会直接影响到顾客接待的效率，也会造成人力、物力和财力的浪费，导致成本的提高，工作效率降低，同时还会影响到后期顾客关系的维护，最终影响到顾客满意度和企业品牌。认真做好岗前准备要从以下三个方面入手。

（一）自身准备

服务人员在岗位上展示出来的所有状态，都会留给顾客深刻的印象。若顾客一到门店，看到服务人员面容憔悴、发丝凌乱、心情低落，顾客的心情一定会受到影响，这将直接影响接下来整个服务接待中传递给顾客的品质感。

作为服务人员，一定要自律。上岗前充分休息，保证睡眠，这样才有充分的精力当好班，更好与顾客交流和互动。要注意讲究卫生、修饰外表，从面容到双手，从发丝到妆容，都要注意，没有异物，没有异味，尤其不可以吃带有刺激性的食物上岗。要整理好自己的职业着装，在顾客到达之前，按岗位规范更换好工装，工装没有污迹没有破损。要注意心理稳定，调整好个人心态，不能显得精疲力竭，更不要因为前一天的事情或者私事而影响工作情绪。务必提前到岗，做好准备才会有更好的服务。服务人员通常都需要提前半小时到达工作场所，做好相应的准备工作。

（二）环境准备

这里的环境指的是店容店貌和商品陈列。顾客走进企业，第一眼会被环境所吸引，整齐的、干净的、宽敞的、有特色的环境会增加顾客的好感，让顾客留下来。环境清新、整洁，从另一个层面来看也是工作的态度，代表已做好准备迎接顾客。环境的准备度也会从心理层面给到客户良好的暗示，让客户看到井然有序的企业管理，这个环节的准备程度将大大有助于服务接待的质量。

店容店貌是指服务人员所在的服务场所的厅堂环境。在整理店容店貌时，要注意整体的协调一致、干净卫生、美观大方，店内店外皆要注意。比如现在很多店面的厅堂干净卫生，但门口的卫生就不管不顾，张贴的广告、凌乱的过道、乱停的车辆，这些也都属于店容店貌。在环境准备的时候，一定要加强管理，尤其是细节。而店内，除了干净整洁之外，还要注意厅堂的摆设是否合理、舒适，绿植是否美观，是否有安全隐患等。从整体上来讲，如果在布置装饰的时候能够同时突出文化的氛围则更胜一筹。

随着时代的发展，人们越来越注重综合化的体验。各服务行业还会在环境布置时特别注意增加便民设施，比如提供老花镜、儿童乐园区域、专业学习角等。现在服务业大部分是以商品销售为主，也有并不以销售为主的服务业，但也会涉及商品。那么厅堂的商品的摆放和布置，也是需要讲究的。从心理学角度来讲，顾客会因为陈设的别致而被吸引，从而产生购买需求。所以，橱窗陈列也是一门不可不知的学问。

（三）工作准备

上岗前，要做好一切迎接顾客、提供服务的准备工作。工作的准备事项包含工作交接、更换工装、验货补货、检查价签、辅助工具、台面清理等。

有不少服务工作是需要工作交接的。工作交接的具体要求是：一准、二明、三清。"一准"是要求服务人员要准时交接班，不得迟到。"二明"是要求服务人员必须做到岗位明确、责任明确，各司其职，不得含糊不清。"三清"是要求服务人员在工作交接时，钱款清楚、货品清楚、任务清楚。在顾客服务的过程中，每一个细节都至关重要，必须谨慎对待每一个环节。

上岗前必须整理好自己的工作台面，私人物品不得出现在工作台席和顾客肉眼可见之处。所有公众场合的工作台席须清楚整理，文件、资料、用具等分类摆放。若遇到下雨天，还需要考虑顾客进门之后的雨伞管理以及行走安全问题。营业时间一到，全体人员以最好的精神面貌迎接第一位顾客。

"兵马未动，粮草先行"。服务接待前期的准备工作非常重要。服务人员在接待前应当规范细致地按清单做好接待前的准备细节，以确保接待环节的接待效率和良好的顾客满意度。

第二步：迎接顾客

案例

早上9点，孙先生准备去银行办理一笔业务，他走到银行门口，门是开着的，灯是开着的，但门口没人，他探头往里一看，里面有几位工作人员不知道正在忙什么。孙先生犹豫了一下，就转身准备离开。这时候，靠门较近的一位工作人员发现了孙先生，就叫住他："先生早上好，请问您是要来办理业务的吗？"孙先生问道："你们上班了吗？"工作人员回复说："上了呀！"然后再次问："您是要来办理业务吗？"孙先生看了一眼工作人员，再往里面看了看仍在不知道忙什么的其他工作人员，说道："哦，不，我路过。"然后转身离去。

迎接顾客是顾客服务中至关重要的一个环节。跟顾客见面时的第一印象将会影响接下来的接待活动。案例中，孙先生本来是打算去办业务，但一看到上班时间还没有做好准备的工作人员，心里自然会产生怀疑，质疑工作人员的业务能力和专业操守，失去了基本的信任，顾客就会离开。

在服务接待中，服务人员在上岗之初一定要做好岗位待机。服务人员在顾客进来之前就统一在岗位上准备就绪等待顾客，随时随地准备为顾客提供服务，这在服务中被称为待机。在待机时，服务人员要做到以下几点。

1. 正确待岗

待机在岗时，一般服务行业都要求标准站立迎客，有可以就座的岗位，在见到顾客的时候，也应在第一时间起立迎接。若无柜台的服务岗位，服务人员一般应当在厅堂门口迎接顾客。站立时，应在顾客易见、本人也方便观察顾客的位置，待岗待机时不得交头接耳或玩手机。当客人出现在店门口时，服务人员应马上起立主动上前迎接。

2. 主动招呼

客人走进门店，服务人员应主动招呼，热情接待，要做到"来有迎声"。迎接顾客要注意称呼恰当、时机适当、语言适当、寒暄得当、表现适当。"一路辛苦了""都还顺利吧"，类似这样一句寒暄语，表达了服务人员对顾客的关心和关怀，瞬间拉近与宾客之间的距离，让顾客产生宾至如归的感觉。寒暄语在岗位上要经常用。但也要特别注意，在迎接顾客的时候，应表现恰当，面带微笑、目视对方、点头欠身。切忌过犹不及，如果过度表现、过度热情，反而会让顾客有不适的感受。

第三步：询问需求

跟顾客见面打过招呼寒暄之后，应主动询问顾客的需求，看是否有需要帮助之处。

在询问需求的时候，要注意时机适当，并能通过正确的方式了解顾客的需求。

（一）察言观色

察言观色，是服务人员不可缺少的能力。察言观色的重点时机在于：一是顾客进店时观察，初步确定顾客来意；二是顾客浏览商品时观察，小心揣摩顾客需求；三是服务过程中观察，认真探寻顾客感受；四是服务结束后观察，诚心评估顾客满意情况。在整个服务过程中，要观其身、听其言、看其行、察其意，对顾客做准确的把握定位，确保为其提供最优质的服务。

顾客进店并非一定要有购买和消费的需求，有时可能只是随便看看，有时可能是特意过来投诉。这就要求服务人员在顾客进店之时观其色，如果是平常之色，则按常规热情接待；如果面露恼怒之色，则一定要小心应对。很少有顾客进店就直接购买商品，通常会有一系列的观看、思考、了解、比较、挑选、购买等过程。所以，服务人员在这个过程中，既要有热情招呼，顾客一进店立即迎上去，在服务距离内打招呼问候，也应该有适度距离，让顾客享受零度干扰。在顾客浏览商品时，服务人员只需要在待命距离悉心等候即可，此时既可以给顾客足够的空间和安全感，也需要随时做好准备，注意观察留意顾客的动向，恰到好处地见机行事，为顾客提供服务。

日本的一位著名服务行业的经营者曾经总结过服务人员主动接触顾客的六

大好时机：一是对方长时间凝视某商品时，二是对方拿起商品仔细看时，三是顾客似乎在寻找某商品时，四是顾客拿起价格标签时，五是顾客在寻找服务人员时，六是顾客的目光与服务人员目光相对时。这里再增加两个时机：顾客再次回到某商品前端详时，顾客拿该商品与其他商品对比时。当遇到这些时机，服务人员大可主动热情地上去询问："您需要试试吗？""您穿哪个尺码的呢？""您的眼光真好，这是我们的最新款"等语言与顾客进一步交流。

（二）言辞得当

与顾客交流一定要注意措辞，用语规范、礼貌热情。在了解顾客需求的时候，我们可能会碰到不同的顾客。有一类顾客，会比较直接，非常清楚要买的是什么；另一类顾客，可能还没有明确的购买需求，或者希望服务人员协助选择。这时候，就需要服务人员使用合适的语言来尽快探寻顾客的需求。

探寻顾客需求的时候，我们常规会使用开放式询问。比如"您想购买什么商品？""有什么可以帮到您？"如果店内服务及商品的选择范围较窄，则可以使用封闭式询问，尽快锁定顾客需求："您是想按摩还是洗脚？""您是想美甲还是美容？"

也有的时候遇到比较纠结的顾客，我们则需要慢慢引导顾客找到他的真正需求。

第四步：提供建议

在顾客的眼里，服务人员担任的是什么角色呢？试想一下，我们去一家新开的饭店，打算点菜，我们会直接要求点菜，还是更希望服务人员给一些建议呢？我们去银行理财经理那里买基金，我们是希望理财经理仅仅是根据我们的要求来办理，还是更希望理财经理可以根据现在的市场情况和我们的资金配置给一些专业建议，帮助我们做决策？在顾客的眼里，服务人员不仅仅起到的是服务的作用，还扮演着专家的角色。所以，当我们点菜时，我们会希望点菜的服务人员对自己门店的菜品了然于胸、如数家珍，并通过恰当自然的沟通技巧向我们推荐适合我们的菜品；我们也会希望理财经理在了解我们的财务状况和我们的理财习惯及风险承受能力之后，使用恰当的语言向我们介绍推荐对应的理财产品。拥有这样能力的服务人员，在顾客的眼里才更专业，更胜任，更容易让他们满意。

　　万女士带着家人来到某饭店的包间吃饭。点菜的时候，万女士拿着菜单就问前来点菜的服务人员小朱："你们这里的特色是什么？"服务员小朱微笑地欠身对万女士说："女士您好！我们这里最出名的是上海的本帮菜。香酥鸭、酸菜大黄鱼、野生河虾仁、油酱毛蟹、蟹粉系列菜肴、虾籽乌参、油爆虾等都是我们店的拿手好菜。"万女士听了微微一笑，开始看菜单，然后就开始点，一下点了十道菜。小朱这时候轻轻地叫了一下万女士："姐，我们今天就四位吗？如果只有四位，今天这菜点得有点多了呢，我们家的菜分量还是可以的。"万女士听了就问："上海菜不是分量都很少的吗？"小朱礼貌地说："是的，不过我们家的分量相对是比较足的呢。一般四个人过来，2个凉菜4个热菜一个汤应该就差不多了。"万女士的妈妈这时候就笑了："这小姑娘实在的。女儿，不要浪费了。要不，姑娘，你给我们建议建议吧？"

　　服务员小朱在为万女士一家安排好菜品之后，还特别交代包间的服务人员一定要照顾好万女士一家。万女士这次陪家人在这里吃饭非常温馨也非常高兴，临走的时候，还特地跟餐厅经理表扬了小朱。

　　在案例中，服务员小朱，站在顾客的角度真诚地为顾客提供建议。貌似饭店没有卖出更多的菜品，但却真诚地站在顾客的角度为顾客着想，赢得了顾客的好感，获得了顾客的认可，为之后顾客再次光临奠定了基础。所以，为顾客提供建议的第一个要点就是站在顾客的角度。第二个要点，语言要简明。如果服务人员在表达的时候不清晰不明确，说话啰唆，顾客便会没有耐心听下去。所以，语言表达一定要简明扼要，用最短的语言表达出想说明的内容。第三个要点是征求顾客意见，而不是帮顾客做决定。顾客是消费方，在购买和消费的过程中，需要有决策权和掌控权。所以，就算服务人员个人感觉再好，也不要为顾客做决定。

　　在服务中，用服务的心态为顾客积极提供帮助，用专业的技术帮助顾客满足他们的需求，让每一次的服务都有专业的礼遇，创造顾客良好的服务体验。

服务人员除了扮演着服务和专业的角色，同时还承担着管理的工作。

我们去参观博物馆，当你想触碰一件物品时，服务人员会大吼一声："别摸！会损坏的。"在车展上，小朋友想跨过拦着的绳子近距离观看时，工作人员会大声喝止："回来！不能过去！"去游园时人特别多，大家在排队，可队伍没有排整齐，保安会跑过来说："站好站好！别挤！"等等，这样的情况发生，也许我们游玩的兴趣就失去了一大半。但是，如果服务人员不进行管理，可能就会造成设施的损坏、秩序的混乱。所以，服务人员在工作中，需要对顾客进行管理，但同时也需要考虑到顾客的体验感受，所以，应当进行有技巧的管理。

案例

赵女士有一次打算去位于上海嘉定的上海汽车博物馆，去之前打了客服电话询问网上票兑换的事。接电话的服务人员在向赵女士解释兑换流程之后，继续跟她说："女士您好，我查了一下当天的天气，应该是有雨的，您如果过来的话，请您携带短柄伞，因为我们的寄存柜容量有限，长柄伞可能无法顺利寄存。随时欢迎您！"

客服这一段补充说明，提醒顾客当天不要带长柄伞，以避免无法寄存带来的麻烦。过去他们这里一定发生过游客带长柄伞无法寄存而引起冲突的事件，为了避免再次发生这样不愉快的事情，客服人员在第一时间提前温馨告知，语气温和，既管理了顾客的行为，又给顾客带来温暖的服务感受。

第五步：实施服务

实施服务是服务接待中的重中之重。这是顾客来店的主要目的，是我们满足顾客需求的关键环节。顾客的需求可能是购买商品，也可能是购买服务，但无论是什么需求，服务人员认真对待、热情接待、耐心服务、流程规范都是非常必要的。

在服务中，规范服务流程，量化服务行为的指标，展示企业的规范化管理，体现高素质的服务团队，可以给顾客带来美妙贴心的服务体验。一个热情的微笑，一句温馨的问候，一个标准的手势，一套标准的流程，每个服务的细节，无微不至，周到温暖，都会给顾客留下深刻的印象。正如在银行里，银行柜员正确邀请顾客入座、规范的问询语言和介绍语言、标准的展示手势和指示手势、礼貌热情的微笑，当顾客遇到难处或疑问时不厌其烦地解答，这些都是服务实施中的要点；在本节开篇的案例眼镜店中，协助挑选、礼貌递接、开票收钱、协助挑选、认真包装，这些都是服务实施中的要点。

在服务过程中，也有很多礼仪细节是要求服务人员遵守并做到的。

（1）称呼与问候的礼仪。要主动问候，亲切而热情，按行业规范称呼，不能随心所欲。

（2）规范行礼。初遇顾客，规范行礼；路遇顾客，礼让行礼；送别顾客，礼貌道别。服务行业向顾客行礼以鞠躬礼或点头礼居多，一般初次见面不行握手礼，仅在顾客有表示时，才行握手礼。

（3）自我介绍。服务人员与顾客见面，应主动向顾客做自我介绍，以便让顾客更了解你的身份和职责。

（4）递送礼仪。服务行业经常需要递送物品，此时，双手递接、目视对方、面带微笑必不可少。若特殊情况只能单手递送，需要提前说明情况。

（5）引导礼仪。在服务行业中，常常要引导顾客到下一个目的地，引导礼仪在这个环节中也是必不可少的。前面的章节我们已经谈到过引导礼仪，在服务中的平地引领，一般情况让顾客站在右边，但特殊情况，为了照顾顾客的安全或方便，也会让顾客走在内侧，但无论什么情况，总是需要照顾到顾客的感受和情绪。电梯和楼梯上的引领，也要遵照商务礼仪中的规范，全程照顾好顾客。

企业服务在实际接待过程中的细节，包含但不限于以上内容，所以，服务管理的过程中，我们需要不断地观察思考推敲。服务接待中，不是一次好的服务接待就是好的服务，而是一贯好的服务接待才是好的服务；不是一名服务人员做得好就代表企业有好的服务，而是所有服务人员做得好才代表企业有好的服务。这就是服务的一致性。企业在接待顾客的时候，要想保持服务水平的一致性，就要从制度上量化管理这些指标，从细节上加强管理，从心态上加以辅导，才能帮助每一位员工将服务的使命铭记于心，时时刻刻以顾客的需求为第一位的目标，满足顾客需求，提升企业的效益。

第六步：确认满意

服务时，我们经常在顾客的需求得到满足之后就认为服务结束了，可以送别顾客了。实际上，我们的每一次服务都是希望能有下次继续服务的机会，每一次的服务都希望留给顾客良好的印象，期待顾客再次光临。在这个节点上，我们千万不要忘记关注顾客当下的感受和反馈，询问顾客对这次服务的满意度，以及是否还有其他的需求。

在前面的需求已经被满足的情况下，这时候再次关注顾客的感受，询问是否满意，如果顾客是满意的，则可以在此时加深顾客的好印象；如果是不满意的，可以通过察言观色发现顾客的不满，想办法立刻弥补，挽救好印象。我们发现有经验的服务经理，在这个时刻经常会问顾客："您对我们的服务还满意吗？"如果此时顾客皱皱眉头，服务经理就一定会追问："真是抱歉，您是觉得我们哪些事情做得不够好呢？如果您愿意告诉我，我非常愿意改正。也特别希望您可以给我们一些宝贵的意见和建议帮助我们做得更好。我们非常在乎您的感受。"面对如此有诚意的服务经理，顾客往往在前期的不好感受这时候就一股脑说了，这样也让服务人员有了一次弥补和改进的机会。所以，千万不要小看这样的时刻。

第七步：礼貌送别

当顾客明确此次行程即将结束时，服务人员要礼貌送别，给顾客留下亲切温馨的良好印象，注重近因效应，工作善始善终。与顾客道别时要注意以下几点。

1. 道别必不可少

无论遇上什么情况，身边的顾客要离开，服务人员都应该热情道别。不能因为顾客没有消费就心生不快，也不能因为不是自己的顾客就视而不见。

2. 道别一定要真诚

送别顾客时，应注意言简意赅，诚心相送，表情自然，举止大方。

3. 道别内容有别

在不同的服务行业中，面对不同的服务对象时，送别的方式都是不一样的，要做到因人而异，不要千人一面。比如柜台服务人员，一般是起立目送；流动岗位的服务人员，一般要求将顾客送到门口挥手道别。常规顾客常规送别，贵宾顾客的送别要更重视仪式感。

服务接待是整个服务过程中的重中之重。在服务接待中，讲究源自内心的尊重、主动积极的双向沟通、规范的流程与细节、与顾客之间的巧妙互动、永不放弃的积极心态。服务人员要做到六快：眼快、耳快、脑快、嘴快、手快、脚快。主动服务、耐心服务、热情服务，细致周到而不卑不亢。不仅做到规范服务，更用心追求优质服务。

约翰·奈斯比特说，"高科技需要高情感来平衡。"无微不至的服务礼仪正是诠释这种高情感的言行表征。遵循流程，兼顾全局与细节，让每一次接待都带给顾客温暖的体验，创造近乎行业标准的礼仪之巅。

思考与练习

1.请再次阅读本节开篇案例，找出案例中的七步服务流程，并找出案例中做得不错的地方。

2.请按照七步流程的核心原则分析本行业的服务流程。

要点回顾

1.服务接待流程一般来讲分为七个步骤，分别是岗前准备、迎接顾客、询问需求、提供建议、实施服务、确认满意、礼貌送别。

2."岗前准备"是整个接待工作的重要环节之一，包括自身准备、环境准备、工作准备三部分。

3."询问需求"在接待过程中是一个需要非常谨慎对待的环节。在询问需求的时候，要注意时机适当，并能通过正确的方式了解顾客的需求。特别要注意察言观色、言辞得当这两点。

4."确认满意"这个环节是在达成客户需求之后的进一步动作，这个步骤有助于了解客户的服务满意度，并通过询问确认的这个行为可以进一步增进客户满意度。

5."礼貌送别"包括：道别不可少，道别要真诚，道别内容有别。

第六节　售后服务

当下的手机市场逐渐饱和，在国产品牌崛起的今天，很多国产品牌的手机都发展得不错，也有一些小众品牌如昙花一现，处境并不理想，甚至有些品牌是从发展巅峰跌落下来，全年销量日渐低迷，市场占有率也在不断下滑，随时面临倒闭的风险。某品牌曾经有过很不错的口碑，拥有不少客户和市场占有率。但在售后服务中却经常出现各类问题，比如，用户购买碎屏险服务却被拒绝赔偿；消费者购买之后产品出现问题，商家却以各种理由搪塞，甚至被中国质量新闻网点名批评。商家售后的种种行为让本来信任该品牌的用户对品牌的诚信提出质疑，也加速了用户的流失。

目前，市场上很多品牌的产品确实表现不俗，但是往往在口碑方面却败给了自家的售后服务。而关于产品，用户之所以选择这个品牌的产品，不单单是冲着产品而来的，他们更需要的是一个完善的售后服务体系。如果在产品以及售后服务方面存在问题，那么品牌的持续发展还有很长的路要走。

企业在营销活动过程中都需要不断地提升品质，这也是市场竞争的必然要求。服务一般可分为售前服务、售中服务和售后服务。售后服务是企业营销中的一部分，是对售前服务、售中服务的继续、补充和深化。有一句话是这样说的："没有售后服务的企业营销，是没有信用的营销；没有售后服务的商品，是一种没有保障的商品；而不能提供售后服务的营销人员，是不可交的朋友。"做好、做细售后服务的企业可以感动顾客的心，提升顾客的满意度，也会赢得更多的市场份额。售后服务，一方面可以使商品、服务的使用价值圆满得以实现，从而兑现自己的承诺，满足顾客物质上和精神上的双重需求；另一方面，通过售后服务还可以从顾客那里了解到市场对于本企业、本产品等相关信息的反馈，进一步完善企业的管理和产品，提升企业的管理水平，提高企业的服务质量，推动企业发展进步。售后不是终点而是全新全信的起点。

售后服务在整个企业营销过程中的特殊"使命"决定了售后服务在企业营销中的重要性。售后服务对企业和服务走入市场化起着积极的过渡与推动作用，更是企业在营销过程中体现差异化服务、提升市场占有率的又一法宝。售后服务一般是发生在商品售出之后，或者服务完成之后。例如：上门安装、送货服务、退换货品、咨询问答、服务回访、技术指导等。这一类的服务通常不另外收取费用，在销售之时就已合并在商品、服务中一并出售给顾客。后续的售后服务跟得上，可以增进顾客对于商家的信任、增加对产品和企业的好感，增加回头客和提高再次购买率。如果售后出现了推诿或者不良服务，会引起顾客的反感，不再光顾，甚至广而告之。因此，企业对于售后服务部门的服务人员会有相应的能力要求。

第一，熟悉产品。售后部门经常会接到顾客的电话，询问商品的使用方法、商品出了问题如何诊断，或者其他问题。售后部门服务人员需要对产品了解和熟悉，才能给出相应专业而具体的回答，快速解决顾客的疑惑。

第二，熟悉制度和流程。售后会涉及商品的退换、服务流程的确认、优惠制度的执行等。比如几天退换货，退换货的要求是什么，优惠政策执行的原则是什么。这些流程作为售后服务人员要时时积极学习、了然于胸，才能更好地做好售后服务工作。

第三，有良好的服务意识。售后不是一件容易的事情，有时候是售后安装，需要跟顾客确定时间；有时候是回答问题，但不是每位顾客都能很快理解；有时候是解释原因，也不是每位顾客都会体谅支持；有时候甚至会碰上无理取闹的顾客。所以，售后服务人员就更应该具有足够的耐心和责任心，能够同理顾客，真正以顾客为中心，为顾客解决问题。

第四，有良好的沟通能力。服务过程中需要有大量的双向沟通，售后服务中更是如此。售后服务人员更需要掌握良好的沟通技巧与顾客进行信息交换，精准理解顾客诉求，恰当表达，满足顾客的物质需求和精神需求。

售后服务中客户满意度是整个营销的关键点。"客户满意度"是检验企业售后服务的最终结果，系统完善的售后服务是为了完美地实现企业的"经营目的"。

观念决定行动，行动决定出路。以顾客为中心，挖掘顾客需求、规范服务标准、提高人员素质、保证商品质量才是满意度夯实提升的基础，售后不是一次销售的终点，而是下一次销售的起点。

售后服务中的核心工作主要有以下三个方面。

一、顾客回访

顾客回访是提升客户满意度的重要方法，对顾客的重复消费起着决定性的作用。得到顾客认同、创造顾客价值，对顾客回访的内容进行分析后得出顾客新的需求和潜在消费，维护客情关系，增强顾客的依赖性与忠诚度。

顾客回访又细分为以下内容：服务回访、技术回访、态度回访、效果回访、倾听意见及建议、登记沟通等。

二、跟踪维护

跟踪维护同顾客回访相近，但跟踪维护更具有目标性，方式更广泛、更直接。跟踪维护分为远程跟踪和登门拜访两类。

1. 远程跟踪

远程跟踪分为电话信息维护和网络在线信息维护两类。无论哪类，都是通过跟踪了解顾客对于服务或产品的满足度，维护客情关系。跟踪维护通常在购买之后第一天、第三天或第五天进行，要注意言辞得体，使用规范的电话和网络沟通礼貌用语，文明交往，以增进客户满意度为目标。

2. 登门拜访

如果是特别重要的顾客或者大客户，还有登门拜访维护的情况。登门拜访时，就特别要注意拜访流程中的礼仪，比如预约、充分准备（可以准备一份合适的伴手礼）、登门的礼仪细节、交谈中的礼仪、适时告辞以及回访记录。通常在登门拜访之后还会以邮件的形式再次感谢顾客的接待和光顾。

三、投诉管理

在顾客服务过程中，投诉是顾客对服务工作的一种劣等评价。任何服务单位都不希望有投诉，这是人之常情。然而实际上，即使提供了很好的服务也可能会遇到顾客的投诉。成功的企业能够把投诉的消极面转化为积极面，通过积极处理投诉来促进自身不断提高服务质量，防止投诉的再次发生。面对投诉，积极地应对、正确地处理，不是一件容易的事情。

我们曾经对部分企业的一线服务人员做过调查，发现在员工的认知中，有相当比例的一线员工认为"直接走掉的顾客与投诉的顾客相比，投诉的更可怕"，因为"会给我的工作带来麻烦"。这听起来好像很有道理，但真的是这样吗？

案例

小区的旁边新开了一家餐厅，打出了开业三天优惠3~5折的广告。有不少邻居都过去排队消费，餐厅的生意非常红火。沈小姐也带着父母过去试试新口味。到餐厅里点了几道小菜，特别叮嘱了点菜服务员："不要放辣。"菜端上来的时候，仍然是红红的一片。沈小姐拉住服务员："我备注了不放辣。"上菜的服务员回复她："您找一下点菜服务员吧。"沈小姐有点不高兴，但还是举起手呼叫服务员，大概是因为人太多了，等了近5分钟服务员才过来，沈小姐没好气地说："你们的生意是太好了啊，我这个菜备注了不要辣，你看，还有辣椒！"服务员一看，马上说："我帮您跟厨房核对一下吧。"又等了近5分钟，服务员跑出来跟沈小姐说："真不好意思，您是备注了不要辣，但顾客太多了，厨师没看清楚。要不，我帮您端到后面把辣椒挑出来？今天人太多了，实在是抱歉啊，或者您用水洗洗也可以的。"沈小姐听到服务员这样说，本来是想发火的，但想想今天是陪爸妈过来吃饭的，不要扫了兴致。就压着火气跟服务员说："其他菜你们可千万别放辣椒了。"服务员连声说"好"。可是，后面再端上来的菜还是有满满的辣椒……沈小姐再也没说什么，扫了桌上的二维码结了账，带着父母离开了。

沈小姐是一家大型公司的顾客经理，经常请客吃饭，但经过了这一次，她再也没光顾过这家饭店，当周边的朋友邻居询问她可以去哪里吃饭时，她也从来不推荐这里。

企业的运营目的是获得更多的顾客光顾，更高的顾客购买量，更高的市场占有率，更高的利润以及更好的业界口碑。如果顾客都流失了，企业便也失去了最宝贵的机会。

顾客遇到不好的服务，如果提也不提就直接离开，没有投诉也没有矛盾，貌似企业没有遇到什么麻烦，但我们可以来算一笔账：沈小姐带父母来，单次消费可能在 200~300 元。他们就住在附近，如果体验好，则可能每周来一次，一个月大概消费 1200 元。她的离开可能直接导致门店月损失 1200 元。而实际的损失可能还远远不止这些。国际上有专业服务公司曾经做过调查发现，每一位受到不公平待遇的顾客都有向身边人抱怨的行为，平均会向 6~8 位身边人传播他遇到的故事，而听到故事的 6~8 位朋友又会继续向身边的人传播这样的故事，直到 6~8 轮。而故事在传播的过程中，又可能会被一再加工。算一算，一个这样的故事，将会有接近 50 位潜在顾客听到。听到这样的故事的潜在顾客还会去光顾这家"劣迹斑斑"的餐厅吗？如果每位潜在顾客每个月的消费是 1000 元，那么 50 位顾客就是 5 万元，相当于这家餐厅损失了 5 万元。算一笔这样的账，你还觉得直接离开的顾客不会给我们带来麻烦吗？直接走掉的顾客，不仅会给我们的生意带来损失，更多的是给我们的口碑带来影响，让我们失去更多的机会。

然而，企业经营就算再细心也可能会有纰漏。如果不小心影响了顾客让顾客产生不满，有的顾客会转身离开，不再给我们修正的机会；有的顾客也会把问题提出来，通过抱怨或投诉的方式期望我们能修正。只是顾客在投诉的时候，可能口气态度不好，这也是我们可以理解的，谁受了委屈会没有脾气呢？我们不仅不应该对投诉的顾客心生怨气，反而应该感谢他们愿意给我们机会修正，并能帮助我们换个角度看到服务管理中的问题。

面对服务投诉我们应当如何应对呢？解决问题需要从问题的本身入手，找到问题的根源再"投其所好"，才能解决矛盾，挽回顾客信任。应对顾客投诉我们将从投诉原因、投诉心理进行分析，从中找到顾客真正的需求，给予相应的解决方案，方能事半功倍。

（一）顾客投诉的原因

想要正确处理好顾客投诉，积极解决问题，就一定要对症下药，了解顾客投诉的原因。顾客投诉往往是需求没有被满足。一般来讲，顾客投诉的原因主要分为如下四类。

1. 产品质量原因

顾客购买商品或者服务，如果产品本身有问题，或者服务过程中的品质有问题，顾客一定会投诉。这一类投诉在我们的服务中出现的频率相对比较高。顾客认为，商家首先应该提供完好的商品，这是一种服务承诺，是商家诚信的表现，也是企业生存的根本。一旦商品本身出现瑕疵，便希望可以通过投诉来获得完好的商品。

2.服务态度原因

在服务中，顾客与服务人员都希望得到尊重。若是没有感受到尊重，甚至被怠慢，顾客往往会投诉。在服务中因为服务态度被投诉的情形非常多。

3.沟通原因

顾客购买的是服务和产品。常常会因为买卖双方对商品和服务范围各自认知和理解出现分歧而导致投诉。比如卖电钻的公司，客服部门经常收到投诉，顾客反映收到的电钻没有钻头。客服人员回应称："我们卖的电钻本来就不配钻头，需要钻头的话要另外购买。"在这里，顾客认为电钻本身就应该配钻头，商家认为电钻和钻头需要分开购买。因为买卖双方对产品的认知分歧而导致了投诉事件的发生，这类情况在实际的场景中并不少见。为了预防这类投诉，我们应该防患于未然，在顾客购买的时候就把相关信息主动告知顾客，而不是等顾客来投诉才解释。

4.顾客自身原因

有的时候，投诉仅仅只是因为顾客自身的原因。可能顾客本来情绪不好，刚好碰上服务人员在服务过程中热情程度不够，或者出现一点点小瑕疵，就引起了顾客的投诉。

（二）顾客投诉的心理

顾客投诉如果发生了，我们就必须积极处理。成功的公司面对顾客投诉，不仅不会让顾客对公司持续或加深不好的感受，反而会借此机会建立与顾客之间的感情连接，挽回顾客对公司的印象，提升顾客对公司的信任，带来积极的影响，从而促成顾客下一次的购买行为。

据日本专业服务咨询公司调查发现，如果积极应对、认真解决顾客的问题，让顾客感受到自己是被重视的，重新建立信任，会有82%的顾客成为公司的忠实顾客。但是我们也要注意，如果一旦在重新建立信任的关系中再次让顾客失望，那么我们将永远失去顾客。

了解顾客投诉的心理，有针对性地满足顾客的心理需求，应对顾客投诉才能事半功倍。顾客投诉一般有如下四种心理。

1.求尊重

服务中，顾客认为他是在与公司进行价值交换，他购买的服务应当包括完好的商品以及愉快的过程体验。如果遇到服务人员没有尊称、没有提前告知、没有礼貌用语等，都会让顾客感觉不愉快、没被重视，他会认为自己没有得到尊重，所以期望通过投诉来得到重视和关注。

2. 求发泄

顾客在被服务的过程中，如果感受到不被尊重或者被伤害，引发的负面情绪就像一满杯水，需要倒出去，期待被理解被接纳。所以，投诉成了他们发泄的主要表达方式。

3. 求安全

如果在被服务的过程中遇到一些麻烦而感到不满，从而产生担忧的情绪，顾客会对接下来的服务质量产生怀疑。这种担心可能来自对产品质量的担心，或者因服务过程中的感受不佳而怀疑接下来被对待的态度，进而希望以投诉的方式让产生的问题得到解决，并期望接下来可以得到期望中应有的服务。

4. 求补偿

有些顾客投诉就是为了获得补偿。这可能源于多得感的消费心理，也可能是由于过去曾经有被补偿的经验。当服务不尽满意时，顾客就开始抱怨，抱怨得不到回应或满足，便升级为投诉行为，期望通过投诉得到补偿，弥补自己实际的或是心理上的损失。

无论顾客投诉是出于哪一种心理，作为服务型的企业，都不希望有投诉行为的发生，应尽量避免。若投诉一旦发生，也不能听之任之，不了了之，应积极处理，赢得顾客的理解，获得顾客的满意。在处理顾客投诉时，一定要用心分析顾客投诉的心理，是因为自尊心受损需要找回尊严，还是情绪上需要宣泄，或者是因为服务中让他感到不安全，或是本来就带着期待补偿获得折扣的心理。只有真诚地了解顾客的想法，投其所好，才能更好地获得顾客满意。

在处理投诉的过程中，我们可以听到顾客的心声，从顾客的角度了解我们的服务水平以及不断改变的顾客需求。社会在进步，顾客的需求也在不断发展，抱着虚心诚恳的态度，认真倾听顾客的心声，我们的服务才会不断进步。更何况，愿意给我们提意见的顾客正是那些对我们还有期待的顾客，只要我们能读懂他们的心声，令他们满意，让他们相信我们的企业是真诚为他们服务的，最终让他们成为我们的忠诚顾客。

（三）客户投诉的巧妙应对

既然客户投诉在服务工作中不可避免，那作为服务人员就应当思考如何应对投诉才能安抚顾客情绪，为顾客解决问题。在应对顾客投诉时，时刻需要考虑的是顾客的需求和感受，服务人员应根据不同的顾客采取不同的安抚和应对方式，提出不同的解决方法。

客户投诉应对流程的五个步骤：

第一步：建立信任。

在处理顾客投诉中，如果顾客认为客服人员只是流程化处理或者并不是真正为自己解决问题，而只是想平息事件，则处理投诉的过程可能并不会顺利。所以，要想双方共同商讨出一个解决方案，必须得先建立信任。

建立信任有如下三个关键环节。

1.诚恳道歉

无论如何，顾客都应该得到尊重。顾客不满或者感到不愉快，服务人员应当主动向顾客道歉，切忌与顾客争执或急于辩解。主动并诚恳地向顾客道歉，让顾客获得足够的尊重和重视，消除他们的气愤心理，才能为接下来的沟通奠定基础。道歉不意味着我们做错了，如果是做错了，我们理所应当向顾客道歉；如果没有做错，我们也需要为服务过程中给顾客带来这样不好的情绪感受道歉。道歉不意味着我们同意顾客的意见，道歉也不是示弱，相反，道歉是一种宽容，一种格局，一种愿意解决问题的态度。

如果在顾客怒气冲冲找来的时候，服务人员只一味地分辩事情的黑白曲直，或者去教育顾客，只会让顾客感到更加的生气。顾客花钱是享受服务，应当得到必要的尊重。更多的时候，顾客要的是一个态度，而服务人员想的却是解决问题。

明白了这个道理，合格的服务人员会在客户投诉的第一时间用道歉来获得客户的谅解，平息客户的怒气。毕竟，在客户服务中，态度是最重要的事情。

2.同理表达

顾客是带着情绪来的，诚恳的道歉能让顾客看到我们真诚的态度，缓和他们的情绪。但顾客此时并不一定会相信我们积极解决问题的态度，很多时候，顾客会理所当然地认为服务人员会维护公司的利益，表面上解决问题、平息事件。所以，我们此时要对顾客的心情表示理解，认同和共鸣是建立统一阵线、建立信任的基础，当我们真正理解了他们并表达了理解之后，顾客才会愿意相信我们提出的方案是在为他考虑，为他解决问题。

理解顾客的情绪并不那么容易，需要我们耐心地倾听，不插嘴、不评判、不辩驳，真正去理解他当下的情绪感受。这不是一件容易的事，因为我们往往喜欢用自己的观点去判断对方。当下，服务人员应当学会不加评判地去倾听、理解顾客表达出来的情绪和想法，并尝试去复述，以确认自己的理解准确。人人都希望自己可以被理解，顾客在倾诉表达时如果发现对方愿意积极聆听，而自己也被正确理解，气愤的情绪得以发泄，愤怒的状态更容易缓解。要知道，带着怒气来的顾客就像一杯装满水的杯子，服务人员要善于通过倾听来帮助顾客倒空这杯情绪之水，才能为之后的协商解决留下空间做好准备。

3. 主动担责

同理是一个倾听的过程，也是一个安抚顾客的过程。当顾客情绪被安抚好之后，服务人员应马上表达出愿意为顾客解决问题的态度。主动担责会让顾客感到安全，增加信任。

服务人员在这个步骤中，耐心诚恳地倾听顾客的诉求，安抚顾客的情绪，才能慢慢增加与顾客之间的信任。这一步是非常必要的。

第二步：把握状况。

当顾客的情绪得以安抚，下一步就可以将注意力转移到顾客的实际需求上了。试图了解顾客真正的需求，在这个环节需要切实地通过提问和倾听，来正确把握发生的事情，使用 5W2H（见本章后注释）的方式进行信息整理，并用精准的语言进行简单的复述，最好能边听边记录，让顾客感受到倾听者的认真与关注。在沟通的过程中，务必注意不可以教育或者指责顾客，尽可能降低顾客的不满，意识到顾客的诉求。如果在这个环节再次出现顾客的情绪激动，则应回到第一步，努力倾听安抚顾客，恢复信任关系。

在服务过程中如果遇到复杂问题，也不要急于总结表达处理意见，不妨问问顾客的诉求和期望，并在合理的时间里延期处理。因为有时候遇到复杂的事件，我们也需要多方了解事情的真相，并全方面考虑问题的解决方案。

第三步：解决问题。

对于处理问题的方案，如果顾客有明确的意见，可以根据顾客的意见来进行讨论和商量；如果顾客没有明确的意见，也可以根据公司常规的处理方式提出建议，再与顾客共同商讨。问题的解决方式是否恰当，通常要通过判断顾客的诉求是否合理合法合规、是否有明确的约定、公司是否有条件满足这几项基本条件，再结合顾客的意愿来综合讨论相应的解决方案。提出解决方案的时候通常给出 2~3 个选择，让顾客感觉更有选择权和掌控权，2~3 个选择往往比 1 个方案更容易被顾客接受。

为顾客解决问题时，不能责备公司制度，也不能责备同事，在顾客的眼里，你们是一体的，应当将注意力转移到为顾客解决问题这个实质需求上。提出解决问题的方案时，方案要尽量让顾客觉得方便，不要给他添麻烦，能为他处理尽量为他处理，能少跑几个部门就少跑几个部门，千万不要推卸或踢皮球。给出解决方案之后，要征求顾客的意见。若可以当下解决，应立即行动。如果需要一段时间才能解决，则需要告知顾客处理的时间。

第四步：确认结束。

按照商讨的方案为顾客落实解决问题之后，客服人员在确认结束的环节还有三件事需要做。

（1）主动向顾客跟踪了解、确认顾客的满意度。

（2）主动询问是否还有其他需要服务之处。

（3）再次对顾客表达感谢之意，并表达进一步服务的意愿。

这样做，不仅可以跟进客户投诉事件的处理结果，也可以让顾客感受到企业的责任感，增加好感度，增进信任度。认真用心地应对投诉事件的好处是，投诉顾客很有可能转而成为企业的忠诚顾客。

第五步：经验整理。

从企业管理来讲，随着顾客的需求不断提升和改变，满足顾客需求不是一件一成不变的事。在处理好顾客投诉之后，我们需要对过程进行复盘整理。此次投诉事件是偶发事件，还是频发事件？如果投诉事件是偶发事件，则需要关注的是偶发的原因，以及如何调整服务人员的个人行为，并在未来继续关注相似事件。如果是频发事件，则需要重新梳理整个服务流程，研究投诉出现的深层次原因，调整服务策略、流程、机制，防止该类事件再次发生。

规范化、程序化的服务不容易，但在现代服务管理中又是必要的。要让服务有理有礼，不能让服务成为简单的程序，服务人员除了严格规范地按流程作业，还需要有彬彬有礼的行为，关心耐心的态度，细致周到的接待。服务接待精雕细琢，处处留心，时时关注，不断提升服务的品质，让顾客津津乐道，宾至如归。

用温暖之心、关切之爱、善睐之眸、亲切之语、优雅之举、专业之术，为客户带来流程标准与细节完美的卓越体验和至上礼遇，让每一次接待都留下温暖的回忆，这也是每个服务企业的发展方向。

思考与练习

1.售后服务一般分为哪些类型？

2.处理顾客投诉的五个步骤分别需要做什么？请结合自己的行业解答。

要点回顾

1.售后服务是整体服务体系中很重要的一部分，也是商品的其中一部分。

2.客户投诉的四种心理：求尊重、求发泄、求安全、求补偿。

3.客户投诉的四种原因：产品质量原因、服务态度原因、沟通理解原因、客户自身原因。

4.投诉应对的五个步骤：建立信任、把握状况、解决问题、确认结束、经验整理。

注释

5W2H 分析法又叫七问分析法，是第二次世界大战中美国陆军兵器修理部首创。简单、方便，易于理解、使用，富有启发意义，广泛用于企业管理和技术活动，对于决策和执行性的活动措施也非常有帮助，也有助于弥补考虑问题的疏漏。

发明者用五个以 W 开头的英语单词和两个以 H 开头的英语单词进行设问，发现解决问题的线索，寻找发明思路，进行设计构思，从而搞出新的发明项目，这就叫作 5W2H 法。

（1）WHAT——是什么？目的是什么？做什么工作？

（2）WHY——为什么要做？可不可以不做？有没有替代方案？

（3）WHO——谁？由谁来做？

（4）WHEN——何时？什么时间做？什么时机最适宜？

（5）WHERE——何处？在哪里做？

（6）HOW——怎么做？如何提高效率？如何实施？方法是什么？

（7）HOW MUCH——多少？做到什么程度？数量如何？质量水平如何？费用产出如何？

我们在服务投诉中，可以用 5W2H 来了解问题发生的过程，更加精准地找到解决问题的线索。

第九章
礼仪培训师
的授课技巧

第一节　成功开场

俗语讲"万事开头难""好的开始就成功了一半"，古代写文章也强调"凤头、猪肚、豹尾"，大部分培训专家都认为课程开始的前十分钟非常重要。这前十分钟就是课程的开场。培训师在课程开场都要做些什么事情呢？

挑战一下：请你根据自己讲课或听课的经验写下培训师在课程开场时关键的行为都有哪些，至少写出三种行为，比如：自我介绍、问候等。

1. _____
2. _____
3. _____

课程开场不同于演讲，有着严谨的操作流程，我们对各类培训课程的开场做过深度研究，特别是礼仪培训师，优秀的礼仪培训师在课程开场时主要有五个关键步骤，分别是：启动注意、建立连接、聚焦问题、明确目标、介绍安排。下面请大家一起了解每一步的具体操作要求。

一、启动注意

课程开始时，学员的注意力都不在课堂上，有的翻看学员手册，有的和邻座聊天，有的玩手机，有的发呆，有的甚至因各种原因还未进入教学现场，学员的意识都不在学习上，简单来说，针对学习这件事，都在走神。因此，打断学员走神，启动学员的注意力，至关重要。用什么方法来启动学员的注意力呢？有如下六种方法。

（一）提问法

提问是打断走神，启动学员注意力最快、最有效的手段之一。脑科学研究发现，人的大脑有自己的自主神经系统，只要被提问，大脑就会自动搜索答案，走神就会被打断，注意力也就被抓住了。请大家看一下现场的对话示范（图9-1）。

培训师：大家好，欢迎各位来参加今天的课程"服务礼仪"，我有一个问题想请教一下。左前方的这位女士您好，可以请教一下您吗？

学员1：可以。

培训师：请问您觉得我们身为服务行业的一员，学习服务礼仪对我们来说，重不重要？

学员1：重要。

培训师：谢谢，掌声鼓励，请坐！中间后面的这位先生您好，我也想听听您的看法，您觉得重要吗？

学员2：重要。

培训师：谢谢，掌声鼓励，请坐！右边的这位女士您好，请问您同意他们两位的看法吗？

学员3：十分同意。

培训师：谢谢，我也赞同，掌声鼓励，请坐！

图9-1 提问情景

提问法看似简单，但操作时需要注意如下四个关键细节。

1.提问的人数

控制在三个学员即可，为什么是三个人呢？主要考虑到方位控制、男女区别、年龄层次。方位控制是指提问时要有"场意识"，要把被提问的学员分布到全场，尽量照顾到左、中、右或和前、中、后，因此被发问对象要有方位区分；

男女区别是因为在工作生活中，女性普遍偏感性些，男性偏理性些，他们看问题是不同的，我们要照顾到不同视角的看法，因此被发问对象要有男有女；年龄层次代表的是不同的阅历，我们需照顾到不同水平学员的看法，因此被发问对象要有年龄区分。

2. 提出的问题

此时的提问目的是启动学员的注意力，塑造学习的基本气氛，不要问难题，以免学员尴尬，导致冷场。我们要问简单的问题，犹如聊家常，如：您觉得这个课程重要吗？您为什么来听这个课？您对这个课程最大的期待是什么？

3. 提问的反馈

有提问就有反馈，学员回答后我们要表示感谢，并引导其他学员给予掌声鼓励，同时示意回答问题的学员就座。这样的操作，有很多好处，第一，被提问的学员得到掌声和肯定，内心会愉悦，能够很快地投入学习；第二，其他学员参与鼓掌，肢体上参与互动，快速投入学习气氛；第三，三次提问带来三次鼓掌，整个学习气氛被快速点燃了。当然，在提问的过程当中，有可能个别学员会唱反调，该如何处理呢？记住一个原则：认可学员，表示感谢即可。请看下面的示范。

培训师：请问您觉得我们身为服务行业的一员，学习服务礼仪对我们来说，重不重要？

学员：不重要。

培训师：有特点，个人观点不同，欢迎不同意见，掌声鼓励！

记住，成人参加培训，并不是每个学员都是真的过来学习的，极有可能某些学员是被公司强迫过来学习的，我们要对这样的学员表示尊重，慢慢引导他们进入学习状态。

（二）事例法

大脑和故事/案例是最亲密的伙伴，只要我们一讲故事或案例，学员的注意力就会被快速启动，很多培训师会在课程开场就抛出一个与主题相关的故事、案例或新闻事件，快速启动学员注意力，请看下面的示范。

培训师：大家好，欢迎各位参加今天的课程"商务礼仪"，一说到今天的课程，我不由得想到最近发生的一件事……

　　这个方法简单易行，但讲好故事是需要一定功力的，对于一些新手培训师来讲有一定难度，甚至有的培训师会因为紧张导致忘词，导致课程一开场就给学员留下不好的印象。怎么办呢？事例法其实有四种形式：

　　第一，讲述案例。即培训师自己讲述，这对于新手培训师有一定难度。

　　第二，观看视频案例（图9-2）。播放视频比培训师讲述更生动，需要大家提前准备好相关素材，礼仪培训师的系列课程有很多素材可以使用，可以从影视剧中、电视新闻、纪录片中截取相关视频使用。比如，一位培训师主讲的是奉茶的礼仪，她经常在课程的开始播放人民代表大会中服务人员奉茶的视频，十分应景和高大上。当然，也可以由培训师自拍一些视频使用，需要注意的是视频一定要高清，且时间不要太长，最好能够控制在3分钟以内。

　　第三，阅读文字案例。如果某些内容无法用视频有效展示，还可以使用文字型案例，培训师发放案例材料安排学员自己阅读也是可以的。

　　第四，观看小品剧。有实力的培训师可以安排自己的助教团队带来现场的小品剧案例，这个方法效果好，但成本相对较高。

图9-2　观看视频案例情景

　　运用事例法要特别注意三点：一是，叙述事例的时间控制在2分钟之内；二是，事例的类型，首选自身事，其次身边事，再次经典事（名人、名企、名著），最后寓言故事；三是，如果讲故事有压力，可以使用观看视频或阅读案例材料来替代，能"折腾"学员就不要"折腾"自己。

请看下面的示范。

培训师：大家好，欢迎各位参加今天的课程"商务礼仪"。说到今天的课程，我不由得想到最近发生的一件事，请大家观看一段视频案例，看看这位朋友的商务礼仪如何。请看大屏幕……

（三）引用法

培训中的引用法和演讲中的引用法是不同的，演讲中是由演讲者背诵或配合幻灯片展示诗词、名言、警句，从而引入主题，同时展示演讲中的个人魅力。培训则不同，培训更多的是引导学员阅读幻灯片上的诗词、名言或警句。请看下面的示范（图9-3）。

培训师：今天我们要一起学习工作中的常用礼仪。说到礼仪，不由得想到了荀子说过的关于礼仪的一段话，请看大屏幕，大家一起高声朗读……

全体学员：人无礼则不生，事无礼则不成，国无礼则不宁。

培训师：读得非常好，请大家给自己一次热烈的掌声。

图9-3　观看幻灯片现场

大家要特别注意，引用法的关键是引导学员参与，让学员看、让学员读、让学员鼓掌，这样才能高效启动学员的注意力，塑造学习的气氛，尽量不要用培训师背诵学员听的方式，简单来说：能"折腾"学员，不要"折腾"自己，学员被"折腾"得越多，印象才会越深刻。

（四）投票法

投票法也可叫调查法，可以请学员举手投票、可以让学员贴彩色原点贴投票、可以让学员用某些 APP 投票⋯⋯方法很多。在这里推荐给大家的是用脚来投票的方法，这个活动在培训圈里也叫"大风吹"。操作步骤如下（图9-4）。

（1）培训师询问全场学员是否愿意学习今天的课程。

（2）培训师告知学员：研究发现，参加培训的成年人一般有四种类型，分别为"囚禁型、度假型、社交型、学习型"，教室分成四个方位，每个方位代表一种类型，自己是哪种类型就走到哪个区域站立。

（3）培训师强调，只能选一个关键的参训原因，且是真实的。

（4）培训师播放音乐，请学员走动。

（5）培训师对学员的投票结果进行点评，并让学员为自己的真诚鼓掌。

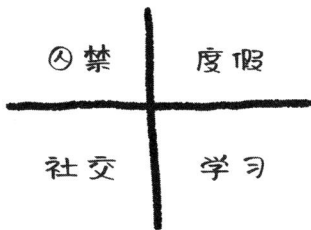

图9-4 投票活动

（五）图片法

大脑喜欢图片胜过对文字的喜欢，图片可以有效刺激学员的右脑，迅速启动学员的注意力。商务礼仪课程可以展示商务交往场景的图片，服务礼仪课可以展示服务现场的照片，形象礼仪课可以展示优雅的形象图片，西餐礼仪课可以展示西餐厅的现场就餐场景图片。请看下面的示范。

培训师：大家好，欢迎大家参加"形象礼仪"课程的培训，先请大家欣赏一组图片，感受一下形象礼仪的价值，请看大屏幕。

这里需要提醒大家的是，图片使用有三个注意事项：第一，图片要高清，确保视觉效果。第二，图片要全屏。制作 PPT 时尽量用全屏展示相关图片，增强视觉冲击效果。第三，图片要有说明。图片上尽量写一些文字，描述图片表达的内容，方便学习理解与感受。

（六）道具法

课程一开场，培训师就展示一个与课程有关的道具，快速启动学员的注意力。道具有两大类。第一类是课程中辅助实操使用的道具，比如丝巾课程中的丝巾，形象礼仪中的包包，西餐礼仪中的红酒杯，商务礼仪中文件夹、笔、名片等；第二类是课程中老师精心准备的奖品类道具，比如积分卡片、书籍、食品大礼包等（图9-5）。

图9-5　道具法开场

以上六种方法是较为经典的启动学员注意力的方法，可根据不同主题设计和使用。

二、建立连接

当学员的注意被启动后，我们就进入了第二个环节——建立连接。这里的连接主要有两个：一个是学员间的连接，另一个是师生间的连接。一般先做学员间的连接。

（一）学员间的连接

一个好的课程开场要能够促进学员间的相互交往，一方面成人喜欢群体学习，另一方面，三人行，必有我师，学员在交往间还可以相互学习，共同成长。

如果学员之间不熟悉，就会有紧张、陌生和局促感，培训师布置的相关活动，他们就极可能无法有效投入，因此在课程开场的时候先要做一些活动确保学员之间相互熟悉，我们常常把这个环节称为"破冰"。如果学员之间比较熟悉，就是我们常说的"暖场"活动了。特别提醒，无论怎么破冰或暖场，这个互动与当下的课程内容有关才有价值，否则很容易招致一部分严谨学员的反感。破冰活动要达到两个目的：一个是让学员相互熟悉；另一个是激活学员的大脑，让学员快速投入学习。

破冰的方法很多，特别推荐如下两个经典的破冰活动。

活动 1：席卡制作与分享。让学员自己制作席卡（图 9-6），并在小组内完成自我介绍，从而达到破冰。具体步骤如下。

（1）培训师发放 A4 白纸或准备好的空白席卡。

（2）培训师宣布制作要求，席卡一面写名字，另一面写个人信息，个人信息主要包括：家乡、公司、爱好、学习期待。

（3）培训师介绍活动规则，学员在小组内分享，每人发言时间 40 秒，整个小组在规定时间内完成任务，则给予一定的积分奖励。

（4）培训师宣布活动开始，走动巡场，提供相关支持。

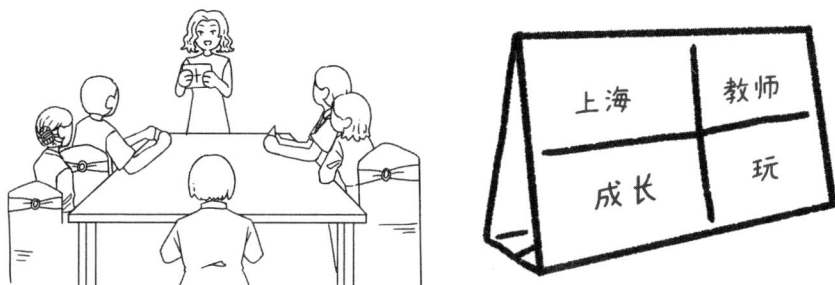

图9-6 席卡制作与分享

活动 2：卡片选择与分享。让学员抽取培训师准备好的卡片（图 9-7），将卡片与今天所学课程关联，在小组内演讲。具体步骤如下。

（1）培训师发放分享卡片，每张卡片都有具象的图形。

（2）培训师邀请每位学员选取其中一张自己喜欢的卡片。

（3）培训师宣布每位学员用卡片关联今天所学课程，进行不超过 1 分钟的分享。

（4）培训师宣布活动开始，走动巡场，提供相关支持。

图9-7　卡片选择与分享

（二）师生间的连接

师生间不熟悉，也要破冰，如果学员对培训师不熟悉，培训师讲解课程内容时，做互动时，效果就会大打折扣。课前看主讲培训师的相关介绍，开课启动注意已经做了初步的连接，在学员破冰之后的良好气氛中，还需特意做一下师生间的连接。最常用的做法就是做自我介绍。有些培训师在做自我介绍时包装自己的名字，其实听众不太关注你的名字，听众更多关注的是你的能力和资历，所以不需要在名字上做过多文章，关键是在资历展示和拉近距离方面下点功夫。

培训师做自我介绍要达到两个目的：一个是树立权威，另一个是拉近与学员的距离。为了展示权威，最常见的自我介绍就是一张形象照片，加上自己的资历，比如毕业于哪个名校，有多么高的学历；就职于哪个名企，有多么资深的工作经验；获得过什么荣誉，有多少证书……

这样的自我介绍总有吹嘘之嫌，权威有了，但是距离远了。怎么办呢？推荐大家使用"信息筛选法"。

由培训师为学员提供个人相关信息，信息里面有真也有假，一般假的就一个，让学员猜一猜哪个是假的，把告知性的自我介绍变为互动型的自我介绍，这个方法既可以拉近距离，又可以树立权威。信息筛选法的关键在于三个地方：第一，提供什么信息；第二，用什么形式传递；第三，不是告知，是做互动活动，让学员去猜测哪个信息是假的。

第一，信息标准。提供的信息主要有三类：权威、生活、趣味。

权威，用来展示自己与本次主讲课题的资历，比如毕业于哪个名校、出身于哪个名企，工作的年限，获得过的荣誉，培训学员的数量等，这类内容占比要在 50% 以上。

生活，用来拉近与学员的距离，比如家乡、日常爱好、特长等。

趣味，用来拉近距离，塑造气氛，比如怕老婆、不存私房钱、喜欢吃榴莲、被狗咬过七次等。

第二，形式标准。展示形式有三种：视频、图片、九宫格。

视频，类似于相亲电视节目中介绍男女嘉宾时播放的片花。

图片，展示视觉化图片。

九宫格，九宫格正中央放自己的名字，周边提供八个信息。

下面是我的自我介绍，给大家做个参考，猜猜看以下哪个信息是假的（图9-8）？

个人介绍：猜一猜，哪项是假的？

产地:北方人，出身贫，现定居上海	教学:专注授课技巧、教学设计、课程开发，专职10年、兼职6年	家庭:家有独子，读初中，老婆做财务管理工作，双方父母身体安康
技能:斜杠青年，培训师/道家法师/说相声/两家公司股东	范一智	客户:主要为大型生产、金融、通信、地产、制造、互联网业培训
工作:大学任教，后去大型企业工作，现为职业培训师	荣誉:全国培训师大赛总教练、礼仪培训大赛专场总教练	感情:比较单纯，初恋失败、再恋结婚，稍惧内，从来不存私房钱

图9-8　信息筛选法

第三，互动控制。信息筛选法的关键是互动，切记是以小组为单位来猜，组长有答案的最终决定权，如果猜对要给予一定的积分或实物奖励。

自我介绍的方式多种多样，最好有一定的新颖性，不要落入俗套。建议每位老师精心设计一下自己的个人介绍，先从信息筛选法开始吧。

三、聚焦问题

成人学习都是实用主义，大部分学员是带着期待或问题来参加学习的，有好处才有学习动力！可以说，一个不能解决问题的培训，不算是个好培训。问题有两种：一种是学员实际工作遇到了问题，需要通过培训中的学习促进工作中问题的解决；另一种是学员有了更好的发展目标，需要增加新的知识，提高新的技能以便达到更好的结果。聚焦问题是课程的开场关键，用什么方法才可以聚焦问题，让学员看到自己是有问题的，从而有意愿参加学习呢？常见的方法有如下三种。

（一）情景体验法

情境体验法适合各层面的员工，多用于技能课程的培训，其核心是给出某个应用知识的场景，让学员用旧经验去尝试。当学员做不到、做不好，工作中又要运用时，就会产生学习的动力。比如我们讲述商务礼仪、服务礼仪、沟通礼仪、西餐礼仪系列课程时，课程开场，设定某个情境，让学员分小组用已有经验去尝试（图9-9）。

具体操作方法如下。

（1）培训师给出与课程主题相关的情境。

（2）培训师安排学员两人一组进行尝试，并播放音乐调节气氛。

（3）培训师给出标准答案，请学员对照个人操作的效果进行互评。

（4）培训师告知学员大家还有很大的进步空间，本课程会帮助大家成长。

图9-9　递送文件情景体验

这个活动是利用"挑战点"调动学习兴趣，学员透过模拟练习会发现自己存在技能或知识方面的缺陷，从而产生学习的动力。特别注意的是不要打击学员，比如说："看到了吧，不行吧，好好学习！"培训师要传递积极的信号："刚才大家的表现非常不错，短时间的准备能够做到这样已经非常不错了，我发现大家还有很多改进的空间，接下来，就由我带领大家共同成长。"

（二）问题收集法

问题收集法（图9-10）：以小组为单位，在大白纸上写出本小组想在本次课程上解决的问题清单，并张贴在小组附近的墙面上。一般每个小组 5~7 个问题，每个问题可以写一张便利贴（A5 纸大小）尺寸的，各小组张贴好后，培训师要组织大家相互观摩，并告知可以帮助大家解决问题。培训师课程进行期间，小组成员可以不断地撕掉已经解决了的问题，最终实现学习目标。

问题收集法多用于老员工培训，侧重以技能类为主的课程，其核心是让学员意识到针对所学课题存在的问题，通过课程的学习可以解决自己的问题，学习课程对自己有很大的好处，从而对学习产生期待。

具体操作方法如下。

（1）培训师介绍要讨论的主题"想在本次培训中解决什么问题"。

（2）培训师安排学员以小组为单位进行讨论，找到共同想要解决的问题。

（3）每个问题安排学员撰写在一张便利贴上（A5 纸大小），每个小组想要解决的问题控制在 5~7 个。

图9-10　问题收集法

便利贴贴好后，培训师安排组长带领本小组成员去其他小组观摩有无类似问题。

培训师告知学员所有张贴出的问题都可以在课程上得到解决，个别问题可以在课程结束后私下交流。

这个活动是利用"痛点"调动学习兴趣。注意不要直接说学员存在什么问题，因为没有人喜欢被批评。更不要直接询问学员存在什么问题，因为学员不好意思说，就算有人说也不全面，毕竟时间有限，只能问三五个学员。注意，这个方法是引导学员找到自己的问题，人是不会与自己的数据争辩的，让学员自己找到问题的所在，不但自己认可，还会努力学习解决问题。

（三）成果投票法

成果投票法（图9-11）适合各类员工，各类课程，是一种通杀的调动学员学习兴趣的方式，其核心是把学习收益制作成学习成果地图，让学员用投票的方法做出选择。

具体操作方法如下。

（1）培训师向学员展示学习收益地图。

（2）培训师安排一位学员阅读活动规则。

（3）培训师要特别强调每个单元只能选择一个期待投票。

（4）培训师播放音乐，组织学员投票（人少时，每个人投票；人多时，小组商讨后，派代表去投票）。

（5）培训师告知学员所有的期待都会在课程上得到实现，从而调动大家的学习兴趣。

图9-11　成果投票法

这个活动是利用"利益点"勾起学员学习兴趣。培训师要在课前利用教室的侧面墙贴好学习成果地图；开场前让学员观察学习成果地图；开场后，请学员迅速地在自己最感兴趣的地方投票。学员投票时除了可以看到课程的内容安排，还会意识到培训师将会针对大家的期待重点教学，从而产生学习兴趣。需要注意的是，这个活动对于不会画图的培训师来讲制作难度较高，自己不会画可以请专业人士来画。

在开场聚焦问题，调动学员对整个课程的学习兴趣还有很多方法，抓住核心原则，还可以设计更多的方法，这个原则我们称为"三点式"勾法，抓住三个点就可以了。第一个是痛点，不学习就会痛苦，所以好好学习吧，问题收集法利用的就是痛点；第二个是利益点，学习会得到很多好处，所以好好学习吧，成果投票利用的就是利益点；第三个是挑战点，让学员运用自己的已有经验进行尝试，当他做不到、做不好的时候就会产生学习动力，因为还有很大成长空间，所以好好学习吧。

四、明确目标

目标是一堂课的绩效承诺，当学员对课程产生兴趣之后，我们就要给学员明确一下课程的学习目标了，小到一次旅游，中到一个项目管理，大到一家企业的经营，都是有目标的，清楚了目标才更有动力，更容易实现，也方便评估培训的效果。

什么是学习目标？罗伯特·梅格在他的《程序性教学目标》一书中是这样写的"At the end of class，you will be able to …"中文翻译过来就是"在课程结束的时候学员能做到什么。"目标清楚地描述了学员所学的内容以及内容学习的程度，因此，我们要搞清楚培训在培训什么，以及由哪些程度的划分。

培训圈里最简单的划分方法是三分法，即培训学习的内容主要有三类：知识类内容、技能类内容、态度类内容。因此，学习目标要表明学员学习后会增加什么知识，提高什么技能，改变什么态度，并且要表明学习能达到的程度。关于程度，最著名的就是本杰明·布鲁姆教育目标分类法，主要是六个层级，分别为：记忆、理解、应用、分析、评价、创造。一般学习知识类内容至少要达到"理解"的级别，技能类内容至少要达到"应用"的级别，因为没有一家企业请您做培训，是为了让学员"记忆"培训师讲的内容，更多的是学以致用，提升工作绩效。

学习目标有严谨的撰写标准和分级别规定，具体可参考"课程开发"类的书籍,此处强调的是培训师在课程开场的时候,要专门做一张幻灯片,写明目标,并向学员清晰解释。

五、介绍安排

学员清楚了学习的目标,培训师就要介绍课程的教学安排了,我们把这个环节称作"学习预览",好比新闻联播一开始的内容概要。

介绍安排,主要分四方面的介绍:内容安排介绍、学习活动介绍、时间安排介绍、课堂规则介绍。

内容安排介绍。针对内容的安排,培训师要及时播放出课程大纲这一页教学幻灯片,大声读出,并强调哪个单元是重点。

学习活动介绍。培训师要介绍整个课程有哪些教学活动的安排,比如:案例分析、角色扮演、小游戏等。

时间安排介绍。培训师要介绍一下学习的节奏,特别是时长在半天以上的课程,培训师需要介绍,每节课学习什么内容,多长时间会休息一次,中午休息多久,当然也可以由主持人在开课前介绍,也可以写在学员手册上让学员自己翻看,比较新颖的方式是制作成手绘海报贴在教室明显的地方,方便学员了解。

课堂规则介绍。课堂规则非常重要,可以有效地控制学习节奏,确保课程的有效执行。一般由主持人来介绍课程的级别规则,比如:准时进入教室,把手机调为静音,不要随意走动……作为培训师最好不要介绍这些规则,以免导致部分学员反感。最好的方式是制作课程规则手绘海报,贴在教室显眼的地方,请学员观看即可。如果时间充足,还可以组织学员开讨论会,自己制定课堂规则,这样既有趣,也更容易让学员遵守,毕竟成人常常是"自己说的自己认可,甚至是努力维护",所以,我们可以让学员自己定规则。

以上是课程开场的关键五步,为了便于操作,可以总结成一个简单的方式:ALPOP五步开场法(图9-12)。

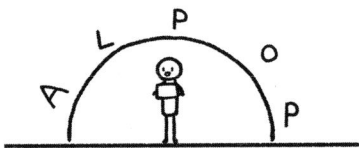

图9-12　ALPOP五步开场法

A 是英文单词 Attention 的首字母，启动注意；

L 是英文单词 Link 的首字母，建立连接；

P 是英文单词 Problem 的首字母，聚焦问题；

O 是英文单词 Objective 的首字母，明确目标；

P 是英文单词 Plan 的首字母，介绍安排。

课程开场要按照 ALPOP 的标准去执行，再简化也得保留 APP。请大家看下面这段完整的课程示范。

A: 大家好，我是范一智，欢迎各位参加今天的课程"机场贵宾室服务礼仪"，先请大家看一段在服务礼仪的视频案例……好，视频看完了，我看到很多朋友在笑，说明您看到了自己或身边朋友的影子，服务礼仪真的很重要。

L: 为了便于大家的学习咱们先熟悉一下，请大家一起做一个"席卡制作与分享"的活动，下面介绍一下活动的规则……规则介绍完了，大家有问题吗？如果没有，现在开始……时间到，大家都互相熟悉了，对我还不太了解，下面做一下个人介绍，请看大屏幕。有 6 张图片，上面的信息都和我相关，但有一张是假的，猜对有奖。注意，组长有答案的最终决定权，请看图片……恭喜第三小组猜对啦，奖励 2 分。

P: 今天时间有限，只有 6 个小时，我们要抓住重点来学习和练习，请大家在组长的带领下一起做一个小活动"问题收集"，请看活动说明……对于活动大家有问题吗？如果没有，现在开始……活动结束，请大家回去就座。刚才我也看了一下，大家的问题真不少，不过请放心，针对这个课程我做了精心准备，所有问题在本次课程上都会得到解决，个性化问题我们可以课下私聊。

O: 为了帮助各位朋友解决问题，达到大家的期望，特别制定了本次的学习目标，请左边的这位朋友阅读一下……读得不错，掌声鼓励，请坐！特别提醒各位，第三、第四、第六个目标是非常关键的，大家务必用心学习。

P: 为了达成目标，我们做了如下安排，整个课程共分为 5 个单元，分别是……针对这 5 个单元，我们有大量的案例分析、示范、模拟练习、点评等活动，确保大家现学现会，轻松成长；关于课程的时间安排和课堂规则不再多说，主持人介绍过，学员手册上也有，相信大家都能做得到，下面进入第一单元"接待礼仪"的学习……

思考与练习

请对以下内容的说法做出你的判断。

1.开场要单刀直入，直接介绍一下题目和课程大纲就可以进入主体内容了（   ）。

2.破冰活动不需要与课程内容相关，好玩就行（   ）。

3.课程开场时，可以塑造一些快乐元素（   ）。

4.课程开场时，可以直接说出学员的问题，不需要委婉（   ）。

5.课程开场时，视情况可以去掉自我介绍的环节（   ）。

答案：错、错、对、错、错

要点回顾

课程开场是授课三部曲的第一部分，做好开场至关重要，要想成功开场，你应当学会以下内容。

1.课程开场时要打断学员的走神，启动学员的注意力。

2.开场要做好两个连接：一是学员间连接，二是师生间连接。

3.开场要调动学员的兴趣，有了兴趣，更容易投入学习。

4.课程开场要明确目标，让学员学习起来更有动力。

第二节　精彩讲解

讲课是否精彩，标准各不相同，业界共同认可的标准主要有两个：一个是有料，就是你的课程内容能不能解决学员的问题，简单来说就是有没有干货；另一个是有趣，就是课程形式生动鲜活，参与性强。基于此，培训师可以被划分为四大类，我们来看看自己属于哪一类（图 9–13）。

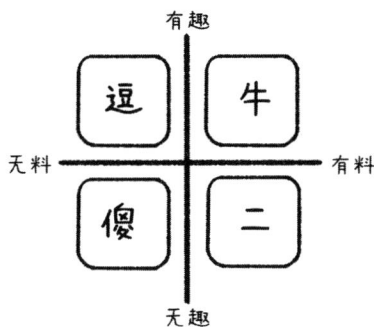

图9-13　讲解水平自我定位

有趣有料：牛；

有趣无料：逗；

无趣有料：二；

无趣无料：傻。

你是哪一种呢？心里有数了吧，本节内容就是帮你达到"牛"的境界，达到"牛"，做好三步即可，分别是"一清""二简""三活"。"一清"是指授课时的表达要逻辑清晰；"二简"是指授课时传递内容要化繁为简，给干货；"三活"是指授课时要运用各种方式让课程生动鲜活、有趣。

一清：逻辑清晰

逻辑相当于超市陈列，陈列到位了才方便客户购买东西，知识点陈列到位了才方便学员记忆和储存，才不会被学员埋怨培训师的表达逻辑混乱，因此我们在组织课程内容及表达时要使用常用的逻辑进行排序。

说排序前，先要说一下课程内容的层级划分。我们从主题出发，一般分为单元、模块、细节等至少三个层级，我们所说的排序，是指单元之间、模块之间、细节之间，使用常用的排序法进行内容的传递，请大家看一下图示（图9-14）。

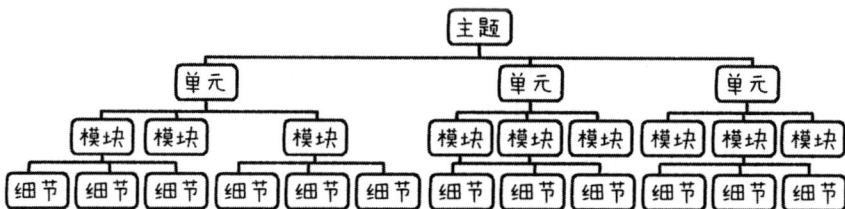

图9-14　课程逻辑结构

如何按照一定的逻辑对课程知识点排序呢？常见手法有如下六种。

（一）流程式排序

流程式排序在培训时使用得最为广泛，因为大部分培训都在训练员工如何完成工作任务，大部分任务都是有操作流程的，服务的流程、投诉处理的流程、奉茶的流程、喝红酒的流程等。培训师讲课也是有流程的，如"一勾、二讲、三练、四化"。流程式排序把内容按照事物发生的先后顺序进行讲解，针对流程性的内容，教学表达用语是有标准的，一般会使用"第一步、第二步、第三步……"这样的语言。请看以下表达示范。

例1　如何喝红酒呢？共五个步骤（图9-15）：第一步"拿"，第二步"看"，第三步"闻"，第四步"品"，第五步"放"。

例2　如何优雅入座呢？共八个步骤：第一步"靠"，第二步"跨"，第三步"跟"，第四步"探"，第五步"抚"，第六步"坐"，第七步"并"，第八步"放"。

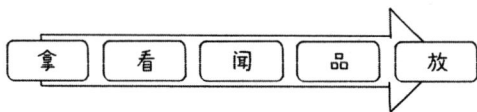

图9-15　喝红酒的流程式排序

流程式排序多用于操作型的课程，优点是逻辑严谨，容易吸引学员，且便于记忆。由于流程式结构非常严谨，所以流程外的一些基础内容无法找到合适位置加入相关单元。比如投诉处理五步法的课程，共五步"安抚情绪、询问原因、探讨方案、表示感谢、追踪效果"，如我们一定要讲一些"投诉的定义、投诉的类型、投诉处理的原则"，此时加入任何一个步骤都感到突兀，所以这个时候建议独立设置一个单元叫"核心基础知识"，以作为补充。

（二）并列式排序

并列式排序也叫要素式排序，完成一个任务有很多关键要素，没有严格的先后顺序，在培训时把关键点讲清楚即可，常用的语言表达模式为"第一、第二、第三……"或"一、二、三……"

例1　在接待服务中如何微笑呢：做到三点就可以了，第一，眼笑；第二，嘴笑；第三，心笑。

例2　乘车座次的安排要遵守四大原则，分别是：第一，尊重；第二，安全；第三，舒适；第四，方便（图9-16）。

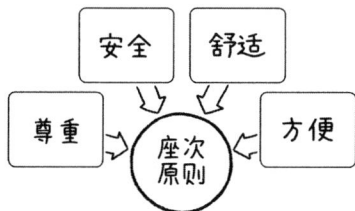

图9-16　乘车座次的并列式排序

（三）递进式排序

递进式是指每个知识点都比上一个知识点高一个级别，不可颠倒，从低到高向学员介绍。

例1　服务共有三个层级，分别为：第一，基本服务；第二，满意服务；第三，感动服务。

例2　马斯洛的需求层次理论共有五个层级，分别是：一，生理需求；二，安全需求；三，归属需求；四，尊重需求；五，自我实现需求（图9-17）。

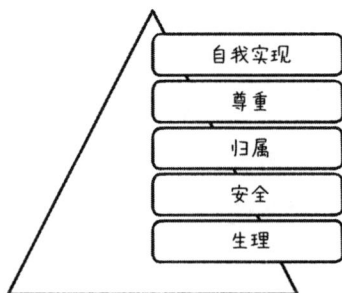
图9-17　需求层次理论的递进式排序

（四）矩阵式排序

管理类课程内容的排序经常会运用矩阵式排序，一般是两个维度，形成四个现象，培训课程中常见的客户分类、性格分类、员工分类、服饰搭配风格分类、日常事务处理，常常使用矩阵式排序。比如在本节一开始，我们对培训师授课状况的四种分类用的就是矩阵式排序（图9-18）。

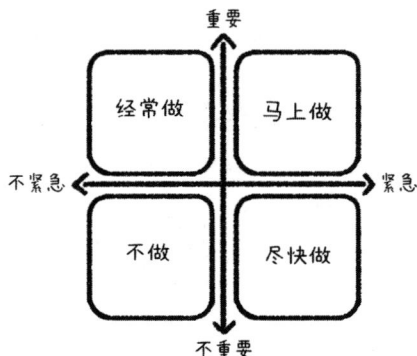
图9-18　矩阵式排序

（五）空间式排序

空间式排序就是按照空间顺序介绍课程的知识点，从上到下，从外到内，从远到近等都属于空间式，礼仪课中讲解站姿、坐姿等内容时常常用到（图9-19）。

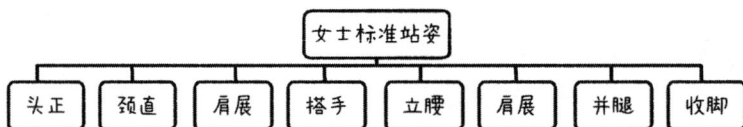
图9-19　空间式排序

（六）三 W 式排序

三 W 式排序也叫 WWH 式安排，适合大多数内容排序，被誉为"通杀"式排序，课程由三大部分组成。三 W，分别是指：WHY，为什么学习；WHAT，是什么；HOW，怎么做（图 9-20）。

WHY 一般包括：背景、现状、困难、原因、障碍、重要性、价值。

WHAT 一般包括：定义、概念、原则、原理、分类、规定、要素。

HOW 一般包括：方法、步骤、流程、方案、技巧。

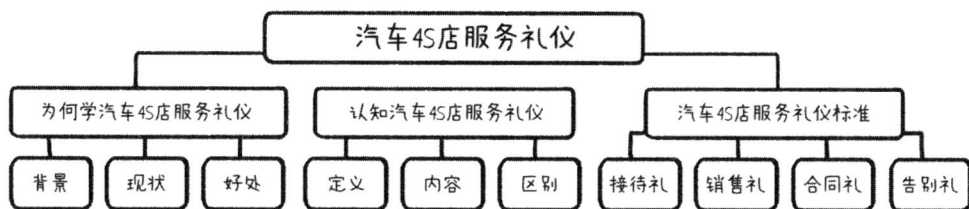

图9-20　三W式排序

以上为授课内容常见的六种排序方法，除此之外还有时间、重要性、由浅到深等多种逻辑排序方式。任何一门课程都是由一种主逻辑结构配合多种辅逻辑结构组合而成，大家要根据自己的课程内容优化课程排序。事实上，培训师用得最多的就是流程式和并列式，因此大家张口表达不是"第一步、第二步、第三步……"就是"一、二、三……"

二简：化繁为简

光有逻辑不够，内容的传递还需要"化繁为简"。很多培训师讲课，语言过于臃肿、杂乱、絮叨，被大家冠以"水货太多"的说法，这些培训师的课程不是没有好内容，而是他不会对课程的知识点精加工。如何对课程内容进行加工？反映到课堂教学呈现时，就体现了不同的水平。从知识加工的角度来分析，培训师分为以下五个级别（图 9-21）。

第一级：蛋。"蛋"的特点是 PPT 上以大段的文字为主，甚至电脑旁边还有文字逐字稿，培训师在讲课的时候以自读幻灯片文字为主，成了 PPT 的配音员，其根本原因在于对内容不熟悉，知识杂乱而肤浅，没有自己的观点和理念，还未破壳而出，因此称为"蛋"。

第二级：菜鸟。"菜鸟"听上去不怎么好听，但也算是不错了。菜鸟级别的培训师可以摆脱教学 PPT，表达比较流畅，但传递课程知识点的时候最大特点是水货比较多。他们常常以大篇幅的文字表述为主，没有对个人经验进行整理和加工，知识点没有高度浓缩，不容易记忆，甚至连逻辑都有点混乱。

第三级：高手。高手会化繁为简，对课程内容进行高度概括，提炼概念，确保有效传播及学员高效记忆。概念是指从感性升华到理性，用字词来代替，简单说，概念就是高度浓缩的字词。比如相声的基本功是"说、学、逗、唱"；假币识别的技巧是"一看、二摸、三听、四测"；优雅蹲姿的技巧是"一撤、二抚、三蹲、四放、五起"。需要注意的是高手讲课会先抛出关键词，然后对关键词解释和论证，最后再用关键词强调，也就是"归纳 + 演绎 + 归纳"的表达方式。而菜鸟级培训师只有解释和论证，缺少了归纳，缺少了对知识的精加工。

第四级：专家。专家又多了新技能，专家会把课程的关键内容点进行精加工，编成口诀。口诀的特点是朗朗上口，便于记忆。培训师在使用口诀时，还可以突出培训师的文化水平，提升教学魅力。但需要注意的是编口诀有其规律和使用场景，口诀不可过多，否则显得过于卖弄，甚至是枯涩。

第五级：大师。大师必有其独有的理论模型，比如马斯洛有需求层次理论，艾宾浩斯有学习遗忘曲线，本杰明·布鲁姆有教育目标分类，戴明有PDCA 质量环，波特有五力模型。模型并非神秘之物，其关键是把专家的经验进行分析，研究其内在规律，教学时用图形加以呈现，大部分培训师的模型是借鉴前人的研究，也有根据自己经验萃取出来的新理论模型，难度系数稍高。

| 蛋 | 菜鸟 | 高手 | 专家 | 大师 |

图9-21　培训师讲解水平的五个层级

化繁为简，知识精加工的操作技巧如下。

（一）提概念

感性升华到理性，用字词来代替就叫概念，简单来说就是从大段表述中提炼关键字词，教学的时候，先说出关键词，再对关键词进行解释和论证，最后用关键词再次强调。

概念提炼非常简单，就是提炼出能够概括原意的关键词。概念提炼主要有如下三个标准。

（1）字词形式。要用关键词来提炼，不用短句。关键词高度浓缩，便于记忆，如果能够提炼出比较新颖的概念，既让学员容易记忆，还会提升培训师的个人魅力。

（2）不超四字。为了方便记忆，概念的字数要有所控制。

一个字：每个细节点使用一个字高度概括，如：

灭火器使用的方法是"提、拉、压、喷"；
穿着打扮的层次分别是"穷、富、贵、雅、素"；
假币识别的方法是"看、摸、听、验"；
中医治病讲究的是"望、闻、问、切"；
递送名片的关键是"站、拿、送、看、说"。

两个字：每个细节点使用两个字高度概括，如：

5S管理包括"整理、整顿、清扫、清洁、素养"；
社会主义核心价值观"富强、民主、文明、和谐……"
服务工作要做到"脸笑、嘴甜、腰软"；
乘车座次安排的规则"尊重、方便、舒适、安全"；
商务交往3A原则"接受、重视、赞美"；
人际关系发展层次"看见、理解、认同、尊重、关怀、肯定"。

当然，也有一个字和两个字组合的特殊方式，如：

过马路要学会"一停、二看、三通过"。

三个字：每个细节点使用三个字高度概括，如：

疫情期间要注意"勤洗手、常通风、少聚会";

衬衣着装规范为"多浅色、要平整、塞裤里、高衣领、超袖口"。

四个字：每个细节点使用四个字高度概括，如：

握手的动作标准是"大方出手、虎口相对、力度适中、三到四下、适度寒暄"；

行走步态动作标准是"步幅均匀、步速适中、手脚配合、女直男平"。

（3）保持相同。围绕每个标题展开的细节答案提炼成概念，要保持相同，这样既容易记忆，也可以确保 PPT 制作有形式之美。

（二）编口诀

编口诀的难度系数要比提炼概念高一些，口诀的特点是朗朗上口，便于记忆，同时还能够提升培训师的个人魅力，很多口诀会成为培训师的金句，成为学员课后念念不忘的关键。

编口诀难吗？不难！没读书的时候，我们的父母就用口诀来训练我们了，比如"小老鼠、上灯台、偷油吃、下不来……""人之初、性本善、性相近、习相远……""深挖洞、广积粮、高筑墙……"以上都是我们耳熟能详的口诀。口诀具体怎么编写呢？抓住三个关键点即可：第一是合辙押韵，第二是字数达标，第三是场景合理。

合辙押韵。押韵有天然打动人心的力量，押韵，也叫压韵，是指在韵文的创作中，在某些句子的最后一个字，都使用韵母相同或相近的字或者平仄统一，使朗诵或咏唱时，产生铿锵和谐感。说到合辙，就不得不提一下十三辙，也叫"十三大辙"，这是北方说唱艺术中，韵母按照韵腹相同或相似（如果有韵尾，则韵尾必须相同）的基本原则归纳出来的分类，目的是确保诵说、演唱顺口、易于记忆，富有音乐美。十三辙的名目是：发花、梭波、乜斜、一七、姑苏、怀来、灰堆、遥条、由求、言前、人辰、江阳、中东。

字数达标。根据字数设定规律，我们把口诀编法分成如下四种，分别是：三字经、四成语、五绝句、七律诗。

三字经，三个字一组，押韵。如：

培训师要有"状元才、英雄胆、城墙脸"；
基本形象要做到"站如松、坐如钟、行如风"。

四成语，四个一组，押韵，因为成语多为四个字，所以命名为四成语。如：

国人常常讽刺某些不好的跟团游，一般会这样介绍跟团旅游的特点"上车睡觉、下车尿尿、景点拍照"。

五绝句，五个字一组，押韵，借鉴五言绝句，所以命名为五绝。其实还有六绝、七绝，这里不是做文学研究，只是名字借鉴。如：

民族有希望、国家有力量、人民有信仰；
师傅领进门，修行在个人。

七律诗，七个字一组，押韵，借鉴七言律诗，所以命名为七律。如：

如何赞美他人呢？要做到"赞美他人有技巧，服饰颜色首选聊，款式搭配莫小瞧，由内而外最重要"；

电话礼仪的基本要求"电话铃声三声叫，再忙事务先停下，问声您好哪里找，控制时间一百秒"；

基本站姿的标准是"头正颈直嘴微闭，两眼平视正前方，收腰挺胸脚挺直，立正操齐显英姿"；

培训师的课程如何收尾呢？要注意"课程收尾有规律，趣味回顾提记忆，学得再多也无益，唯有行动是奥秘"。

应用场景。需要注意的是，口诀不能过多，过多会显得卖弄，也不便于记忆，因此口诀使用有两个关键的情景。第一个就是用口诀做回顾，建议使用七律诗，真正的律诗是八句，做回顾通常四句就可以了；第二个是用口诀传播知识要点，强化学员的记忆，建议用三字经、四成语、五绝句。

（三）建模型

英国女作家多丽丝·莱辛对建模型有一个这样的评价："图片和图表微缩、反映和帮助理解真实的世界，让人们在一瞬间以新颖的方式顿悟了穷尽一生都想知道的东西，这就是学习。""建模型"就是梳理专家的相关内容背后的逻辑，并制作成图形进行传播。模型让课程内容的逻辑更严谨，层级更清晰，再加上图像化的呈现，非常有利于学员的记忆。

图（图表）加上关键概念是最常见的建模呈现形式。用便于理解的公式表达，即为：模型＝图形＋逻辑＋行为指导＋命名。

例1　用马斯洛的需求层次理论来做分析（图9-22）。

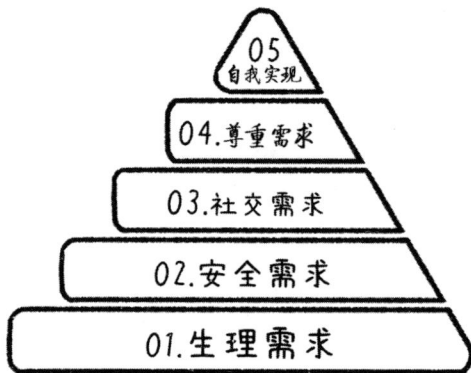

图9-22　马斯洛需求层次理论

（1）图形：模型要有图，马斯洛需求层次理论是一个金字塔形的图。

（2）逻辑：马斯洛需求层次理论要点间的逻辑关系是递进。

（3）行为指导：模型要有价值，要对学员的工作或生活行为有指导价值，这个模型指导学员的哪些行为要看用在什么课程中（激励、销售、自我管理）都可以使用。

（4）命名：命名的目的是方便传播，尊重原创，因此本模型命名为"马斯洛需求层次理论"。

例2　艾尔伯特·梅拉宾法则也符合这个标准，可以参见图9-23。礼仪培训师朋友们对此非常熟悉，就不做分析了。

关于化繁为简的总结，培训师在传递课程内容的时候要给干货，概念、口诀、模型都是干货，因此培训师的教学课件，基本上都是由关键词配图、口诀配图以及理论模型图等构成的，很少会出现大段文字的教学幻灯片。需要注意的是，部分幻灯片会出现大段文字，一般是在四种情况下出现：定义解释、法规条款、教学活动说明、非重点课程内容。

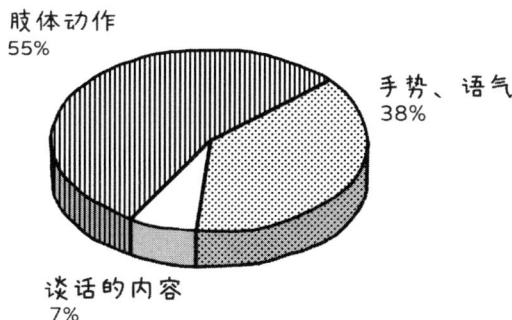

图9-23　艾尔伯特·梅拉宾法则

三活：鲜活演绎

一碗美味的面条不能只有面，还需要有各种配菜、汤汁、调料，食客才能吃得开心，吃得舒服。提概念、编口诀、建模型是为了确保有料，这些料就相当于面条，而那些达到鲜活演绎的方法就是调料。

达到鲜活演绎的调料非常多，常见的有如下六大类。

（一）讲述故事 / 案例

故事是人类历史上最古老的影响力工具，听故事是孩子小时候每晚的必修课，我们看的每一场电影都在讲述一个精彩的故事。

艾美奖得主尼克·南顿在其《故事营销有多重要》一书中谈到"大脑和故事是真爱"，精彩的故事能够极大地激活学员的大脑神经网络系统。好的培训师都是讲案例和故事的高手，但很多人都在发愁，我不会讲故事啊，我没有天赋呀。其实讲案例和故事是有套路的，只是你不知道而已。有研究发现，做到以下四点，将会快速提升你讲故事的技巧。

1. 选材接地气

故事或案例主要是用来论证知识点的，如果选材不够接地气，学员则听不明白。如何接地气？需要做到四近。

第一，发生时间近。所选事例离现状越近越好，学员更喜欢听"昨天，酒店大堂出了件儿大事……"不太愿意听"战国末期，在秦国发生了一件大事儿"。

当然如果这件事情非常经典，作为典型历史事件也是可以的。

第二，发生空间近。所选事例离学员的空间位置越近越好，学员喜欢听"在财务办公室，销售部经理和财务经理吵起来了……"不太愿意听"在大洋彼岸的美国的微软，发生了一件事……"

第三，人物关系近。所选事例与学员关系越近越好，学员喜欢听"我就说说发生在我身上的一件事儿吧……"不太愿意听"我老家村口的王奶奶有个表弟，她表弟的邻居的儿子发生了一件事……"

事例的选择顺序如下。

首选自身事。发生在自己身上的事具有独特性，对学员来讲有新鲜感，好的培训师总会讲自己曾经的经历，特别是针对本次课题，讲一讲自己从一个菜鸟培训师成为今天课题的培训专家过程中的故事。

其次身边事。家人、同事、朋友的事，新闻事件都算身边事，容易与听众拉近距离，保持在统一水平线。

再次经典事。名人、名企、古典名著里的事例都算是经典事，可以提升课程的高度，展示培训师的博学。

再其次寓言事。龟兔赛跑、狐狸吃葡萄、狼来了都算是寓言故事，其特点在于取巧，轻松易懂。

这四类事例或案例，在实战中论证观点时可以综合使用，以便达到有效说明。

第四，利益关系近。此处的事例大多是用来论证观点的，学员更关注对自己有何好处，与自己工作或生活有关的事情。比如讲"优质服务的特点"时，如果学员是空姐，我们就要谈在飞机上的服务事例，而不要谈海底捞的服务事例，因此事例当中的细节尽量要让学员看到其中对自己的好处，与其本人的现状越接近则越好。

2. 表达要细腻

细腻的表达会产生画面感，让听众有身临其境之感，我们要先从学员的接受系统来研究。问大家一个问题：你觉得在我们的学习过程中，哪些感觉最为关键呢？在这方面有很多研究，如果你问一个小孩，他会告诉你触觉最重要；随着孩子的长大，很多东西开始进入口中，味觉又成了关键；等长大成人，接受了不同的教育，更容易被声音所吸引……

学员的大脑在接受外界信息时，共有"五觉"负责接收，分别是：视觉、听觉、触觉、嗅觉、味觉。实验心理学学家赫瑞特拉研究发现，人类获取信息中的"五觉"比例如下（图 9-24）。

视觉占比为 83%；

听觉占比为 11%；

嗅觉 3.5%；

触觉 1.5%；

味觉 1%。

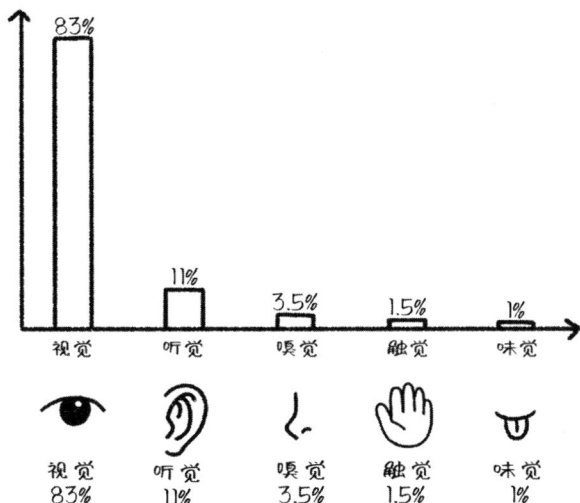

图9-24　五觉影响力占比

大家会发现，视觉和听觉占比最大，加起来有 94%，因此大家讲授案例或故事的语言，要充分刺激听众的视觉和听觉，表达到位，听众瞬间就会有一种画面感，请看下面的示范。

无"五觉"刺激的表达：一个小男孩正在吃苹果。

有"五觉"刺激的表达：一个四五岁胖乎乎的小男孩，两眼发光，盯着一个红扑扑的大苹果，扑了过去，双手捧住苹果往嘴边送，只听咔嚓一声。苹果被小男孩咬去了一大块，苹果汁顺着他的小嘴喷了出来，满嘴、满脸都是苹果汁，小男孩用手擦了一把，好黏糊啊，用舌头舔了一下，"刺溜"一声，甜滋滋的，真好吃啊！

3. 演绎单人剧

优秀的培训师讲课的时候不是在讲故事，而是在演故事，正所谓"讲不如演"，会演就要研究一下单人剧。单人剧是由培训师一个人扮演两个以上角色，模拟对方的表情、动作、语气、对话，让事例变得活灵活现。相声、小品、二人转等说唱艺术中会大量使用单人剧，大家可以在看这些娱乐节目时模仿学习，不必达到专业演员的标准，能对比变化即可。

（二）图形展示

我们常说，文不如句、句不如词、词不如字、字不如表，表不如图，一幅图胜过千言万语，可见图的价值。

学习科学研究当中有一个原理，即大脑的双通道原理，大脑吸收信息有两大通道：一个是文字通道；另一个是图像通道。大脑非常喜欢图像，美国培训专家莎朗·波曼在其著作《利用脑科学让培训更有黏性》当中提到一条非常重要的设计学习体验的原则，即图胜于文。

大脑记忆图像的能力要好于记忆文字，案例、故事、视频、比喻都能达到图像的效果。此处重点交流的是培训教学中的三类图：板书绘图、现场挂图、PPT配图。

1. 板书绘图

课程当中的一些关键内容点可配合板书进行展示，一边画图，一边解释，既可把内容讲透，又可以吸引学员的注意力参与学习。我们在板书上可以画画、画表格、画流程图、画思维导图等一系列图。

例1　简笔画（图9-25）。

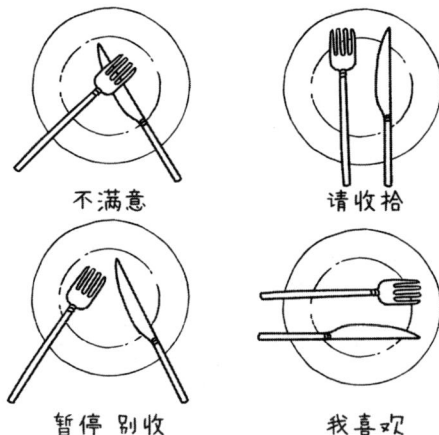

图9-25　简笔画

例 2　表格（图 9-26）。

男性员工	是否	女性员工	是否
1、头发是否干净、整齐？	□□	1、头发是否干净、整齐？	□□
2、衣服是否洁净？	□□	2、衣服是否洁净？	□□
3、双手是否干净？	□□	3、双手是否干净？	□□
4、工牌是否佩戴整齐？	□□	4、工牌是否佩戴整齐？	□□
5、鞋是否穿戴整齐？	□□	5、鞋是否穿戴整齐？	□□
6、袜子是否穿戴整齐？	□□	6、袜子是否穿戴整齐？	□□
7、身体是否散发异味？	□□	7、身体是否散发异味？	□□
8、指甲是否有污垢？	□□	8、指甲是否有污垢？	□□
9、是否容光焕发，神情愉快？	□□	9、首饰是否佩戴得体？	□□
10、胡须是否剔除干净？	□□	10、是否容光焕发，神情愉快？	□□

图9-26　表格

例 3　概念图（图 9-27）。

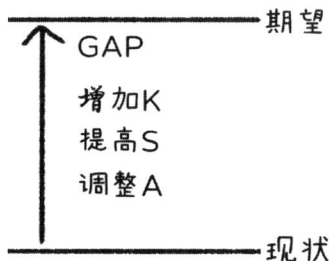

图9-27　概念图

2. 现场挂图

课程当中的理论模型、关键短句，以及课程的相关管理说明可以用图文的形式制作相关的海报挂图，选择合适的位置进行张贴，既可以辅助培训师轻松教学，又可以塑造不一样的学习环境，给学习过程带来独特的体验感。

例1　课程规则（图 9-28）。

图9-28　课程规则挂图

例2　日程安排（图 9-29）。

图9-29　日程安排挂图

例3　理论模型（图 9-30）。

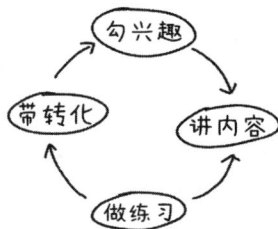

图9-30　理论模型挂图

3. PPT 配图

教学 PPT 上的配图是大家比较熟悉的，主要有四大类，确保打通学员大脑的双通道。

第一，实景照片。现场陈列课程、产品课程、形象管理、工艺流程等系列课程，为了方便学员的有效理解，培训师会用 PPT 展示真实拍摄的照片。当然，有些培训师在举例的时候也会使用一些新闻照片或人物照片，增强的大家的体验感。

第二，示意图。有些课程内容，特别是技术类的课程，无法拍摄真实照片，但可以配置一些示意图，可能是手绘的，也可能是用 CAD 绘制的，其目的还是方便学员理解。当然，有些培训师会用一些关联的漫画或卡通图来配合讲述案例，这也算是示意图的一种。

第三，图表。课程当中的一些关键内容，特别是财务管理、销售管理、生产管理课程当中经常会配合一些饼状图、柱状图、折线图、对比表格数据进行讲解，这些图表也归为图的范畴，比如我们大家都熟悉的艾尔伯特·梅拉宾法则（图 9-31）。

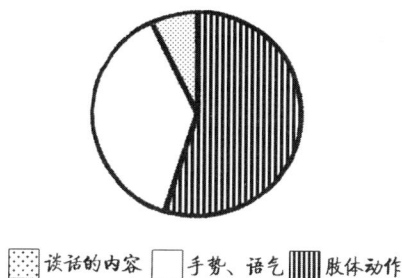

🔲 谈话的内容　□ 手势、语气　▥ 肢体动作

图9-31　图表

第四，概念图。概念图就是把经过加工过的核心知识点放到有色彩、有逻辑的图当中。PPT 当中的 SMART ART 就是用来制作这类图的（图 9-32）。

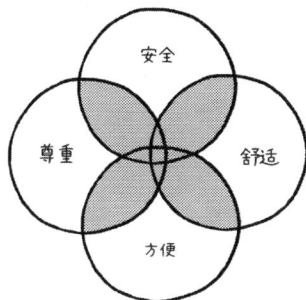

图9-32　概念图

总之，我们要学会运用各种图来有效地刺激学员的大脑，增加课程的生

动性。

（三）轻型互动

在讲解知识点的时候，我们可以设计一些互动环节确保学员的参与，我们把这里的互动称为"轻型互动"，即时间比较短、比较轻微的互动，主要有如下六种。

1. 调查

调查是在讲解过程中对某一要点的看法，对全班学员进行调查，从而带动学员的参与。

示例

培训师：培训教学的过程当中有三个对象，分别是内容、讲师、学员。哪一个是一堂课程的中心呢？

认为是内容的请举手；

认为是讲师的请举手；

认为是学员的请起立；

谢谢，请把手放下。

2. 确认式发问

培训师在讲完某一个细节知识点之后不要着急讲下一个内容点，此时可以向全场发问，标准用语是"关于刚才的×××内容我讲清楚了吗？大家明白了吗？还有问题吗？"如果学员没有问题，可以进入下一个内容的讲解。确认式发问的目的是强化所讲的学习要点，确保所有学员都能够有效吸收。

学员的学习能力各不相同，打个比方，培训师讲课时，用WIFI的速度向听众传递信息，有的学员是WIFI接受，有的学员是4G接受，有的是3G接受，有的是2G接受，有的是飞行模式，有的是关机状态。为了确保所有学员都能有效吸收，因此培训师要使用确认式发问确保学员的有效吸收。实战中有些培训师语速特别快，讲课就好比拿了一挺机关枪，一个劲儿地扫射。其实语速快是好事，培训师语速快，代表他思维敏捷，学员不怕快，就怕培训师不会停顿。培训师教学要放慢学员的认知速度，正所谓"慢就是快"，确认式发问就是为了放慢学员的认知速度，好比机枪扫射中顺势投了一颗手雷，确保那些没被机枪击中的学员被手雷炸中。

示例

培训师：关于乘车座次安排的尊重原则就分享到这里了，请问各位学员，我讲清楚了吗？

学员：清楚了。

培训师：大家都明白了吗？

学员：明白了。

培训师：还有问题吗？

学员：没有了。

培训师：好，如果没有了，我们来看下一个知识点……

3. 确认式探讨

确认式探讨的价值与确认式发问是一样的，都是为了做到"慢就是快"。确认式探讨是针对所讲细节点，安排邻座的学员交流自己过去的认知与现状的区别，确保学员对关键点留下深刻印象。这样的讨论比确认式发问效果更佳，互动的气氛更热烈，且会出现学员互教的现状。

培训师：关于刚才所讲的女士优雅入座当中的第五步"抚"就分享到这里了。请邻座的学员交流一下，过去你入座时"抚"的相关细节动作是否标准呢？

4. 读幻灯片

读幻灯片是教学中常常使用的技巧，主要有两大类：一类是个人阅读幻灯片，另一类是集体学员阅读幻灯片。

个人读，一般读 PPT 上文字较多的内容，比如：定义、法规、活动说明、非重点课程内容、微型案例。个人阅读幻灯片一般找一位距离培训师较远的学员来阅读，这是一种控场，拉近与远处学员的距离。当然，有人建议找那些聊天、瞌睡或玩手机的学员来读，这样合适吗？我们要思考一下，学员为什么会出现聊天、瞌睡、玩手机的现象，也许你看到的只是表象，成人学习最大的障碍就是他有工作和生活，在学习的时候同时要兼顾工作和生活；瞌睡也许是工作加班没有休息好；聊天可能是有事情要处理；玩手机可能是在用手机处理工作中的业务，生活中还有可能是在抛掉赔钱的股票。当然，如果学员就是在做与课程无关的事情，那么培训师就要反思了，这可能是自己讲的课太烂了，学员听不下去，只能选择那些方式打发时间了。怎么办，学会敲山震虎，找他隔壁的学员做互动就可以了，因此不要与有异常状况的学员单挑，学会敲山震虎，让他隔壁的学员阅读幻灯片即可。

集体读，一般读 PPT 上文字较少的内容，比如：关键词、口诀、短句，当然也包括在 PPT 上没有出现、培训师需要请学员记录在笔记本上的关键文字。学员集体阅读 PPT 上的文字，除了可以加强学员记忆之外，也可以快速调整现场学习气氛，100 位学员听课，有 50 位昏昏欲睡，让另外 50 位大声阅读，也会把那 50 位吵醒。

总之，能"折腾"学员就别"折腾"自己！

5. 笔记记录

美国培训专家莎朗·波曼在其著作《利用脑科学让培训更有黏性》一书中提到一条非常重要的设计学习体验的原则即：写胜于读。

人在书写的时候，学员更容易集中精力，同时，书写还能够调动多种感官，特别是听觉、视觉、触觉。听完之后，再写一下，相当于做了两遍学习处理。有研究发现，相对于只是听到或读到的内容，大部分人对自己写下的内容记忆更加长久。这里的写，既包括了讲的过程当中让学员记笔记，也包括了某一个内容片段教学完毕，让学员写一写自己有哪些收获。

然而，笔记记录是 PPT 出现后一种常常被忽略的技术，不会讲课的培训师会把所有内容都放在 PPT 这一个载体上，好的培训师要学会分散载体，把内容分别放在教学 PPT、学员手册、板书、笔记当中，有效调动学员的参与。

笔记记录确保了课程的关键内容一字不落地输入学员大脑，同时也让学员的身体参与了学习。当然，教学时，记笔记不可以太频繁，笔记记录有一定的规律，以小时为单位，知识类内容信息量比较大，因此建议每小时记录 5~6 次，技能类内容相对少，操作的一些要点和诀窍要记录，因此建议每小时记录 3~4 次，态度类内容以活动为主，有一些核心观念需要记录，因此建议每小时记录 1~2 次。

6. 小游戏

成人大多也是没有长大的宝宝，都喜欢参与游戏，这里的小游戏有两类：一类是论证知识点的游戏；另一类是醒脑的小游戏。

论证知识点的小游戏要看具体的知识点，可遇不可求，比如辅助微笑训练的手指操游戏，论证时间宝贵的撕纸游戏，沟通各要素占比认知的"抓手指"游戏，突破舒适区的双手交叉游戏，换位思考的比人游戏或手指旋转游戏……游戏内容非常多，关键是要与课程内容相匹配，但设计起来有一定的难度。

醒脑的小游戏虽然与课程内容无关，但在偏枯燥的知识类内容教学中可以有效激活大脑，让学员有精力重新投入学习，这样的小游戏有很多，常见的有：

"指一指"游戏。 可以玩"指物"游戏，培训师快速说出某一物品的名称，让学员快速指出；可以做"指色彩"游戏，培训师快速说出某一颜色，让学员快速指出；可以玩"指形状"游戏，培训师快速说出某一形状的名称，让学员从现场找到对应的形状，用手快速指出。

按摩游戏。 学习过程中可以在某一节点暂停，让学员为前面或后面的学员捶背或按摩，身体得到放松，学员更利于投入学习。

鸭子舞（略）。

以上 6 种互动是在讲解内容环节使用的，建议大家根据所讲内容刻意设计轻型互动，确保学员的参与度。

（四）快乐金库

快乐会让大脑分泌更多的多巴胺，会让学员学习更放松。培训师在教学时能够让学员快乐，学员才会让培训师快乐。快乐在培训中是有标准的，最低标准是 30 分钟让学员快乐一次，最高标准是 8 分钟让学员快乐一次，高水平的脱口秀和相声演员能够做到让听众几秒钟就快乐一次，虽然培训不是脱口秀，但我们要适当让课程充满快乐元素（图 9-33）。

图9-33 快乐的课堂氛围

制造快乐的方法很多，主要有如下七种。

1. 自嘲

自嘲被誉为幽默的最高境界，不但不会降低培训师的身份，还可以拉近与学员的距离。自嘲的角度非常多，可以是自己的名字、长相、口音、曾经做过的可笑的事。如：

我这个人有点失败，名字不好，一无是处的"一"，弱智的"智"，还是个典范，所以叫"范一智"，这个名字，总让我觉得很丢脸；关键的是有人说我不是个男人，男人常做的事情，我几乎一个不做，比如抽烟、喝酒、泡吧，我一个都干不了。另外，我还是个妻管严，连个小金库都不敢设置，真不是个男人。我妈也看不上我，总劝我别耍嘴皮子过日子，最好学点儿手艺，有一技之长，做培训师的工作不是长久之计。哎，失败！

2. 网络流行语

要想思想不落伍，就得常看网络流行语。网络时代，网络世界中的一些"热词"和"热语"适当使用会非常接地气，塑造培训师的幽默感，给学员带来快乐。

网络流行语是新兴网络世界，聊天、工作、学习中（包括线上线下）常用的语言，主要有五类：

第一类是简写，人们为了可以方便表达意思而对所说话语、所写内容进行的缩写。如：

"杠精"是一个很常见的网络用语，这个梗是 2018 年的时候创造的，如今拿来用一点也不过时。"杠"就是抬杠的意思。"杠精"就是为了找事而吵架的一类人。生活中，你提出对问题的一些看法，总有一堆人来挑衅你，他们并不真正关心事实的观点，只是对人不对事，也就是说的"为反对而反对，为找事而找事"，这类人以抬杠为己任，被称为"杠精"。

第二类是年轻人的时髦用语，并不改变名词个数，只是换个字，以达到想要表达的意思。如：

"我酸了"是 2019 年创造出来的一个网络用语，就是我羡慕了的意思。"我酸了"一般用在羡慕别人的甜甜的爱情上面，所以"酸了"也可以代表羡慕了。"酸"和柠檬的意思差不多。我承认我酸了，就是我承认、我嫉妒、我羡慕、我眼红的意思，一般搭配柠檬表情包。

第三类是通过网络游戏而衍生出的新词，短小精湛。比如：

今晚一起去吃鸡。

第四类是电视剧、电影、小品、相声中的流行语。如：

"盘他"是 2018 年创造出来的一个网络用语，但是放到现在来用依然很火。其实这个词是来自相声《文玩》，但是真正让这个词火起来的是在抖音平台上。抖音上有一位用户发了一条关于"盘他"的视频，后来就引起了一个"万物皆可盘"的视频话题，有很多用户参与。而盘的东西也是脑洞大开，各种各样什么都有。"盘"原指的是文玩不够圆润，需要不断地用手揉搓把玩才能让文玩变得平整光滑，这个过程叫作"盘"。但是自从"盘他"在抖音上走红之后，就不再是这个意思了，"盘他"可以用在和别人起争执的时候，在这种情况下"盘他"就等于是"怼他"的意思。

又如：我太难了，我压力好大。

第五类是一些英文缩写。如：

"OMG"是在网络上很常用的英文缩写，是英文中的"Oh My God"或"Oh My Gosh"的缩写，意思就是"我的天哪"。李佳琦的一句 OMG，让很多人心甘情愿地掏出钱包买买买！民间流传着一句话"李佳琦一句 OMG，我欠花呗一万八！"

又如：

"你就是个活体 ETC"。"ETC"的意思是说这个人爱抬杠，做到了 24 小时都抬杠。

3. 曲解

曲解是一种常用的修辞手法。对某些词语的意思有意地进行歪曲的解释，以满足一定的需要。运用曲解，可以造成幽默诙谐的语言特色，塑造增加轻松愉快的交流气氛。如：

还是古代的女人好啊，古代的女人都是讲"三从四德"的：未嫁从父、出嫁从夫、夫死从子，这是"三从"；妇德、妇言、妇容、妇功，这是"四德"。现代的女人也是"三从四德"，哪"三从"？从不温柔，从不讲理，从不做饭；哪"四德"？说不得、惹不得、骂不得、打不得，真没古代的女人有品德。所以对待这样的女人，我们男人三心二意就好了。哪"三心二意"？关心、真心、爱心；一心一意，全心全意。没办法啊，男女比例失调，好不容易有个女人愿意陪我们共度一生，知足吧，所以我立誓要做一个"三心二意"的坏男人！

4. 转折

语意由一个方向转到另一个方向，从而制造幽默，主要有如下两种。

第一种：问"是"说"否"。培训师在与学员课堂交流当中，向学员发问，当学员表达"是"的时候，培训师说"否"，既可以制造幽默，又可以给学员留下深刻印象。

例 1　提问的时候为什么要找三个人发问。

培训师：大家有没有发现，我们为什么要提问三个人呢？

学员：……

培训师：老子说：一生二，二生三，三生万物，请问发问背后的智慧和老子的学说有关系吗？

学员：有。

培训师：有什么有？一毛钱关系都没有（学员大笑）。

学员：那是为什么？

培训师：我们发问要考虑到不同方位、性别和年龄，正好找三个人来区分，找到关键代表，以了解全场。

例2　关于客户是不是上帝。

培训师：大家都知道，顾客是上帝，是不是？

学员：是的。

培训师：是什么是？你见过上帝吗？（学员大笑），所以顾客不是上帝。

学员：那顾客是什么？

培训师：顾客可以是丈母娘，可以是老婆，可以是孩子，关键是你用什么样的态度来对待顾客，这个是关键。

第二种：话锋一转，培训师讲A时，突然变成了B。

例1　人生有四大悲啊，久旱逢甘霖，只一滴；他乡遇故知，碰债主；洞房花烛夜，在隔壁；金榜题名时，是做梦。

例2　张经理这人啊，幽默、大方、直率、睿智、宽容，都与他无关。

5. 连连看

连连看是在请学员回答问题、阅读PPT、分享研讨成果时使用的技巧，培训师安排第一个学员配合后，让第一个学员推选其最喜欢或最讨厌的人来继续阅读PPT或回答，从而制造幽默，给学员带来快乐，这个技巧也叫"权力交接"。特别注意此方法只适合与自己同级别，或低一个级别的学员使用。

培训师：您好，刘先生，可以请教您一个问题吗？

学员：可以。

培训师：请问我们刚才学习了握手礼的动作要领，您都了解了吗？

学员：了解了。

培训师：好，请您说出有收获的一个关键点。

学员：大方出手。

培训师：回答正确，掌声鼓励，您先不要着急就座，请您从别的小组选一位您心目中的女神，请她来回答。

注意，当学员做选择的时候就会制造快乐元素，有人会跟着起哄。当然，我们还可以继续连接下去，所以叫连连看。

培训师：好，就请这位女神回答一下。

学员：力度适中。

培训师：回答正确，麻烦您也选一位朋友回答，选一下您心目中的男神吧。

学员：选那一位。

注意，此时可以制造出幽默气氛，如果学员选了另一位，我们就可以伺机调侃第一位回答问题的男学员。

培训师：老刘，看到了吧，不喜欢你这种类型。

注意，如果学员又推回去让刘先生回答，我们也可以制造幽默。

培训师：看来，二位真是心心相印，祝二位幸福，大家掌声鼓励。

连连看的方法可以应用在问题回答、阅读幻灯片、小组分享的多个场景，可以让学员选择自己喜欢的人或事，也可以选择"讨厌"的，从而制造快乐元素。

6. 才艺表演

什么是才艺？唱歌、跳舞、武术、魔术、舞蹈、手工艺品展示都算是才艺。培训师在课程中花几分钟展示才艺时，学员会非常快乐，同时还能够让学员再次的充满能量，更有激情投入学习，才艺就好比是开心果或充电宝，培训师一旦使用就会让学员又快乐又有能量。

有一次，课间休息时，一位学员朋友主动找我交谈，想给大家在课间拉一段小提琴，课间本来是休息时间，如果她拉了小提琴就会影响大家的休息；如果我拒绝了学员的好意，就会得罪学员。于是我告诉学员，能听您拉小提琴真是太棒了，希望您能够做好准备，等到下午的第一堂课程的时候我会邀请您来表演。学员非常开心，下午第一堂课我找了一个机会让学员登台展示了她的才艺，当时的一首《卡农》震惊四座，博得了全场热烈的掌声，很多学员甚者喊着让她再来一段。大家要特别注意，才艺表演特别适合在容易犯困的下午或者内容相对枯燥的课程当中使用，这些才艺表演最好是与课程内容紧密结合提前设计好的，也可以是临时安排的，一般 2~3 分钟即可完成。

当然，有的朋友在课间休息的时候找我咨询：如果没有才艺怎么办？别担心，学员有啊，能"折腾"学员就不要"折腾"自己。请大家推荐或设置适当的积分奖励，一般会有大批才艺高手登台展示。

7. 趣味事例

培训师在讲解过程当中，论证某一个关键知识点时，如果所举的例子或讲的故事本身就带有趣味性，自然就会给学员带来快乐。这里需要提醒的是，趣味事例有三不讲，即"黄、飞、鸿"不能讲。

第一，"黄"的不能讲，低级趣味色情淫秽的内容不能讲，这样的内容会直接降低培训师的品位。

第二，"飞"的不能讲，这里的"飞"是"黑"的谐音，即暴力的、阴暗面的事例不要讲。

第三，"鸿"的不能讲，这里的"鸿"是"红"的谐音，即调侃政府或公司领导、制度的相关事情不要讲。

以上是制造快乐元素常用的 7 种形式，大家要根据自己的课程内容特意设计，让学员在快乐中学习与成长。一名优秀的培训师要经常反思"我的学员快乐吗？"

（五）视听材料

视频素材和音频素材可以有效地刺激学员的右脑，让课程变得更加生动。

1. 视频素材

视频素材在论证课程的核心知识点、技能示范、复杂工艺解释时会大量使用，可以方便学员的理解与吸收，主要有如下三大类。

第一类，影视剧截取视频素材。这类素材多用于通用课程，比如很多朋友都学习过，看《亮剑》学习沟通、看《首席执行官》学习执行力、看《士兵突击》学习职业素养……每年都会有大量的影视剧作品出现，选取经典的和应景的影视剧片段穿插在课程教学当中，非常生动，易引起共鸣，建议大家做个有心人，在娱乐和消遣的同时可以搜集案例。

第二类，自拍视频。培训师自己出演拍摄的视频、现场真实拍摄的视频，这类视频非常接地气，可以用于通用课程和专业课程，有时候一个生产工艺用嘴和图片是说不清的，一段小视频往往胜过千言万语。

第三类，flash视频，这种视频的制作成本比较高，效果也非常好，有些无法用演员表演制作或现场拍摄视频的内容，采用制作flash视频时效果更好，特别是一些复杂的工艺展示。

2.音频素材

音频素材的使用往往被培训师忽略，看一看身边的咖啡馆、餐厅、酒吧，几乎都在运用音乐塑造良好的氛围，讲解课程内容时我们也可以使用一些音频素材，主要有如下三类。

第一类，论证知识点的音频，主要是录音素材，在"电话投诉处理"课程中常常运用客服与客户的语音记录对知识点进行论证。

第二类，塑造气氛的音频。思考问题时可播放轻音乐，助力思考；模拟练习时可播放快节奏音乐，避免冷场和尴尬，方便学员投入练习。

第三类，配合醒脑游戏的音乐，调节学员学习状态时常常做些小游戏，特别是舞蹈类的游戏，需要配合音乐才能更有气氛。

（六）现场示范

技能类课程在讲解技能点时常常有示范的过程，谁来做示范呢？主要有三类示范，这里需要注意的是，示范越接近真实情景效果越佳。

（1）培训师示范。由培训师独立完成，或邀请学员配合完成的示范，比如，培训师在教学员在商务交往中如何递名片时，需要由学员配合培训师来模拟接名片的过程（图9-34）。

（2）视频示范。用拍摄的实战视频展示，学员的感受会更加深刻，甚至比培训师现场示范还有效果。

（3）助教示范。由助教独立完成，培训师和学员一样作为旁观者观察。值得提醒的是，此环节不可以让学员来示范，因为他还未学会，上台示范只会丢他的脸面，学员的示范更多的是在练习之后登台较量。

图9-34　培训师示范

鲜活演绎的方法很多，我们主要谈了以上六种。这六种方法不是要求大家必须全部使用，而是要根据课程内容的重要性进行设计与安排，越重要的知识点使用的方法越多，关键知识点一般至少要用到故事演绎、轻型互动、图形展示这三种方法，增加课程的生动性甚至是趣味性。

达到精彩讲解的关键是设计和练习，传递课程内容的时候务必做到逻辑清晰，一张嘴就是"一、二、三"，内容多给干货，使用概念、口诀或模型。当然，光给干货还不够，要增加调料，故事、图片、互动、快乐元素、示范等做适当穿插，确保学员在学习时听清楚和看明白，达到更高效的记忆和理解。

思考与练习

以下哪些内容的说法是正确的：

1.讲解课程内容时如果给的都是干货，即使逻辑有点乱也不会影响学员的学习效果。

2.讲课时，尽量把想讲的内容写在教学幻灯片上，既可以避免忘词又可以作为材料发给学员，方便学员课后复习。

3.讲课时一定要有口诀，且越多越好。

4.讲课是一件很严肃的事情，不需要安排让学员快乐的元素。

5.讲解内容时可以现场找一位学员登台展示。

要点回顾

讲解课程内容是培训师的重中之重，你会讲解吗？能够精彩讲解吗？关于"精彩讲解"你应该掌握以下内容：

1.讲解时，逻辑要清晰，常用的是流程式排序法和并列式排列法。

2.讲解时要化繁为简，给干货，提供概念、口诀、模型、工具。

3.讲课程不能只给干货，还要有趣味性。

4.鲜活演绎有很多种方法，案例、用图、轻型互动、快乐金库等一定要学会设计与使用。

5.礼仪培训师要多做示范，可以自己示范、视频示范、助教示范。

第三节　全面互动

什么是互动？互动是心理学、物理学和社会学当中特有的名词。社会学认为"互动"是一种相互使彼此发生作用或变化的过程，相互作用既有积极的过程，也有消极的过程。培训中的互动可以定义为一种使对象之间相互作用而产生的，彼此之间发生积极改变的过程。顾名思义，互动要有两个方面，一个是"互"，另一个是"动"。所谓"互"至少有两方，才能交互起来；所谓"动"，当然要动起来，动什么？动手、动脚、动嘴、动脑……总之，要确保学员全身心参与学习。在培训现场中，培训师、学员、教学事件和场地，构成了互动中的"互"。所谓"动"的方式，可以用加德纳的多元智能来概括，也就是激发学员的语言、逻辑、音乐、图画、人际关系、运动、内省、观察自然等智能。

教学互动一般有四种典型方式：

第一，讲师和学员互动，如：提问、点评；

第二，学员和学员互动，如：角色扮演、互相点评；

第三，学员和事情的互动，如：看视频、案例分析、讨论；

第四，学员和环境的互动，如：情景模拟。

互动的方式不是关键，关键的是要知道在什么情况下使用什么样的互动方式。是什么决定了某一个知识模块教学时做什么互动？是教学目标。教学目标反映了课程学习的内容和内容学习的程度，有的程度是"记忆"，有的程度是"理解"，有的程度是"运用"……不同的程度则要采取不同的互动方式。互动是使学习气氛提升、达成学习目标的保障，而不是为了互动而互动，必须是为了达成学习目标而做互动才有价值。

不同的教学内容其互动方法是不同的，按照教育专家的划分，培训教学的内容主要有三大类：知识、技能、态度。知识和技能又细分出了多种类型，每种类型匹配的最佳互动都不同，如果用错了，既没有效果，又浪费时间。基于

礼仪培训的课程，本书重点谈三个方面的互动：勾兴趣类互动、做练习类互动、带转化类互动、

一、勾兴趣类互动

（一）单元勾兴趣

进入一个单元的学习，需要"勾"一下学员的学习兴趣，让学员对课程的某一个单元产生学习兴趣。方法很多，常用的有三种方法：小组讨论法、案例分析法、现场测试法。

1. 小组讨论法

小组讨论法常用于技能为主的单元教学，让学员先去寻找答案，当学员找不到有效答案时，就会产生学习的兴趣。做好小组讨论需要注意以下几个关键点。

（1）定人数。多少人组成一个小组合适呢？心理学家艾伦·罗杰斯认为，能够让每个人都说话的、最适合的讨论小组人数为3~6人；还有的专家认为，小组的下限是2人；多数专家认为，小组规模以8人为上限（图9-35）。

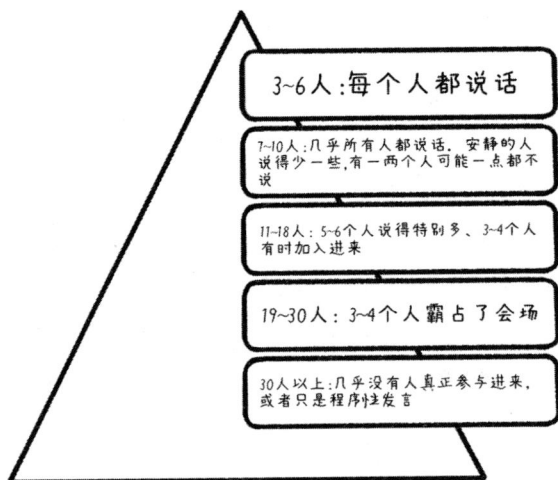

图9-35 小组最佳人数分析

根据多年成人教学经验总结，最有效的讨论小组人数为4~6个成员。如果人特别多，最多可以8人一个小组，8个人又可以拆分为两个4个人的小组。

（2）选组长。火车跑得快，全靠车头带；工作好不好，关键靠领导。小组讨论一定要安排组长，选组长要尽量好玩，且照顾到每位学员，让每一个人参

与进来。我的课程每隔半天就会打乱小组重新组合，每一堂课程都会尽量安排一个新组长。选组长的方法很多，常用的有如下几种（图9-36）。

①按头发长短选组长。

②按属相动物个头大小选组长。

③万众瞩目法（集体推选）。

④课间最后一个返回者。

⑤禅让法（上堂课组长选出下堂课的组长）。

⑥自首法（自我推荐当组长）。

⑦扑克牌法（抽牌，抽最大或最小数字者当组长）。

⑧幸运转盘法（在桌上转动铅笔，笔尖对着谁，谁是组长）。

特别提醒，尤其是半天以上的课程，要尽量让每位学员都有机会当组长，调动每位学员的参与度和投入状态。

图9-36 选组长

（3）做准备。"做准备"是指在小组讨论的开始先不要让学员直接讨论，先给学员一段时间自己对研讨的话题沉默思考，准备好答案之后再进行研讨，最好让学员先写下答案，带着答案在小组内讨论。

（4）配音乐。讨论活动中要安排一些音乐，确保课程的气氛，避免冷场。

（5）发奖品。一定的奖品会带动学员的参与感，培训师要舍得一定的投入。

以上就是小组讨论的关键。当然，小组讨论活动还可以做一些变化，这些年流行的鱼缸讨论法、漫游讨论法都是小组讨论的一种变形（图9-37）。

小组讨论示范：

各位朋友，本单元要学习的是"投诉处理技巧"，请大家以小组为单位展开讨论，如何处理投诉，先请大家写出自己的答案，写好后再开展讨论。现在开始……

图9-37　小组讨论

2.案例分析法

案例分析法适合以技能为主的教学单元，其核心让学员运用已有经验解决案例中主人公存在的问题，一旦学员发现不了问题，或发现后解决不了，就会产生学习的兴趣。

案例分析法中的案例基于不同的培训技能有三种使用形式（图9-38）。

（1）视频案例分析，适合动作技能和人际技能培训。

培训师组织学员观看一段与本单元有关的视频案例，一般是反面案例，让学员以小组为单位进行讨论，寻找视频中主人公存在的问题，并由各小组制定解决策略，培训师对学员的解决策略进行点评。这些视频一般有四类：影视剧片段截取视频、培训师自拍视频、工作现场抓拍视频、flash 动画视频。

视频案例"勾兴趣"示范1

各位学员，本单元要学习的是"优雅喝红酒的技巧"，请大家先看一段视频案例，看看主人公在商务交往中喝红酒有无问题，如果是你喝红酒该如何调整……

视频案例"勾兴趣"示范2

各位学员，本单元要学习的是"投诉处理技巧"，请大家先看一段视频案例，看看客服小王的投诉处理有无问题，如果是你处理异议该如何调整……

（2）文字案例分析，适合智慧技能培训。

培训师要制作案例单元，描述出整个案例的背景、事件、问题，让学员以小组为单位为主人公制定一套解决策略。当学员无法提供有效的解决策略时，便会期待知道有效的做法是什么，从而调动学员对本单元的学习兴趣。

文字案例分析示范：

各位学员，本单元要学习的是"促销复盘技巧"，请大家阅读手中的案例《一次复盘引发的争吵》，看看主人公张店长在促销复盘工作中是否存在问题，如果有问题，请你给出一套解决策略……

（3）小品案例分析，适合动作技能和人际技能培训。

小品案例分析，是由培训师本人或在助教的辅助下进行现场小品表演，相当于视频案例的现场展现，十分生动，对培训师及助教的要求很高。

小品案例分析"勾兴趣"示范：

各位学员，本单元要学习的是"产品介绍技巧"，请大家看一段小品，看完后要找出销售顾问在产品介绍时存在的问题，并由各小组制定解决策略，掌声欢迎我们的助教团为大家带来小品《如此介绍》。

图9-38　案例分析场景

3. 现场测评法

现场测评是针对某一个学习单元设置相关的测试，让学员用已有的经验进

行尝试，培训师给出评估标准。当学员发现自己不达标时，从而产生学习兴趣
（图9-39）。

图9-39　现场测评

（1）技能测评法。针对以技能为主的单元，还原工作中的应用情境，让学
员根据个人已有的经验进行尝试，培训师在学员完成技能挑战后给出标准，由
练习搭档对其表现打分。

示例1

培训师：本单元学习的是奉茶技巧。假定你是会场的服务人员，需要为客
人奉茶，请你用自己认为最佳的方式完成奉茶的操作，大家两人一组，一个扮
演客人，一个扮演奉茶的服务人员，并互换角色模拟操作，大家都清楚了吗？

学员：清楚了。

培训师：现在开始……时间到。下面给出奉茶的操作标准，大家给自己打个分。

标准步骤	是否达标	备注
提盖	是□　否□	
沥水	是□　否□	
持杯	是□　否□	
转身	是□　否□	
加水	是□　否□	
放杯	是□　否□	
盖杯	是□　否□	
退离	是□　否□	

示例 2

培训师：本单元学习的是投诉处理技巧。客户从专卖店购买了一套布艺沙发，收货之后，发现色彩与样品不符合，客户带着拍摄的录像，到专卖店来投诉。假定你是负责处理客户投诉的客服人员，请根据你的已有经验处理客户的投诉。请你的搭档扮演顾客，按照我提供的标准投诉，并观察客服的处理技巧，别忘了相互交换角色。大家都清楚了吗？

学员：清楚了。

培训师：现在开始……时间到。你觉得你的投诉处理水平如何？以 10 分为标准，请大家给自己打分，并写在卡片纸上。好了吗？请大家亮分数……

（2）红包测评法。红包测评法主要应用于知识类单元的勾，是从传统的小测试中演变而来的，增加了趣味性。培训师针对学员要学习的单元内容，制作一套测试题，并把测试题装入红包内，进入单元学习时给每个小组发装有测试题的红包，限定时间由小组集体答题。当学员发现自己无法解答，甚至不及格时，则会产生学习兴趣。

测试的选择要注意以下三点。

第一，题型，建议出选择题，单选题相对简单，多选题更有挑战性，可根据学员水平适当出题。

第二，难度适中，所出题目既不要让学员轻易答出，也不要难以解答。一般我们设定 80 分及格，如果学生在 70 分左右代表合适；如果达到 90 分，说明题目过于简单，"勾"的刺激不够；如果低于 60 分，说明题目太难，学员有可能会出现畏难情绪，导致学习动力不够。

（3）量表测评法。量表测评法主要应用于技能类单元的勾，是将单元学习的要点设计为相关指标，学员根据自身状况打分，培训师给出不同分值的评价标准。当学员意识到自己水平不够时，则产生学习兴趣。

测评打分一般分为 5 个级别：总是、经常、有时、偶尔、从不，对应分值为：5、4、3、2、1。

请看量表测评法的操作示范（图 9-40）。

焦虑筛选问卷（GAD-7）

这是7项问题的简单问卷,若评分达10分以上,提示有焦虑。
在过去2星期,有多少时候您受到以下任何问题困扰?(在您的选择下打 ✓)

	完全不会	几天	一半以上日子	几乎每天
1.感觉紧张、焦虑或急切				
2.不能够停止或控制担忧				
3.对各种各样的事情担忧过多				
4.很难放松下来				
5.由于不安而无法静坐				
6.变得容易烦恼或急躁				
7.感到似乎将有可怕的事情发生而害怕				

图9-40　量表测评

以上单元勾的常用方法,其核心目的是确保学员对所学单元产生学习兴趣,激活学员旧有经验,更利于学员的学习,请大家根据自己的课程内容进行设计,需要注意的是,单元勾兴趣要专门制作一张教学幻灯片,写清楚活动规则,方便培训师控制教学节奏。

（二）模块勾兴趣

每个单元是由若干个模块组成的,针对一个重要的模块,我们也需要设计勾兴趣的教学活动,常用的方法有如下三个。

1.训前提问法

培训师没有直接给学员答案的权力,因此在讲解某个重要知识点时,培训师可以先请学员谈谈自己的看法,透过对学员答案的点评,让学员发现自己知识或技能的不足,从而产生学习兴趣。

具体操作:由培训师针对所讲主题的答案还原一个情境,并在现场找三位学员提问,学员回答后,培训师要对其给予肯定和掌声鼓励,最后由培训师做总评,告知学员大家的回答还不够系统,还有更专业的答案,从而引出所要讲的细节内容。

训前提问法操作时要注意以下四点（图9-41）。

第一,给情境。直接让学员回答,比较尴尬,要还原一个情境,让学员在情境中思考问题背后的答案，容易激活旧知。

第二，问三人。现场找三位学员提问，要考虑到学员坐的方位、年龄、性别，做到全场分配，有效提问。

第三，表肯定。对学员回答要给予肯定，少批评，如果学员答非所问，可以说他很有想法；如果学员答不上来，可以说他很谦虚，总之应以鼓励为主。

第四，做总评。学员回答后要告知学员，大家说的不错，但还有更好的解决策略，从而调动学员的学习兴趣，引出所讲主题的细节知识点。

举例：培训师讲授"礼仪的定义"现场对话。

培训师：请各位学员回忆一下，在您过去的工作和生活当中哪些场合用到了礼仪，请您根据自己的经验谈一谈，什么是礼仪？左边的这位女士，您好！可以请教一下您吗？

学员 A：可以。

培训师：请您谈一谈什么是礼仪，随便说，没有对错。

学员 A：礼仪就是良好的行为规范和职业化形象。

培训师：非常好，谢谢您，回答得很具体，看来您经验非常丰富。掌声鼓励，请坐！我们再找一位学员谈谈他的看法，坐在最后面中间的这位先生，您好，请你谈谈您的看法。

图9-41　训前提问

学员 B：好的，那我来谈谈我的看法吧！我觉得"礼仪"就是尊重，儒家文化也是我们崇尚的汉文学。今天学习礼仪，除了运用在工作中，我也希望回家更好地给孩子做榜样，做个知礼懂礼行礼的中国人。

培训师：谢谢！说得非常好，孔子曾经说："礼者，敬人也！"尊重是礼仪的根基。同样，礼仪不单单是在工作中的运用，它还关乎家庭、关乎民族、关乎国家形象。再次谢谢，掌声鼓励，请坐！我们最后再找一位学员，右边的这位女士您好，请您谈谈您的看法。

学员 C：立足本职工作，礼仪就是以我们的精神面貌、职业化形象以及专业的医护技能，让病患感受到我们对他们的真诚和尊重。

培训师：说得太好了，谢谢您！没错礼仪二字分开来看，礼是一种道德规范，而仪就是一种具体的表现形式。掌声鼓励，请坐！

培训师：大家说得都非常好，比较可惜的是还不够完整，到底如何界定礼仪呢？下面给大家展示标准的定义，请看大屏幕。

2. 训前探讨法

训前探讨法和训前提问法类似，只是把提问改为了相邻学员间的对话交流。因此在讲解某个重要知识点时，培训师可以先请学员两人一组谈谈自己的看法，透过学员的相互交流或探讨，让学员发现自己知识或技能的不足，从而产生学习兴趣。

具体操作：由培训师针对所讲主题的答案还原一个情境，安排学员两人一组交流看法（如果是技能类模块，先要让学员尝试一下操作），最后由培训师给出总评，告知学员大家的做法或回答还不够系统，还有更专业的答案，从而引出所要讲的细节内容。

训前探讨法操作时要注意以下四点（图 9-42）。

第一，给情境。直接让学员回答比较尴尬，要还原一个情境，让学员在情境中思考问题背后的答案，这样容易激活旧知。

第二，双人试。两人一个小组进行尝试，确保全员参与。

第三，互相评。学员互相点评，说出对方答案的优点和需改进点。

第四，做总评。培训师对学员的表现和交流的结果进行总评，告知大家还有很多改进空间，从而调动学习兴趣，引出所讲内容。

图9-42　训前探讨

举例：培训师讲授"女士优雅入座"的现场对话。

培训师：大家好，下面我们来学习女士在商务场合如何优雅入座，假如你正在参加一场面试，面试官示意你入座，你该如何优雅入座呢？请注意，坐在你旁边的朋友就是面试官，根据你的经验，请在她面前展示一下入座的过程。别忘了相互点评对方的优点和需改进点。每人做一次，注意互换角色。大家有没有问题？

学员：没有问题。

培训师：好的，现在开始吧（播放音乐，营造一个良好的交流环境）。

等待……

培训师：好，时间到。我刚才观摩了一下大家的入座过程，也听了一些学员的看法，大家的入座方式整体看还是不错的，不过在一些关键细节方面仍需调整。下面我们来学习女士优雅入座七步法……

3."威逼利诱"法

"威逼利诱"法是一个比较经典的方法，主要是透过某些方式引导学员，让学员看到学习的好处或者不学习的坏处从而产生学习的动力。主要有两类方式：一个是靠制度；另一个是利用案例，我们来看一下示范。

（1）制度法：利用奖惩制度让学员产生学习兴趣，建议多用奖励，少用惩罚。

"利诱"示例

培训师：下面这些内容非常重要，等我分享完会有一个小练习，如果答对了可以为小组得到 5 分的积分，同时自己也可以获得一个小纪念品。

"威逼"示例

培训师：下面这些内容非常重要，是考试的重点，占 10 分。千万别让这个考试不及格，因为不及格会影响你的绩效考核结果。

（2）案例法：利用案例让学员产生学习兴趣，正反案例均可以使用。

正案例示范

培训师：昨天小王得到了公司老总的表扬，并且在这个月月底公司还会为小王多发 500 元总经理特别奖金，大家知道为什么吗？主要是因为昨天来公司参观的大客户对小王提出了特别表扬，说小王在接待工作中的服务非常好，让客户觉得备受尊重，希望总经理能够给予一定的奖励。你也想得到奖励吗，咱们一起来学习一下接待的礼仪。

反案例示范

培训师：昨天发生了一件事，想必大家都知道了，就是小张被客户打伤了，今天还在医院里休养呢？什么原因？就是在客户投诉的时候，小张没有安抚好那位暴脾气的客户，导致矛盾升级，客户对她动了手……当然，双方都存在问题。为了避免矛盾升级，咱们得好好研究一下安抚情绪的技巧。

二、做练习类互动

（一）技能类课程内容练习

未曾经历，不成经验，坐在副驾驶永远学不会开车，技能类内容必须要经过现场练习和培训师指导才能达到应用的教学目标，遗憾的是很多培训师经常会用错练习方法或练习的细节不达标，导致教学效果差强人意，不同的技能练习方法不同，下面分别阐述。

1. 动作技能练习设计：实操训练

20 世纪初就有了关于动作技能的训练方法，叫作"实操训练"。最早的培训大多是为了训练产业工人，因此以"实操训练"为主，反复练习，形成一定的条件反射。这种训练方式在今天的礼仪培训、设备操作培训、体育技能培训中仍在大量使用，十分经典。

动作技能训练的核心是"先扶后放"，因此，培训师在完成标准讲解与示范之后，不可以直接让学员分组练习，要先有一个"扶"的过程。"扶"就是培训师要帮扶学员，先要带着学员同步进行分解动作技能的训练，不可以直接让学员自己去做；"放"是在带练学员完毕后，给学员提供一定的练习情境，让学员分组练习，将学到的技能独立应用出来。很多培训师组织练习时出现的问题是既没有扶助，又舍不得放手（在学员分组练习时，过度巡场会导致被巡查的学员压力过大，动作变形），针对动作技能培训建议进行如下四步操作（图9-43）。

第一步讲师带练。

这一步是"扶"的过程。培训师带领全场学员练习两遍，即培训师每做一个关键动作，学员跟做一个关键动作，有点像练习武术，领队出一拳，全场跟着出一拳。需要注意的是培训师要带练两遍，为什么练习两遍呢？是因为学员的学习能力不同，高水平的学员一遍就可以跟着做出来，水平差的学员至少要两遍，特殊状况下有的学员还要求老师做三遍带练，我们一定要确保全场学员都能跟上训练的节奏。

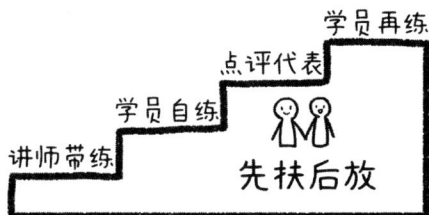

图9-43　动作技能类课程训练的四个步骤

第二步学员自练。

这一步是"放"的过程。这个环节有五个关键点要注意。

（1）小组划分。培训师将学员分成若干小组，一般2人一个小组，进行分组练习，并相互点评，特殊状况可增加到3人以上，比如学习拥抱礼仪，两人抱在了一起，无法观看对方，所以要设置第三个人——观察员。

（2）练习次数。建议每位学员要练习2次，确保不同水平的学员都能够独立完成。

（3）伺机指导。培训师要学会"袖手旁观"，放手让学员去做，不要距离学员太近，甚至走到小组内去随意点评，这样会给学员带来太大的压力，导致练习失效，建议在学员举手示意请教或停止时再走近学员指导。

（4）提供情景。安德烈·焦尔当在其著作《学习的本质》中指出："当学习者的心智活动和他所处的环境之间建立起丰富的互动时，他的知识水平才会有所进步。"简单来说，就是"在哪里用，就在哪里学。"成人的最佳学习方式并非独自练习，而是在情境中学。因此，我们在组织搭档分组练习时，不要为了练习而练习，一定要还原一个应用情境，让学员进入情境做练习。如果是设备操作，肯定要提供设备和相关任务；如果是商务礼仪，一定要提供一个交际的情景，让大家把学到的相关技能用出来。

（5）配合音乐。为了确保练习更有效，培训师要营造比较轻松愉悦的氛围，建议在学习练习中放一些音乐，避免冷场，同时能让学员的大脑分泌更多的多巴胺，投入练习。特别提醒不要使用有歌词的音乐，以免影响练习效果。

第三步点评代表。

这一步是"扶"的过程。培训师选取两位学员代表，一位表现好的，一位水平稍差的，到台前展示，师生共评，通过对代表的展示，让所有学员自我反思，查漏补缺。

第四步学员再练。

这一步是"放"的过程。学员回到双人小组，继续练习，修订提升，相互点评，直到正确做出，一般至少练习 2 遍。

总结一下，每位学员练习了 6 遍，登台的学员代表共练习了 7 遍，可能有人觉得练习的次数过多了，会不会浪费时间？会不会让学员觉得烦躁？其实大可不必担心，技能内容培训的目标是应用，如果学员做不出才叫失败。动作技能使用 7 次才能熟悉，熟悉就是能够按照标准，在教学现场把学到的技能演示出来。特别提醒，现场是难以做到熟练的，更不要说精通了。熟练或精通是课程结束后的事情。

简单地谈一下"转化"的问题。每个课程都有一个转化的周期，6D 学习法则研究的结果是 8~10 周，在这段时间里做好转化工作，就可以达到有效的培训效果。

最著名的就是行为心理学研究的"21 天效应"，这个理论源于一位整形医学专家马尔茨博士。他发现对于截肢患者来说，手术后的 21 天中，他们往往不适应已经失去的身体部分，经常仍然能"感觉到"它的存在。而 21 天后，他们就不在下意识地要去"使用"它了，已经习惯了截肢后的状态。经过大量现实事例的验证，绝大多数人可以用 21 天的时间打破或养成一种习惯。

同样，在行为心理学中，人们把一个人的新习惯或理念的形成并得以巩固至少需要 21 天的现象称为"21 天效应"。简单说，一个人的动作或想法，如果重复 21 天就会变成一个习惯性的动作或想法。其基本原理来源于 1961 年美国凯尔曼的研究，共三个阶段：一是顺从，即表面接受；二是认同，即心理接纳；三是内化，彻底接受。

"21 天效应"有如下三个阶段。

第一阶段：1~7 天。此阶段表现为"刻意，不自然"，需要自我提醒及外界督导。

第二阶段：7~21 天。此阶段表现为"刻意，自然"，但需要意识控制，这个阶段形成的是初步习惯。

第三阶段：21~90 天。此阶段表现为"不经意，自然"无须意识控制，这个阶段形成的是稳定习惯，也叫"自动化"。

2. 人际技能练习设计：角色扮演

人际技能也叫高级动作技能（图 9-44），其训练的主体是"感官"，特别是训练学员那张嘴如何与他人交流，处理好人与人之间的关系。人际沟通、商务谈判、销售技巧、绩效面谈技巧、招聘面谈技巧、投诉处理技巧，这一系列课程都属于人际技能，这类内容的练习关键是还原情景，让学员在一个无风险的环境中使用培训师教授的技巧，确保在未来实战中学员能够有效应对，具体操作步骤如下。

图9-44　角色扮演

第一步熟悉剧本。

训练成功的关键是"先扶后放"，动作技能可以由培训师逐一带领练习分解动作。人际技能比较复杂，是在动作的基础上，按照一定的交流步骤及台词完成交际的过程，无法由培训师带练。那该如何扶助学员呢？主要工具就是剧本，练习剧本的准备有如下三个关键点。

（1）剧本数量。共有几个剧本呢？这就要说到角色扮演分成几个人一个小组练习。标准的角色扮演是三人一组练习，三个角色分别是被训练者、配合者和观察员。我们可以制作一套角色卡片辅助学员练习，每张卡片代表一个角色，每个学员有三张卡，进行准备，练完一轮再互换角色。

（2）剧本内容。剧本放对内容才有效，下面分别介绍三个剧本的内容。

剧本一角色卡：配合者

情景介绍	背景介绍、人物画像
活动指导	按要求进行表演，不可抢戏或加戏
具体任务	按配合要求完成练习
步骤与台词	甲： 乙： 甲： 乙： ……

剧本二角色卡：被训练者

情景介绍	背景介绍、人物画像
活动指导	按要求进行表演，在完整性基础上，可适当发挥
具体任务	按训练要求完成技能应用，达到训练目标
步骤与台词	甲： 乙： 甲： 乙： ……

剧本三角色卡：观察员

情景介绍	背景介绍				
活动指导	严格安排标准点评，不可掺杂个人情感，确保客观				
具体任务	按训练步骤进行观察、控制及点评				
观察反馈	关键步骤	具体行为指标	达标	未达标	改进建议	超长发挥

（3）剧本使用。学员要在练习前熟悉剧本，按剧本练习。如果时间紧迫，可以安排学员带着剧本练习，但最终要达到脱稿演绎的程度。如果学员的能力比较强，可以安排学员自主制作剧本进行模拟练习。

第二步组内练习。

三角色小组在组内进行模拟练习，建议练习两遍，高水平学员可以一遍独立完成，水平差的两遍也差不多可以做到。培训师在学员分组练习时要注意巡场，给予学员适当的指导。

第三步点评代表。

在学员分组练习之后，为了检查学员的掌握状况及扶助学员成长，培训师要选出两个小组到台前进行展示，每个代表小组登台2人即可，其他学员全部做观察员，最后师生共同对代表学员的表现进行点评，方便对照自己查漏补缺。

第四步再次练习。

对代表点评活动结束后，培训师要组织学员回到3人小组继续练习，建议至少一遍。

由于角色扮演耗时较久，因此在培训的江湖上有三种变型版的角色扮演。

第一种导演式。由培训师现场进行表演，比如如何应对一位客户的投诉，学员的任务是对培训师的表演进行反馈和指导。表演过程中，可以不断地中止表演，让学员对培训师的表演进行反馈和指导，比如说台词该怎么说，关键处停下来，发问学员"接下来，我该怎么说呢？"

第二种蝴蝶采花式。全场三人一个小组进行模拟练习，角色分别是配合者、被训练者和观察员。培训师犹如蝴蝶采花一样，到不同的小组去观看其演练状况，记录总结要点，必要时候可以直接干预和指导某位学员。这种练习方法，优点是确保了每位学员都有参与机会，或是自己体验，或是以旁观者的视角发现问题；缺点是培训师照顾不到所有学员。

第三种鱼缸式（图9-45）。从学员当中挑选代表现场表演，其他人犹如看水缸里的鱼，全场观察。代表表演完毕后，全场点评，培训师最后做总结。此活动的好处是针对普遍存在的问题，大家印象深刻，课堂气氛热烈；缺点是大部分人没有实操，违背训练规律，要练习都得练习，要知道"纸上得来终觉浅，绝知此事要躬行"。

图9-45　鱼缸式角色扮演

人际技能也叫高级动作技能，是在动作的基础上完成各项标准的交流过程。由于技能相对复杂，为了确保学员更有效地学习，培训师要给予学员一定的反馈，所谓的反馈就是我们常说的点评。

我刚开始做培训师的时候，没有系统学习过点评技术，总是一门心思地想让学员变得更好，所以就找出学员的一大堆问题，迫不及待地让学员改进，有时候恨铁不成钢，甚至在点评中带有个人情绪。学员给我的反馈是"老师，有这个必要吗？这样搞得我们压力太大了！""老师，我要投诉你，你这样点评我，我感觉是对我人格的一种侮辱！""老师，我受不了了，你的要求太高了！"……为什么我的一片真心换来了一片抱怨呢？

原来，点评也是有技巧的，下面和大家分享一下"六六顺点评法"（图9-46）。

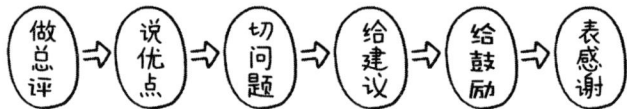
图9-46　六六顺点评法

第一步：做总评，即对学员的表现给予一个整体的评价，一般以表扬为主，塑造良好的交流气氛。

参考话术：张女士，刚才您展示的女士优雅入座七步法非常不错，关键步骤全部呈现，非常优雅。

第二步：说优点，即对学员表现好的地方表示肯定，并呼吁其他学员学习。

参考话术：在刚才的优雅入座展示中，你的"抚裙"动作和"调整"动作做得最好，值得大家借鉴学习。

第三步：切问题，即指出学员需要改进的地方，注意此时不能用"但是"这一词语，因为"但是"一词几乎否认了前面所有的肯定。我们建议用"如果……怎样……"的语言，并且不要直接告知对方有哪些地方要改，切入要有技巧。

参考话术：我重点谈一下你刚才展示中"坐"的动作。刚才的"坐"符合我们的操作标准，如果你能够在下次"坐"的时候把速度放慢三分之一，同时坐在椅子的三分之二处，就更优雅了。

第四步：给建议，即培训师展示提供的改进建议，不能只是用嘴简单表达，避免学员陷入迷茫。

参考话术：请你注意，我来做一下示范……看清楚了吗？

第五步：给鼓励，即示范之后，对学员进行鼓励，呼吁改进。

参考话术：对你的点评就到这里了，相信稍加改进，假以时日，你会做得更好。加油！

第六步：表感谢，即鼓励之后，对学员的表现给以感谢，感谢学员的展示，感谢学员展示带给其他学员的帮助，并呼吁其他学员为其鼓掌。

参考话术：最后，特别感谢你刚才的付出，为我们提供了一个非常好的案例，让我们学到了很多，请大家给张女士热烈的掌声。

3.智慧技能练习设计：案例分析

案例分析是由培训师制作案例，还原某个业务情境中的困境，让学员运用所学到的智慧技能分析案例中主人公存在的问题，并制定解决策略，培训师对各小组的解决策略进行点评和总结，从而完成有效训练的过程。礼仪类培训课程主要是由动作技能和人际技能组成的，偶尔涉及一些智慧技能，因此本书对案例分析活动不做过多阐述，主要介绍一下案例分析的教学组织过程。

严谨的教学流程才能输出有效的训练结果，案例分析活动共计如下八个关键步骤。

第一步，阅读案例。为了确保学员的节奏一致，建议由培训师组织学员来阅读案例，如果文字较多，可以分成几个人合作读完，避免阅读水平不同，带来的节奏不同。

第二步，强调问题。培训师要强调需要讨论的问题是什么，并询问一下学员是否清楚，避免出现学员再提出额外的问题。

第三步，自写答案。开始案例分析活动后，培训师先安排学员自己找问题，并自主制定解决策略。这个环节是不允许学员讨论的，培训师只需要播放轻音乐，等待学员写答案即可。这样操作的目的是确保所有学员投入学习，充分思考，避免讨论的冷场。特别提醒，这个环节的时间一般控制在2分钟左右。

第四步，搭档交流。学员自己研究答案结束后，不要急于进入小组的集体讨论，先安排学员两人一组交流，进行碰撞和汇总。这样做的目的是确保学员的充分参与，节约讨论的整体时间，让全员有效参与，避免出现一言堂的现象。特别提醒，这个环节的时间一般控制在2分钟左右。

第五步，组内汇报。两人交流后，可派代表在小组内逐一发言，小组成员对各代表的发言要认真倾听，不可打断。待所有代表发言后，可以展开讨论，做到学员互学。

第六步，组长汇总。经过讨论之后，组长要对各代表的发言进行整理汇总，最终形成本小组的解决方案。

第七步，现场汇报。各小组发表本小组的解决方案，培训师及学员对代表小组的答案进行点评和深度发问，确保学员有效学习。欧美的培训一般到第五步就会结束，因为他们认为所有答案都有参考价值，只是结果不同而已，但在中国不可以，需要进入第六步。

第八步，最终释疑。各小组发言完毕，培训师要给出一个参考答案，并告知学员要活学活用，学员根据实况做出适当的调整。

下面列一张练习匹配表，帮助大家在授课中做好练习活动的设计（图9-47）。

技能类型	主体	联系方法	举例
动作	肢体	实操练习	接待指引、奉茶、火器使用
人际	感官	角色扮演	销售技巧、沟通技巧、投诉处理
智慧	脑	案例分析	情景决策、设备故障分析

图9-47　练习匹配表

（二）知识类课程内容练习

很多培训师进行知识类内容教学时，几乎没有什么练习，如果有，用的方法也大多是让人生厌的考试法。知识类内容的练习设计建议遵循两个基本原则：有趣和有景。

有趣，知识类课程的特点是枯燥，学员的学习参与度不高，因此在设计练习活动时要增加趣味性，所以知识类课程的设计偏于游戏化设计，比较好玩有趣。玩是人的天性，把教学与游戏结合，可以寓教于乐，既可以营造良好的学习气氛，又可以激发学员的内在学习兴趣。著名未来学家、游戏设计师简·麦格尼格尔在她的经典著作《游戏改变世界》中提出了游戏之所以吸引人，是因为所有的游戏都有如下四个特征。

（1）目标：人是不断需要目标的，它为玩家提供了目标感，有目标才有存在感和成就感。

（2）规则：规则是一种限制，但有规则才有创造的空间，才能培养玩家的策略性思维。

（3）反馈系统：通过点数、级别、得分、进度条等方式不断地给玩家带来成就感和继续玩下去的动力。

（4）自愿参与：任意参与和离去的自由，可以保证玩家把游戏中故意设置的而高压挑战工作视为安全且愉悦的活动。

将教学练习设计与游戏设计对照，我们可以得到很多启发。

有景，如果枯燥的知识学员将来用不到，学员就不爱学习，因此，如果能够还原应用知识的真实场景，让学员从大脑中提取知识去使用，让学员眼见为实，学习的价值感就会提升，所以培训师要还原接近真实的场景，带领学员练习。

针对知识类的课程内容，我们推荐三种常用的经典方法。

1. 有奖竞赛

有奖竞赛活动非常像企业内举办的知识大赛，但操作细节大有不同。有奖竞赛活动本身就"有趣"，竞赛题目的设计可以做到有景，此活动适合基础员工学习，当然，高层对下一层级讲课也可以（图9-48），具体操作细节如下。

图9-48　有奖竞赛

（1）场景：针对单元或重要模块皆可，一般是在一个单元知识讲解完毕之后进行单元的综合练习。

（2）题型：选择题或判断题，必须要还原应用情景。出应用题，可以文字描述，也可以文字描述配套图片，还可以文字描述配套视频。不建议使用填空、简答类题目，因为无法有效对接工作或生活的实际应用情景。

示例1　非标准练习题目。

教学互动共有三动，分别是动身、动脑、动心。

示例2　标准练习题目。

选择题：

王老师在讲解如何安抚客户情绪时，首选安排学员之间交流了一下自己的处理方法，紧接着请学员做了笔记，共有四个关键词：时机、语气、台词、动作。针对时机，王老师做了一个正反例对比，以加深学员的印象；针对语气，王老师请大家听了两段对比音频，并带领全场模拟标准的语气；针对台词，王老师未为学员提供剧本，安排学员两人一组尝试应用；针对动作，王老师请学员展示自己认为的标准动作，后给出标准答案，全场尝试……请问，王老师在教学过程中的互动，动到了学员的哪些地方？（　）

A. 动身　　　B. 动脑　　　C. 动心　　　D. 全部

判断题：

小王是大洋公司刚刚入职一个月的销售员，其公司经营的产品是高档茶具。风帆公司采购部的李经理计划从大洋公司采购一部分高档茶具，主要用于年底客户关系的维系和员工福利的发放。小王在拜访李经理时，为了方便深度交流，拿下订单，小王主动询问了李经理的年龄、收入及家庭状况……请问，小王的做法符合商务交往的礼仪吗？

（3）题量：有奖竞赛多以单元为节点进行练习。每个单元的知识模块数量不同，基于课程模块内容的重要程度，建议每个模块可出题0~3道，不重要模块可以不出题，重要模块根据信息量的多少及重要程度，可以出题1~3道。

（4）规则：如果规则没有设立好，可能会出现不公平现象，主要规则有三个：

第一，集体答题。有奖竞赛的活动不提倡个人英雄主义，每道题目都是集体智慧的结晶，每个提醒需由组长带领大家讨论，组长有最终决定权。

第二，不看笔记。答题时学员要从大脑中提取先前学过的知识进行分析判断，不允许翻看笔记本上的记录。

第三，积分标准。每答对一题至少加2分；未听到抢答指令，提前答题违反规则的，扣2分；答错，扣2分；无人答题，集体扣2分。

（5）道具：做好活动，相关道具的准备非常关键，主要有如下四件道具。

第一，题库。要专门为练习制作PPT或将题输入软件程序库。

第二，抢答器。为了有效判断抢到题目的先后，建议使用抢答器。如果没有抢答器，只能由学员来扮演，起立、举手加上发声，代表学员抢到题目。如果出现同时抢到，建议以"石头剪刀布"的方式决定答题者。

第三，积分卡。针对各小组答题的状况发放积分卡，避免记分混乱，毕竟讲课时不是每个培训师都能有助教帮忙记分。

第四，团队奖品。活动结束后汇总分数，给得分最高的小组发放团队奖励，营造良好学习气氛。

2. 思维导图制作

思维导图也叫脑图、心智地图、脑力激荡图、灵感触发图、概念地图、树状图、树枝图或思维地图，是一种图像式思维的工具以及一种利用图像式思考辅助工具。自20世纪80年代思维导图传入中国内地。最初是用来帮助"学习困难的学生"克服学习障碍的，但后来主要被工商界（特别是企业培训领域）用来提升个人及组织的学习效能及创新思维能力。

当我们讲完一个单元的陈述性知识后，可以组织学员以小组为单位把学到的核心内容绘制成一张思维导图，画思维导图的活动既有趣，又让学员把抽象的内容做了具象化的呈现，这个方法非常受学员欢迎。该活动适合中高层员工训练，具体操作要点如下。

（1）集体绘图。个人画图难度系数较大，何况成人更喜欢群体学习，因此这个活动最好是集体绘图，建议4~6人一个小组，画图的纸张尺寸用A0纸。

（2）不看笔记。画图时，请学员收起学员手册或笔记本，只能从大脑中提取培训师所讲过的内容，这样的操作让练习更有效。学员对于遗忘或理解不到位的地方会进行讨论和争辩，更利于学员深入学习。

（3）按质发奖。奖励是教学中的有效手段，培训师除了要针对大家的绘图给予点评外，还要给最佳绘图小组发奖。为了避免产生争议与不公平，建议让学员用投票的方式评价各小组的作品，投票形式可以是举手，也可以站队，还可以贴便利贴。

要想做这个活动，你要学会画思维导图（图9-49）。

思维导图是使用一个中央关键词或想法引起形象化的构造和分类形式。如何绘制思维导图？有一段口诀分享给大家：主题放中央，要点依次长，色彩要分明，文字加图形。

主题放中央，是指绘图时，把要梳理的主题写在图纸的正中央，注意图纸要横向使用。

要点依次长，是指绘图时，从中心出发向四周拓展。打个比方，如果中心是树根，那每个主要内容就是一棵树，它们的根相同，每棵树都向外生长出根、干、支、叶。

色彩要分明，是指绘图时，每个主题的颜色要区分开来，既方便清晰区分，又方便大脑的储存记忆。

文字加图形，是指绘图时，具体的呈现由关键词和图形组成。关键词一般控制在 5 个字以内，图形由手绘的简笔画及图表组成。

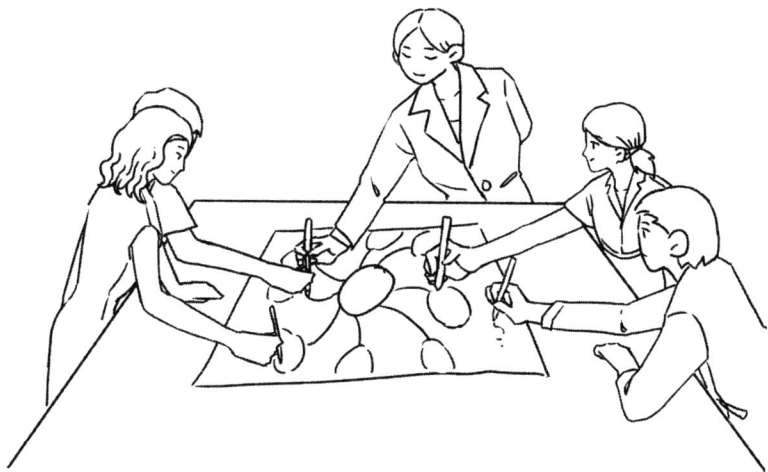

图9-49　思维导图制作

3. 情景分享

有奖竞赛和图形制作活动对道具的准备和活动的组织要求较高，而情景分享则显得更为简单些，只需要学员两人一组就可以完成，其关键点有以下四个。

一是设定情景。这里的情景主要是指学员应用所学知识的情景，建议设通用情景，学员经常在这个情景中把所学的内容讲给别人听。比如，可以是公司开早会的情景，作为主持人做分享；可以是师傅带徒弟的情景，徒弟向师傅请教，师傅讲给徒弟听；可以是公司经销商大会，发言人在对听众做演讲；甚至还可以模拟警察审问小偷，小偷向警察进行讲述。总之，核心就是"折腾"学员把所学的内容在理解的基础上加工表述给别人听，能够讲出来，也就达到知识类内容的基本学习目标"理解"了。培训师介绍要表述的具体情景，建议统一情景，降低活动的复杂度。

二是充分准备。为了让学员能够讲好，需要给足够的时间让学员准备，尽量让学员脱稿讲授，我们要辅助学员制作"情景分享卡"，降低训练的难度。请看"情景分享卡"的示范（图9-50）。

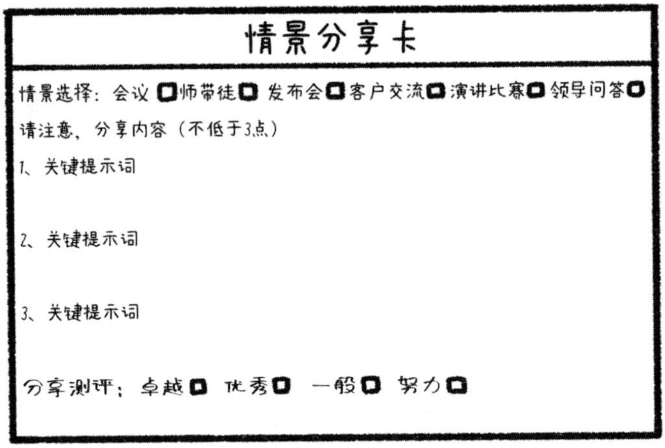

图9-50　情景分享卡

三是做好示范。由于活动比较特殊，对学员要求比较高，因此需要培训师做一个标准的示范，可以亲自示范或用视频示范。

四是巡场指导。这个活动有一定的难度，因此培训师在学员练习过程中要注意巡查，并及时给予现场指导（图9-51）。

图9-51　情景分享活动

三、带转化类互动

"化"的主要任务是带领学员转化所学内容。成人学习有两个关键点：实用主义和遗忘速度快。

实用主义。学习的东西有用才是硬道理，因此我们要给学员足够的反思时间，让学员不断梳理收获，对接过去，畅想未来，确保学以致用。

遗忘速度快。成人学习遗忘速度非常快，快到什么程度，有什么特点呢？1880年德国著名的心理学专家艾宾浩斯提出了著名的"艾宾浩斯学习遗忘曲线"。

这条曲线告诉我们，在学习中记忆的内容遗忘是有规律的，遗忘的进程不是均衡的，不是固定的一天丢掉几个，转天又丢几个的，而是在记忆的最初阶段遗忘的速度很快，后来就逐渐减慢了，经过相当长的时间后，几乎就不再遗忘了，这就是遗忘的发展规律，即"先快后慢"原则。我们需要根据学习遗忘的规律安排相应的回顾活动，把学习遗忘曲线调整为如下曲线（图9-52）。

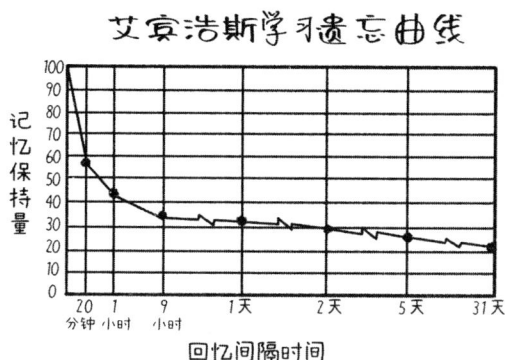

图9-52 艾宾浩斯学习遗忘曲线

基于以上两个成人学习的特点，培训师要做出有效的应对策略。做好学习绩效转化要抓住三个关键点。

一个中心："化"的活动要以学员为中心，不是培训师替学员做课程内容的回顾，做行动计划，而是培训师"折腾"学员，引导学员自己做回顾，自己做行动计划。

两个基本点："化"的活动要抓住两个点，第一个是抓住重点，不是所有内容都回顾，都做行动规划；第二个是有趣味点，"化"代表着某个环节学习的结束，代表着学习的胜利，庆祝胜利要欢快而有趣，不是枯燥得死气沉沉。

了解了原则，我们便可以根据关键的环节设计"化"的教学活动了，我们从三个点来谈一下如何做好"化"的设计。

（一）单元结束化

每个单元结束，都需要做一个"化"的动作，确保本单元的学习转化，每个课程至少有三个单元，单元结束化要做到"变胜于同"，建议每个单元的方法不要相同，时间一般控制在 3~5 分钟完成。下面介绍三大类单元结束化的方法，分别是个人化、双人化、小组化。

1. 个人化

（1）口诀阅读法：一个课程单元结束，培训师编写一个"七律诗"的口诀，请全体学员阅读，并针对要点进行强调，请看示范（图 9-53）。

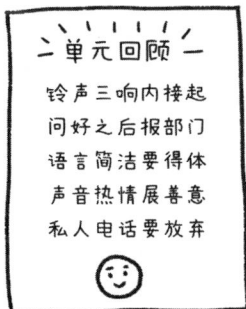

图9-53　口诀阅读法

（2）表格填写法：每个单元结束，在学员手册上有一张特定的单页，需要学员填写，主要是填写三个内容：本单元收获、本单元感悟、本单元行动计划（图 9-54）。

图9-54　表格填写法

2. 双人化

交流收获是我们强烈推荐的方法，它比培训师说、学员听的方法更胜一筹，因为培训师说出来的永远是培训师的，学员说出来的才是他自己的。

美国培训专家莎朗·波曼在其著作《利用脑科学让培训更有黏性》当中提

到一条非常重要的设计学习体验的原则即说胜于听。

学习是社会化行为，我们从别人身上学习，也给自己的学习以启发，最终实现合作学习，当学员去交流时，信息被处理了三遍：第一遍，听别人说；第二遍自己思考；第三遍，用自己的语言讲给别人听。因此，在培训当中要尽量增加学员交流的机会，单元"化"就是关键机会之一。主要有如下六种变化方法。

（1）拉伸交流。学员两人一组，面对面站立，一边做拉伸的动作，一边说收获，另外一位学员模拟对方的动作，同时听对方说他的学习收获；然后交换，每位学员至少要做3次。拉伸动作可以是扩胸运动、走步、扭腰等（图9-55）。

图9-55 拉伸交流

（2）单腿交流。学员两人一组，面对面站立。谁说收获，谁同时做一个金鸡独立的动作：单腿站立，双手保持平衡。另外一个学员不需要做动作，只需要倾听对方收获分享即可。每次谈一个收获，谈完后交换操作（图9-56）。

图9-56 单腿交流

（3）学员互访。每位学员拿便利贴去其他小组找一位自己喜欢的学员去采访，并接受对方的采访。单元学习结束，每位学员都变成了专家。因此，采访他人谈一谈针对本单元专家的想法，并接受对方的采访，就叫专家互访。特别注意，每张便利贴写一个建议，每个人至少采访 3 个建议，采访后贴在本小组的学习园地上，同时观摩与他人不同的采访成果（图 9-57）。

图9-57　学员互访

3. 小组化

（1）争分夺秒。规定时间 90 秒，学员在空白纸上写学习收获，一行写一个，用不超过 11 个字的关键字或词来写，写好后，组内学员互通有无，看谁写得又多又好（图 9-58）。

图9-58　争分夺秒

（2）抛球回顾。以小组为单位（5~7 人），围成一个圆圈，每个小组有一个网球，先由一名学员持球，说出本单元的一个学习收获，说完后将球抛给一位自己喜欢的学员，此学员不可以拒绝接球，接球的学员说出另外一个不同的学习收获。依次类推，每个人可以说若干次（图 9-59）。

图9-59　抛球回顾

（3）传物回顾。这个活动源于击鼓传花，以小组为单位（5~7人），围成一个圆圈，每个小组有一个物品，可以是球、花、矿泉水。先由一位学员拿好物品，音乐响起，物品在小组内快速传递，音乐停止时，物品在哪位学员手里，就由哪位学员来说收获，学员说完收获，小组成员要掌声示意。传物一般要操作至少5次，允许2次同时传到一位学员手中，如出现第三次，则由上一位学员分享收获（图9-60）。

图9-60 传物回顾

单元化的每一个活动都要穿插身体的互动。为什么要动身体呢？美国培训专家莎朗·波曼在其著作《利用脑科学让培训更有黏性》当中提到一条非常重要的设计学习体验的原则即动好于坐。我们在教学的时候，不可以让学员坐着一动不动。脑科学研究发现，无论什么形式的运动，都能够增加大脑20%的供氧量，刺激大脑的认知。相反地，坐着的时间越长，人的思考和学习就会越困难，因为体内的氧气量在不断减少。因此，要创造更多的机会让学员去活动，我们不要去做一些与课程内容无关的身体互动，建议将动身体与回顾巧妙结合。

（二）重要模块结束化

一个重要模块结束也需要"化"一下，大部分都是培训师自己做总结，"折腾"自己。下面和大家分享一些"折腾"学员的方法。

1. 训后提问法

当一个模块收结时，现场找一位学员说出所学收获点，然后让其他学员判断是否正确，最后培训师指导所有学员说出所学收获点。这个方法使用得非常频繁，由5次问话过程组成，请看下面的示例。

第一问：特定批准式发问。

培训师：坐在后排的这位先生你好，可以请教一下你吗？

学员：可以。

第二问：特定封闭式发问。

培训师：请问你对刚才讲到的培训师"教学设计"的四大环节都了解了吗？
学员：了解了。

第三问：特定开发式发问。

培训师：既然了解了，请你说说看，都有哪些环节？
学员：一勾、二讲、三练、四化。

第四问：一般封闭式。

培训师：请问大家，他的回答正确吗？
全体学员：正确。
培训师：掌声鼓励，请坐。

第五问：一般开发式。

培训师：这个内容很重要，请大家一起说一下，第一个是……
全体学员：勾。
培训师：第二个是……
全体学员：讲。
培训师：第三个是……
全体学员：练。
培训师：第四个是……
全体学员：化。
培训师：看来大家都掌握了，请大家给自己一个热烈的掌声。下面学习新的内容。

特别注意，很多培训师在使用这个方法时只剩下了最后一问，指导全场说出来，往往学员说不上来，主要原因是丢掉了前面对一个人的提问，让大家紧张，也丢掉了让全场动脑判断对错的过程。

2. 训后探讨法

训后探讨法是在某一个重要模块收结时，培训师组织邻座学员交流模块的最大收获及未来改进计划，方法简单实用，建议模块内容较多时使用此方法。

3. 串讲回顾法

串讲回顾法有点像考试时的填充题，培训师向全场发问，学员来补充即可，简单实用，特别提醒的是培训师说其中一部分，学员补充一部分，不是由学员完全说出。

示例

培训师：下面对"握手礼"学习的内容做一个回顾。我们学习了大方……

全体学员：出手。

培训师：力度……

全体学员：七分。

4. 接龙法

培训师先邀请一位学员说出其中一个学习关键收获点，让回答的学员选择其他小组的学员说出其他关键点。依次类推。如果接龙，说出主要的模块收获点。

重要模块结束化，与大家分享了以上四种方法，培训师要学会灵活运用，以"折腾"学员为主。

（三）特殊节点化

特殊节点之所以特殊，主要是一节课的结束，下堂课的开始；上午课程的结束，下午课程的开始；一天课程的结束，第二天课程的开始……这些特殊节点要"化"一下。

什么是特殊节点呢，统计了一下共计五个特殊节点：

（1）一个课时的结束时，建议使用的方法有串讲、提问。

（2）下一堂课的开始，建议使用串讲。

（3）下午课程开始前，建议使用拉伸交流、抛物交流、传物交流等趣味强又可以活动身体清醒大脑的单元化方法。

（4）一天课程结束时，建议使用小组化的某一个方法，如抛物交流。

（5）第二天上午课程开讲前，建议使用小组化的某一个方法，如传物交流。

关于"化"的互动，我们谈了非常多的方法，大家要抓住基本原则，在课程的单元结束、重要模块结束以及特殊节点引领学员把所学内容转化为自己的，做到学以致用。

思考与练习

根据所学内容完成以下判断题。

1.红包测试法适合技能类内容勾兴趣。（   ）

2.有奖竞赛的活动要多出问答题。（   ）

3.动作技能的练习方法是角色扮演。（   ）

4.实操练习活动，练习的遍数控制在 3 次 / 人，太多练习学员会反感。（   ）

5.角色扮演一般两人一个小组进行练习。（   ）

6.角色扮演不需要制作角色卡，让学员自己发挥即可。（   ）

7.人际技能的训练方法是案例分析法。（   ）

8.培训师课程内容回顾的时候，尽量由培训师说出所讲要点。（   ）

9.课程化的活动尽量严谨，不要娱乐化。（   ）

要点回顾

互动是培训教学技术中的重中之重。关于"全面互动"你应该掌握以下内容。

1.互动要结合教学目标来设计。

2.勾兴趣、讲内容、做练习、带转化每个环节都有互动。

3.不同技能的练习活动设计是不同的。

4.动作技能实操练习，人际技能角色扮演，智慧技能案例分析。

5.知识类内容也要设计练习活动，确保有趣和有景。

6.化的活动要以学员为中心，抓住重点和趣味点。

7.课程的单元、重要模块和特殊节点都要有"化"的活动。

第四节 完美收尾

说到课程收尾，就不得不谈一下"峰终定律"。"峰终定律"（Peak-End Rule）是 2002 年诺贝尔经济学奖获得者丹尼尔·卡尼曼教授提出的。他认为：人的大脑在经历过某个事件之后，能记住的只有"峰"（高潮）和"终"（结束）时的体验，过程的体验其实是可以被忽略的。"峰终定律"是一种人为认知上的偏见，人们对过去事物和事件的记忆，往往更容易被人记住的是那些特别好或特别不好的时刻，或者是最后结束的时刻，这个时刻是"顶"、是"终"，但不是平均值。

比如去游乐场玩经典的"过山车"等项目，都要排队好久，真正的游玩时间也就几分钟，但我们记住的往往不是漫长排队的过程，而是坐上"车"时有趣、刺激、好玩的那几分钟甚至几秒钟。

听课时学员的体验过程，针对学员的学习我们要安排好"峰"，课程每隔一段时间就有一个精彩的环节，确保学员每隔一段时间都有好的体验（收获）；我们也要安排好"终"，确保学员在课程的最后，也就是我们的"课程收尾"有非常好的体验（图 9-61）。

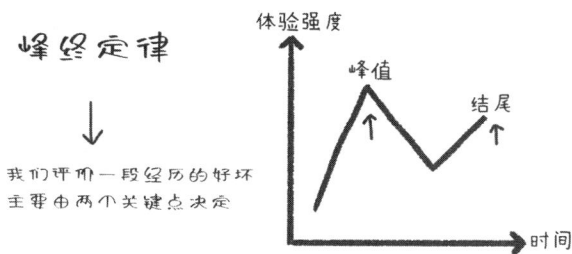

图9-61 峰终定律

如何做好课程收尾呢？经过对各类理论的研究以及大量培训师的追踪、调研，我们发现"课程收尾"是有套路的，主要由四个环节组成，分别是：感谢学员、回顾要点、行动规划、提供支持。

一、感谢学员

课程结束时，培训师要对学员的参与表示感谢，如何感谢学员呢？这里有如下两大关键。

一是感谢自己。有不少培训师在课程结束的时候会这样说"哎呀，时间过得可真快，一天的时间眨眼就过去了，没有功劳，也有苦劳，没有苦劳也有疲劳，您听我的嗓子都冒烟了，各位，此处是不是该有些掌声啊？"这样的表达好不好？似乎有点脸皮厚了，我们需要的是让学员感谢自己，而不是感谢培训师，学员花了时间，花了钱，甚至可以夸张地说，学员花了命来学习，因此我们要让学员感谢自己，为自己鼓掌。

二是鞠躬致谢。鞠躬，既是礼仪，又可以暗示学员给予掌声。培训师都鞠躬了，学员怎么也会配合一下给予掌声的。需要注意的是，鞠躬的度数用30°即可，鞠躬的时间维持在2~3秒。

二、回顾要点

课程收尾中重要的一件事就是做课程的总回顾，相当于您用电脑做一个文件，最好一定要按一下保存键，我们要让学员带着满满的收获离开课堂。

课程总回顾的方法非常多，我们发现没有经过训练的培训师最常用的手法有如下几个。

（1）串讲法。课程结束时，培训师把课程大纲翻了出来，根据课程大纲，把核心要点按照整个课程的逻辑又串讲了一遍。这个总串讲的方法，培训师串讲得累，学员听得更累，很无聊，特别枯燥，不建议大家用这个方法做课程总回顾。

（2）提问法。培训师针对要点向全班发问，学员随意回答。这个方法合适吗？大家可以思考一下，3~6个小时的课程有非常多的知识点，你得问多少个问题才能覆盖教学的要点？如果学员答不上来怎么办？那不是说明你的课程没有讲好吗？不要自己打自己的脸了，因此这个方法我们也不建议使用。

（3）白板法。课程结束时，培训师向全场学员发问，邀请学员用关键词或短句说出自己的收获，培训师在白板上书写记录整理，力争在总回顾最后的时刻培训师可以写满一块大白板。培训师边写白板，边向学员发问，你说他累不累。一开始学员可能还会配合，后面几乎就没有几个人参与了，因此这个方法我们也不提倡。

到底该如何做课程总回顾呢？上一节我们已经谈过了，要遵守"一个中心、两个基本点"的原则。再次强调，一个中心是指要以学员为中心，引导学员去回顾，不是培训师替学员做课程回顾；两个基本点分别是抓住重点和有趣味点。下面介绍一些回顾要点的经典方法。

1. 团队接龙

活动解释：团队接龙是以小组为单位，合作写出课程的收获点，并进行角逐的过程（图 9-62）。

道具准备：A1 大白纸、记号笔、美纹胶。

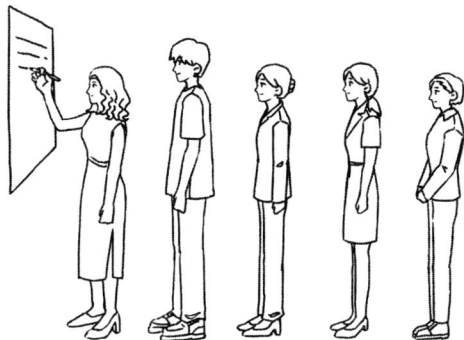

图9-62　团队接龙

操作注意事项

（1）各小组选择小组旁的墙面，并用美纹胶纸张贴 A1 大白纸。

（2）各小组站立排队，组长领队，站在队伍的最前面。

（3）从组长开始，每人写一个收获点，不超过 11 个字，写好后将笔交给下一位，之后走到队伍尾部重新排队。

（4）每位学员可以写若干次收获，但每次的内容不能与其他学员写的相同。

（5）时间停止后不可再写。

（6）评选最佳小组，给予团队奖励。

2. "海外游学"

活动说明："海外游学"是以学员小组为单位在便利贴上写下收获，并张贴出相关造型，随后小组间互相观摩学习（图 9-63）。

道具准备：A1 大白纸、彩色便利贴、记号笔、美纹胶。

操作注意事项

（1）各小组选择小组旁的墙面，并用美纹胶纸张贴 A1 大白纸。

（2）小组内部讨论，说出本次培训的收获要点，组长用便利贴记录，每张便利贴只写一个收获点。

（3）组长写的同时，可安排一名学员张贴，可以整整齐齐地贴，也可以贴出一些特定的造型，比如心、树、手掌、公司 LOGO、某一个字，都是可以的。

（4）各小组贴好后，到其他小组去观摩学习，观看是否会有不同的收获点。

（5）最终通过站位投票的方式选出最佳小组，给予团队奖励。

图9-63　"海外游学"

3. 图画制作

活动说明：图画制作是以小组为单位将所学的收获点绘制成一张思维导图，小组间互相观摩学习的过程（图 9-64）。

道具准备：A1 大白纸、美纹胶、水彩笔。

操作注意事项

（1）以小组为单位，将学到的要点在 A1 大白纸上画出思维导图。

（2）组长控制，要求每位学员都要参与画图，并最后签名。

（3）思维导图画好后，用美纹胶纸张贴在小组旁边的墙面上。

（4）学员以小组为单位到其他小组观摩学习，也可拍照留存。

（5）通过站位投票的方式选出最佳小组，给予团队奖励。

图9-64　画图制作

4. 小组互考

活动说明：小组互考是以小组为单位，根据所学课程重点内容设计出一套考题，考核下一个小组，同时也要被上一个小组考核（图9-65）。

道具准备：便利贴、A4白纸。

操作注意事项

（1）以小组为单位出测试题，如1组为2组出题，2组为3组出题，依次类推。

（2）出题时，为了节约时间，各小组要分工合作进行出题。

（3）每个题目写一张便利贴，最后汇总后张贴在A4白纸上。

（4）出题内容为所学内容的收获要点，不要出偏题、怪题。

（5）集体答题，群策群力。

（6）答题后，各小组互相打分。

图9-65　小组互考

以上四项活动大家要根据课程内容灵活运用，确保学员带着满满的收获和快乐离开教学现场。

三、行动规划

学以致用是关键，学员会不会在课程结束后，主动把所学内容应用到实际工作当中呢？这个问题很难回答，作为培训师，我们要引领学员把课上所学与未来的工作、生活相关联，务必确保培训能够转化落地！如何操作呢？建议大家从五个环节来操作：找动力、订计划、做承诺、给辅助、好激励。

1. 找动力

人在职场，总会有其动力源头，只有找到学员的内在动机，才能让学员从"要我做"，变为"我要做"。成人的学习特点非常明显，我想学才学，我想用才会用。因此，在课程结束时，可以组织一个意愿调动工作坊，提升学员主动应用的动力。

2. 订计划

"不打无准备之仗"，有了计划才可能有结果，业界比较流行的是做"531"行动计划表，"531"源于欧美企业当中的 IDP（个人发展计划）。

工具 1：《"531" 行动计划表》

"531" 行动计划表的目的是总结课程精华，制订行动计划（图 9-66）。

5：课程总回顾，学员会有很多收获，这里的"5"是从所有的收获中筛选出来 5 个最大的收获，可以是重要的理念、知识点、方法、技能或工具。

3：像漏斗一样，"3"是从 5 个最大收获中筛选出来的，未来要应用的 3 个关键点。

我最有收获的5点 (从所有收获中选 出5点量化执行)	我未来计划要用的 3点,(从上述5点中选 出3点，量化执行)	我近期立即应用的 1点,(从上述3点中选 出1点量化并详细描 述,发誓做到)
1. 2. 3. 4. 5.	1. 2. 3.	1.

图9-66　"531" 行动计划表

1：像漏斗一样，"1"是从 3 个未来应用中挑选出来一个立刻应用的 1 点。

"531"行动计划表可以在课程结束时填写，也可以在课程结束 3 天内完成。

工具 2："531"行动 PDCA 表

光做计划是不够的，需要进行有效的控制，我们还需要"531"行动 PDCA 表进行控制。这张表是针对 531 中的"1"进行详细、量化的行动规划，且每周至少要检查 1 次，坚持下去，持之以恒（图 9–67）。

PLAN计划 （安排时间 与执行事 项）	DO实施 （如何去做）	CHECK检查 （让谁来监 督）	ACTION总结 （心得体会）

图9–67 "531"行动PDCA表

工具 3：课程总结论文表

为确保有效转化，让学员将所学能够对接工作与生活，实现真正落地，并且方便学员未来的内部分享，每位学员需要制作一份课程学习的小论文。字数一般控制在 800 字左右（图 9–68）。

学员姓名		授课培训师			上课日期	
课程名称						
论文主题：						
评语：						

图9–68 课程总结论文表

"531"行动计划是业界比较流行的做法。随着时代的发展，如今有了更多的新方法，比如，可以不写论文，而是将所学的收获和应用感悟录制成微课在企业内部平台分享。

3. 做承诺

确保自己完成某一事项的最好方式就是公开承诺。说到承诺，不得不提到美国影响力教父，著名社会心理学家，全球知名的说服术与影响力研究权威罗伯特·西奥迪尼的《影响力》里的六大原理之一：承诺和一致原理。

承诺和一致原理认为：一旦做出了一个选择或某种立场，我们就会立刻碰到来自内部和外部的压力，迫使我们的言行一致。

承诺实现的关键是要有书面的申明，书面的申明能有效地真正改变人，比如，公开承诺锻炼身体，在朋友圈里面晒跑步的里程；公开承诺学习英语，每天发布"百词斩"背单词的天数等。但这些做得还不够具体，我们拿一个成功戒烟的案例来看一下：

第一，列名单，名单上都是你希望得到他们尊重的人。

第二，写卡片，每张卡片上写到：我向你保证，我再也不抽烟了。

第三，寄到每个人手里。

也就是我们制订的任何一个行动计划都需要做出书面的承诺，再加上公开承诺，这样才更有效。

4. 给辅助

人之初，性本"懒"，人多多少少都有一定的惰性，在执行计划的过程中，有些学员难免会有退缩，因此，这里的"辅助"既可以帮助学员成长，又可以督促学员，降低其惰性。

负责辅助和监督作用的最佳人选便是学员的上级，这些管理者的作用可不容小觑，我们来看一项关于培训效果转化的研究成果。

约翰·纽斯特朗姆和玛丽·布罗德针对85家《财富》杂志500强公司做过一项调查，发现有3种人对培训内容是否能转化到工作中影响最大，这3种人分别是：管理者、参训学员、培训师。他们的影响程度呈现出以下矩阵（图9-69）。

	培训前	培训中	培训后
管理者	1	8	3
学员	7	5	6
培训师	2	4	9

图9-69　培训内容转化影响顺序

图 9-68 中，数字的顺序代表对转化的影响程度：1 代表最重要，9 代表不重要。

大家会发现，在训后转化的阶段，管理者的影响是最大的，管理者好比学员的父母，在孩子的小学阶段，每天晚上要监督和辅导作业的，遗憾的是管理者不一定会这样做，甚至认为这是累赘，因此企业方要想办法鼓励管理者参与培训。常见做法如下。

第一，制度约束。制度是根本，把辅导下属做学习转化写入岗位职责，配套相关的考核指标。

第二，安排讲课。让学员的主管担任授课的培训师或课程的导师，发挥其主人公精神，没有培训师希望自己的学员学得不好。

第三，授权考评。让管理者成为学员水平考核的评委参与进来。

第四，给予奖励，对学员学习实践的辅导过程进行考核，对表现好的主管进行物质和精神双重激励。

5. 好激励

只靠内驱力是不够的，还需要一些外在的刺激。确保学员训后的积极应用，达到最终转化，是需要做一些激励的。建议以正向激励为主，并配合相关转化活动来执行，常用的做法如下。

第一，公开表扬：制作荣誉证书在会议上发放，制作表彰海报在办公场所张贴，内部 OA 平台及时公布各阶段成果，可以是"周冠军奖""周最佳进步奖""周最佳表现奖"等。

第二，通关积分：将转化过程设计成不同阶段，每个阶段都有相关的任务，学员分为不同的小组，进行转化效果评比，每个节点都要打分，让学员看到自己小组的排名榜，以作改进。

第三，及时奖励：奖励要及时，可以是物品，可以是现金，可以是证书，第一名可以奖励，倒数第一名也可以奖励，总之，要根据不同节点配合奖励，增强刺激性。

第四，终极考核：一个学习项目要有始有终，犹如学校的毕业，企业学习也要有仪式感。可以设计好终极考核，颁发各类奖励，肯定学员，让学员有意愿投入下一个学习项目。

以上转化落地的 5 个步骤非常关键，作为一名培训师，你一定要深度了解，确保整个培训项目能够高效落地，助力企业的绩效提升。

四、提供支持

学习效果的转化落地是需要时间的，一般要 2~3 个月。培训师可以告知学员，可以在后期为大家提供"微信问答"服务、电话沟通服务、现场指导等多种后期支持活动，为学员保驾护航，确保学习转化落地。

下面我们来看一段课程收尾的示范。

感谢学员：时间过得真快，不知不觉 3 个小时过去了。感谢现场各位朋友认真的学习和参与，请大家给自己一次热烈的掌声，谢谢（配合鞠躬）。

回顾要点：各位学员，接下来让我们一起盘点一下本次课程的收获，请看大屏幕，课程总回顾的方法是……

行动规划：总回顾时间到啦，我看到各位有了满满的收获，光有收获是不够的，我们要行动起来，学以致用。请助教老师发放行动计划表，大家一起做个规划。行动计划做好了，相信大家肯定能做到！为了帮助各位成长，这张表会交给您的上级主管，他会协助您完成。

提供支持：当然，在课程结束后大家如果有什么问题，可以在微信群里和我交流，也可以电话和我交流，我也会定期发放一些学习资料帮助各位成长。

最后，祝福大家工作顺利、万事如意、前程似锦。谢谢！

接下来让我们用热烈的掌声邀请主持人为我们做课程的结训安排，掌声欢迎……

以上就是课程收尾的四大关键步骤，除了按照标准执行外，做好收尾工作，还有四大忌讳需要注意。

一忌仓促。培训师预留足够的时间做课程收尾的工作，切忌仓促的回顾要点或者不做课程回顾就草草结束。

二忌啰唆。学员最讨厌培训师做的一件事情就是拖堂。成年人都有自己的工作和生活，培训师要准时下课，确保学员能够及时处理自己计划中的事情。

三忌负面。培训师在课程的结束环节千万不要有负面情绪，比如批评学员，指责培训管理方的现场管理不好，领导不支持学习等。

四忌空洞。有些培训师在课程收尾时大喊口号，鼓励大家如何，让人觉得空虚无物。

思考与练习

请根据学习内容，对以下看法做出判断。

1.课程结束时，培训师邀请学员为培训师鼓掌，以表示对培训师的感谢。（   ）

2.课程总回顾要控制好时间，由培训师串讲一下即可。（   ）

3.课程收尾环节不需要安排后期的作业或行动计划，以免学员反感。（   ）

4.行动计划一定要安排监督者，确保有效执行。（   ）

5.课程结束后就与培训师无关了。（   ）

6.课程收尾培训师尽量不要超时，确保课程准时结束。（   ）

要点回顾

收尾是课程的最后一个环节，关于"完美收尾"你必须学会的是：

1.收尾的关键是课程回顾和行动计划布置。

2.课程总回顾要"折腾"学员，抓住重点，且有趣味。

3.行动计划要写下来，有人监督才容易实现。

4.课程结束，培训师要提供支持服务，确保学习转化落地。

参 考 文 献

[1] 金正昆.商务礼仪 [M].北京：北京联合出版公司，2013.

[2] 纪亚飞.职业礼仪 [M].北京：中国工人出版社，2018.

[3] 李荣建.社交礼仪 [M].2 版.武汉：武汉大学出版社,2014.

[4] 叶海涛.人与自然关系的哲学反思.北京：学习时报社,2020.

[5] 美国绩效研究协会有限公司.如何提供令客户惊叹的客户服务（原书第 5 版）
[M].刘艳霞，译.北京：电子工业出版社，2012.

[6] 金正昆.服务礼仪 [M].北京：北京联合出版公司，2013.

[7] 纪亚飞.服务礼仪标准培训 [M].北京：中国纺织出版社，2012.

[8] 李巍.商务礼仪 [M].北京：北京大学出版社，2009.

[9] 纪亚飞.优雅得体中西餐礼仪 [M].北京：中国纺织出版社，2014.

[10] 黄桢善.职场女装的魅力衣装.2 版.桂林：漓江出版社，2014.

[11]R.M.加涅，W·W·韦杰，K·C 戈勒斯，等.教学设计原理 [M].5 版.王
小明，庞维国，陈保华，等译.上海：华东师范大学出版社,2018.

[12]M.戴维·梅里尔.首要教学原理 [M].盛群力，钟丽佳，等译.福州：海
峡出版发行集团,2016.

[13] 罗伯特·斯莱文.教育心理学理论与实践 [M].吕红梅，姚梅林，等译.北
京：人民邮电出版社,2016.

[14] 约翰·D.布兰斯福特，等.人是如何学习的：大脑、心理、经验及学校
（扩展版）[M].程可拉，孙亚玲，译.上海：华东师范大学出版社，2013.

[15] 伊莱恩·碧柯.培训就是答案 [M].顾立民，译.北京：电子工业出版社,2016.

[16] 鲍勃·派克.重构学习体验——以学员为中心的创新性培训技术 [M].
孙波，庞涛，胡智韦，译.南京：江苏人民出版社,2015.

[17] 波曼 .4C 法颠覆培训课堂 : 65 种翻转培训策略 [M]. 杨帝，译 . 北京 : 电子工业出版社 ,2015.

[18] 柳月，周湘 . 首问责任制在酒店管理中的应用 [J/OL]. 公务员期刊网 .

[19] 神韵古风 . 古人的礼貌用语，多有诗意……[J/OL].360doc 个人图书馆 : 2016-12-11.

[20] ldtsg1957. 没有尊重就没有友谊 [J/OL].360doc 个人图书馆 : 2019-03-03.

[21] 四川教育手机报 . 乞丐到店里买蛋糕，老板竟然这样做！请让更多人看到 [J/OL]. 搜狐 : 2016-05-22.